གནམ་མཚོའི་རིག་གནས་དཔེ་ཚོགས། ༢༠
纳木措文化丛书⑳

སེ་གླིང་གཡུ་མཚོའི་རང་བྱུང་ཁོར་ཡུག་གི།
རིག་གཞུང་ཕྱི་ཞལ།།

色林措自然文化风貌

དཔལ་མགོན་གནམ་མཚོའི་རིག་གནས་དཔེ་ཚོགས་
རྩོམ་སྒྲིག་ཨུ་ཡོན་ལྷན་ཁང་གིས་རྩོམ་སྒྲིག་བྱས།
班戈纳木措文化丛书编委会　编著

བོད་ལྗོངས་བོད་ཡིག་དཔེ་རྙིང་དཔེ་སྐྲུན་ཁང་།
西 藏 藏 文 古 籍 出 版 社

ཟི་ཀླིང་འདུས་མཚོའི་རང་བྱུང་བོར་ཕྱུག་གི་རིག་གནས་ཀྱི་བཤད།

བསྡུ་སྒྲིག་པ། དཔལ་མགོན་གནམ་མཚོའི་རིག་གནས་དཔེ་ཚོགས་རྩོམ་སྒྲིག་ཨུ་ཡོན་ལྷན་ཁང་།

གཙོ་སྒྲིག་པ། དབང་ཆེན་བསོད་ནམས།

རྩོམ་སྒྲིག་འགན་འཁུར་བ། ཨོ་རྒྱན་ཆོས་འཕེལ།

དེབ་གཞིའི་མཛེས་འཆོས་པ། ཚེ་རིང་བདེ་སྐྱིད།

ཞུ་དག གཡང་སྐྱིད།

ཇུས་འགོད། བོད་ལྗོངས་ཞེན་ལི་དཔལ་འབྱོར་རིག་གནས་འཕེལ་རྒྱས་ཚད་ཡོད་ཀུང་སི།

དཔེ་སྐྲུན། བོད་ལྗོངས་བོད་ཡིག་དཔེ་སྙིང་དཔེ་སྐྲུན་ཁང་། （ལྷ་ས་གྲོང་ཁྱེར་སེ་ར་ལམ་སྒོ་ཨང་22）

རྩོམ་སྒྲིག་ཁང་གཉིས་པ། （ལྷ་ས་གྲོང་ཁྱེར་གླིང་སྐོར་བྱང་ལམ་སྒོ་ཨང་20）

སྦྲག་ཨང་850000 པར་གཞི་ཀུ་སྤྱོད་ལ་རྟུང་རྟེག་གཏོང་། 0891-6930339

པར་འདེབས་ཚན་པ། བོད་ལྗོངས་པན་བདེ་པར་འདེབས་བཟོ་གྲྭ།

བརྒྱུད་འཚོང་། ཤིན་ཧྭ་དཔེ་ཚོང་ཁང་།

དེབ་ཚད། 710mm×1 000mm 1/16

པར་ཤོག 15

པར་གྲངས། 0001-1200

པར་ཐེངས། 2018ལོའི་ཟླ་9པར་པར་གཞི་དང་པོ་བསྒྲིགས་པར་ཐེངས་དང་པོ་བཏབ།

དཔེ་རྟགས། ISBN 978-7-5700-0126-2

རིན་གོང་། སྒོར་57.00

དཔལ་མགོན་རྫོང་གནམ་མཚོའི་རིག་གནས་དཔེ་ཚོགས་རྩོམ་
སྒྲིག་ཨུ་ཡོན་ལྷན་ཁང་།

བློ་འདྲི་ཨུ་ལ། རྒྱལ་མཚན་དབང་གྲགས། ཚོར་དཀར་ནོ་མོ།
བསྟན་འཛིན་ཐབས་མཁས། བསྟན་པ་ཡར་རྒྱས།
མཆོག་སྤྲུལ་ཀརྨ་གསང་སྔགས་བསྟན་འཛིན།
སོག་ཏུ་ཀརྨ་ཀུན་ཁྱབ། བཀྲ་ཤིས་རྒྱལ་པོ།
ཚེ་རིང་སྟོབས་རྒྱས། ལྷུགས་ཐར་འབུམ།
བློ་བཟང་ལེགས་ལྡན། བྱམས་པ་རྒྱལ་མཚན།

གཙོ་འགན་པ། མཆོག་སྤྲུལ་འཇིགས་མེད་ཐེག་མཆོག་བསྟན་འཛིན།

གཙོ་སྒྲིག་པ། སྨོ་འཛིན་ཐུབ་བསྟན་ཆོས་འབྱོར།
ངོར་རྗེ་སྐལ་བཟང་དགྲ་འདུལ།
སྟོང་ཚ་དབང་ཆེན་བསོད་ནམས།
གཙང་པ་ཡེ་ཤེས་ཐུབ་བསྟན།

ལག་བསྟར་རྩོམ་སྒྲིག་པ། སྟོང་ཚ་དཔའ་ཆེན་བསོད་ནམས།

རྩོམ་སྒྲིག་གཞོན་པ། པདྨ་ཆོས་འཕེལ།

ཀྱི་མཁར་བྱམས་པ་ཚུལ་ཁྲིམས།

ཀུན་བཟང་ཆོས་འཕེལ། ཚེ་རིང་།

དམ་ཆོས་ཉི་མ།

ཞུ་དག་པ། མཆོག་སྤྲུལ་འཇིགས་མེད་ཐེག་མཆོག་བསྟན་འཛིན།

རྡོར་རྗེ་སྐལ་བཟང་དགྲ་འདུལ།

སྨྲོ་འཛིན་ཐུབ་བསྟན་ཆོས་འབྱོར།

སྟོང་ཚ་དཔའ་ཆེན་བསོད་ནམས།

སྔོན་འགྲོའི་གཏམ།

གནམ་མཚོ་ཕྱུག་མོ་རྗོ་རྗེ་ཀུན་གྲགས་མའི་སྲུང་རྡེ་ལྷ་བུའི་ནུ་ཞོ་མངར་མོས་བསྐྱངས་པའི་བྱང་འབྲོག་དཔལ་མགོན་རྫོང་གི་སྟར་སོང་གི་ཚོ་ཁག་སོ་སོའི་ལོ་རྒྱུས་དང་། བརྗིད་ཆགས་པའི་རི་ཡི་རྒྱལ་པོ་ཆུ་ཤེལ་གྱི་མཆོད་རྟེན་འདྲ་བ་གཉན་ཆེན་ཐང་ལྷ་རྡོ་རྗེ་འབར་བ་དང་། སྔན་པའི་གྲགས་པ་དབྱར་གྱི་ཟ་གསང་ཇི་བཞིན་གླིང་ལྷ་མཚོ་བཞིར་ཁྱབ་པའི་བོད་ཡུལ་གྱི་གནས་ཆེན་གསུམ་གྱི་ཡ་གྱལ་གནམ་མཚོ་ཕྱུག་མོ་རྡོ་རྗེ་ཀུན་གྲགས་ཀྱིས་གཙོས་པའི་དཔལ་མགོན་རྫོང་གི་ཐུན་མོང་མ་ཡིན་པའི་ས་འཛིན་ལྷུ་ཁྱུད་ཀྱི་ཕྲེང་བ། ཡོན་ཆབ་བཤམས་འདྲ་གྲངས་ལས་འདས་ཤིང་ཡིད་དུ་འོང་བའི་མཚོའུ་དང་གཙང་ཆབ། ལྷུ་མཐའ་མེད་པའི་ལྗང་མདོག་གི་རྩྭ་ཐང་སོགས་མཛེས་སྡུག་རྣམ་པར་བཀྲ་བའི་ཕྱི་ཡི་སྣོད་དང་། འབྲོག་ལས་རྒྱང་པ་གཉེར་སྐྱོང་བྱེད་པའི་དཔལ་མགོན་རྫོང་ཁོངས་ཀྱི་ཡུལ་ལུང་སོ་སོའི་རྒྱན་གོས། ཟ་འཐུང་སྤྱོད་གསུམ། གཉེན་སྒྲིག་དང་འདས་མཆོད་སོགས་དམིགས་བསལ་གྱི་ཁྱད་ཆོས་ལྡན་པའི་ཡུལ་སྲོལ། གླིང་རྗེ་གེ་སར་རྒྱལ་པོའི་སྒྲུང་གིས་གཙོས་པའི་མི་རིགས་ཀྱི་རྩ་ཆེའི་རིག་གནས་ཤུལ་བཞག གནའ་བོའི་མཁར་ཤུལ། བང་སོ། བྲག་རིས། གཞན་ཡང་ནང་བཅུད་སེམས་ཅན་ནམ་མཁའི་སྤྲིན་ཚོགས་ལྷ་བུའི་རྟ་ནོར་ལུག་གསུམ་གྱི་ཁྱུ་ཚོགས། ཡིད་དུ་འོང་བའི་རྩ་ཆེའི་རི་སྐྱེས་སྔོག་ཆགས་ཁ་དཀར་རྐྱང་། གོག་པོ་གཙོད། བྲེ་སེར་འབྲོང་། རྒྱ་བོ་གནའ་སོགས་མདོར་ན་འབྲོག་པའི་

ཕོ་རྒྱུས་ཤེས་རིག་གི་མི་ཡོང་ལྷ་བུ་འདི་པར་དུ་བསྐྲུན་ནས་རྒྱ་ཆེའི་གཟིགས་པ་པོའི་སྤྱན་ལམ་དུ་བསྟར་ཐུབ་པ་ནི་མཁས་དབང་མཁྱེན་ལྡན་པ་རྣམས་ཀྱིས་བསྔགས་བརྗོད་ཡང་ཡང་བྱེད་འོས་པ་ཞིག་དང་། དད་གུས་ཡང་ཡང་སྐྱེ་འོས་པ་ཞིག་རེད། འབྱུང་འགྱུར་ལོ་རྒྱུས་ཞིབ་འཇུག་དང་། དམངས་སྲོལ་རྟོག་ཞིབ། ཡུལ་སྐོར་ལྗོངས་རྒྱུ་སོགས་ལ་མེད་དུ་མི་རུང་བའི་རིན་ཐང་བྲལ་བའི་དཔེ་དེབ་འདི་བཞིན་རྩོམ་སྒྲིག་བྱེད་པའི་བརྒྱུད་རིམ་དང་དོན་སྙིང་མདོར་བསྡུས་ཙམ་ཞུས་ན། ས་ཁུལ་སྲིད་གྲོས་ཀྱིས་ཇོང་ཁག་སོ་སོའི་ཡུལ་ལུང་གི་བཀོད་པ་དང་། གནའ་དེང་གི་ལོ་རྒྱུས། མི་རིགས་ཀྱི་ཤུལ་བཞག་རིག་གནས་བསྡུ་རུབ་དང་རྩོམ་འབྲི་བྱེད་རྒྱུའི་སྐོར་གྱི་དགོངས་དོན་ཇི་བཞིན་རང་ཇོང་ཏང་ཨུད་སྲིད་གཞུང་དང་། དམངས་འཐུས། སྲིད་གྲོས་བཅས་ཀྱི་ཐད་ཀའི་དབུ་ཁྲིད་འོག དཔལ་མགོན་ཇོང་གི་སྲིད་གྲོས་ཀྱི་ཀྲུའུ་ཞི་སྐུ་གཞོན་གཞན་ཕན་ལྷག་བསམ་དཀར་བའི་ཟབ་མོ་སྐུ་ཚང་༧འཇིགས་མེད་ཐེག་མཆོག་བསྟན་འཛིན་རིན་པོ་ཆེ་ནས་ཐད་ཀར་རིག་གནས་ཀྱི་རྨང་གཞི་ཡོད་ལ། ལས་ཀ་དེར་དགའ་ཞེན་ཡོད་པའི་སེར་སྐྱ་ཤེས་ལྡན་གྱི་མི་ཉི་ཤུ་ལྷག་ཙམ་སྒྲིག་འཛུགས་བྱས་ཏེ། ཐོག་མར་ཟླ་ངོ་གསུམ་ལྷག་གི་རིང་ཀླངས་འཕོར་དང་སྡུག་སྡུག ཞབས་ཐང་བཅས་དཀའ་བ་ཁྱད་བསད་ཀྱིས་ཡུལ་དངོས་ལ་རྟོག་ཞིབ་ནན་མོ་བྱས་ནས་ས་བབ་ཀྱི་མཐོ་ཚད་ཤར་ཐིག་དང་བྱང་ཐིག་གི་གྲངས་འཇལ་བ། ཡུལ་ལྗོངས་ཀྱི་བཀོད་པ་པར་ལེན། འབྲེལ་ཡོད་མི་སྣ་༣༠༠ཙམ་ལ་བཅར་འདྲི་ཞུ་བ་བཅས་ལ་བརྟེན་ནས་རིན་ཐང་བྲལ་བའི་དཔྱད་གཞི་འབོར་ཆེན་ཞིག་འཚོལ་བསྡུ་དང་ལེགས་སྒྲིག་བྱས་ནས་རྨང་གཞིའི་ལས་ཀ་ལེགས་གྲུབ་བྱུང་བ་རེད། སྐུ་ཞབས་

ནོར་བྲང་ཨོ་རྒྱན་དང་ཆབ་འགག་རྟ་མགྲིན་སོགས་མཁས་དབང་མང་པོར་བཀའ་འདྲི་ཞུས་ཏེ་ད་དུང་ཡག་ཐོག་ཡག་བརྗེགས་དང་དོགས་གཞི་མི་ཉུང་བ་ཞིག་གསལ་བཀྲོལ་ཐུབ་པ་རེད། བྱ་གཞག་འདིའི་སྙིང་དོན་མདོ་ཙམ་ཞུས་ན། འཛམ་གླིང་ལ་གྲགས་ཆེ་བ་རང་རྒྱལ་གྱི་མཚོ་ཆེན་ཨང་གཉིས་པ་སྟེ། གནམ་མཚོ་ཕྱུག་མོའི་སུམ་ཆ་གཉིས་དཔལ་མགོན་རྫོང་གི་ཁོངས་སུ་གཏོགས་པ་དང་། གནམ་མཚོའི་ཕྱོགས་བཞིར་དགེ་འདུན་གྱི་སྡེ་བཞི་ཡོད་པ་ལས་གུར་ཆུང་དགོན་ཐུབ་བསྟན་ཆོས་འཁོར་གླིང་། གནས་མཆོག་དོ་སྐྱ་དགོན། བྱ་དོ་དབེན་གནས་བཀྲ་ཤིས་བསམ་གཏན་གླིང་དགོན་གསུམ་དཔལ་མགོན་རྫོང་གི་ཁོངས་སུ་གཏོགས་ཡོད། གནས་མཆོག་གནམ་མཚོའི་ཉིན་སྲིབ་ཏུ་གདོང་ཆེན་བཅུ་དགུ་དང་དོ་ཆེན་བཅོ་བརྒྱད་ཡོད་པ་ལས་དཔལ་མགོན་རྫོང་གི་ཁོངས་སུ་གཏོགས་པ་གདོང་ཆེན་དགུ་དང་དོ་ཆེན་བཅུ་གཅིག་ཡོད། ཕྱོགས་བཞིར་སྲིད་འཛིན་གྱི་ཤང་དང་གྲོང་རྡལ་ལྔ་ཡོད་པ་ལས་ཉི་མ་ཤང་། ཕྱིང་ལུང་ཤང་། སྤོ་ཆེ་ཤང་། དལ་སྦྲིན་གྲོང་རྡལ་བཅས་ཤང་གྲོང་བཞི་རང་རེ་དཔལ་མགོན་རྫོང་གི་ཁོངས་སུ་གཏོགས་པ་ཡིན། གཞན་ཡང་རང་རྫོང་གི་སྲོལ་རྒྱུན་གྱི་རྟ་རྒྱུག་དུས་ཆེན་གྱི་མིང་ཡང་གནམ་མཚོའི་ཡུལ་སྲོལ་རྟ་རྒྱུག་ཟེར། སྔར་གྱི་ལོ་རྒྱུས་སུའང་འདམ་བརྒྱ་ཤོག་བརྒྱད་ཀྱི་ཚོ་པ་ཆེ་ཤོས་ཆོས་འཁོར་ཚོ་པ་ཞེས་པ་དེ་དེང་སྐབས་རང་རྫོང་གི་ཉི་མ་ཤང་དང་བལ་ལ་གྲོང་རྡལ་གཉིས་ཀྱི་ཁོངས་གཏོགས་ཡིན། མཁར་ཆོས་ཚོ་པའི་ཡུལ་ལྷ་རྡོ་རྗེ་ཀྲུང་ཁྲ་ཞེས་པ་དེ། ཡབ་གཉན་ཆེན་ཐང་ལྷ་དང་ཡུམ་གཡུ་ཡི་དེའུ་ཡིན་པས་གནམ་མཚོའི་ཡུལ་སྲོལ་རིག་གནས་རྩོམ་འབྲི་བྱ་རྒྱུ་ནི་དཔལ་མགོན་རྫོང་གི་འབྲོག་དམངས་ཁྲི་སྟོང་མང་པོ་

དང་། མཁྱེན་སྦྱོང་གཉིས་ལྡན་གྱི་རིག་པའི་དཔའ་བོ་རྣམས་ཀྱི་གཡོལ་ཐབས་མེད་པའི་འོས་འགན་ཆྲབས་པོ་ཆེ་ཞིག་རེད། ད་རེས་གོ་སྐབས་འདི་དང་བསྟུན་ནས། དཔེ་ཕྲེང་འདི་རྩོམ་འབྲིའི་ལས་ཀར་ཐུགས་ཁུར་དང་། རྒྱབ་སྐྱོར་གནང་མཁན་རང་རྫོང་གི་ལས་འཛུར་ངལ་གསོ་གནང་མཁན་གྱི་ལས་བྱེད་ཏན་གྲུས། བཟོ་པ། འབྲོག་དམངས། སྐྱི་ཁུངས་དཔལ་མགོན་རྫོང་ནས་ཡིན་ཞིང་ས་ཕྱོགས་གཞན་དུ་ཕྱུག་ལས་གནང་བཞིན་པའི་ལས་བྱེད་པ། ལས་བཟོ་བ། ཤེས་ལྡན་པ་རྣམས་ལ་སྙིང་དབུས་ནས་བཀའ་དྲིན་ཆེ་ཞུ་རྒྱུ་ཡིན།

ནག་ཚུ་ས་གནས་སྲིད་གྲོས་ཀྲུའུ་ཞི།

2016ལོའི་ཟླ་ཚེས་བཟང་པོར།

ཐོག་མའི་མཚམས་སྦྱོར།

ས་འཛིན་དཀར་པོའི་ཨུ་ཁྱུད་ཀྱིས་ཡོངས་སུ་བསྐོར་ཞིང་བསིལ་ལྗོངས་མཐོ་སྒང་གི་ཡང་རྩེ་རུ་གནས་པའི་བྱང་འབྲོག་དཔལ་མགོན་གྱི་ཡུལ་སྡེ་འདི་ཉིད་ནི། སྲིད་པའི་ལྷ་དགུ་དང་རྫེ་ཡི་མགུར་ལྷ་བཅུ་གསུམ་གྱི་གཙོ་བོ་གངས་རི་གཉན་ཆེན་ཐང་ལྷའི་མདུན་རོལ། གྲགས་པའི་མཚོ་ཆེན་བཞི་ཡི་ཡ་གྱལ་གནམ་མཚོ་ཕྱུག་མོའམ་རང་བྱུང་རྒྱལ་མོའི་མཐའ་འཁོར་དུ་གཞིས་ཆགས་ནས་ཡོད། གཞན་ཡང་ཞལ་དཀར་བཅུ་གསུམ་དང་བསེན་མོ་སྤུན་བདུན་སོགས་བརྗིད་ལྡན་རི་བོ་གྲངས་མེད་ཀྱིས་མཐའ་ནས་བསྐོར་ཞིང་དྭངས་གཙང་གི་མཚོ་མོ་མང་པོ་ཐ་རླབས་ཀྱི་ཟེགས་མ་མཁའ་རུ་འཕྱོ་བཞིན་ཡོད་པ་སོགས་རང་བྱུང་ཁོར་ཡུག་གི་ཆགས་དབྱིབས་ཤིན་ཏུ་ཉམས་དགའ་བ་ཞིག་ཡིན་ལ། ཡངས་པའི་རྩྭ་ཐང་གི་སྟེང་དུ་རི་དྭགས་དང་གཡུང་དྭགས་ཀྱི་ཚོགས་རྣམས་བག་ཡངས་བདེ་བར་རྒྱུ་ཞིང་ལས་ལ་བརྩོན་ཞིང་སྙིང་སྟོབས་ལྡན་པའི་འབྲོག་སྡེ་ཕྱུག་མོ་རྒྱུ་སྐར་ཐང་ལ་བཀྲམ་པ་ལྟར་བྱར་གནས་ཡོད། དེ་ལྟར་སྟོད་བཅུད་ཕུན་སུམ་ཚོགས་པའི་བྱང་ཐང་གི་འབྲོག་སྡེ་འདི་ལ་ཕ་ཚ་བུ་རབས་མང་པོས་རང་ཉིད་འཚོ་གནས་ཀྱི་ཆེད་དུ་དཀའ་བ་སྤྱད་དེ་འབྲོག་ལས་ཐོན་སྐྱེད་ཀྱི་ནང་ནས་རིན་ཐང་བྲལ་བའི་ཉམས་མྱོང་གསོག་འཇོག་བྱེད་པ་དང་ལྷན་དུ་དམངས་སྲོལ་རིག་གནས་དང་། ཕ་མེས་ཡང་མེས་ཚོའི་བློ་གྲོས་ཀྱི་ཞིང་ས་གཤིན་པོ་ལས་འབྲུངས་པའི་རིན་བྲལ་གྱི་རིག་གཞུང་མང་པོ་ཞིག་ང་ཚོ་ཕྱི་རབས་པར་འཛད་མཐའ་མེད་པའི་ལོངས་སྤྱོད་དུ་བསྐྱལ་ཡོད་པ་ནི་སྨོས་

ག་ལ་དགོས། མྱུར་བགྲོད་དུས་ཀྱི་ཁུག་པ་བདུན་གསུམ་ཉེར་གཅིག་ཏུ་སླེབས་པའི་སྐབས་འདིར་ཡངས་པའི་ཐ་གྲུ་ཀུན་ཏུ་ཚན་རྩལ་གྱི་འཕེལ་ཁ་རྒྱས་ཤིང་གསར་དར་གྱི་མེ་ལྡེ་འཕྲུར་བཞིན་ཡོད་པས། ང་ཚོས་རང་རིགས་ཀྱི་རིན་ཐང་ནོར་བུ་འདི་ཚོར་དྲི་མེད་ལྷག་བསམ་གྱིས་ཕྱི་དོར་ཡང་ཡང་དུ་བྱས་ནས་ཟླུམ་གཟུགས་གོ་ལའི་ཁྱོན་དུ་འོད་སྣང་གིས་ཁྱབ་པ་ཞིག་བྱེད་དགོས་པ་ནི་བློ་ལྡན་ཞང་གཉིས་པ་ཀུན་གྱི་གཡོལ་དུ་མེད་པའི་ཐུག་བབས་ཀྱི་འོས་འགན་ཞིག་ཏུ་གྲུབ་ཡོད་པ་ཡིན། དེར་བརྟེན་ད་ལམ་དཔལ་མགོན་རྫོང་གནམ་མཚོའི་རིག་གནས་དཔེ་ཚོགས་ཞེས་པ་རྩོམ་སྒྲིག་གི་ལས་གཞི་འགོ་བཙུགས་ཏེ་སྔན་པའི་གྲགས་པ་འཛམ་གླིང་དུ་ཁྱབ་པའི་བྱང་གནམ་མཚོ་ཕྱུག་མོའི་སྟོད་བཅུད་ཀྱི་བཀོད་པ་ཡོངས་རྫོགས་ཡི་གེར་བཀོད་ནས་སྐྱེ་བོ་ཀུན་གྱི་སྒོ་གསུམ་གྱི་ལོངས་སྤྱོད་དུ་འབུལ་ཐུབ་པའི་རེ་བ་བྱས་ཡོད། ཐོག་མར་ངས་རྣམ་དཔྱོད་ཀྱི་སྤྱན་རས་ཡངས་པའི་རྒྱ་ཆེའི་གཟིགས་པ་པོ་དག་ལ་ང་ཚོའི་ལས་ཀ་འདིའི་བྱེད་ཕྱོགས་དང་བརྒྱུད་རིམ་རགས་ཙམ་ཞིག་ངོ་སྤྲོད་ཞུ་བར་འདོད།

༡ ཐོག་མའི་རྨང་གཞི།

ཏང་གི་ཚོགས་ཆེན་བཅོ་བརྒྱད་པའི་ཐོག་ཏུ་བཏོན་གནང་བའི་རང་རྒྱལ་འདི་ཉིད་རིག་གནས་སྟོབས་ལྡན་གྱི་རྒྱལ་ཁབ་ཅིག་ཏུ་འཛུགས་སྐྲུན་བྱེད་པའི་དམིགས་ཚད་གཞིར་བཟུང་། ནག་ཆུ་ས་གནས་སྲིད་གྲོས་ཀྱིས་རང་ཇོང་གི་ཡུལ་སྡེའི་སྔོན་བྱུང་ལོ་རྒྱུས་ཡི་གེར་བཀོད་དགོས་པའི་བླང་བྱ་བཏོན་གནང་བ་བརྒྱུད་རང་ཇོང་དང་འབྲེལ་ཡོད་ཚན་པ་ཁག་ལ་རང་ཁུལ་གྱི་ཐུན་མིན་ཁྱད་ཆོས་ལྡན་པའི་རིག་གནས་མཐའ་དག་འཚོལ་ཞིབ་དང་། ལེགས་སྒྲིག ། དཔེ་སྐྲུན་བྱེད་ཆོག་པའི་ཆོག་མཆན་ཞུས་པ་ཡིན། ས་གནས་སྲིད་གྲོས་ཀྱི་ཀྲུའུ་ཞི་རྒྱལ་མཚན་དབང་གྲགས་དང་། རང་ཇོང་གི་ཏང་ཡུད་དང་སྲིད་གཞུང་གིས་ལྷ་ན་མེད་པའི་ཐུགས་ཁུར་དང་རྒྱབ་སྐྱོར་གནང་ནས་ཆོག་མཆན་གནང་བ་དང་སྔ་ཕྱི་བར་གསུམ་གྱི་མཐུན་རྐྱེན་ཡོད་ཚད་སྐྲུན་གནང་བ། དེ་བཞིན་བོད་ལྗོངས་དཔེ་མཛོད་ཁང་གི་དབུ་འཛིན་ཧོར་དཀར་ནོ་མོ་སོགས་ཀྱི་ཤུགས་ཆེའི་རྒྱབ་སྐྱོར་འོག རང་ས་ཁུལ་གྱི་དགོན་སྡེའི་མཁན་སློབ་དང་དགེ་འདུན་ཤེས་ཡོན་ཅན། དེ་བཞིན་བོད་ཀྱི་རིག་གཞུང་སྤྱི་དང་དམངས་ཁྲོད་ཀྱི་རིག་གནས་ལ་རྒྱུས་མངའ་དང་ལྷག་བསམ་ཡོད་པའི་ཤེས་ཡོན་ཅན་གྱི་མི་སྣ་ཉི་ཤུ་ལྷག་ཙམ་བསྟུ་རུབ་བྱས་ནས་སྤྱི་ལོ་༢༠༡༥ལོའི་ཟླ་བ་༧པའི་ཚེས་༢༧ཉིན་དངོས་སུ་ "དཔལ་མགོན་ཇོང་གནམ་མཚོའི་རིག་གནས་དཔེ་ཚོགས་རྩོམ་སྒྲིག་ཨུ་ཡོན་ལྷན་ཁང་" དབུ་བརྙེས་ཐུབ་པ་བྱུང་ཡོད།

༢ ལས་ཀ་དངོས་ཀྱི་བརྒྱུད་རིམ།

དུས་རིམ་དང་པོར་རང་ རྗོང་ཁོངས་སུ་གནས་པའི་གྲོང་རྡལ་དང་ཡུལ་ཤོག་བཅུ་ཡི་གྲོང་ཚོ་ཚང་མར་གཤམ་བསྐྱོད་ཀྱི་བྱེད་སྒོ་ཐེངས་མང་སྤེལ་ནས་ཚོ་པ་དང་མི་སྣའི་ལོ་རྒྱུས། རང་བྱུང་སྣོད་བཅུད་ཀྱི་ཁྱད་ཆོས་དང་གཏམ་རྒྱུད་སོགས་ལོ་རྒྱུས་དངོས་ཀྱི་བདེན་དཔང་དུ་གྱུར་པའི་ལོ་ན་༧༠ནས་༨༠བར་གྱི་རྒན་རབས་༣༠༠ལྷག་ལ་བཙར་འདྲི་ཞུས་ནས་ནང་དོན་ཁག་ཚང་མ་རེ་རེ་བཞིན་ཟིན་བྲིས་སུ་བཀོད་ཡོད་ལ། རང་རྗོང་གི་སར་གནས་པའི་གྲགས་ཆེན་གྱི་རི་མཚོ་དང་། ལོ་རྒྱུས་ཡུན་རིང་ལྡན་པའི་གནའ་བོའི་གཙུག་ལག་རིས་དང་རྗེ་ཡིག་གནའ་ཤུལ། འགྲོག་པའི་ཁྱད་ལྡན་གྱི་ཡུལ་སྲོལ་རིག་གནས་བསྡུ་སྒྲིག་དང་པར་ལེན་ཞིབ་ཚགས་བྱས་ཡོད།

དུས་རིམ་དང་པོའི་གཤམ་བསྐྱོད་ཀྱི་ལས་གཞི་མཇུག་སྒྲིལ་བ་དང་མཉམ་དུ་མཚན་སྙན་ཕྱོགས་མཐར་ཁྱབ་པའི་མཁས་དབང་ཆེན་མོ་ནོར་བྲང་ཨོ་རྒྱན་དང་། ཆབ་འགག་རྟ་མགྲིན། བོད་ལྗོངས་དཔེ་མཛོད་ཁང་གི་དབུ་འཛིན་མཁས་དབང་ཧོར་དཀར་ནོ་མོ་སོགས་མཁས་དབང་བཅུ་ལྷག་དང་། ལྗོངས་དངོས་མིན་རིག་གནས་ཤུལ་བཞག་གི་དབུ་འཛིན་དང་མཁས་དབང་། དེ་བཞིན་ནག་ཆུ་ས་གནས་ཀྱི་འབྲེལ་ཡོད་ཚན་པ་ཁག་གི་དབུ་ཁྲིད་བཅས་ཆེད་དུ་དབུས་ལྷ་ལྡན་གྲོང་ཁྱེར་དུ་གདན་འདྲེན་ཞུས་ནས་ང་ཚོའི་ལས་ཀའི་བྱེད་ཕྱོགས་དང་ལོ་རྒྱུས་ཀྱི་གལ་ཆེའི་དོགས་གནད་ཁག་ལ་བཀའ་འདྲི་དང་བཀའ་སློབ་ཞུས་པར། ཁོང་རྣམ་པས་ཕྱོགས་ཡོངས་ཀྱི་ལས་ཀར་ཕྲ་ན་མེད་པའི་མཇུབ་ཁྲིད་དང་ཚད་མཐོའི་གདེང་འཇོག་གནང་ཡོད་ལ་རང་རྗོང་དུ་ཡོད་པའི་གནའ་རབས་ཀྱི་ཡིག་རིས་དག་ལ་ཆེད་ལས་

མཁས་དབང་རྣམ་པས་དམིགས་བསལ་གྱིས་མཐོང་ཆེན་གནང་ཡོད། དུས་རིམ་གཉིས་པའི་ནང་དུ་འཚོལ་བསྡུ་བྱས་པའི་ལོ་རྒྱུས་དང་། དམངས་སྲོལ་རིག་གནས་ཁག་མ་མཐུད་ཡི་གེར་བཀོད་དེ་དཔེ་སྐྲུན་དང་འགྲེམས་སྤེལ་བྱེད་བཞིན་ཡོད།

༣ དཔེ་ཚོགས་ཀྱི་ནང་དོན།

རྒྱལ་ཡུལ་གནམ་མཚོ་ཁྲུག་མོ་དང་གཉན་ཆེན་ཐང་ལྷའི་ངོ་མཚར་གནས་ཀྱི་བྱུང་བ་དང་། མི་ལོ་སྟོང་ཕྲག་གི་ལོ་རྒྱུས་ལྡན་པའི་གནམ་མཚོའི་སྲོལ་རྒྱུན་སྐོར་ལམ་གྱི་ངོ་སྤྲོད། དེ་བཞིན་རི་ཆུའི་རིག་གནས་དང་། ཚོ་པའི་ལོ་རྒྱུས། གླིང་སྒྲུང་དང་འབྲེལ་བའི་བཤད་སྲོལ། གྲགས་ཅན་གྱི་མི་སྣའི་ལོ་རྒྱུས། ཡུལ་སྲོལ་གོམས་གཤིས། བྱང་ཐང་གསོ་རིག འབྲོག་པའི་གནའ་རྫས་ཀྱི་པར་རིས། དམངས་ཁྲོད་སྒྲུང་གཏམ། གཏམ་དཔེ། ལ་གླུ། ལས་གླུ། སྲོལ་རྒྱུན་རྩེད་རིགས། ཚ་པའི་རིག་གནས། གཉེན་སྲོལ་རིག་གནས་སོགས་རང་ས་ཁུལ་གྱི་སྣ་མང་ཕུན་སུམ་ཚོགས་པའི་རིག་གནས་དག་བརྗོད་བྱ་གཙོ་བོར་བཟུང་ཡོད།

༤ དམིགས་ཡུལ་དང་རེ་བ།

ད་ཐེངས་དཀའ་བ་བརྒྱ་ཕྲག་དང་ངལ་བ་སྟོང་ཕྲག་ཁྱད་དུ་བསད་ནས་རང་ས་ཁུལ་གྱི་སྲོལ་རྒྱུན་རིག་གནས་དང་གལ་ཆེའི་ལོ་རྒྱུས་མཐའ་དག་འཚོལ་བསྡུ་བྱས་ནས་དཔེ་སྐྲུན་འགྲེམས་སྤེལ་བྱེད་པའི་དམིགས་ཡུལ་གཙོ་བོ་ནི། འདས་པའི་མི་ལོ་ཁྲི་ཕྲག་གི་འཚོ་བའི་ཁྲོད་དུ་གནའ་མིའི་བློ་གྲོས་ཀྱི་རྩལ་ལས་བྱུང་བའི་ངོ་མཚར་ཅན་གྱི་རིག་གནས་འདི་དག་བོད་རིག་པའི་ཤེས་ལྡན་པ་ཚོའི་ཞིབ་འཇུག་དཔྱད་གཞིར་འགྱུར་བ་དང་། རིག་གནས་སྟོབས་ལྡན་གྱི་རྒྱལ་ཁབ་འཛུགས་སྐྲུན་བྱེད་རྒྱུའི་

ཐད་ལ་ལེགས་སྐྱེས་འབུལ་ཐུབ་པ། ལྷག་པར་དུས་ཀྱི་ཁྱུག་པ་མང་པོ་ཞིག་གི་བརྒྱུད་རིམ་གྱི་ཁྲོད་དུ་ཉམས་འགྲོ་བའི་སྲོལ་རྒྱུན་རིག་གནས་དེ་དག་ཚེ་སྲོག་གི་དབུགས་རྒྱུན་སླར་ཡང་མཐུད་ནས་གསོན་ཐུབ་པ་མ་ཟད་སྔོན་བཙུད་ཀྱི་འཛིག་རྟེན་ཆེན་པོ་མཉམ་གནས་ཀྱི་མཐུན་རྐྱེན་དུ་འགྱུར་ཐུབ་པའི་དམིགས་ཡུལ་གཙོ་བོར་བཟུང་ཡོད། གཞན་ཡང་མཁན་ཆེན་ཚུལ་ཁྲིམས་རྒྱན་མཚན་གྱི་ཞལ་ནས། ཕ་ནོར་འདོད་དགུའི་བང་མཛོད་འདི་འདྲ་བ། །རང་ལ་ཡོད་པས་འཛིན་སྐྱོང་སྤེལ་གསུམ་གྱིས། །རང་གཞན་དོན་གཉིས་སྒྲུབ་ལ་མི་བརྩོན་པར། །གཞན་ཟེར་སློང་ལ་རྒྱུགས་པ་སྨྱོའམ་ཅི། །ཞེས་གསུངས་པ་ལྟར་མེས་པོའི་ཤུལ་བཞག་གི་ནོར་བུ་འདི་དག་མི་རབས་རྗེས་མ་དག་ལ་བརྒྱུད་སྤྲོད་བྱས་ནས་རང་མི་རིགས་ཀྱི་རིག་གནས་དེ་བས་གོང་འཕེལ་དང་རྒྱུན་འཛིན་བྱེད་ཐུབ་པའི་རེ་བ་སེམས་དབུས་སུ་འཆང་བཞིན་ཡོད།

མཇུག་མཐར་ལས་ཀ་འདིར་སྔ་ཕྱི་བར་གསུམ་དུ་རྒྱབ་སྐྱོར་གནང་མཁན་ཡོངས་ལ་སྙིང་ཐག་པ་ནས་ཐུགས་རྗེ་ཆེ་ཞུ་བ་དང་ཆབས་ཅིག་རྒྱ་ཆེའི་ཀློག་པ་པོ་དག་གིས་ངེད་གནམ་མཚོའི་རིག་གནས་དཔེ་ཚོགས་ཀྱི་དེབ་ཕྲེང་ཁག་གི་བརྗོད་བྱ་དོན་དང་རྗོད་བྱེད་ཚིག་སོགས་ཀྱི་ཐད་ལ་རིན་ཐང་གི་དགོངས་འཆར་ལྷུག་སྩོལ་གནང་བའི་རེ་བ་སོར་བཙུ་བྲང་ལ་སྦྱར་ནས་ཞུ་བ་ལགས་སོ། །

གནམ་མཚོའི་རིག་གནས་དཔེ་ཚོགས་ཀྱི་སྤྱིའི་འགན་འཁུར་བ། ཟབ་མོ་དགོན་གྱི་སྤྲུལ་སྐུ། 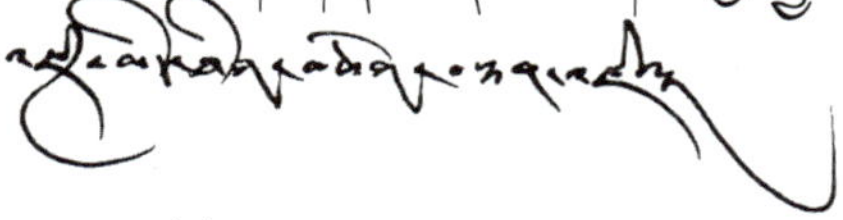

བོད་རབ་བྱུང་བཅུ་བདུན་པའི་ཤིང་ལུག་ལོའི་ཟླ་ཚེས་བཟང་པོར་བྲིས།

དཀར་ཆག

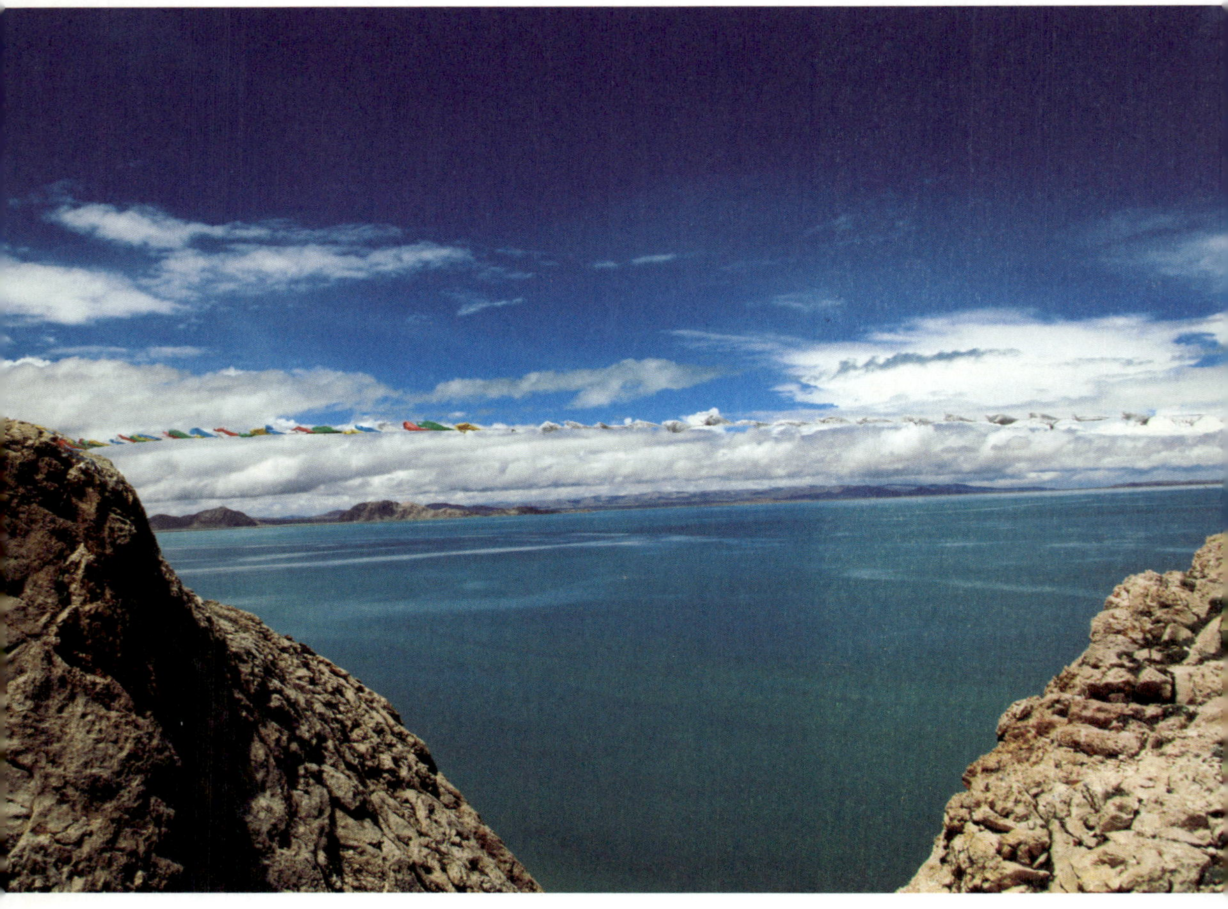

མཚོ་ངོས་ཀྱི་མཛེས་ལྗོངས།

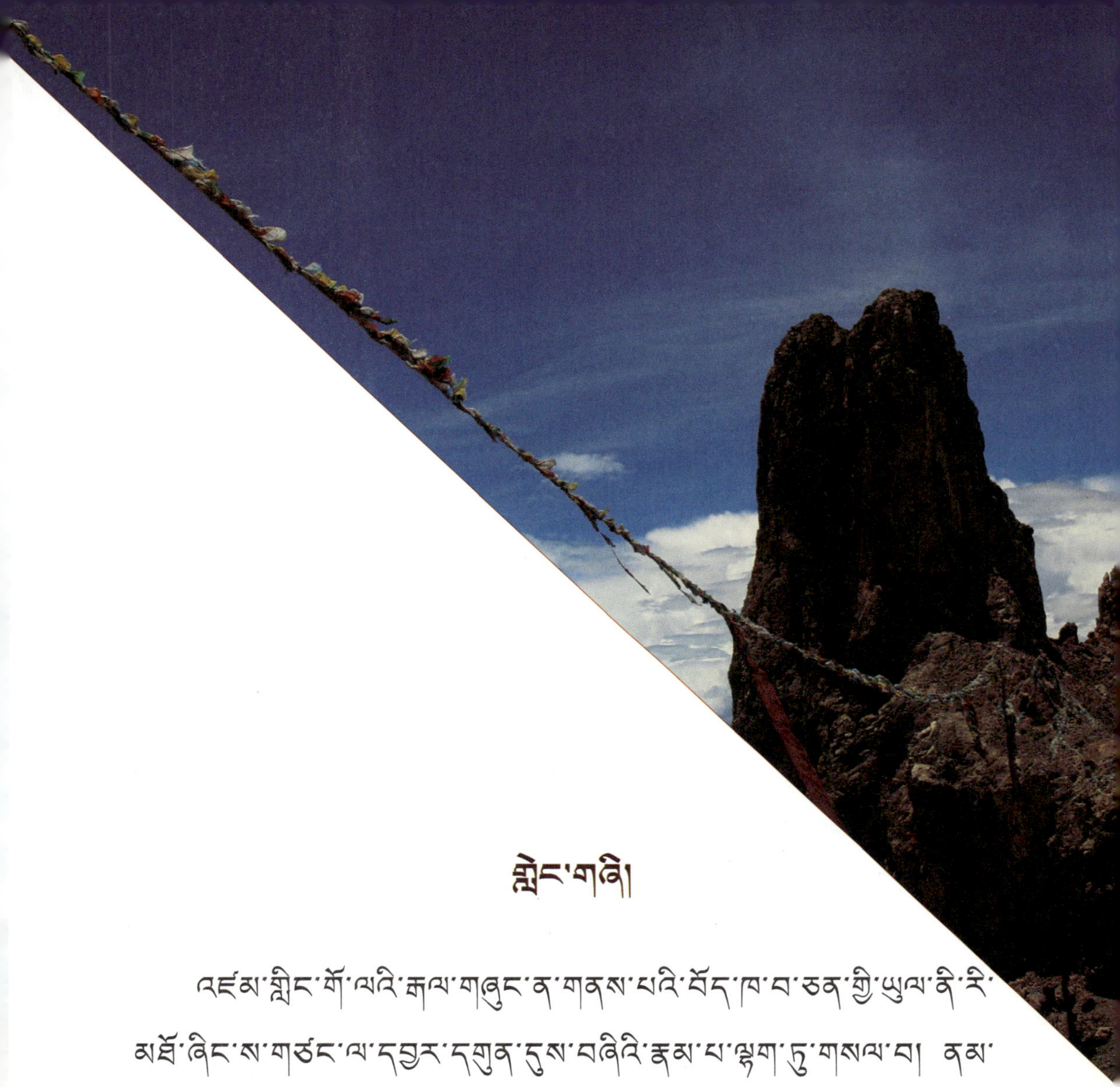

གླེང་གཞི།

འཛམ་གླིང་གོ་ལའི་རྒྱལ་གཞུང་ན་གནས་པའི་བོད་ཁ་བ་ཅན་གྱི་ཡུལ་ནི་རི་མཐོ་ཞིང་ས་གཙང་ལ་དབྱར་དགུན་དུས་བཞིའི་རྣམ་པ་ལྷག་ཏུ་གསལ་བ། ནམ་མཁའ་མཐིང་ལྟར་སྔོ་ཞིང་སྤྲིན་པ་བལ་ལྟར་དཀར་བ། མུ་ཏིག་སྟར་ལ་བརྒྱུས་འདྲའི་གངས་རི་གྲངས་མེད་ཀྱིས་མཐའ་ནས་བསྐོར་ཞིང་། བཻཌཱུརྱ་ཞུན་མའི་ཁུ་བ་ལྷུགས་འདྲའི་མཚོ་དང་མཚེའུ་མང་པོ་ལྟེམ་མེར་འཁྱིལ་བ་སོགས་མཛེས་སྡུག་གི་བཀོད་པ་ཁྱད་དུ་འཕགས་ཤིང་སྲོལ་རྒྱུན་རིག་གནས་ཀྱི་ནང་མཛོད་བལྟམས་པའི་མི་ཡུལ་གྱི་དག་ཞིང་དུ་འབོད་སའི་གནས་མཆོག་ཅིག་ཡིན། དེ་བས་ཀྱང་ཆེས་ཡང་རྩེ་རུ་གནས་པའི་བོད་བྱང་ཐང་ནི་གངས་མཚོ་ཐང་གསུམ་གྱི་ཁོར་ཡུག་ལྷག་པར་

མཛེས་ཤིང་རི་སྐྱེས་སྲོག་ཆགས་ཀྱི་ཕ་ཁྱིམ་ལྟ་བུར་གྱུར་ཡོད་ལ་གནའ་བོའི་ཤེས་རིག་གི་ལྟེ་གནས་གཙོ་བོ་ཞིག་ཀྱང་ཡིན། དེ་བས་མདོ་དབུས་མཐོ་སྒང་གི་ཡང་རྩེའི་མཛེས་སྡུག་ནི་འཛམ་གླིང་ཐུན་མོང་གི་མཛེས་སྡུག་རེད་ལ་མེས་རྒྱལ་གྱི་གཟི་བརྗིད་དང་མི་རིགས་ཀྱི་གཟི་བརྗིད་ཀྱང་ཡིན། སའི་གོ་ལ་ནི་འགྲོ་བ་མིའི་རིགས་ཀྱི་ཐུན་མོང་གི་ཁྱིམ་གཞིས་ཤིག་ཡིན། གོ་ལའི་སྟེང་གི་རང་བྱུང་ཁམས་ཀྱི་མཛེས་སྡུག་དང་མིའི་རིགས་ཀྱི་རྣམ་དཔྱོད་ཀྱི་རྩལ་ལས་ཐོན་པའི་གནའ་དེང་གི་རིག་གནས་དག་ཀྱང་གོ་ལ་ཧྲིལ་པོའི་སྟེང་གི་མི་རིགས་ཁག་གིས་ལོངས་སུ་སྤྱོད་ཆོག་པའི་ཐུན་མོང་གི་ཁོར་ཡུག་དང་རིག་གནས་ཤིག་ལོས་ཀྱང་ཡིན། ལྷག་པར་དུ་དུས་རབས་འཕེལ་རྒྱས་དང་ཆ་འཕྲིན་སྣེ་མང་གི་ཕྱོགས་སུ་བསྐྱོད་དེ་འཛམ་གླིང་ཁྱིམ་གཅིག་གི་རྣམ་པར་འགྱུར་བཞིན་པའི་དུས་འདིར་རྒྱལ་ཁབ་ཕན་ཚུན་དང་མི་རིགས་ཕན་ཚུན་གྱི་བར་ལ་རང་བྱུང་ཁམས་ཀྱི་མཛེས་སྡུག་ལ་སྤྱོད་རོལ་བྱེད་རེས་དང་། གནའ་དེང་གི་རིག་གནས་དག་ཀྱང་ཕན་ཚུན་སྤེལ་རེས་བྱེད་པའི་དུས་སྐབས་བཟང་པོ་ཞིག་ཏུ་ཐོན་ཡོད། ཨ་ཙང་ཙང་། ང་ནི་མདོ་དབུས་མཐོ་སྒང་གི་ཡང་རྩེ་ན་གནས་པའི་བོད་བྱང་ཐང་གི་འབྲོག་པ་ཞིག་ཡིན། ངའི་ཕ་ཡུལ་ན་མུ་ཏིག་གི་ཕོ་བྲང་ལྟ་བུའི་གངས་རི་དང་། ནམ་མཁའ་གདན་དུ་བཏིང་འདྲའི་མཚོ་མོ། གཡུ་ཡི་མེ་ལོང་ལ་རིན་ཆེན་སྣ་ལྔའི་ཁྲ་ཚོམ་བརྒྱན་འདྲའི་རྩྭ་ཐང་སོགས་ངོ་མཚར་ཅན་གྱི་མཛེས་ལྗོངས་ཡོད་ལ། ས་མཐོའི་གླིང་ནོར་དུ་གྱུར་པའི་རི་སྐྱེས་སྲོག་ཆགས་བྲེ་སེར་འབྲོང་དང་། རྩལ་ཆེན་དྲེད། ཁ་དཀར་རྐྱང་། གོག་པོ་གཙོད། རྒྱ་བོ་གནའ་སོགས་རིགས་མི་འདྲ་བའི་རི་དྭགས་སྣ་ཚོགས་རྩྭ་ཐང་གི་སྟེང་དུ་བག་ཕེབས་ཀྱིས་གནས་ཡོད་

ལ། ཁྲུང་ཁྲུང་མགྲིན་ནག་དང་། ཐང་དཀར་རྐོད་པོ། གོ་བོ་ལྕང་དཀར། རྩལ་ཆེན་ལྕག་རྐོད། ངང་པ་དཀར་སེར། ལྷ་བྱ་གོང་མོ་སོགས་འདབ་ཆགས་རིགས་སྣ་ཚོགས་ལྡེམ་མྱུར་གྱིས་གཞོག་རྩལ་ངོམ་བཞིན་ཡོད། མིས་བདག་ཏུ་བཟུང་བའི་སྒོ་ཕྱུགས་འདི་བ་རྟ། ནག་ཆུང་ནོར། གཡང་མོ་ལུག ཅེ་ཅེ་ར་བཅས་གཡང་ཕྱུགས་ར་བ་སྒོ་བཞི་སྐར་ཚོགས་ས་ལ་འཐོས་པ་ལྟ་བུར་རྩྭ་ཐང་གི་སྟེང་དུ་ཁྱབ་ནས་གནས་ཡོད། འབྲོག་པའི་གནའ་བོའི་གཞིས་ཁྱིམ་སྦྲ་ནག་གུ་བཞིའི་ནང་དུ་མི་རིགས་ཀྱི་ཁྱད་ཆོས་ལྡན་པའི་འཚོ་བའི་ཡོ་བྱད་དང་། ཞིམ་མངར་རོ་བཅུད་ལྡན་པའི་དྭངས་གཙང་འབྲོག་ཟས། ས་མཐོའི་གྲང་རླུང་འགོག་པའི་སྲོལ་རྒྱུན་རྒྱན་གོས་སོགས་ཁྱད་ཆོས་འབུར་དུ་ཐོན་པའི་གནའ་བོའི་རིག་གནས་ཀྱི་བང་མཛོད་དུ་གྱུར་ཡོད། སྐབས་འདིར་ངས་རྒྱལ་སྤྱིའི་ཡུལ་སྐོར་བ་དག་ལ་ངོ་སྤྲོད་ཞུ་རྒྱུ་ནི། བོད་ལྗོངས་ཀྱི་ལྟེ་བའི་གྲོང་ཁྱེར་གནས་མཆོག་ལྷ་སའི་བྱང་ཕྱོགས། ནག་ཆུ་ས་ཁུལ་གྱི་ནུབ་བརྒྱུད་དཔལ་མགོན་རྫོང་དང་། ཤེལ་རྩྭ་རྫོང་། མཚོའུ་གཉིས་རྫོང་བཅས་ཀྱི་ས་མཚམས་ན་གནས་པའི་ཐེ་གླིང་འདུས་མཚོའི་རང་བྱུང་ཁོར་ཡུག་གི་མཛེས་ལྗོངས་དང་གཏམ་རྒྱུད་སོགས་མིག་ཡིད་རྣ་བའི་དགའ་སྟོན་དུ་གྱུར་པའི་ཐེ་གླིང་འདུས་མཚོའི་རང་བྱུང་ཁོར་ཡུག་གི་རིག་གནས་ཀྱི་སྐོར་ནས་ཞུ་རྒྱུ་ཡིན། དེ་ཡང་ཐེ་གླིང་འདུས་མཚོ་ནི་བོད་ལྗོངས་ཁུལ་གྱི་མཚོ་ཆེན་ཨང་གཉིས་པ་དང་། འཛམ་གླིང་སྟེང་གི་ས་བབ་མཐོ་བའི་ཚྭ་ལྡན་གྱི་མཚོའུ་ཆེ་ གྲས་ཀྱི་ཁོངས་སུ་གཏོགས་ཀྱི་ཡོད་ལ་རྒྱལ་ཁབ་རིམ་པའི་གངས་ལྗོངས་ས་མཐོའི་གཞའ་ཚོན་ཅན་གྱི་རང་བྱུང་ཁོར་ཡུག་སྲུང་སྐྱོབ་ཁུལ་ཞིག་ཡིན། ས་བབ་མཐོ་ཚད་རྒྱ་མཚོའི་ངོས་ལས་སྨིད་༤༥༣༨ ཟིན་གྱི་ཡོད་ལ་ཤར་ནུབ་ཀྱི་རིང་ཚད་སྤྱི་

ལོ་༧༢ དང་ཞེང་ཚད་ལ་ཆ་སྙོམས་སྤྱི་ལེ་ངོས་སྙོམས་གྲུ་བཞི་མ་༢༣༩༧ ཡོད། ཟི་ གླིང་འདུས་མཚོའི་ཉེ་འཁོར་གྱི་རྩྭ་ཐང་སྟེང་དུ་རི་སྐྱེས་སྲོག་ཆགས་ཤིན་ཏུ་མང་ཞིང་ གངས་རི་དང་རྫ་རི། སྤང་རི་སོགས་རྣམ་བརྗིད་ལྡན་པའི་རི་ཚོགས་ཀྱིས་ཡོངས་ སུ་བསྐོར་ཡོད་ལ། འདི་ནི་བོད་བྱང་ཐང་གི་ལོ་རྒྱུས་སྟེང་དུ་གྲགས་པ་ཆེ་བའི་མཚོ་ ཞིག་ཡིན་པ་མ་ཟད་ཡུལ་ལྗོངས་ཀྱི་བཀོད་པ་ལྷ་ན་སྡུག་ཅིང་ངག་རྒྱུན་གྱི་གཏམ་ རྒྱུད་ཡིད་དབང་འཕྲོག་པའི་ངོ་མཚར་ཅན་གྱི་ཡུལ་ལྗོངས་ཤིག་ཡིན་པར་བརྟེན་ ངས་ཟི་གླིང་འདུས་མཚོའི་ཡུལ་སྐོར་རིག་གནས་ཀྱི་དཔེ་དེབ་ཅིག་རྩོམ་སྒྲིག་བྱས་ ཏེ་རྒྱལ་སྤྱིའི་ཡུལ་སྐོར་བ་དག་གི་སྤྱན་ལམ་དུ་བསྟར་ཡོད། དཔེ་དེབ་འདི་ཉིད་ནི་ དཔལ་མགོན་རྫོང་མི་དམངས་སྲིད་གཞུང་གི་རྫོང་དཔོན་ཚེ་རིང་བཀྲ་ཤིས་མཆོག་ དང་། རྫོང་སྲིད་གྲོས་ཀྱི་དབུ་ཁྲིད་རྣམས་ཀྱིས་ཤུགས་ཆེའི་རྒྱབ་སྐྱོར་འོག་གུས་པ་ རང་ཉིད་ཀྱིས་དཀའ་བ་དུ་མ་ཁྱད་དུ་བསད་དེ་ས་ཡུལ་དངོས་ལ་ལོ་རྒྱུས་ཞིབ་འདྲི་ དང་པར་ལེན་བྱས་པ་དང་ཆབས་ཅིག་ལས་བྱེད་རྣམ་གྲངས་དང་ཡུལ་མི་རྣམ་རབས་ རྣམ་པར་བཀའ་འདྲི་ཞུས་པ་དང་། ལོ་རྒྱུས་ཀྱི་ཡིག་ཚགས་དང་གེ་སར་གླིང་སྒྲུང་ སོགས་ལ་ཡང་ཞིབ་པར་བལྟས་ནས་རྩོམ་སྒྲིག་བྱས་པ་ཞིག་ཡིན། འོན་ཀྱང་གུས་པ་ རང་ཉིད་ལ་ཤེས་ཡོན་གྱི་ཚུ་ཚད་དམན་པའི་རྐྱེན་གྱིས་ཁྲི་ལུད་གསེར་དུ་འགྱུར་བ་ དཔེ་མི་སྲིད་ཀྱང་ཆེད་དུ་བཙོས་ལྐད་ཀྱིས་རྫས་སྦྱོར་བྱས་པ་མེད་པས་དྲང་པོའི་བློ་ མིག་གི་སྤྱོད་ཡུལ་ན་མ་མོ་དཀར་དཀར་ནས་འབབ་པའི་འོ་མ་དཀར་དཀར་ཞིག་ ཏུ་མི་གཟིགས་པའི་ལ་ཐང་མེད། མཚམས་འདི་ནས་ལས་ཀ་འདིར་ཆེད་དུ་རྒྱབ་ སྐྱོར་གནང་མཁན་རྫོང་དཔོན་ཚེ་རིང་བཀྲ་ཤིས་དང་། རྫོང་སྲིད་གྲོས་ཀྲུའུ་ཞི་ཕུར་

བུ་སྒྲོལ་མ་སོགས་ཚན་པ་ཁག་གི་དབུ་ཁྲིད་དང་། གནམ་མཚོའི་རིག་གནས་ཀྱི་སྤྱི་ཁྱབ་འགན་འཁུར་བ་མཆོག་སྤྲུལ་འཇིགས་མེད་ཐེག་མཆོག་བསྟན་འཛིན། གཞམ་བསྐྱོད་ཀྱི་ལས་ཀར་གཞོགས་འདེགས་གནང་མཁན་རྒན་སུམ་པ་ཚེ་རིང་དང་། ཤང་ཀྲང་བློ་གྲོས། གཙུང་པོ་པདྨ་དབང་གྲགས། དེ་བཞིན་བཅར་འདྲི་དང་ལེན་གནང་མཁན་གྱི་མཁས་དབང་རྣམས་དང་ཡུལ་མི་རྒན་གྲས་སོགས་ལ་བཀའ་དྲིན་ཞུ་འོས་པ་ཚང་མར་སོར་བཅུ་སྦྲང་ལ་སྦྱར་ནས་བཀའ་དྲིན་ཆེ་ཞུ་བ་དང་སྤྲུགས་སྐབས་བབ་ཀྱི་བརྗོད་དོན་དངོས་ལ་འཇུག་པར་བྱའོ། །

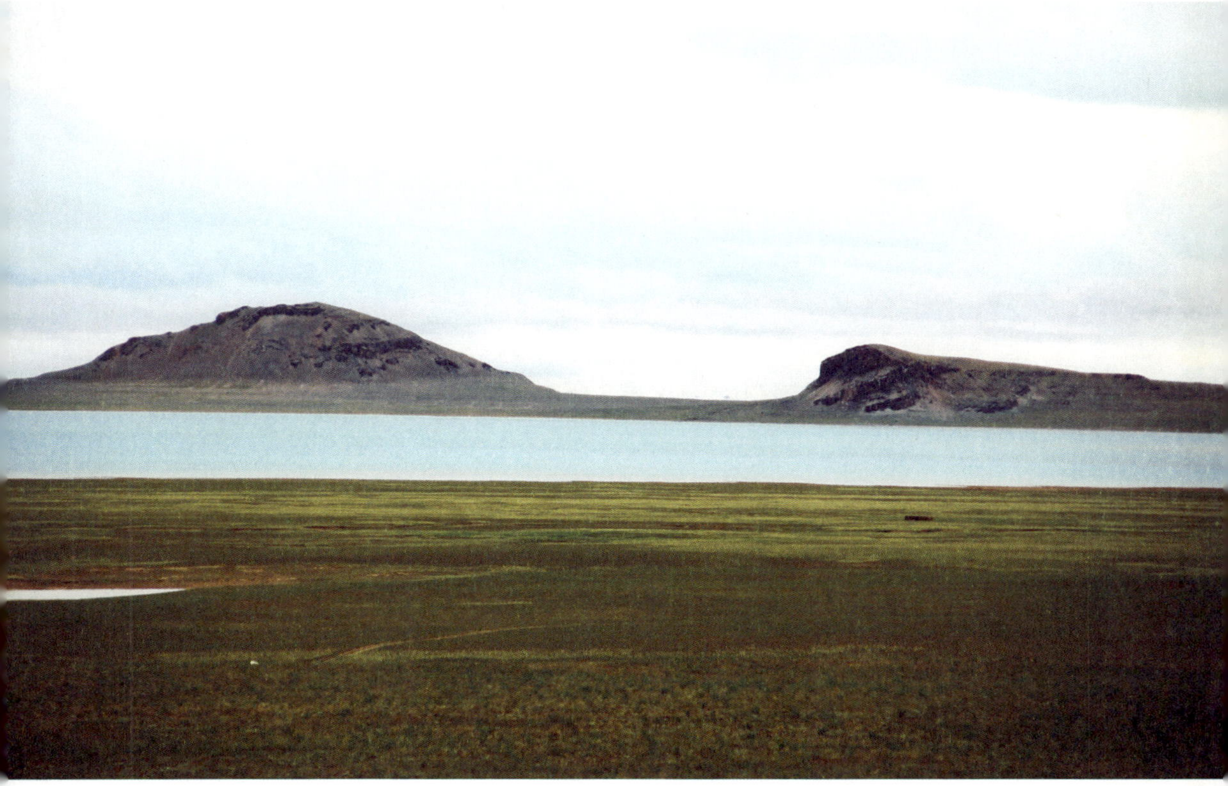

མཛོད་དཀར་མཛོད་དམར།

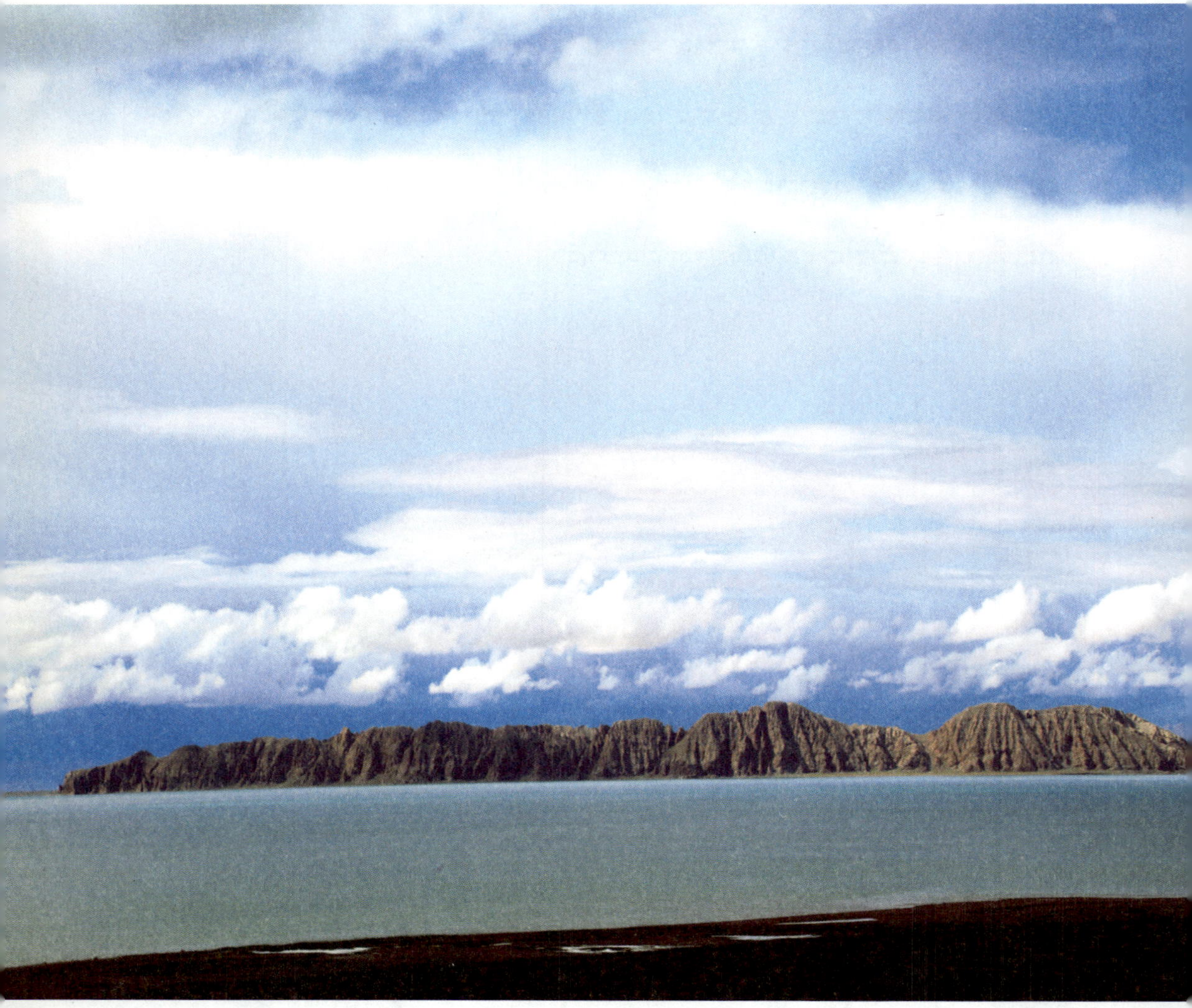

ཉ་མགོ་སྔོན།

ས་བཅད་དང་པོ། ཟི་སྒྲིང་འདུས་མཚོའི་རང་བྱུང་ས་ཁམས་ཆགས་ཚུལ་དང་ལམ་ཡིག

གཅིག ཟི་སྒྲིང་འདུས་མཚོ་དང་དེའི་སྒྲིང་ཕྲན་གྱི་ངོ་སྤྲོད།

ཟི་སྒྲིང་འདུས་མཚོ་ནི་བོད་ལྗོངས་ནག་ཆུ་ས་གནས་དཔལ་མགོན་རྫོང་དང་། ཤིལ་ཚྭ་རྫོང་། མཚེའུ་གཉིས་རྫོང་བཅས་ཀྱི་འདྲིས་མཚམས་སུ་གནས་ཤིང་ཤར་རྒྱུད་དུ་དཔལ་མགོན་རྫོང་གི་ས་ཁོངས་དང་། ལྷོ་དང་ནུབ་གཉིས་ཤིལ་ཚྭ་རྫོང་གི་ས་ཁོངས། བྱང་རྒྱུད་མཚེའུ་གཉིས་རྫོང་གི་ས་ཁོངས་བཅས་སུ་འཁྱིལ་ཡོད།

བོད་ལྗོངས་ཀྱི་ལྟེ་བའི་གྲོང་ཁྱེར་གནས་མཆོག་ལྷ་ས་ནས་ལམ་ཐག་སྤྱི་ལི་༤༨༠ ཙམ་གྱི་སར་ཡོད་ལ་དཔལ་མགོན་རྫོང་ནས་བསྐྱོད་ན་སྤྱི་ལི་༧༠༠ ཙམ་གྱི་སར་གནས་ཡོད། ཡུལ་སྐོར་གཞུང་ལམ་བརྒྱུད་དེ་སྐོར་བ་བརྒྱབ་ན་ཤར་ནས་རིམ་པར་དཔལ་མགོན་རྫོང་མན་ཐང་ཡུལ་ཤོག་དང་། ཤིལ་ཚྭ་རྫོང་གཞུང་སྨད་གྲོང་རྡལ། ཤིལ་ཚྭ་རྫོང་མ་ཡོ་ཡུལ་ཤོག མཚེའུ་གཉིས་རྫོང་ཞི་བདེ་ཡུལ་ཤོག་བཅས་ཀྱི་ས་ཁོངས་བརྒྱུད་ལམ་ཐག་སྤྱི་ལི་༣༨༢ ཡོད། མཚོ་ངོས་ཀྱི་མཐོ་ཚད་རྒྱ་མཚོའི་ངོས་ལས་སྨིད་༤༥༣༨ ཟིན་གྱི་ཡོད་ལ་ཤར་ནུབ་ཀྱི་རིང་ཚད་སྤྱི་ལི་༧༢ དང་ཞེང་ཚད་ཆ་སྙོམས་སྤྱི་ལི་གྲུ་བཞི་མ་༧༨༤༠ ཡོད། ཡུལ་སྐོར་ལམ་གྱི་ས་བབ་མཐོ་ཤོས་སྨིད་༤༧༣༣ དང་དམའ་ཤོས་སྨིད་༤༤༤༧ གྱི་བར་ཟིན་གྱི་ཡོད། མཚོ་འདི་ནི་བོད་ལྗོངས་ཁུལ་གྱི་མཚོ་ཆེན་ཨང་གཉིས་པ་དང་། འཛམ་གླིང་སྟེང་གི་ས་བབ་མཐོ་བའི་ཚྭ་ལྡན་གྱི་མཚེའུ

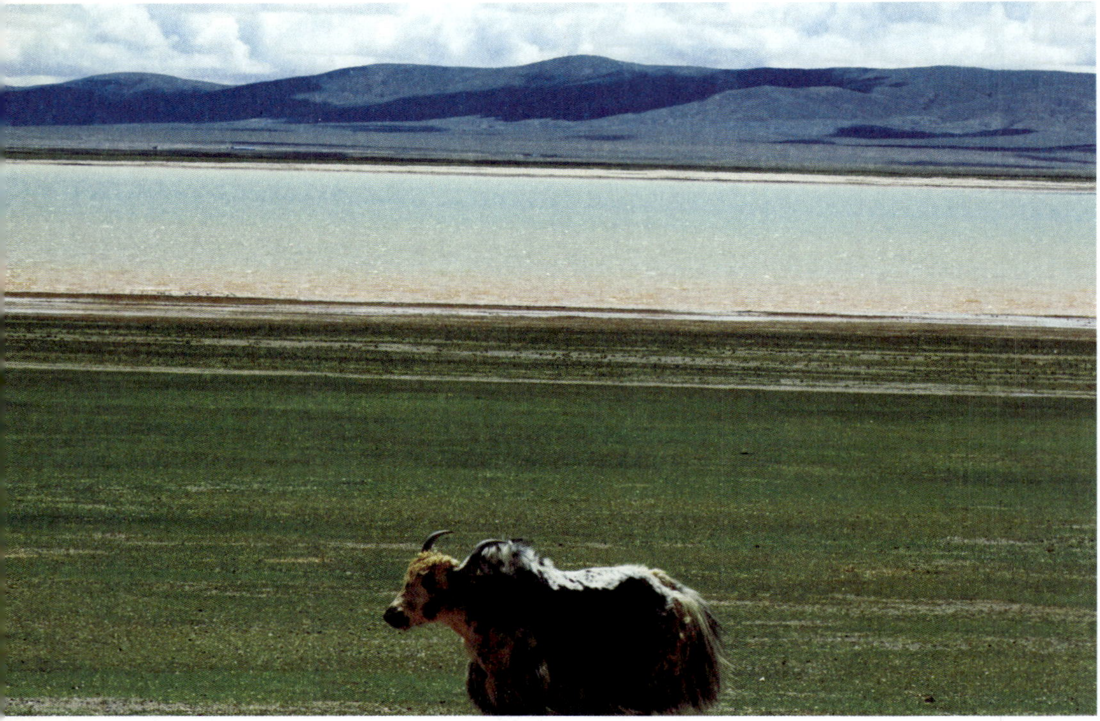

མཚོ་འགྲམ་གྱི་སྤྱོ་བ།

ཆེ་གྲས་ཀྱི་ཁོངས་སུ་གཏོགས་ཀྱི་ཡོད་ལ་རྒྱལ་ཁབ་རིམ་པའི་གཞའ་ཚོན་ཅན་གྱི་རང་བྱུང་སྲུང་སྐྱོབ་ས་ཁུལ་དང་། རྒྱལ་ཁབ་རིམ་པའི་ཁྲུང་ཁྲུང་སྐྱེ་ནག་སྲུང་སྐྱོབ་ས་ཁུལ་བཅས་ཀྱི་མཚན་སྙན་ཐོབ་པའི་རང་བྱུང་ཁོར་ཡུག་ཅིག་ཡིན། ཟེ་གླིང་འདུས་མཚོར་འབབ་པའི་གཙང་ཆེན་བཞི་ཡོད་པ་སྟེ་ཨ་ལ་གཙང་པོ་དང་། བྲག་རྒན་གཙང་པོ། རྩྭ་སྐྱ་གཙང་པོ། ཆུ་ནག་གཙང་པོ་བཅས་ཡིན་ཞིང་གཙང་པོ་དེ་དག་གི་བཞུད་ལམ་ཁྲོད་དུ་མཚོ་དང་མཚོའུ་༢༣ ལྷག་དང་ཆུ་ཕྲན་བགྲངས་ལས་འདས་པ་འདུས་ཤིང་མཐར་ཟེ་གླིང་མཚོར་འབབ་པས་འདུས་མཚོ་ཞེས་པའི་མིང་ཐོགས། དོན་ཡང་དེ་ལྟར་རེད་ལ་གཞི་རྒྱ་ཆེ་བའི་མཚོ་མོ་འདི་ནི་ཁྲུང་ཁྲུང་མགྲིན་ནག་གིས་

གཙོས་པའི་འདབ་ཆགས་མང་པོའི་ཁྱིམ་གཞིས་ཀྱང་ཡིན། ཟེ་གླིང་འདུས་མཚོའི་ཕྱོགས་བཞིར་གྲགས་པ་ཅན་གྱི་རི་བོ་བཞི་ཡོད་པ་སྟེ། ཤར་ནས་སྨྲང་ཆེན་འཁྱིང་རི་དང་། ལྷོ་ནས་སྟོང་ཁྱུང་ཟེམ་ཁྲ། ནུབ་ནས་མ་ཡོ་ཀྭ་པ། བྱང་ནས་ཀྭ་པ་ལྷ་རི་བཅས་བརྗིད་ཆགས་ཀྱི་རི་བོ་དེ་དག་ཕྱོགས་བཞིའི་སྲོ་སྲུང་གི་ཚུལ་དུ་གནས་ཡོད་ལ། མཚོ་མཐའ་ནས་གནས་མཆོག་ཁྱུང་མཆུ་བྲག་དམར་དང་། བྱང་གི་ཙྭ་རི་སྤུན་གསུམ། མདའ་སྒྲོ་བྲག་དཀར། མདུང་དཀར། མདུང་དམར། ངོ་རལ། སེང་དོ། གསེར་ཁྱུང་། ངོ་སྐྱ། ངོ་ལྗེ་མིག སྤོས་དཀར་ཀྭ་ཆགས། སྤོས་དཀར་རྒྱ་རོ། གཡག་གུ་བྲག འཇོམ་འགུག་བྲག ཧི་རྒྱལ་ནག་ལྷ། ཨམ་ཆུང་། ཨམ་ཆེན། ཨ་སྟག་འབེན་ར། ཉ་མགོ་སྟོན།

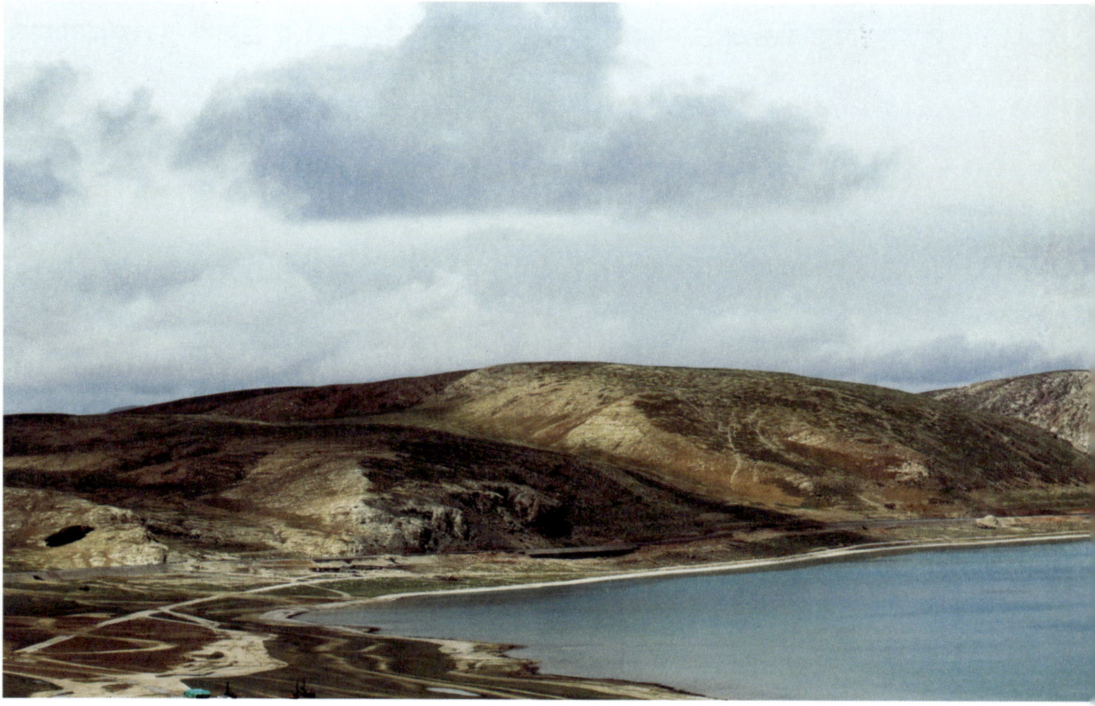

ཇ་གཞིའི་མདུན་ངོས།

གཉན་རི། ཧོ་མེ་རི། རི་མདའ། ཞྭ་ནག་བྲག་དེའུ། ཟད་རི་དམར་སོགས་རི་ཕྲན་ཆེ་ཆུང་མང་པོ་ཁྲིམ་ལྷར་འཚོགས་ནས་གནས་ཡོད་ཅིང་གཡུ་ཡི་མེ་ལོང་ལྟ་བུའི་མཚོ་མཐའ་ནས་རིན་ཆེན་དུ་མས་ཁྲ་བརྒྱན་བཏབ་པ་ལྟ་བུའི་མཛེས་སྡུག་གི་ངོ་མཚར་ཅི་ཡང་སྐྱེར་བར་བྱེད་ལ་ལྷག་པར་གནས་མཆོག་ཁྱུང་མཆུ་བྲག་དམར་ནི་དེ་བས་ཀྱང་རང་བྱུང་ཁོར་ཡུག་གི་མཛེས་སྡུག་ཁྱད་དུ་འཕགས་ཤིང་། ཨ་སྟག་དཔའ་མོ་དང་། བླུ་བཙན་རྒྱལ་པོ། གེ་སར་རྒྱལ་པོ་སོགས་ཀྱི་སྒྲུང་གཏམ་དང་ངོ་མཚར་ལྡན་པའི་རང་བྱོན་སྐུ་ཚོགས་ཀྱི་ལྷེ་གནས་ཤིག་ཡིན། ཟི་གླིང་འདུས་མཚོའི་ནུབ་ཀྱི་མཚོ་སྔོན་པོ་ནི་འདབ་ཆགས་ཀྱི་གླིང་ཕྲན་ཡིན་ཞིང་འདབ་ཆགས་སྐྱེ་བསྲུ་བྱེད་པའི་སྐབས་སུ་བྱ་རིགས་མི་འདྲ་བ་༥༠ ལྷག་ཙམ་འདུས་སྡོད་བྱེད་ཀྱི་ཡོད། ཟི་གླིང་འདུས་མཚོའི་ཤར་གྱི་བང་ཁོག་མཚོ་ནི་ཚ་ལ་གཙོ་བོར་གྱུར་བའི་གཏེར་རྫས་སྣ་ཚོགས་ཀྱི་འབྱུང་ཁུངས་

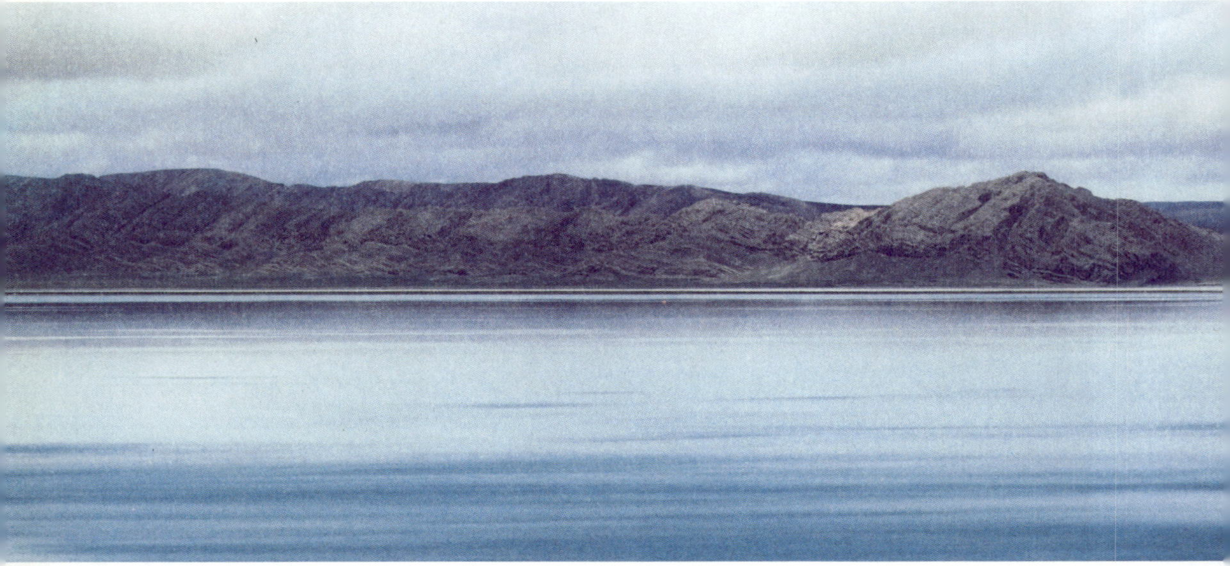

ཛོ་རལ་གྱི་ནུབ་ངོས།

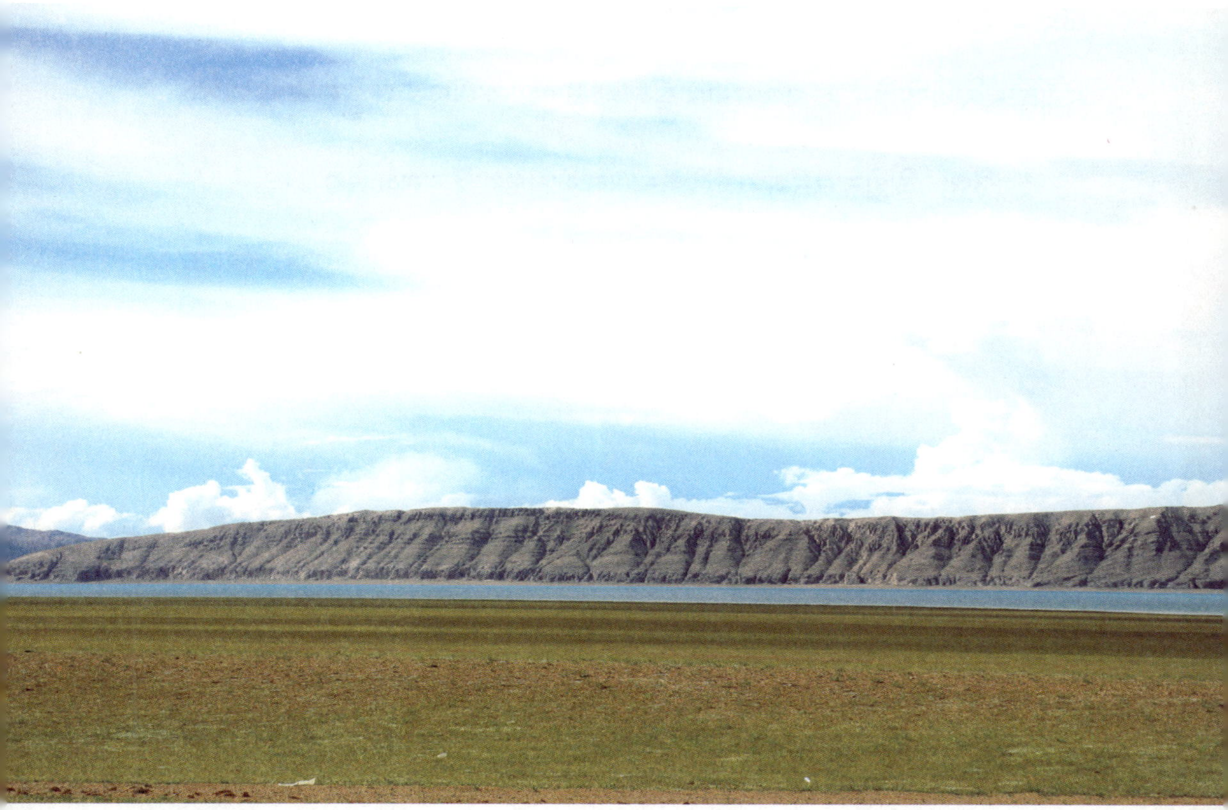

མཚོའི་ནུབ་རྒྱུད།

ཤིག་ཡིན། དེ་བཞིན་ཡངས་ཤིང་རྒྱ་ཆེ་བའི་རྩྭ་ཐང་གི་སྟེང་དུ་ཁ་དཀར་རྐྱང་དང་། གོག་པོ་གཙོད། རྒྱ་བོ་གནའ། དགོ་བ་སོགས་རིགས་མི་འདྲ་བའི་རི་དྭགས་སྣ་ཚོགས་ཁྲོམ་འཚོགས་པ་ལྟར་དུ་གནས་ཡོད་པས་ས་མཐོའི་སྲོག་ཆགས་ཀྱི་གླིང་ཁ་ཏུ་ཐོན་པ་ལྟ་བུའི་ཚོར་སྣང་ཡང་ནས་ཡང་དུ་འབྱུང་སྲིད། གཞན་ཡང་གླིང་ཚུང་ལྷ་ཁང་དང་། གྱེར་ཁྲུང་རི་ཁྲོད། རི་རྫི་ལྷ་ཁང་བཅས་ཆོས་ལུགས་ཀྱི་དགོན་སྡེ་ཁག་གསུམ་

ཡོད་པ་སོགས་རྒྱལ་སྤྱིའི་ཡུལ་སྐོར་བ་དག་གནས་འདིར་ཕེབས་ཆེ་ས་ཆ་གཞན་ལ་དགོན་པའི་མིག་ཡིད་རྣ་བའི་དགའ་སྟོན་སྣ་ཚོགས་ལ་ལོངས་སུ་སྤྱོད་ཆོག་པ་ཡིན།

གཉིས། ཐེ་སྐྱིད་འདུས་མཚོའི་སྐོར་ལམ་གྱི་ཐུགས་སྟོན་ལམ་ཡིག

གྲོང་ཁྱེར་ལྷ་ས་ནས་དཔལ་མགོན་རྫོང་བར་ལ་སྤྱི་ལེ་༣༥༠ དང་ནག་ཆུ་ས་

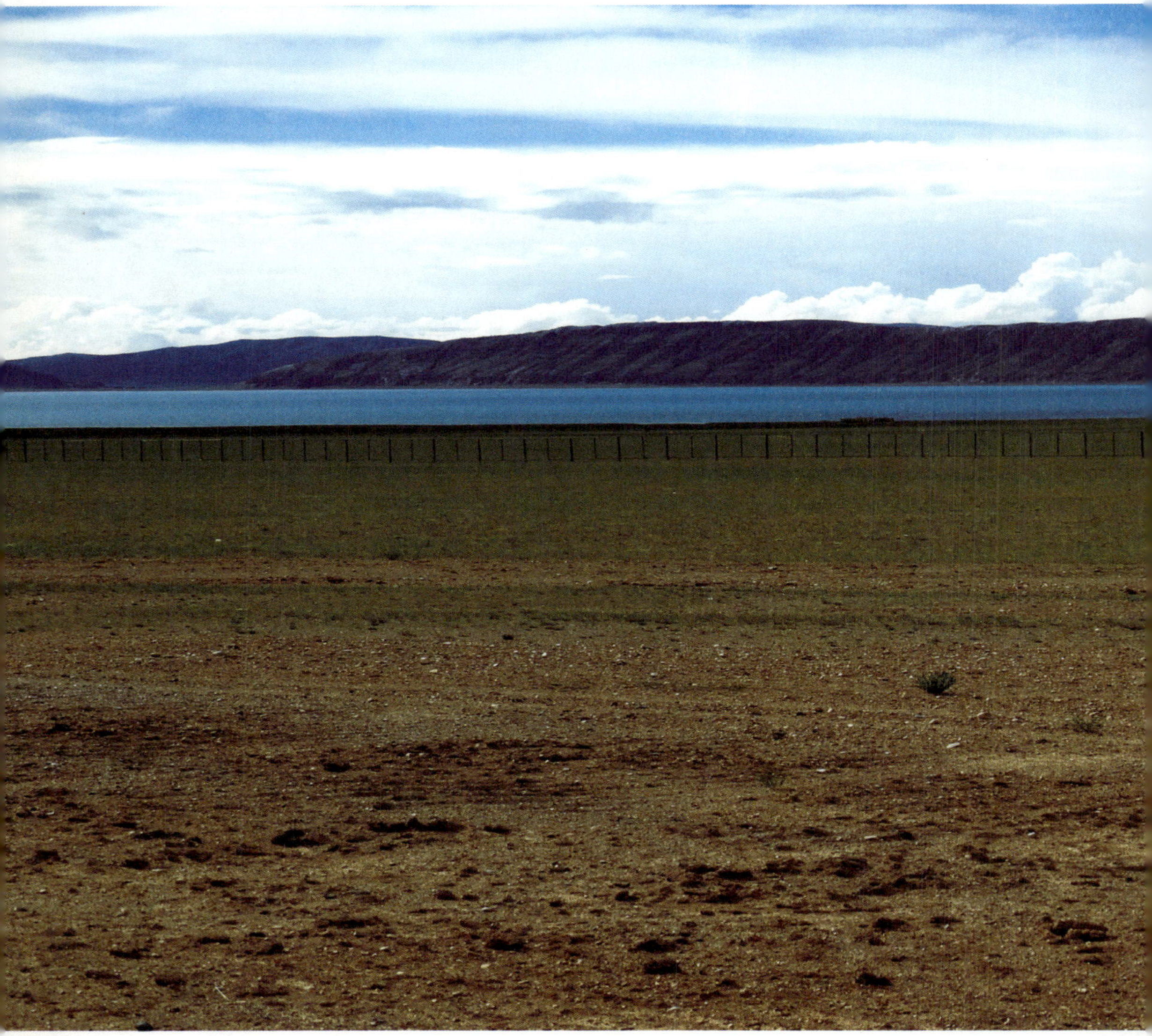

གནས་ནས་དཔལ་མགོན་རྫོང་བར་སྤྱི་ལེ་༢༥༠ ཡོད། དཔལ་མགོན་རྫོང་ནས་བྱང་ནུབ་ཀྱི་ཕྱོགས་སུ་བསྐྱོད་དེ་ལམ་བར་ནས་བྱང་ཁུལ་དུ་གྲགས་ཆེ་བའི་ཟེ་སླིང་འདུས་མཚོའི་ཤར་གྱི་རི་ཆེན་སྤང་ཆེན་འཕྲིང་རིའི་མཛེས་ལྗོངས་དང་གཏམ་རྒྱུད་སོགས་ལ་མྱོང་རོལ་བྱེད་ཕོར་སྤྱི་ལེ་༥༢.༨ ཙམ་བསྐྱོད་ན་ཟེ་སླིང་འདུས་མཚོའི་ཡུལ་སྐོར་

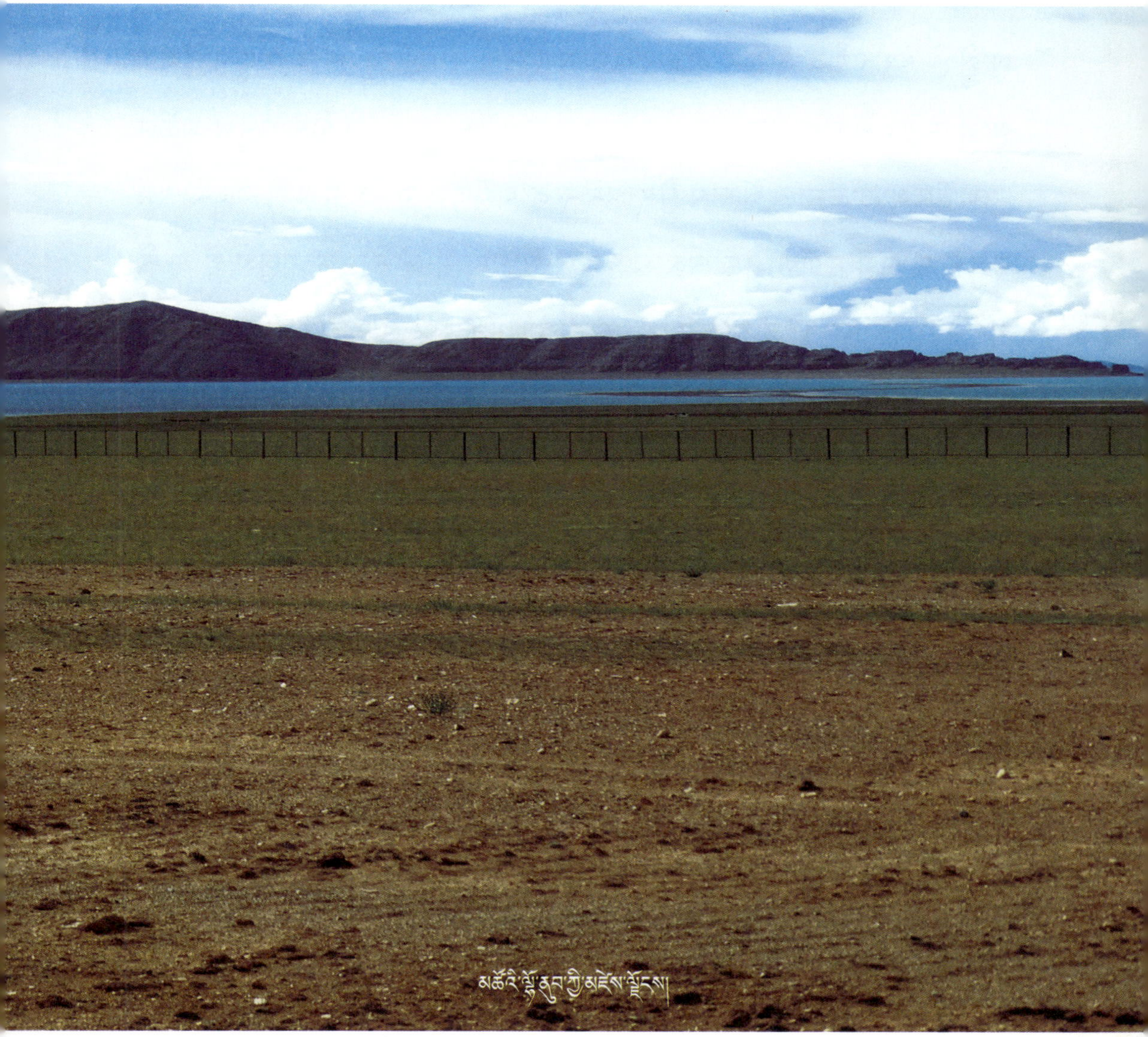

མཚོའི་ལྷོ་ནུབ་ཀྱི་མཛེས་ལྗོངས།

གཞུང་ལམ་དུ་འཁྱོར་ཞིང་དེར་གཞུང་ལམ་ཕྱོགས་གཉིས་སུ་གྱེས་ཡོད་པས་ཟེ་གླིང་འདུས་མཚོའི་ཤར་རྒྱུད་ཀྱི་མཛེས་ལྗོངས་ཁྲུང་མཆུ་ཐྲག་དམར་དང་བང་ཁོག་མཚོ་མོ་སོགས་དམིགས་བསལ་གྱི་མཛེས་ལྗོངས་ཁག་ལས་མཚོ་སྐོར་ཆ་ཚང་མི་འགྲོ་བ་ཡིན་ན་གཙོས་གཡས་ཀྱི་གཞུང་ལམ་བརྒྱུད་དེ་འགྲོ་དགོས་ཤིང་སྤྱི་ལེ་༧༠ ཙམ་གྱི་ས་ནས་བང་ཁོག་མཚོའི་ཡུལ་ལྗོངས་ཆ་ཚང་མཐོང་ཐུབ་ལ་མུ་མཐུད་བྱང་ཕྱོགས་སུ་སྤྱི་ལེ་ ༩༣.༨ ཕྱིན་ན་ཁྲུང་མཆུར་འགྲོ་སའི་ལམ་དུ་འཁྱོར། དེ་ནས་ནུབ་ཕྱོགས་སུ་སྤྱི་ལེ་༧༣ ཕྱིན་ན་ཁྲུང་མཆུ་ཐྲག་དམར་དུ་འཁྱོར་ཐུབ། ཟེ་གླིང་འདུས་མཚོའི་ཡུལ་ལྗོངས་ཆ་ཚང་ལ་སྐོར་བ་བྱེད་འདོད་ན་གཡོན་ཕྱོགས་གཡོན་ངོས་ཀྱི་གཞུང་ལམ་བརྒྱུད་དེ་འགྲོ་དགོས་ཤིང་ལམ་བར་ནས་ས་བྱང་གི་ཙྭ་རི་སྤུན་གསུམ་སྟེ་ཙྭ་རི་གདོང་དཀར་དང་། ཙྭ་རི་ཆུ་ཁྲིད། ཙྭ་རི་སྐྱ་འདྲ་ཞེས་པའི་རི་བོ་གསུམ་གྲལ་སྒྲིག་པ་མཐོང་ཐུབ་ཅིང་དམངས་ཁྲོད་ངག་རྒྱུན་དུ། མཚོ་ཟེ་གླིང་འདུས་མཚོའི་མར་གཤམ་ལ། །བུ་སྤུན་གསུམ་དམག་ལ་ཆས་འདྲའི་རི། །ལུས་འཁོར་གསུམ་དཔའ་ཆས་གྱོན་འདྲ་འདི། །ས་བྱང་གི་ཙྭ་རི་སྤུན་གསུམ་རེད། །ཅེས་ཟེར་སྲོལ་ཡོད། སྤྱི་ལེ་༢༠.༣ ཙམ་བསྐྱོད་རྗེས་གཙང་པོ་ཞིག་གི་ཁ་རུ་འཁྱོར་ཞིང་གཙང་པོ་དེར་ཆུ་ནག་གཙང་པོ་ཟེར། དེ་ནས་སྤྱི་ལེ་༧༢.༥ བསྐྱོད་ན་གླིང་ཚུང་ལྷ་ཁང་དུ་འཁྱོར། དེ་ནས་སྤྱི་ལེ་༨.༢ བསྐྱོད་ན་མདའ་སྒྲོ་ཐྲག་དཀར་དུ་འཁྱོར། ངག་རྒྱུན་དུ་རི་དེ་ནི་གེ་སར་རྒྱལ་པོས་སྐུ་བཙན་ཐོད་མདའ་རྒྱབ་པའི་མདའ་དེ་ཡིན་ཟེར་ལ་རི་དེའི་སྟེང་དུ་གེ་སར་གྱི་ཞབས་རྗེས་ཟེར་བ་ཞིག་ཀྱང་ཡོད། དེ་ནས་སྤྱི་ལེ་༧༧.༣ བསྐྱོད་ན་ཤེལ་ཙྭ་རྫོང་དུ་འགྲོ་ས་དང་ཟེ་གླིང་འདུས་མཚོའི་སྐོར་ལམ་གྱི་ཁ་དབར་དུ་འཁྱོར་ཞིང་

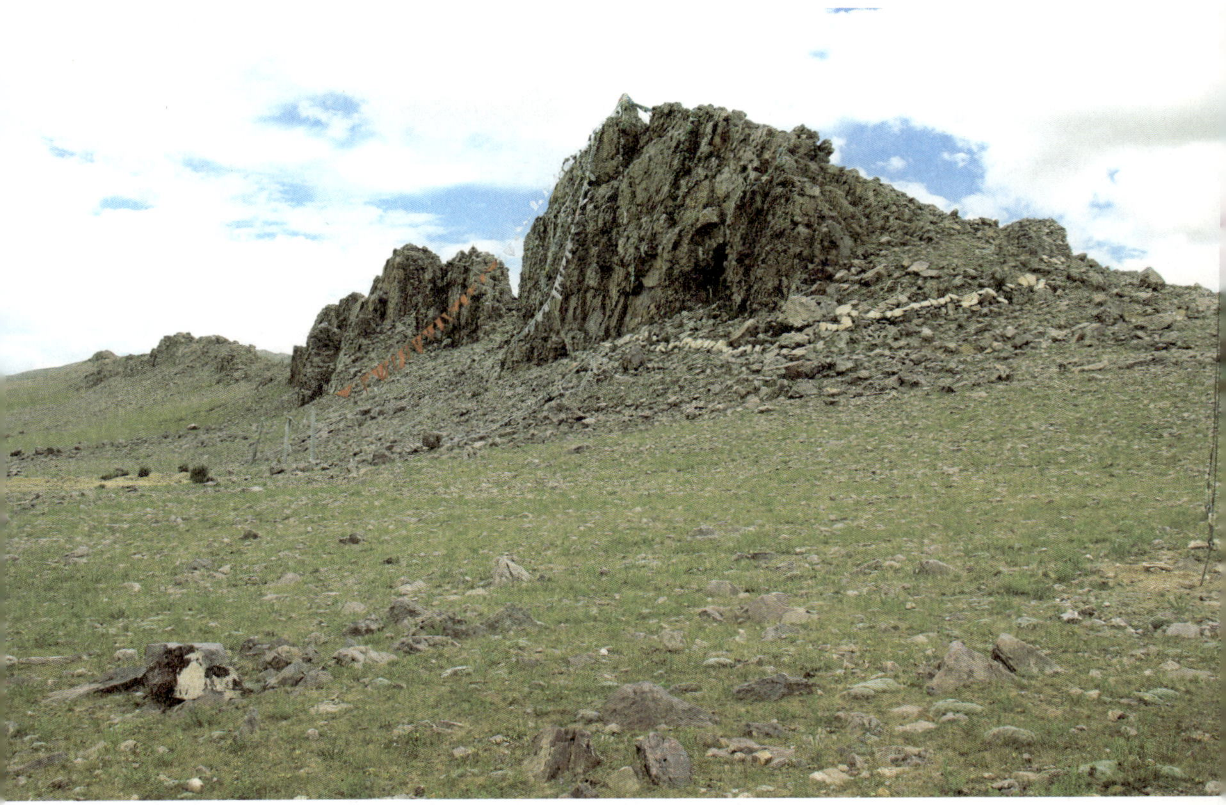

མདའ་སྒྲོ་ཐག་དཀར།

གཡོན་དུ་ཕྱིན་ན་ཤེལ་ཚ་རྫོང་དང་། ཐད་ཀར་མདུན་དུ་ཕྱིན་ན་ཐེ་སྒྲིང་འདུས་མཚོའི་སྐོར་ལམ་ཡིན། དེ་ནས་ལམ་བར་དུ་ཐེ་སྒྲིང་འདུས་མཚོའི་ལྷོ་ངོས་ཀྱི་ཐང་དཀྱིལ་དུ་དེའུ་ཚུང་གཉིས་མཐོང་བ་དེར་མདོང་དཀར་དང་མདོང་དམར་ཟེར་ལ། དེའི་ནུབ་ནས་རི་བོ་ནག་པོ་ཞིག་གི་མཚོ་ནང་དུ་ཟུག་ཡོད་པ་དེར་དོ་རལ་ཟེར། དེ་གཡས་ཕྱོགས་ཀྱི་རི་བོ་དེར་སེང་དོ་ཟེར་ཞིང་དམངས་ཁྲོད་ངག་རྒྱུན་གྱི་རི་བཤད་དུ། མདོང་དཀར་ཛ་ཁུག་མར་ཁུག་འདྲ། །མདོང་དམར་ཕྱུར་ཁུག་རྩམ་ཁུག

འདྲ། །ངོ་རལ་སྤྲུལ་ནག་མགོ་དགུ་འདྲ། །སེང་དོ་རྩ་བཟང་ཆུ་བཟང་ཡིན། །ཞེས་ཟེར། གཞན་ཡང་ཟི་གླིང་འདུས་མཚོའི་ནང་དོས་ཀྱི་གླིང་ཕྲན་གཅིག་པུ་དོ་ལྡེ་མིག་ཞེས་པ་དེ་ཡང་ཕྱོགས་འདི་ནས་གསལ་པོར་མཐོང་གི་ཡོད་ལ་ལམ་གྱི་གཡོན་ཕྱོགས་སུ་ཟི་གླིང་འདུས་མཚོའི་ལྷོ་ཡི་རི་ཆེན་སྟོང་ཁྱུང་ཟོམ་ཁྲ་ཧ་ཙང་གི་གསལ་པོ་མཐོང་གི་ཡོད་པས་རི་བོ་དེ་དག་གི་མཛེས་ལྗོངས་ལ་སྤྱོད་རོལ་བྱེད་ཞོར་སྤྱི་ལེ་༢༢.༣ བསྐྱོད་ན་གཞུང་སྣད་གྲོང་ཚོ་བརྒྱད་པའི་རིག་གནས་ཁང་དུ་འབྱོར། དེ་ནས་གྱེར་ཁྱུང་རི་ཁྲིད་དུ་འགྲོ་འདོད་ན་གྲོང་ཚོ་དེ་ཡོལ་བའི་མཚམས་ནས་གཞོགས་གཡོན་ངོས་ཀྱི་ལམ་དེ་བརྒྱུད་ནས་སྤྱི་ལེ་༩.༥ བསྐྱོད་ན་གྱེར་ཁྱུང་རི་ཁྲིད་དུ་འབྱོར། དེ་ནས་སླར་ཡང་གཞུང་ལམ་དུ་ལོག་སྟེ་ཟི་གླིང་འདུས་མཚོའི་སྐོར་ལམ་རྒྱུད་སྤྱི་ལེ་༡༩.༩ བསྐྱོད་ན་མཚོ་སྔོན་མོའི་ལྗོངས་གཟིགས་སྟེགས་བུར་འབྱོར་ཞིང་དེར་ཡིད་དབང་འཕྲོག་པའི་འདབ་ཆགས་གླིང་ཕྲན་གྱི་ཕོར་ཡུག་དང་ཟི་གླིང་འདུས་མཚོའི་ནུབ་ཀྱི་རི་ཆེན་མ་ཡོ་གྲྭ་པ་སོགས་ཀྱི་མཛེས་ལྗོངས་ལ་སྤྱོད་རོལ་བྱེད་རྒྱུ་ཡོད། དེ་ནས་གཞུང་ལམ་བརྒྱུད་སྤྱི་ལེ་༡༤.༨ བསྐྱོད་ན་རི་བོ་ཛེ་ཞི་གྲྭ་རིལ་དང་མེར་བརྩིགས་བྲག་རི་གཉིས་ཀྱི་བར་དུ་འབྱོར་ཞིང་འདི་ནི་ཟི་གླིང་འདུས་མཚོའི་སྐོར་ལམ་གྱི་ནང་ནས་མཚོ་དང་ཆེས་ཐག་ཉེ་ཤོས་ཀྱི་ས་ཆ་ཞིག་ཡིན་ལ་བྱང་ཕྱོགས་ནས་མཚོ་ནང་རྒྱུག་པ་ལྟ་བུའི་རི་བོ་ཇམ་བརྗིད་ཅན་ཞིག་ཡོད་པ་དེ་ནི་ཉ་མགོ་སྔོན་ཟེར། རྣ་རབས་ཀྱི་ངག་རྒྱུན་དུ། རི་འདི་ནི་ཟི་གླིང་འདུས་མཚོའི་གནས་བདག་ཡིན་པ་དང་དགུན་དུས་སུ་ཁ་བ་ཇི་ཙམ་བབས་ཀྱང་རི་འདིའི་འགོར་ཁ་བ་ཆགས་པའི་སྲོལ་མེད་ཅིང་གལ་སྲིད་ཁ་བ་ཆགས་ན་རང་བྱུང་ཁམས་ལ་འགྱུར་བ་ཤུགས་ཆེན་འབྱུང་རྒྱུ་ཡིན་པའི་བཤད་

སྲོལ་ཡོད། དེ་ནས་མཛེས་སྡུག་ལྡན་པའི་ཡུལ་ལྗོངས་ལ་སྐྱོང་རོལ་བྱེད་ཞོར་སྤྱི་ལེ་༡༤.༤ བསྐྱོད་ན་ཨ་ལ་གཙང་པོར་འཁྱོར། དེ་ནི་ཟེ་གླིང་འདུས་མཚོའི་ལྷོ་ཕྱོགས་དང་ནུབ་ཕྱོགས་ཀྱི་མཚོ་དང་གཙང་པོ་ཐམས་ཅད་ཟེ་གླིང་འདུས་མཚོར་འབབ་སའི་ཡུར་བུ་ལྟ་བུའི་གཙང་པོ་ཞིག་ཡིན། དེ་ནས་སྤྱི་ལེ་༨.༣ བསྐྱོད་ན་སྤོས་དཀར་རི་ཡི་འདབས་སུ་འཁྱོར་ཞིང་སྤོས་དཀར་རི་བོ་ནི་གདོད་མའི་ནགས་ཚལ་གྱི་འགྱུར་ཇོ་སྤོས་དཀར་ཐོན་མང་བའི་ས་ཆ་ཞིག་ཡིན་ལ་སྤོས་དཀར་རི་བོ་ལྷོ་བྱང་གཉིས་སུ་གྱེས་པའི་བྱང་དུ་རི་རྡི་ལྷ་ཁང་གནས་ཡོད་ཅིང་དེར་འགྲོ་འདོད་ན་གཡོན་ཕྱོགས་ཀྱི་ལམ་བུ་བརྒྱུད་དེ་རི་ལྡེབས་སུ་སྤྱི་ལེ་༡.༥ བསྐྱོད་ན་རི་རྡི་ལྷ་ཁང་དུ་འཁྱོར། དེ་ནས་སླར་གཞུང་ལམ་དུ་ལོག་སྟེ་ཕྱིན་ན་གཡག་གུ་བྲག་དང་། འཛོམ་འགུག་བྲག་སོགས་ངོ་མཚར་ཅན་གྱི་བྲག་རི་མང་པོ་མཐོང་རྒྱུ་ཡོད་ཅིང་དེ་དག་གི་མཛེས་ལྗོངས་ལ་རོལ་བཞིན་སྤྱི་ལེ་༡༥.༥ བསྐྱོད་ན་བྲག་རྐན་གཙང་པོའམ་གཡག་གུ་གཙང་པོའི་ཁ་རུ་འཁྱོར། གཙང་པོ་དེ་ནི་ཟེ་གླིང་འདུས་མཚོའི་དབུས་ནུབ་དང་བྱང་སྟོད་ཀྱི་མཚོ་དང་གཙང་པོ་ཐམས་ཅད་ཀྱི་བཞུད་ལམ་ཞིག་ཡིན། བྲག་རྐན་གཙང་པོའི་ཟམ་པ་སྐྲོལ་ཚར་རྗེས་གཞུང་ལམ་ནུབ་དང་ཤར་གཉིས་སུ་གྱེས་ཡོད་པའི་ཤར་ཕྱོགས་ཀྱི་གཞུང་ལམ་དེ་བརྒྱུད་དེ་འགྲོ་དགོས་ཤིང་སྤྱི་ལེ་༣༧.༨ བསྐྱོད་ན་ཨམ་ཆུང་བཙག་སྣ་ཞེས་པའི་རི་བོ་དམར་པོ་ཞིག་གི་མདུན་དུ་འཁྱོར། ངག་རྒྱུན་དུ་རི་བོ་དེ་དམར་པོ་ཡིན་པའི་རྒྱུ་མཚན་ནི་ཨ་སྟག་དཔའ་མོའི་སྣ་ཁྲག་ས་དེར་ཟག་པའི་རྐྱེན་གྱིས་ཡིན་པར་གྲགས་ལ་ས་དེའི་བཙག་དམར་གྱི་སྨུས་ཚད་ཤིན་ཏུ་ལེགས། དེ་ནས་ཐད་ཀར་ཤར་དུ་བལྟས་ན་མཚོ་འགྲམ་དུ་ས་དཀར་པོ་རི་མོ་བྲིས་པ་ལྟ་བུ་མང་དུ་ཡོད་པ་དེ་

ནི་དཔའ་མོ་ཨ་སྟག་གི་རྣམ་ཁྲུག་མཐིལ་བཙོལ་ནས་ས་རུ་བོ་བའི་ཤུལ་ཡིན་ཟེར། དེའི་ཤར་དུ་བྲག་དེའུ་ནག་པོ་ལྟ་གས་ཀྱི་ཡོལ་བ་འདྲ་བ་ཁེར་ཚད་གཅིག་ཡོད་པ་དེ་ནི་ཨ་སྟག་མོས་མདའ་རྩལ་སྦྱོང་སའི་འབེན་ཡིན་པར་གྲགས་ཤིང་ཨ་སྟག་འབེན་ར་ཞེས་འབོད་པ་སོགས་གནས་དེར་བྱང་རི་ཤིའི་ཨ་སྟག་དཔའ་མོའི་གཏམ་རྒྱུད་དང་འབྲེལ་བའི་ཡུལ་ལྗོངས་མང་པོ་མིག་ལམ་དུ་མཐོང་རྒྱུ་ཡོད། དེ་ནས་སྤྱི་ལེ་༡༢ བསྐྱོད་ན་མཚོའུ་གཉིས་རྫོང་ཞི་བདེ་ཡུལ་ཤོག་ཏུ་སླེབས། དེ་ནས་ཟེ་སླིང་འདུས་མཚོའི་བྱང་གི་རི་ཆེན་གཱ་པ་ལྷ་རི་ཉེ་འདབས་བརྒྱུད་སྤྱི་ལེ་༣༨.༣ བསྐྱོད་ན་གཉེན་མདའ་བྲག་དེའུ་ལ་འགྱོར། དེ་ནས་སྤྱི་ལེ་༢.༥ བསྐྱོད་ན་ཞྭ་ནག་བྲག་དེའུ་ཡི་ཉེ་འགྲམ་དུ་འགྱོར། བྲག་དེའུ་དེའི་སྟེང་ན་དར་ཅོག་གིས་མཛེས་པར་བརྒྱན་ཡོད་ཅིང་དེ་ནས་བལྟས་ཚེ་ཟེ་སླིང་འདུས་མཚོའི་ཡུལ་ལྗོངས་ཡོངས་རྫོགས་གསལ་ལྷང་ངེར་མཐོང་ཐུབ། དེ་ནས་སྤྱི་ལེ་༡༨.༧ བསྐྱོད་ན་བྱང་རྩྭ་སྐྱ་གཙང་པོའི་ཁ་རུ་འགྱོར། འདི་ནི་མཐོ་སྒང་གི་ནང་འབབ་ཆུ་བོ་རིང་ཤོས་ཀྱི་མཚན་སྙན་ཐོབ་པའི་བྱང་ཐང་ཁྲུལ་གྱི་གཙང་པོ་ཆེ་ཤོས་དེ་ཡིན་ལ་ཟེ་སླིང་འདུས་མཚོའི་བྱང་སྣད་དང་ཤར་རྒྱུད་ཀྱི་

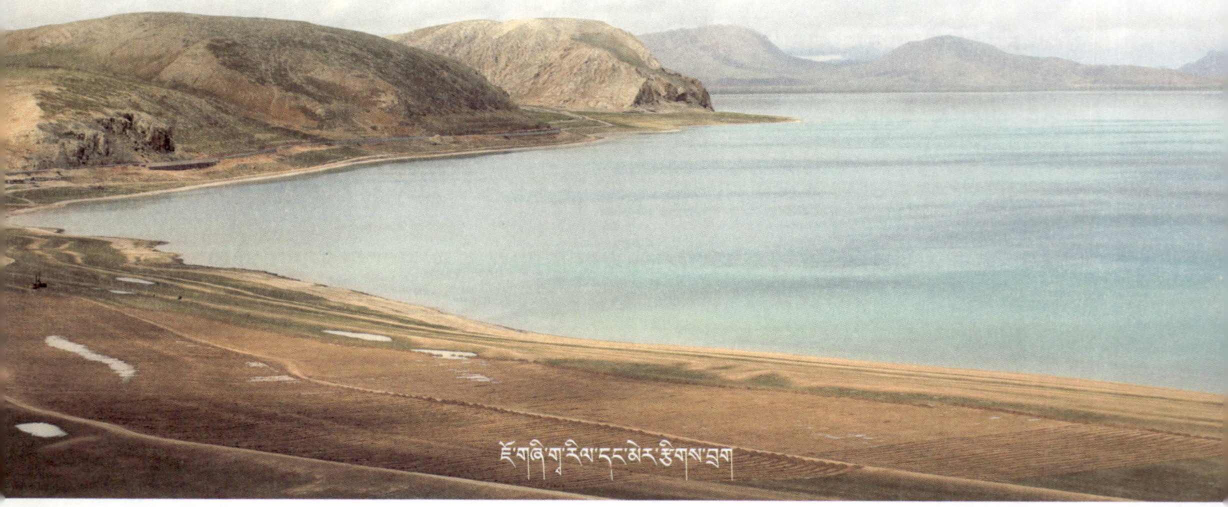

གཙང་པོ་དང་ཆུ་ཕྲན་ཐམས་ཅད་ཀྱི་བཞུད་ལམ་ཡིན། དེ་ནས་སྤྱི་ལེ་༡༩.༥ བསྐྱོད་ན་གཡོན་གཡས་ཕྱོགས་སུ་ལམ་ཕྲན་ཞིག་ཡོད་ཅིང་དེ་ནི་ཁྲུང་མཆུ་བྲག་དམར་དུ་བསྐྱོད་སའི་ལམ་ཁ་ཡིན། ལམ་ཕྲན་དེ་བརྒྱུད་དེ་སྤྱི་ལེ་༡༣ བསྐྱོད་ན་ཁྲུང་མཆུ་བྲག་དམར་དུ་འགྲོར་ཞིང་འདི་ནི་ཟི་གླིང་འདུས་མཚོའི་མཐའ་འཁོར་གྱི་ཆེས་མཛེས་པའི་ཡུལ་ལྗོངས་ཤིག་ཡིན་ལ་ཆོས་དད་མང་ཚོགས་ཀྱི་སེམས་སུ་དད་པ་བྱེད་ཡུལ་གྱི་གནས་མཆོག་ཅིག་ཀྱང་ཡིན། དེ་ནས་ཕྱིར་གཞུང་ལམ་དུ་ལོག་སྟེ་སྤྱི་ལེ་༣༩.༩ ཙམ་ཕྱིན་ན་བང་ཕོག་མཚོ་མོའི་ལྗོངས་གཟིགས་ཁུལ་དུ་འགྲོར། བང་ཕོག་མཚོ་ནི་ཟི་གླིང་འདུས་མཚོའི་ཤར་དུ་གནས་ཤིང་ཡུལ་ལྗོངས་ཧ་ཅང་གི་མཛེས་ལ་མཚོ་དེའི་ཤར་རྒྱུད་དུ་རི་བོ་བདུན་མུ་འབྲེལ་དུ་གནས་ཡོད་པ་དེར་ཐེའུ་རང་སྤུན་བདུན་ཟེར། དེ་ནས་སྤྱི་ལེ་༩.༢ བསྐྱོད་རྗེས་ལམ་གྱི་སྒོ་འཕྲོད་པ་ཡིན་པས་ཕྱིར་དཔལ་མགོན་རྫོང་དུ་ཕེབས་ན་སྤྱི་ལེ་༦༢.༨ ཡོད་པ་བཅས་ཟི་གླིང་འདུས་མཚོའི་སྐོར་ལམ་གྱི་ལམ་ཐག་ཁྱོན་བསྡོམས་སྤྱི་ལེ་༣༢༢.༧ ཡོད་ལ་གཡས་གཡོན་གྱི་མཛེས་ལྗོངས་དང་དགོན་སྡེ་ཁག་ལ་ཕེབས་ཚེ་སྤྱི་ལེ་༣༦༠.༧ ཡོད་ཅིང་དཔལ་མགོན་རྫོང་ནས་ཟི་གླིང་འདུས་མཚོར་ཡུལ་སྐོར་དུ་ཕེབས་ནས་སླར་ཡང་དཔལ་མགོན་རྫོང་དུ་ཕྱིར་ལོག་ན་ལམ་ཐག་ཁྱོན་བསྡོམས་སྤྱི་ལེ་༩༨༧ ཡོད།

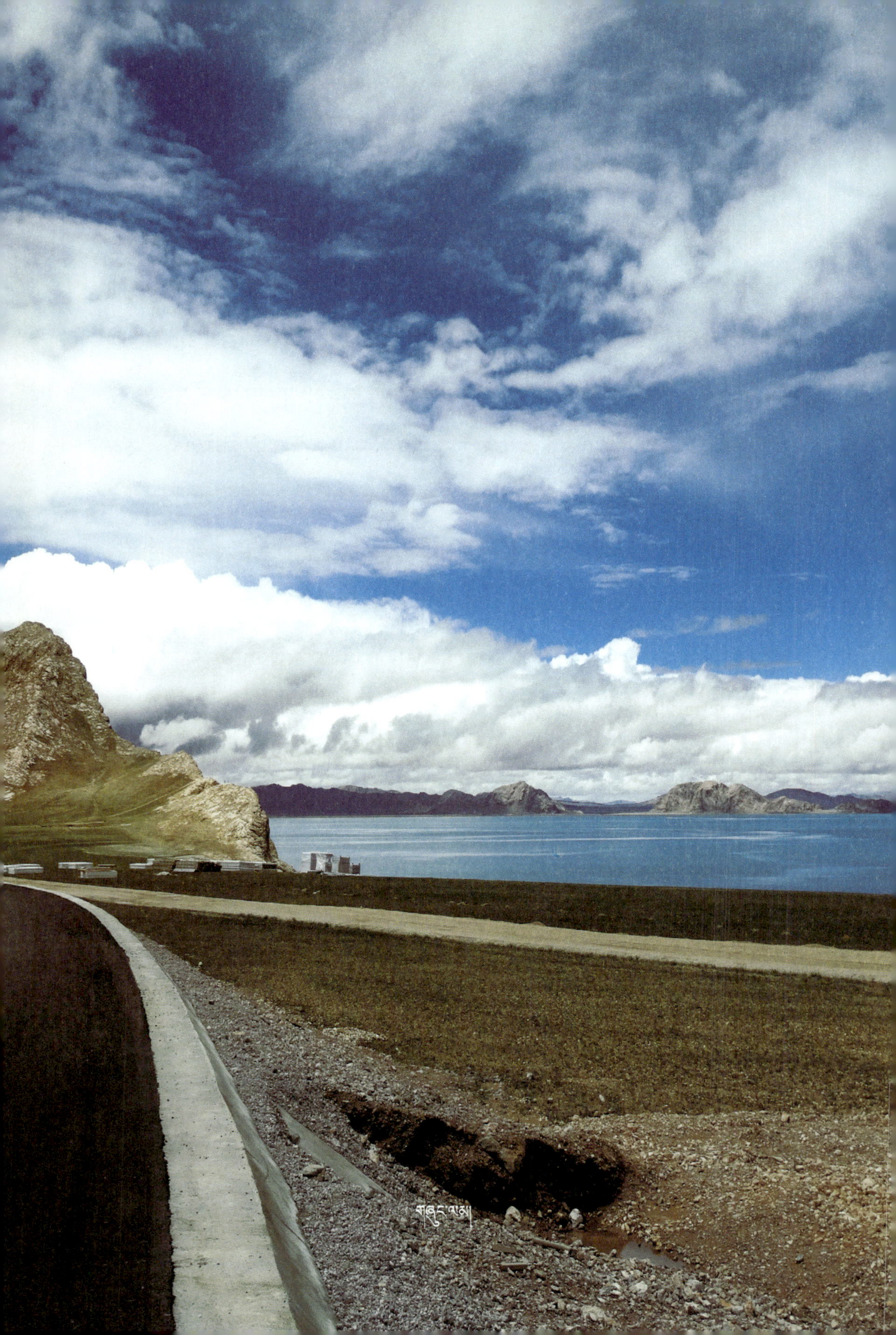

གཞུང་ལམ།

ས་བཅད་གཉིས་པ། བྱེ་གླིང་འདུས་མཚོ་ཐོག་མར་ཇི་ལྟར་བྱུང་ཚུལ་དང་མིང་ཇི་ལྟར་བཏགས་ཚུལ་སོགས་ཀྱི་སྐོར།

གཅིག བྱེ་གླིང་འདུས་མཚོ་ཐོག་མར་ཇི་ལྟར་བྱུང་ཚུལ་གྱི་གཏམ་རྒྱུད།

གནའ་བོའི་རྒན་རབས་རྣམས་ཀྱི་ངག་རྒྱུན་དུ་མི་ལོ་སྟོང་ཕྲག་དུ་མའི་ཡར་སྔོན་དུ་ས་ཆ་འདི་ཉིད་ཡངས་ཤིང་རྒྱ་ཆེ་བའི་རྩྭ་ཐང་དང་རི་ཚོགས་ཀྱིས་མཛེས་པའི་ཉམས་དགའ་ཞིང་ཡིད་དུ་འོང་བའི་ས་ཆ་ཞིག་ཡིན་པ་ལས་འཛད་མེད་ཀྱི་ཆུ་གཏེར་རྫོལ་བའི་མཚོ་ཆེན་འདི་འདྲ་ཞིག་གཏན་ནས་མེད་པ་མ་ཟད་མི་ཕྱུགས་

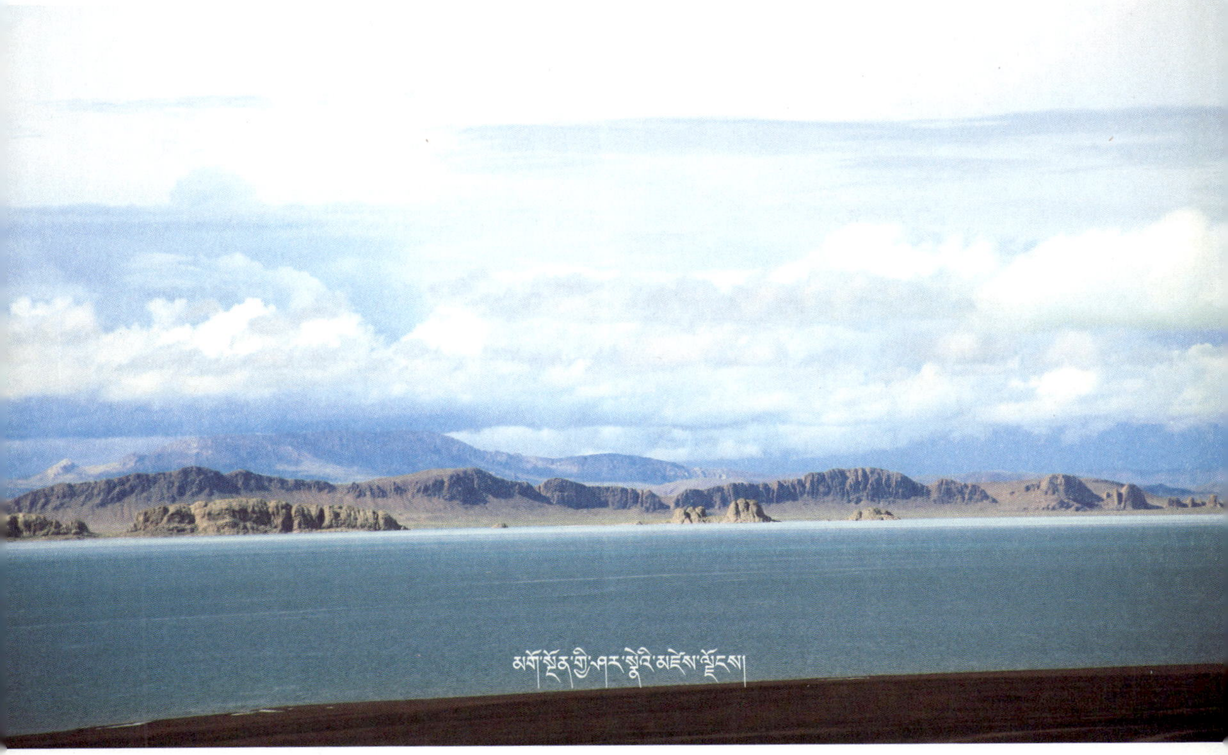

མགོ་སྟོན་གྱི་ཤར་སྣེའི་མཛེས་ལྗོངས།

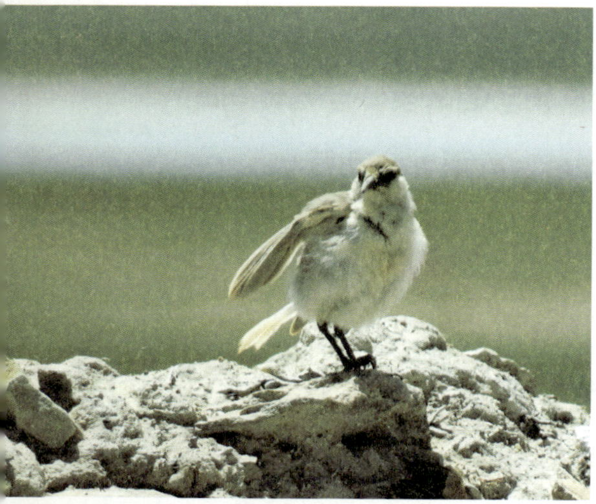

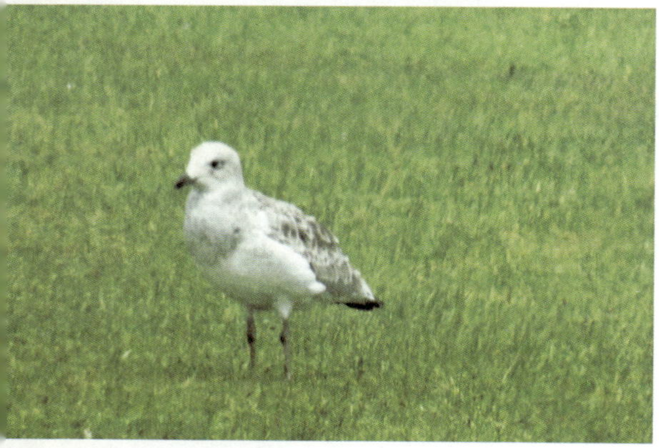

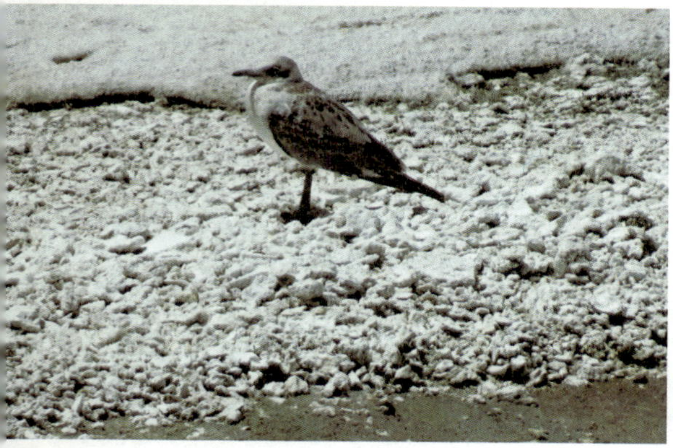

མཚོ་བྱ།

གཉིས་ལ་འབྱུང་ཆུ་དཀོན་པའི་ས་ཆ་ཞིག་ཡིན་ཟེར། ཡིན་ན་ཡང་ས་ཆ་འདིར་མི་ཟློག་ཀུན་གྱིས་འབྱུང་དུ་རུང་བའི་ཁྲོན་པ་ཞིག་ཡོད་ཅིང་ཁྲོན་པ་དེ་ཉིད་མ་གཞི་ཆུང་ངུ་ཞིག་ཡིན་ན་ཡང་མི་རབས་མང་པོ་ཡོངས་སུ་སྤྱད་ཀྱང་ཁྲོན་པ་དེ་སྔར་བཞིན་འགྱུར་བ་མེད་པར་གནས་ཡོད། དུས་རྒྱུན་དུ་ཡུལ་མི་ཀུན་གྱིས་ཁྲོན་པ་དེར་ཤིན་ཏུ་མཐོང་ཆེན་དང་བདག་གཅེས་ཡག་པོ་བྱེད་ཀྱི་ཡོད་ལ་གནའ་སྔ་མོ་ཞིག་གི་དུས་ན་ཡུལ་དེར་བླ་མ་ཞིག་ཕེབས་པ་དང་། བླ་མ་དེའི་ཞལ་ནས་ཁྲོན་པ་འདི་ཡུལ་མིས་བེད་སྤྱོད་བྱས་ཚར་བའི་རྗེས་སུ་ཁ་བཀབ་ནས་འཛོག་དགོས་ཤིང་དེ་ལྟར་མ་བྱས་ན་ཡུལ་འདིར་ཆུའི་འཇིག་པ་ཡོང་གི་རེད་ཅེས་གསུངས་སྟོང་བའི་ངག་རྒྱུན་དེ་ཡུལ་མི་ཀུན་གྱི་སེམས་སུ་ངེས་ཤིང་ཁྲོན་པ་ཁ་འགེབ་རྒྱུ་ནི་ཡུལ་མིས་ཆེས་

ངོ་སྣང་བྱ་ཡུལ་དུ་གྱུར། འོན་ཀྱང་ཉིན་ཞིག་བདུད་པོའི་ར་རྡོའི་ས་དེར་སླེབས་ཤིང་ཁོས་ར་ཁྲུ་ལ་ཆུ་ཞིག་ལྡུད་དགོས་སྙམ་ནས་ས་ཕྱོགས་གང་སར་ཆུ་འཚོལ་དུ་ཕྱིན་ཡང་ཆུ་རྩ་བ་ནས་མ་རྙེད། ཡུལ་དེའི་མི་ཞིག་དང་འཕྲད་སྐབས་བདུད་པོའི་ར་རྡོས་དྲིས་པ། ས་འདིར་ཆུ་མཚོ་རྒྱན་གྱི་ཁ་ཆུ་ཙམ་ཡང་མི་འདུག་པས་ཡུལ་འདིའི་མི་ཕྱུགས་རྣམས་ཇི་ལྟར་འཚོ་གནས་བྱེད་ཐུབ་པ་ཡིན་ནམ་ཟེར། ཡུལ་མི་དེས་ང་ཚོའི་ས་འདིར་གཞན་དང་མི་འདྲ་བའི་ཁྲོན་པ་ཞིག་ཡོད། ཁྲོན་པ་དེར་མི་ཕྱུགས་གཉིས་ཀྱིས་ལོངས་སུ་སྤྱོད་ཆོག་པས་འཐུང་ཆུའི་དཀའ་ངལ་མེད་ཟེར། བདུད་པོའི་ར་རྡོས་ཁྲོན་པ་དེ་གང་དུ་ཡོད་དམ། ངའི་ར་ཁྲུ་འདི་ཉི་མ་གསུམ་ལ་ཆུ་ཐིགས་པ་གཅིག་ཀྱང་མེད་པས་ང་ཁྲོན་པ་དེར་ར་ཁྲུར་ཆུ་ལྡུད་དུ་འགྲོ་དགོས་ཟེར། ཡུལ་མི་དེས་ཁྱོད་ཀྱིས་ར་ཁྲུ་ལ་ཁྲོན་པའི་ཆུ་བླུད་ན་ངས་ལམ་སྟོན་བྱས་ཆོག་མོད་འོན་ཀྱང་ཁྱོད་ཀྱིས་ཁྲོན་པ་དེའི་ཆུ་བཏུངས་ཚར་རྗེས་ངེས་པར་དུ་ཁ་འགེབ་དགོས་ཟེར། བདུད་པོའི་ར་རྡོས་ཁྱོད་ཀྱིས་ང་ལ་ཁྲོན་པ་དེ་མྱུར་བར་སྟོན་དང་ངའི་ར་ཁྲུ་འདི་ཁྲག་སྐམ་ནས་ཤི་བ་འདུག མི་ཕྱུགས་གཉིས་ཀས་ཆུ་རྡོམ་པ་ཞིག་འཐུང་ཚར་རྗེས་ངས་ཁྲོན་པ་ཁ་བཀབ་ནས་བཞག་ཆོག་ཟེར། ཡུལ་མི་དེས་ཁོས་བཤད་པ་བདེན་སྙམ་ནས་བདུད་པོའི་ར་རྡོ་ལ་ཁྲོན་པ་དེ་བསྟན་ནས་སླར་ཡང་ཁྱོད་ཆུ་བཏུངས་ཚར་རྗེས་ཁྲོན་པ་འདི་ཁ་འགེབ་རྒྱུ་མ་བརྗེད་པ་ཕྱོས་ཨ་ཟེར་ནས་རང་ཁྱིམ་དུ་ལོག བདུད་པོའི་ར་རྡོས་ཁྲོན་པའི་ཁ་ཁེབ་དེ་ཕྱེས་ནས་ར་ཁྲུ་རྣམས་ལ་འཐུང་དུ་བཅུག ཁོ་རང་གིས་ཀྱང་འཐུང་ཚར་བའི་རྗེས་སུ་ཁོའི་སེམས་པར་ང་ས་འདིའི་ཡུལ་མི་ནི་མིན། ངས་ཁོ་ཚོས་བཤད་པར་ཉན་དགོས་དོན་མེད། ཁྲོན་པ་འདི་ཁ་འགེབ་པར་དཀའ་ལས་

འདུག་པས་བསྐྱུར་ཞོག་སླམ་ནས་ར་ཁྱུ་རྣམས་དེད་དེ་ཁྲིན་པ་ཁ་མ་བཀབ་པར་སོང་། དེའི་ནུབ་མོར་ཁྲིན་པའི་ནང་ནས་གནམ་ས་གཡོ་བའི་ཙུར་སྒྲ་གྲགས་པ་དང་ལྷན་དུ་ཁྲིན་པ་ཁ་ལུད་ནས་ནུབ་གཅིག་གི་རིང་ལ་རྫ་ཐང་གི་སྟེང་དུ་སྦོ་ལྟེམ་མེར་འཁྱིལ་བའི་མཚོ་མོ་འདི་བྱུང་བའི་བཤད་སྲོལ་ཡོད། ངག་རྒྱུན་འདི་ནི་མི་ལོ་སྟོང་ཕྲག་ལས་བརྒལ་ཙམ་ང་གནས་འདིར་འཚོ་གནས་བྱེད་མཁན་གྱི་ཡུལ་མི་དག་གིས་མི་རབས་ནས་མི་རབས་བར་དུ་རྒྱུན་འཛིན་བྱས་པའི་ངག་རྒྱུན་ཞིག་ཡིན་ལ་ཐ་སྙིང་འདུས་མཚོའི་ཐོག་མའི་འབྱུང་ཁུངས་ལ་དམངས་ཁྲོད་ཀྱི་ངོས་འཛིན་བྱེད་སྟངས་ཞིག་ཀྱང་རེད།

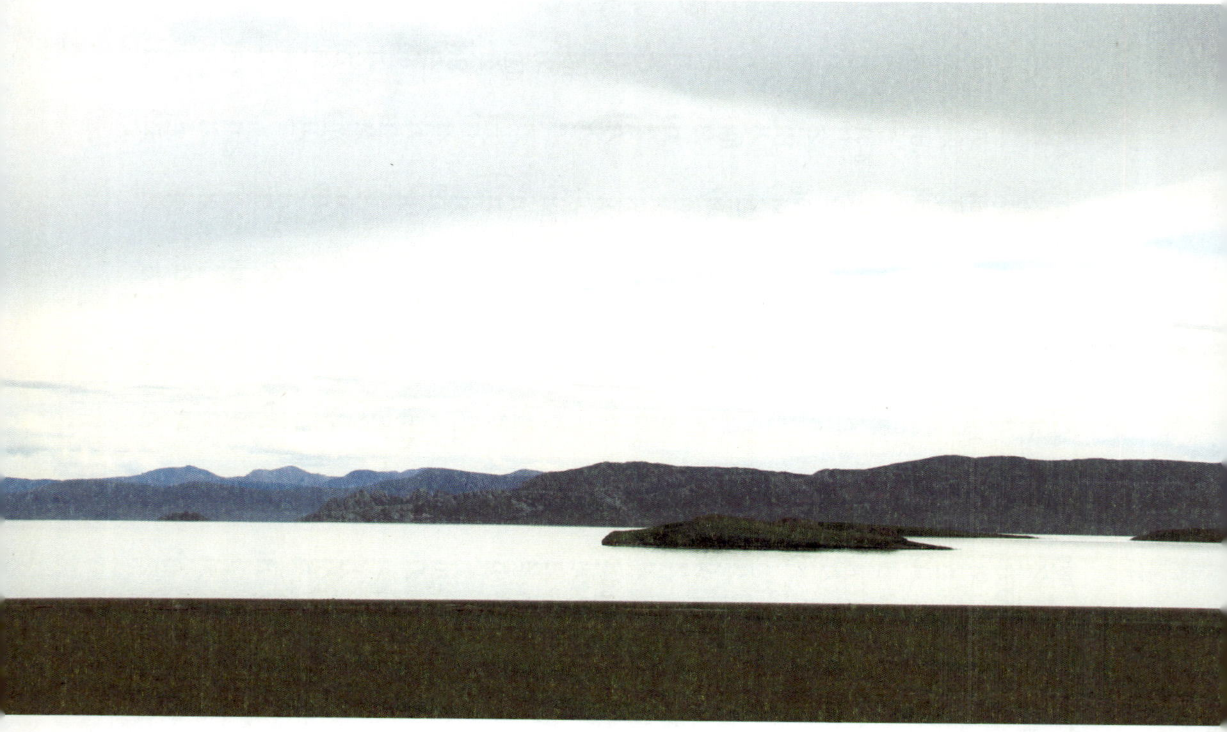

བྱ་ཕྲུག་སྐྱེ་གསོ་བྱེད་ཡུལ།

གཉིས། མཚོ་མིང་ཇི་ལྟར་བཏགས་ཚུལ།

མཚོ་འདིའི་མིང་ལ་དམངས་ཁྲོད་དུ་ཡོངས་ཁྱབ་རང་བཞིན་གྱི་གྲགས་པ་ཆེ་བའི་མིང་མི་འདྲ་བ་གཉིས་ཏེ། ཐེ་གླིང་འདུས་མཚོ་དང་། ཐེ་གླིང་བདུད་མཚོ་ཞེས་སུ་འབོད་སྲོལ་ཡོད། དང་པོ་ལྟར་ན་མཚོ་འདིར་ལྷོ་ནས་བྱང་འགྲིག་གཉིས་ཀྱི་ས་མཚམས（ཀྲི་གུ་ལ）ཚུན་ཆོད་ཀྱི་མཚོ་དང་གཙང་པོ་སྟེ། དམུ་གྲུ་མཚོ། ཐེམ་སྒྲུག་མཚོ། མཚོ་སྔོན་མོ་བཅས་རིམ་བཞིན་འདྲེས་ནས་ཨ་ལ་གཙང་པོ་རྒྱུད་ཐེ་གླིང་མཚོར་འདྲེས་པ། ཁྲ་ཚང་མཚོ། མུ་ཏིག་དར་ལ་གཡུ་མཚོ། ནག་ཚང་སྐྱ་རིང་མཚོ། མོ། རྩིད་ཀུད་མཚོ། ཅུ་རུ་མཚོ། བྱ་རྒོད་མཚོ་བཅས་འདྲེས་ནས་བྲག་ཀན་གཙང་པོ་བརྒྱུད་ཐེ་གླིང་མཚོ་རུ་འདྲེས།

བྱང་ནས་གདང་ལ་རི་བོའི་ལྗོངས་རྒྱུད་དུ་འབུམ་མཛོད་ལྷུགས་རི་ཞེས་པའི་གངས་ཟླ་འདྲེས་མའི་རི་ཆེན་དེ་ནས་ཆུ་འགོ་དང་པོ་རྒྱུག་ཅིང་རིམ་གྱིས་འགར་ཆུ་གཙང་པོ་དང་། གདང་ལའི་ནུབ་ཕྱོགས་ཀྱི་རི་རྒྱུད་དཀར་གངས་རི་ལུ་གུ་སྤུན་གཉིས་ནས་བཞུར་བའི་དཀར་ཆུ་ཞེས་པའི་གངས་ཆུའི་གཙང་པོ་ཆེན་པོ་ཞིག་དང་། གཙང་རྒྱས་སྤྱལ་མགོ འབོང་ཆུ་གཙང་པོ། སོག་ཆུ་གཙང་པོ་སོགས་གངས་ཆུ་དང་ཟ་ཆུ། ལུ་མ་དང་མཆེའུ་སོགས་ཐམས་ཅད་འདྲེས་པའི་བོད་མཐོ་སྒང་གི་ནང་འབབ་ཆུ་བོ་རིང་ཤོས་བྱང་རྣ་སྐྱ་གཙང་པོ་ཐེ་གླིང་མཚོའི་ནང་དུ་འདྲེས་པ་བཅས་མཚོ་དང་གཙང་པོ་ཆུ་ཕྲན་ཐམས་ཅད་ཐེ་གླིང་འདུས་མཚོའི་ནང་དུ་ཚུར་འདུས་པའམ་འདྲེས་ཡོད་པའི་ཆ་ནས་འདུས་མཚོ་ཞེས་པའི་མིང་དེ་བཏགས་ཡོད་ཅེས་བཤད་སྲོལ་ཡོད།

གཉིས་པ་ལྟར་ན་མཚོ་འདི་བདུད་ཀྱི་བླ་མཚོ་ཡིན་ཞིང་གནའ་དུས་སུ་སེམས་

ཅན་གྱི་ཆེ་སྲོག་ལ་འཚེ་བ་བྱེད་མཁན་གྱི་སྲིན་མོ་སྤུན་བདུན་ཞེས་པ་ཞིག་ཡོད་ཅིང་དེ་ཉིད་ཟེ་གླིང་བདུད་མཚོའི་བྱང་ནུབ་སྲིན་སྐྱེས་ནག་ལང་（ད་ལྟ་མཚོའུ་གཉིས་རྫོང་ཞི་བདེ་ཡུལ་ཚོགས་གི་ས་ཁོངས）ཞེས་པ་དེར་གནས་ཡོད་པ་དང་སློབ་དཔོན་པདྨ་འབྱུང་གནས་དེར་ཕེབས་ཤིང་སྲིན་མོ་དམ་ལ་བཏགས་པའི་བཤད་སྲོལ་དང་། དེ་བཞིན་གླིང་སྒྲུང་གི་སྐབས་སུ་ཡར་ཁམས་བྱང་མའི་ཁོངས་གཏོགས་ཀྱི་འབྲོག་སྡེ་ཐམས་ཅད་བདུད་སྡེ་དཀར་ནག་ཁྲ་གསུམ་མམ་བདུད་སྡེ་ཁྲི་སྐོར་བཅུ་གཉིས་ཀྱི་ཁོངས་སུ་གཏོགས་ཤིང་མཚོ་འདི་ནི་བདུད་སྡེའི་རྗེ་བོ་བྱང་བདུད་ཀླུ་བཙན་རྒྱལ་པོའི་བླ་མཚོ་ཡིན་པ་མ་ཟད་གེ་སར་རྒྱལ་པོས་ཀླུ་བཙན་ལ་ཐོད་མདའ་རྒྱབ་ཏེ་བསད་པའི་སྐབས་སུ་ཀླུ་བཙན་རྒྱལ་པོའི་མགོ་མཚོ་ནང་དུ་བཏབ་པ་རེད་ཟེར་ཞིང་སྤྱི་ལོ་༢༠༠༠ལོའི་སྔོན་རོལ་དུ་ཟེ་གླིང་མཚོའི་བྱང་ནུབ་ཀྱི་མཚོ་དཀྱིལ་དུ་ཨ་ཁྱུང་གི་ཟངས་ར་ཞེས་པའི་གླིང་ཕྲན་ཞིག་ཡོད་ཅིང་གླིང་ཕྲན་དེའི་ནང་དུ་བདུད་ཀླུ་བཙན་གྱི་མགོ་རྒྱན་རེད་ཟེར་བའི་གཡུ་བྱུར་སོགས་ནོར་བུའི་རིགས་མང་པོ་སྦྲུག་རྒྱུ་ཡོད། ཕྱིས་སུ་མཚོ་ཆེ་རུ་ཕྱིན་པའི་རྐྱེན་གྱིས་གླིང་ཕྲན་དེ་མཚོ་ནང་དུ་ནུབ་ནས་ད་ལྟ་མཐོང་རྒྱུ་མེད། གཞན་ཡང་བྱང་རི་ཤིའི་ཨ་སྟག་དཔའ་མོའི་བླ་མཚོ་ཡིན་པའི་བཤད་སྲོལ་ཡང་ཡོད་པ་བཅས་མཚོ་འདིར་བདུད་དང་འབྲེལ་ཡོད་གཏམ་རྒྱུད་མང་པོ་ཞིག་གླེང་རྒྱུ་ཡོད་པས་བདུད་མཚོ་ཞེས་འབོད་པར་གྲགས།

གཞན་ཡང་མཚོ་འདི་ཉིད་ལ་ཆོས་ལུགས་ཀྱི་སྙིང་ནས་མིང་འདོགས་མཁན་ཡང་བྱུང་ཡོད་དེ། ཐོག་མར་པཎ་ཆེན་སྐུ་ཕྲེང་དགུ་པ་སོག་ཡུལ་དུ་ཕེབས་པའི་ལམ་བར་དུ་ནག་ཚང་གི་སྡེ་དཔོན་ནག་ཚང་རལ་པས་སྣེ་ལེན་ཞུས་པ་ལྟར་པཎ་ཆེན

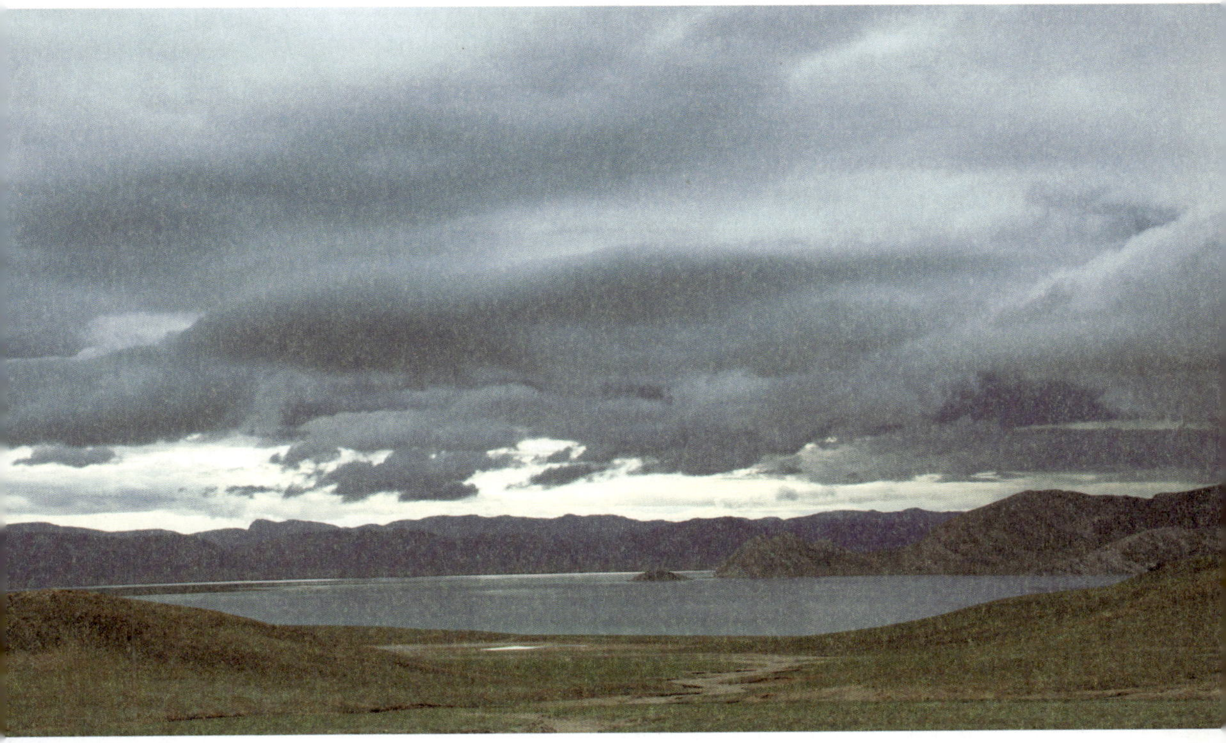

མཚོ་སྔོན་པོའི་གླིང་ཐན།

རིན་པོ་ཆེ་ཟླ་གླིང་མཚོའི་ལྷོ་ཕྱོགས་མདའ་སྒྲོ་བྲག་དཀར་（ཤེལ་ཚ་རྫོང་གཞུང་སྐྱིད་གྲོང་ཚོ་གསུམ་པའི་ས་ཆ་）དུ་ཕེབས་སྐབས་སྤེ་དཔོན་གྱིས་ཟླ་གླིང་མཚོ་འདི་ཡོ་རེར་མ་བསྟད་པར་ཆེ་རུ་འགྲོ་བཞིན་འདུག་པས་མཚོ་མི་ལུད་པའི་ཐབས་ཤེས་གང་དྲགས་བཀའ་སློབ་གནང་རོགས་ཞུས་པར། པཎ་ཆེན་རིན་པོ་ཆེས་ཁྱེད་རྣམས་ཀྱིས་བླ་མ་བཟང་པོ་ཞིག་གདན་དྲངས་ལས། མཚོ་ཁར་མཆོད་རྟེན་ཞིག་བཞེངས་ནས་མཚོ་འདིར་མིང་གསར་པ་ཞིག་ཐོགས་དང་ཅུང་ཙམ་ཕན་པ་ཡོད་ཅེས་པའི་བཀའ་སློབ་གནང་། ཕྱིས་སུ་ཡུལ་དེས་ཟབ་མོ་དགོན་གྱི་སྤྲུལ་སྐུ་སྐུ་ཆེན་སྐུ་ཕྲེང་གསུམ་པ་

ཀརྨ་ངེས་དོན་བསྟན་པའི་རྒྱལ་མཚན་མཆོག་གདན་འདྲེན་ཞུས་ནས་ཐེ་གླིང་མཚོའི་ཞྭ་ཕྱོགས་རིའི་སྟེང་དུ་མཆོད་རྟེན་བཞེངས་པ་དང་མཚོའི་མིང་ལ་ཀླུ་མོ་ཀླུ་མཚོ་ཕྱུག་མོ་ཞེས་བཏགས། དེ་ནས་བཟུང་མཚོ་ཁ་དམའ་རུ་ཕྱིན་ཞིང་མཚོའི་ཉེ་འཁོར་གྱི་འབྲོག་སྡེ་ལ་ཕན་པ་མངོན་གསལ་དོད་པོ་བྱུང་བའི་བཤད་སྲོལ་ཡོད།

ཡང་དུས་རབས་ཉི་ཤུའི་ནང་དུ་མདོ་སྨད་རི་པ་དགོན་གྱི་བླ་མ་རི་པ་བག་ སྤྲུལ་ཀརྨ་སྒྲུབ་བརྒྱུད་འཕྲིན་ལས་རབ་རྒྱས་ཞེས་པ་ཞིག་དོལ་པ་ཟད་པའི་ནང་དུ་ཕེབས་ཤིང་གྲགས་ཅན་གྱི་རི་མཚོ་ཀུན་ལ་ཁྲུས་དང་རབ་གནས་མཛད་པའི་སྐབས་སུ་མཚོ་འདིར་མཚོ་སྨན་རྒྱལ་མོ་ཞེས་པའི་མིང་ཡང་བཏགས་ཡོད།

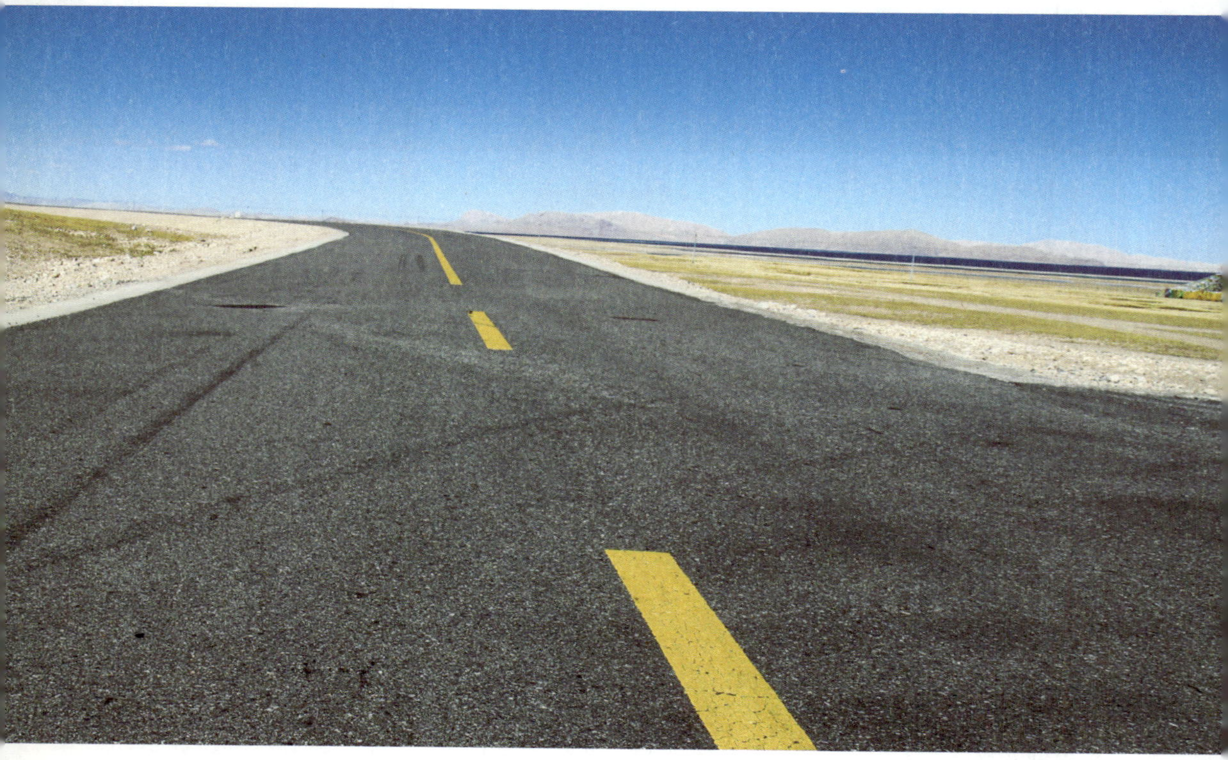

ཤེལ་ཆུ་རྫོང་དང་ཉི་མ་རྫོང་ལ་འགྲོ་བའི་སྤྱུམ་ནག་ལམ་ཆེན།

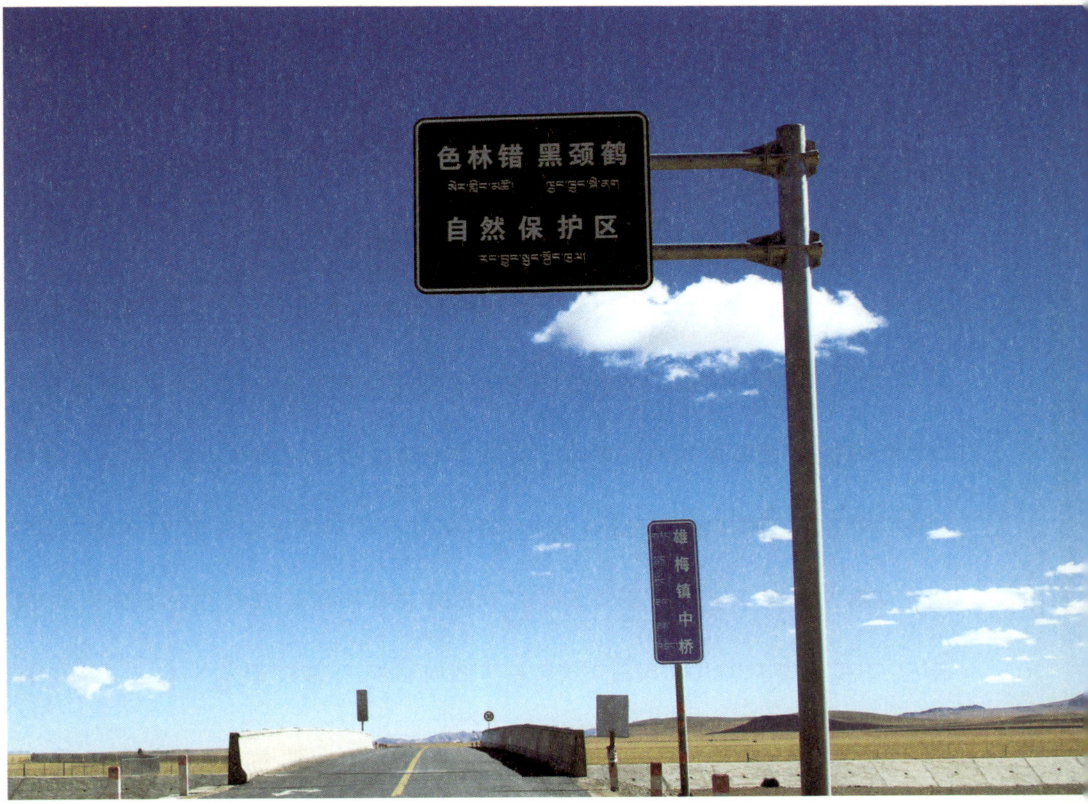

གསུམ། ཉ་ཆེན་སྨྲ་བ་ཁ་ཆེའི་གཏམ་རྒྱུད།

གནའ་སྔ་མོ་ཞིག་ལ་ཉ་ཆེན་སྨྲ་བ་ཁ་ཆེ་བྱ་བ་དབྱིབས་ཉ་དང་འདྲ་བ་ལ་རྐང་ལག་བཞི་ས་ལ་བཙུགས་ནས་འགྲོ་བ། ལུས་ཡོངས་རྩིད་པས་ཁྱབ་པ་ཞིག་རྒྱ་གར་གྱི་ཆུ་བོ་གང་ག་ནས་དོན་ཏེ་བོད་ཀྱི་མཚོ་ཆེན་མང་པོ་ཞིག་གི་ནང་དུ་འཛུལ་བ་རེད་ཟེར། ཁོ་ཐོག་མར་རྒྱ་གར་ནས་ཡོང་བའི་ལམ་བར་དུ་མ་ཕམ་གཡུ་མཚོའི་ནང་དུ་འཛུལ་བས་སུག་བཞི་ཆུ་ལ་འཐིམ་ཙམ་ཞིག་བྱུང་། དེ་ནས་ཡར་འབྲོག་གཡུ་མཚོའི་ནང་དུ་འཛུལ་བས་དཔུང་རྩིད་ཆུ་ནང་དུ་འཐིམ་ཙམ་ཞིག་བྱུང་། དེ་ནས་དང་ར་གཡུ་མཚོའི་ནང་དུ་འཛུལ་བས་དང་ཁ་རེག་ཙམ་ཞིག་བྱུང་བས་མཚོ་དེར་

དང་རིག་ཀྱང་ཟེར། དེ་ནས་ནག་ཚང་སྐྱ་རིང་མཚོ་མོའི་ནང་དུ་འཛུལ་བས་སྐེ་མན་ཚོད་ཚང་མ་ཆུའི་ནང་དུ་འཁྱིམ་པས་སྐེ་རིག་མཚོ་མོ་ཡང་ཟེར། །དེ་ནས་གནམ་མཚོ་ཕྱུག་མོའི་ནང་དུ་འཛུལ་བས་མགོ་བོ་མན་ཚོད་ཆུའི་དཀྱིལ་དུ་འཁྱིམ་ནས་མིག་གིས་གནམ་དང་མཚོ་འདྲེས་པ་ལྷ་བུའི་ཁོར་ཡུག་ཐམས་ཅད་སྔོ་ཐིང་ངེར་ཡོད་པ་མཐོང་། དེ་ནས་ཁོས་ད་དུང་མཚོ་འདི་ལས་གཏིང་ཟབ་པ་ཞིག་ཨེ་ཡོད་མཉམ་ནས་རི་བོ་ཨ་མྱེས་སྤོ་ཆེའི་སྟེང་དུ་ཕྱིན་ནས་བལྟས་པས་བྱང་ནུབ་ཀྱི་ཕྱོགས་སུ་ཟེ་སླིང་འདུས་མཚོ་སྔོ་སེར་རེར་འཁྱིལ་ཡོད་པ་མཐོང་བས་ཁོ་ཨ་མྱེས་སྤོ་ཆེའི་རི་སྟེང་ནས་མཆོངས་ཏེ་ཟེ་སླིང་འདུས་མཚོའི་ནང་དུ་འཛུལ་བས་ཁོའི་ཟེ་བའི་རྩེ་མོ་མཐོང་ཙམ་ལས་ལུས་པོ་ཡོངས་རྫོགས་ཆུའི་ནང་དུ་འཁྱིམ་པས་དུས་དེ་ནས་བཟུང་ཉ་སྦྲ་བ་ཁ་ཆེ་བྱ་བ་དེ་ཟེ་སླིང་འདུས་མཚོའི་ནང་དུ་གནས་ཡོད་པ་དང་ཨ་མྱེས་སྤོ་ཆེའི་སྟེང་དུ་

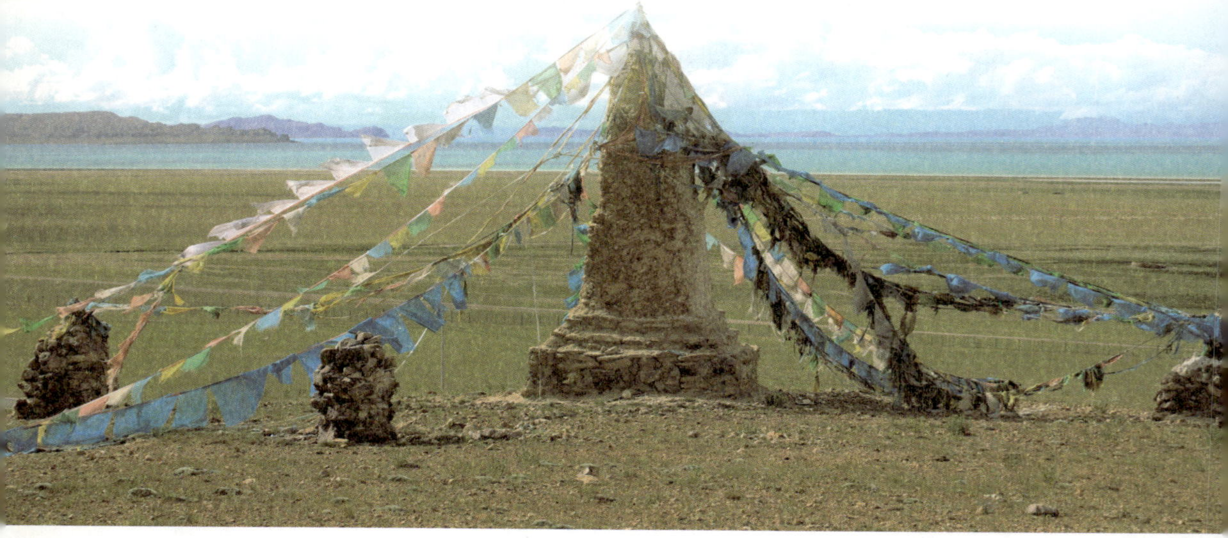

དུས་རབས་བཅུ་དགུའི་དུས་མཇུག་ཏུ་བཞེངས་པའི་ཁང་བརྩེགས་མཆོད་རྟེན།

མཚོའུ་ཆུང་ཆུང་ཞིག་ཡོད་པ་དེ་ཉ་སྨྲ་བ་ཁ་ཆེའི་ཁ་ཆུ་ཡིན་པའི་བཤད་སྲོལ་ཡོད། ངག་རྒྱུན་འདིར་གནའ་བོའི་སྐྱེ་ཚོགས་ཀྱི་ཁྲོད་དུ་མཚོའི་གཏིང་ཚད་གཞལ་བྱེད་ཀྱི་ཚན་རིག་དང་ཡོ་བྱད་སོགས་མེད་ན་ཡང་མཚོ་དེ་དག་གི་གཏིང་ཟབ་ཚད་ནི་གཏམ་རྒྱུད་འདི་ལ་གཞི་བཅོལ་ནས་ངོས་འཛིན་བྱེད་ཀྱི་ཡོད་ལ་ཟི་སྒྲིང་འདུས་མཚོ་ནི་གོང་དུ་སྨོས་པའི་མཚོ་མོ་དེ་དག་གི་ནང་ནས་ཆེས་གཏིང་ཟབ་ཤོས་ཀྱི་མཚོ་དེ་ཡིན་པའི་ངོས་འཛིན་བྱེད་ཀྱི་ཡོད།

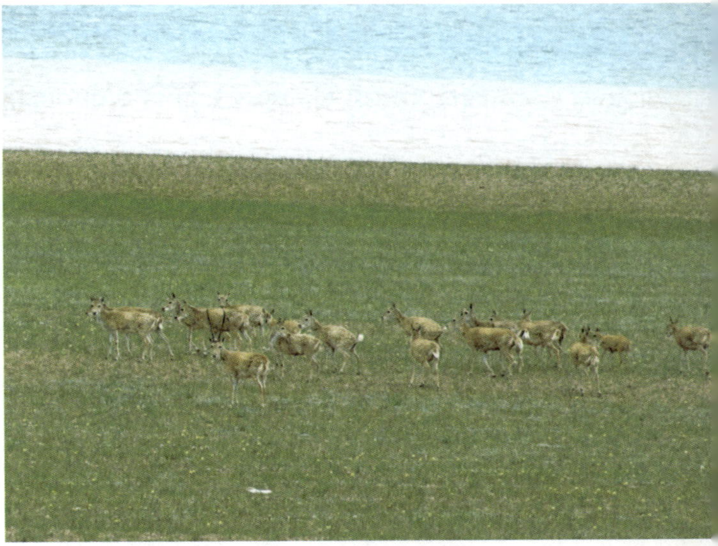

གཙོད།

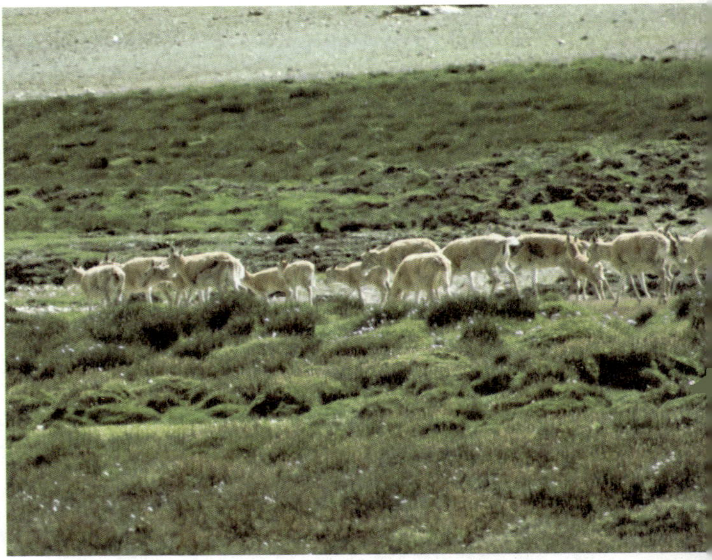

ཡུ་མོའི་ཁྱུ་ཚོ།

བཞི། སྲིན་མོ་སྤུན་བདུན་དམ་ལ་བཏགས་པ།

གནའ་དུས་སུ་སེམས་ཅན་གྱི་ཚེ་སྲོག་ལ་འཚེ་བ་བྱེད་མཁན་གྱི་སྲིན་མོ་སྤུན་བདུན་ཞེས་པ་ཞིག་ཡོད་ཅིང་དེ་ཉིད་ཟེ་གླིང་འདུས་མཚོའི་བྱང་ནུབ་སྲིན་སྐྱེས་ནག་ལང་（ད་ལྟ་མཚོ་ཨུ་གཉིས་རྫོང་ཞི་བདེ་ཡུལ་ཚོག་གི་ས་ཁོངས་）ཞེས་པ་དེར་གནས་ཡོད་པ་དང་སློབ་དཔོན་པདྨ་འབྱུང་གནས་དེར་ཕེབས་སྐབས་སྲིན་མོ་རྣམས་ས་འོག་ནས་ཕྱིར་དོན་ཏེ་ཐྲོས་པ་རེད་ཟེར་ཞིང་སྲིན་མོ་དོན་ས་རེད་ཟེར་བའི་ས་འོག་གི་ཁུང་བུ་གཏིང་མཐའ་མི་མངོན་པ་ཞིག་ད་ལྟའང་མཐོང་རྒྱུ་ཡོད།

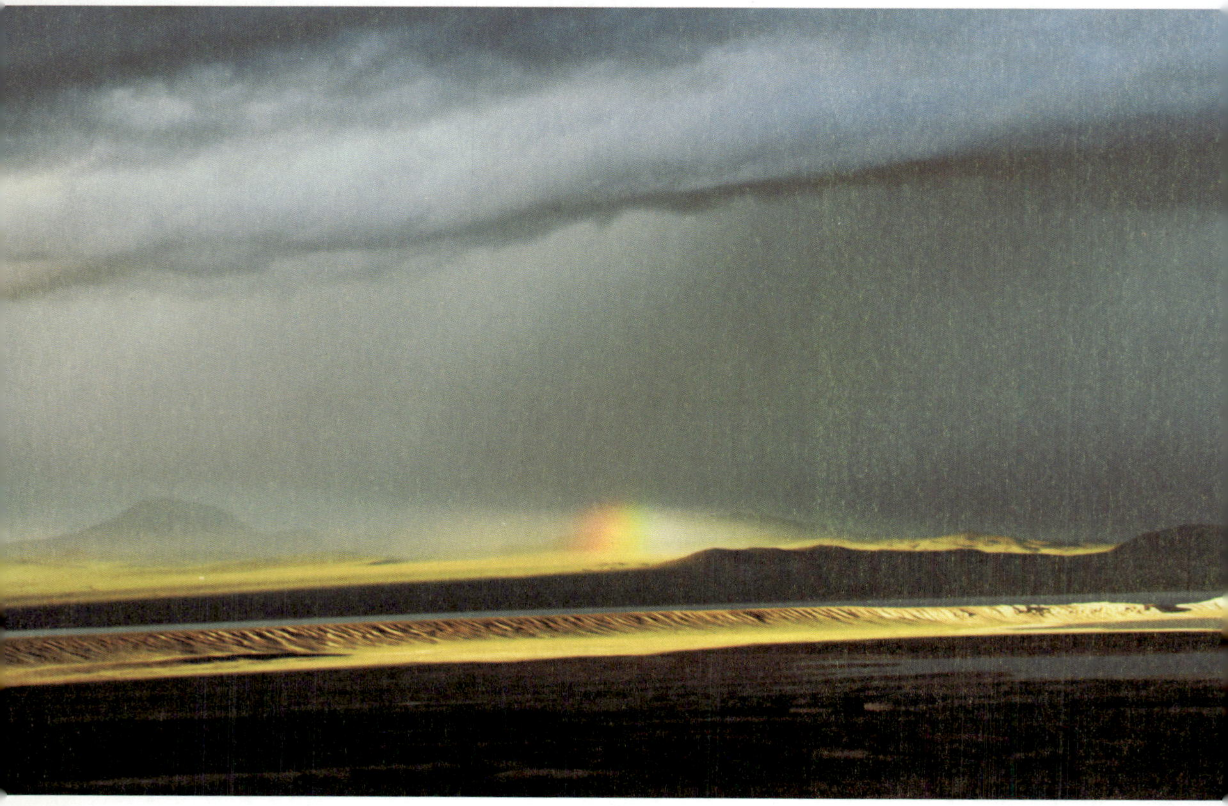

མཚོ་ཁའི་ཉི་ནུབ་ཀྱི་མཛེས་ལྗོངས།

སྲིན་མོ་རྣམས་ཐྲོས་སོང་ན་ཡང་སློབ་དཔོན་པདྨ་འབྱུང་གནས་ཀྱིས་སྲིན་མོ་རྗེས་འདེད་བཏང་ནས་སྲིན་མོ་རྣམས་རེ་རེ་བཞིན་དམ་ལ་བཏགས་ཤིང་སྲིན་མོའི་ར་སྟེང་དུ་མཆོད་རྟེན་རེ་རེ་བཞེངས་པའི་བཤད་སྲོལ་ཡོད། དེ་ཡང་རྗེས་ཟིན་པའི་སྲིན་མོ་ཐོག་མ་དེ་སྲིན་སྐྱེས་ནག་ལང་གི་ནུབ་ཕྱོགས་མི་རིང་བའི་ས་ཏུ་ཡིན་ཞིང་དེར་སྲིན་མོ་གཅིག་དམ་ལ་བཏགས་ནས་འཇག་མཆོད་རྟེན་ཞེས་པ་དེ་བཞེངས། དེ་ནས་སློན་པོ་གྲུ་བཞིའི་སར་སྲིན་མོ་གཅིག་དམ་ལ་བཏགས་ནས་རྫོ་མདུང་ནག་ཐོར་གྱི་མཆོད་རྟེན་བཞེངས། དེ་ནས་ཏུ་བཙུའི་གཤམ་ལ་སྲིན་མོ་དམ་ལ་བཏགས་ནས་ཏུ་བཙུའི་མཆོད་རྟེན་བཞེངས། དེ་ནས་ལྷོ་ནུབ་ཀྱི་ཕྱོགས་སུ་ཐྲོས་པས་ལུག་རྫི་མཚོ་ཁར་སྲིན་མོ་གཉིས་རྗེས་ཟིན་ནས་དམ་ལ་བཏགས། དེར་མཆོད་རྟེན་གཉིས་བཞེངས། ཡང་ཐྲོས་པས་ཟངས་མོ་མཚོ་ཁ་ནས་སྲིན་མོ་གཉིས་ཀྱི་རྗེས་ཟིན་ནས་དེར་མཆོད་རྟེན་གཉིས་བཞེངས་ཤིང་སྲིན་མོ་སྤུན་བདུན་དེ་ལྟར་དམ་ལ་བཏགས་པ་ཡིན་ཟེར། ངག་རྒྱུན་དུ་ཡོད་པའི་མཆོད་རྟེན་དེ་དག་ཀྱང་ཕལ་ཆེར་ད་ལྟ་མིག་གིས་མཐོང་རྒྱུ་ཡོད་ཀྱང་མིང་དུ་མཆོད་རྟེན་ཞེས་བཏགས་པ་ལས་དོན་དུ་ལབ་རྩེ་དང་འདྲ་བའི་རྗོ་ཕུང་དང་རྗོ་རིང་ལྟ་བུ་ལས་བང་རིམ་ཅན་དང་མཁར་སྟབས་ཀྱི་མཆོད་རྟེན་ནི་མ་ཡིན། འོན་ཀྱང་དེ་དག་དུས་ཀྱི་འགྱུར་བ་ལ་བརྟེན་ནས་སྔར་ཡོད་ཀྱི་མཆོད་རྟེན་ཉམས་ཆག་བྱུང་བ་ཡིན་ནམ་གདོད་མའི་དུས་སུ་ཡང་དེ་ལྟ་བུ་ཞིག་ཡིན་པ་ད་ལྟའི་ཆར་ཚོད་དཔག་བྱེད་དཀའ་བ་ཞིག་ཡིན་ཡང་ཡུལ་མི་རྣམ་རབ་ཀྱི་ངག་རྒྱུན་དུ་སྲིན་མོ་དམ་ལ་བཏགས་པའི་མཆོད་རྟེན་ཡིན་ཞེས་བཤད་སྲོལ་ཡོད།

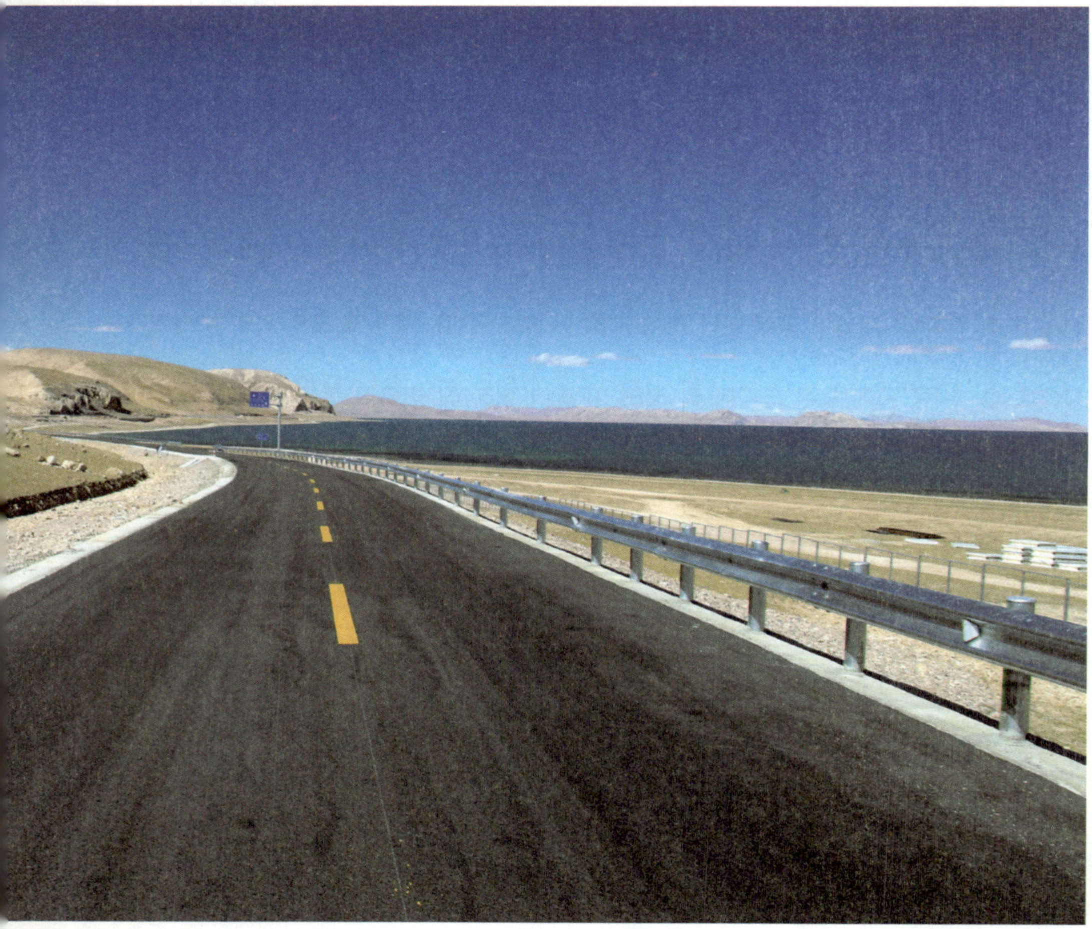

མཚོ་སྔོར་གཞུང་ལམ།

ས་བཅད་གསུམ་པ། རང་བྱུང་ཁམས་ཀྱི་ངོ་མཚར་ཆེ་བའི་སྣང་ཚུལ།

གཅིག མཚོ་སྒྲ་ལས་གནམ་གཤིས་ཀྱི་འགྱུར་བ་ཚོད་དཔག་བྱེད་པ།

སྤྱིར་ན་མཚོ་སྒྲ་ནི་སྐབས་སྐབས་སུ་རླུང་ཤུགས་ཀྱིས་སྐྱོམ་པའི་མཚོ་རླབས་ཀྱི་སྒྲ་ཡིན་ཞིང་མཚོ་སྒྲ་ཆེ་བའི་སྐབས་སུ་བར་ཐག་འདོམ་པ་གསུམ་ཙམ་གྱི་ས་ནས་མི་ཕན་ཚུན་སྐད་ཆ་བཤད་པ་མི་གོ་བ་དང་མཚོ་སྒྲ་ཆུང་བའི་སྐབས་སུ་མཚོའི་ཉེ་འཁོར་ནས་ཞུར་ཞུར་གྱི་སྒྲ་གོ་རྒྱུ་ཡོད་ཙམ་འགའ་འབྱུང་གི་ཡོད། དེ་ལ་ཞིབ་པར་ཉན་ཤེས་པའི་

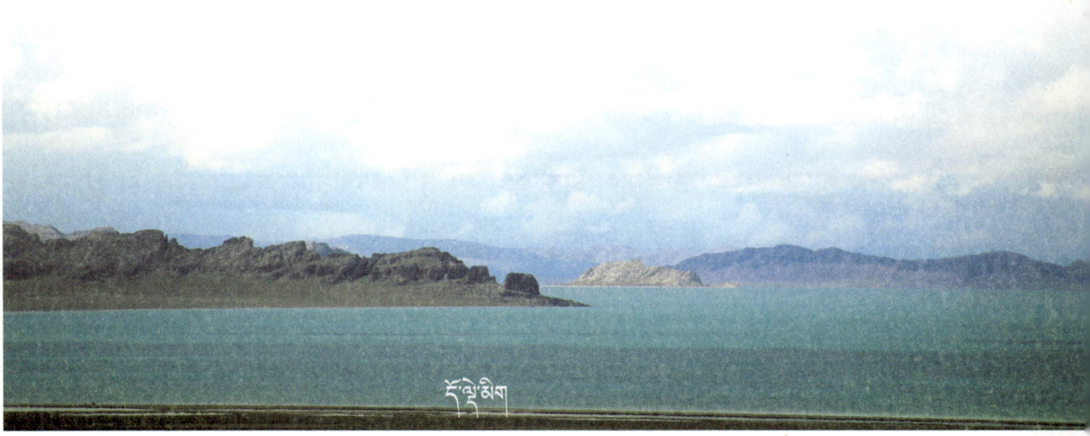
ཛོ་ལྷེ་མིག

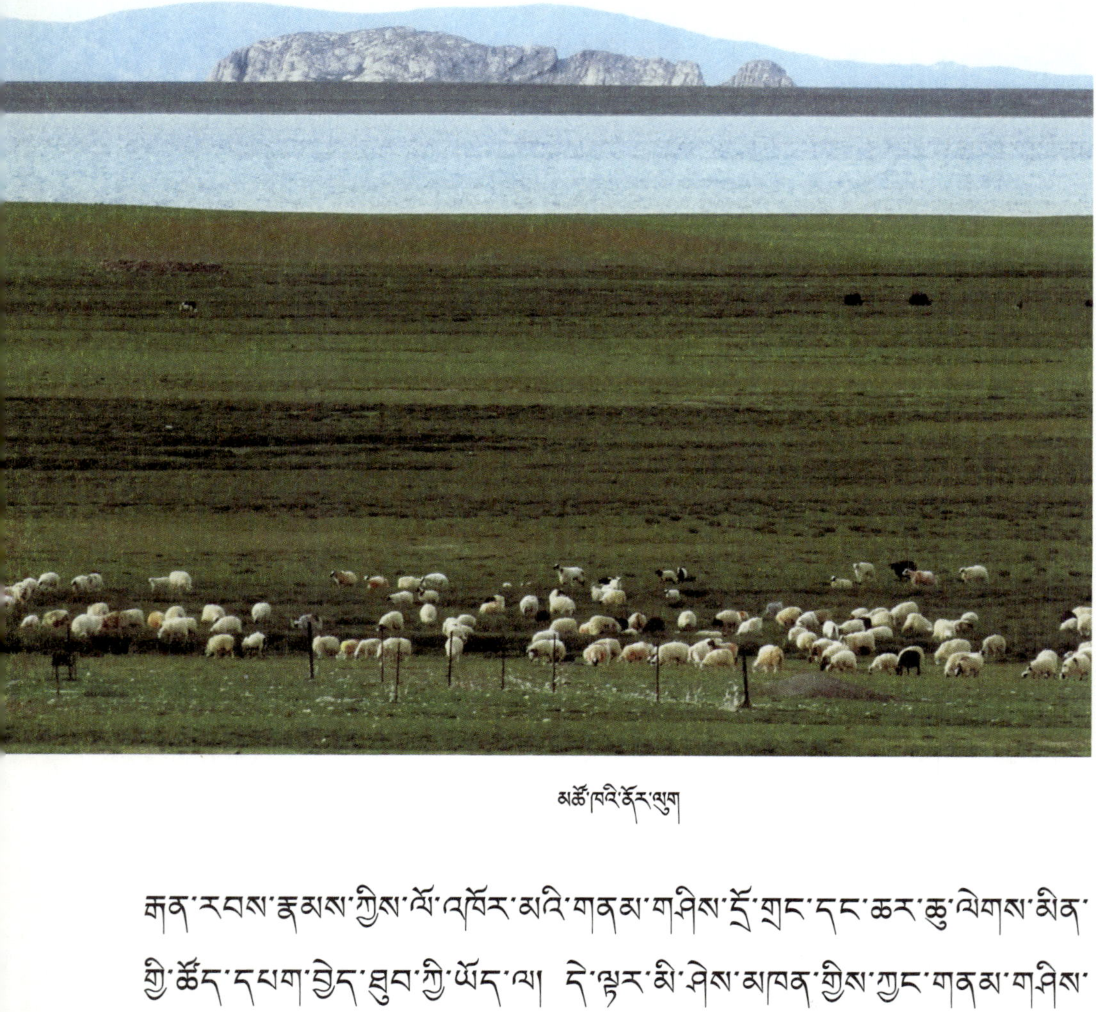

མཚོ་ཁའི་ནོར་ལུག

ཀུན་རབས་རྣམས་ཀྱིས་ལོ་འཁོར་མའི་གནམ་གཤིས་ཐོ་གྲང་དང་ཆར་ཆུ་ཞིགས་མིན་གྱི་ཚོད་དཔག་བྱེད་ཐུབ་ཀྱི་ཡོད་ལ། དེ་ལྟར་མི་ཤེས་མཁན་གྱིས་ཀྱང་གནམ་གཤིས་ཐན་ཞོད་ཀྱི་འགྱུར་བ་ཆེ་རིགས་མཚོ་སྐད་ལ་ཉན་ནས་ཚོད་དཔག་བྱེད་པ་སྟེ་དཔྱར་དུས་གནམ་གཤིས་ཐན་པ་ཆེ་བའི་སྐབས་སུ་མཚོ་འགྲམ་ནས་ཡུར་ཡུར་གྱི་སྒྲ་གྲགས་ཆེ་སྒྲུར་དུ་ཆར་པ་འབབ་པ་དང་། ཡང་ཆར་ཞོད་ཆེན་པོ་ཡོད་པའི་སྐབས་སུ་མཚོ་

འགྲམ་ནས་ཁུར་ཁུར་གྱི་སྒྲ་གྲགས་ཆེ་ཆར་ཐག་ཆད་ནས་ཐན་པ་འབྱུང་བ། དེ་བཞིན་སྔོན་དཔྱིད་གཉིས་ལ་སྒློ་བུར་དུ་མཚོ་སྒྲ་གྲག་ཆེ་ཁ་བ་འབབ་པ་དང་། དགུན་དུས་སུ་མཚོ་སྒྲ་གྲགས་ན་རླུང་ནག་འཚུབ་པ་སོགས་གནམ་གཤིས་ཀྱི་འགྱུར་བ་ལ་སྔོན་བརྡ་གཏོང་བ་ནི་མི་དང་རང་བྱུང་ཁམས་མཉམ་གནས་ཀྱི་འཚོ་བའི་ཁྲོད་དུ་རྙེད་པའི་གསང་བ་ཞིག་གམ་ཡང་ན་ཉམས་མྱོང་ཞིག་རེད་ཅེས་བརྗོད་ཆོག །

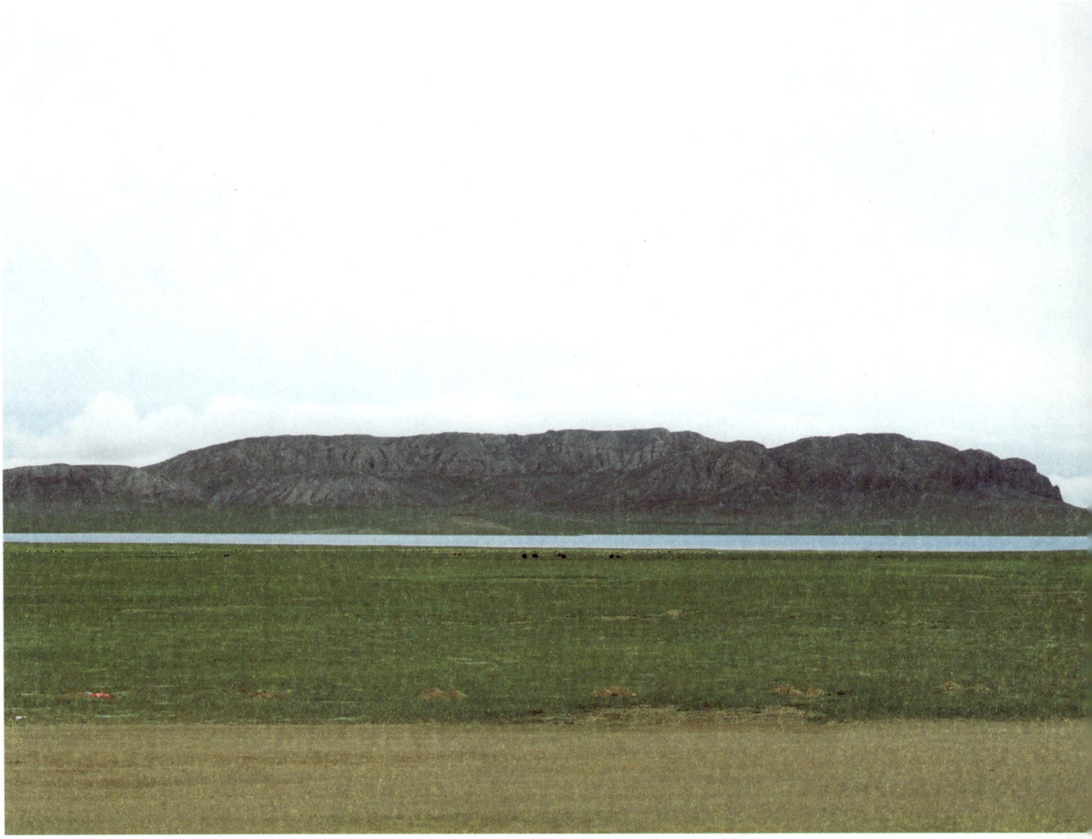

ངོ་རལ་གྱི་སྔོ་ངོས་རྩྭ་ཐང་།

མཚོ་ངོས་ཀྱི་མཛེས་ལྗོངས་ཆ་ཚང་།

གཉིས། འབྲུག་ལངས་ཉལ་བྱེད་པའི་སྣང་ཚུལ།

སྤྱིར་ན་འབྲུག་ནི་དཔྱིད་ཟླ་དང་པོ་དང་གཉིས་པའི་བར་དུ་མཚོ་ནང་ནས་ལངས་ཏེ་ནམ་མཁའི་དབྱིངས་སུ་ཆར་སྤྲིན་དང་འགྲོགས་ནས་གནས་ཤིང་སྐྱེས་འགྲོ་ཀུན་ལ་དཔྱིད་ཀྱི་དཔལ་ཡོན་བཞད་པའི་སྔོན་བརྗོད་ཐོག་མར་གཏོང་བ་དང་། སྟོན་མཇུག་ཟླ་བ་དགུ་པ་ནས་བཅུ་པའི་བར་སླར་ཡང་མཚོ་ནང་དུ་མར་འཛུལ་ནས་ཉལ་བ་རེད་ཅེས་ཟེར་སྲོལ་ཡོད་ལ་ས་སྙིང་གི་སྲོག་ཆགས་འཕྱི་བ་དང་ཉལ་ལང་གི་དུས་ཚོད་གཅིག་པ་ཡིན་པའི་བཤད་སྲོལ་ཡོད། མཚོ་ཁར་གནས་སྡོད་བྱེད་པའི་རྒན་རབས་ཀྱིས་ཉམས་ཞིབ་བྱས་པར་གཞིགས་ན་ད་ལོ་འབྲུག་ལངས་པའི་སྐབས་

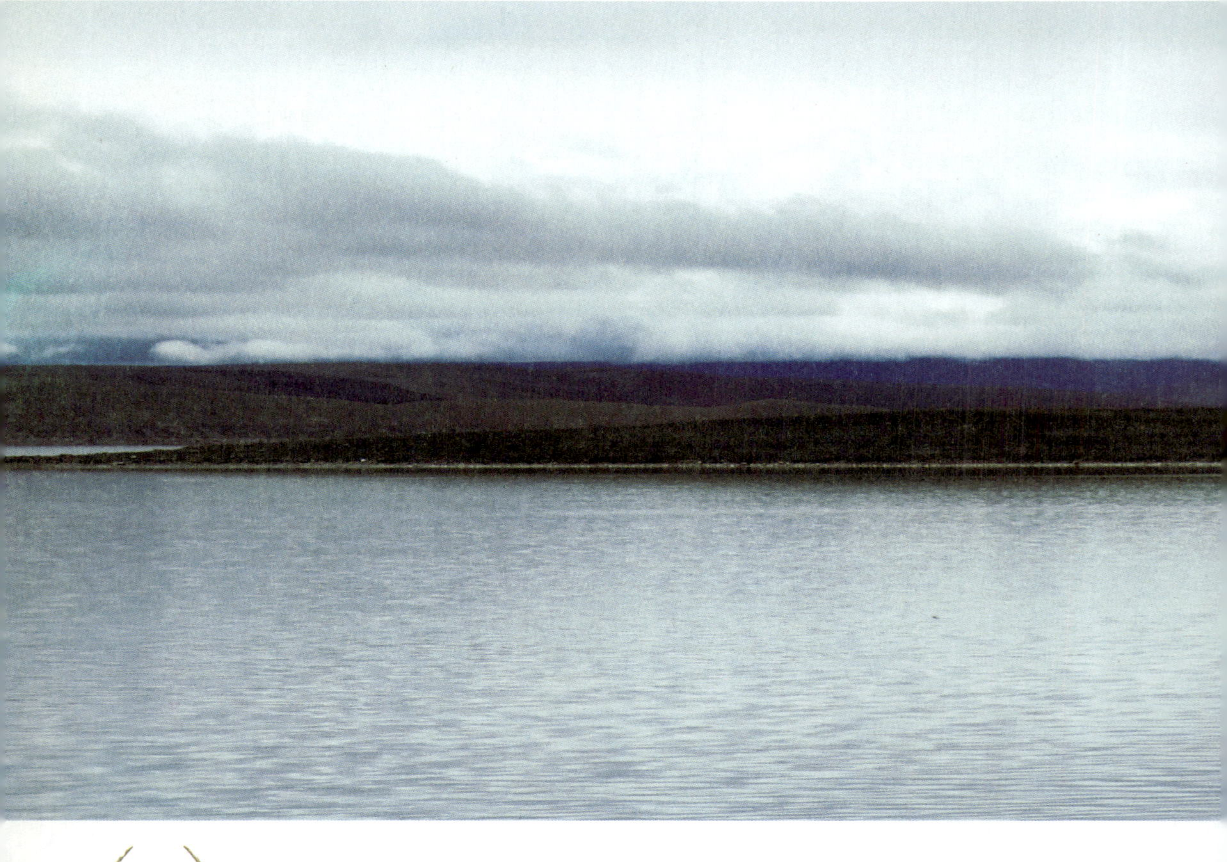

སྤུ་འབྲུག་གི་གྲངས་ཁ་དང་ཁ་དོག་སོགས་ཇི་ལྟར་ཡོད་ཀྱང་འབྲུག་ཉལ་བའི་དུས་སུ་ཡང་གྲངས་དང་ཁ་དོག་དེ་དང་གཅིག་མཚུངས་ཡོང་གི་ཡོད་ཟེར། འབྲུག་ལངས་པའི་སྐབས་སུ་མཚོ་སྙིང་དུ་སྤྲིན་པ་འཁོར་བའི་ཆ་རྐྱེན་འོག་ང་ཚོས་དུས་རྒྱུན་རི་མོའི་ནང་དུ་མཐོང་བའི་འབྲུག་གི་རྣམ་པ་དེ་སྤྲིན་དང་རླུང་འཚུབ་ཀྱི་ཁྲོད་དུ་སྐབས་རེ་ཡན་ལག་གི་ཆ་ཤས་ཕལ་ཆེར་གསལ་བ་དང་སྐབས་རེ་དེ་ཙམ་མི་གསལ་བའི་ངང་ནས་སྤྲིན་དང་འདྲེས་འགྲོ་ཡི་ཡོད་ལ་ཡུད་ཙམ་ལ་མཚོ་དཀྱིལ་དུ་ཆུ་རྡུལ་ཀུར་ཕུབ་པ་ལྟ་བུ་སྒྲ་ལྡོག་ལྡོག་ཏུ་འཕྱུར་གྱི་ཡོད། འབྲུག་ཉལ་བའི་སྐབས་སུ་ཡང་མཚོ་སྙིང་དུ་སྤྲིན་པ་འཁོར་ནས་རླུང་འཚུབ་དང་བཅས་འབྲུག་གི་གཟུགས་དབྱིབས་

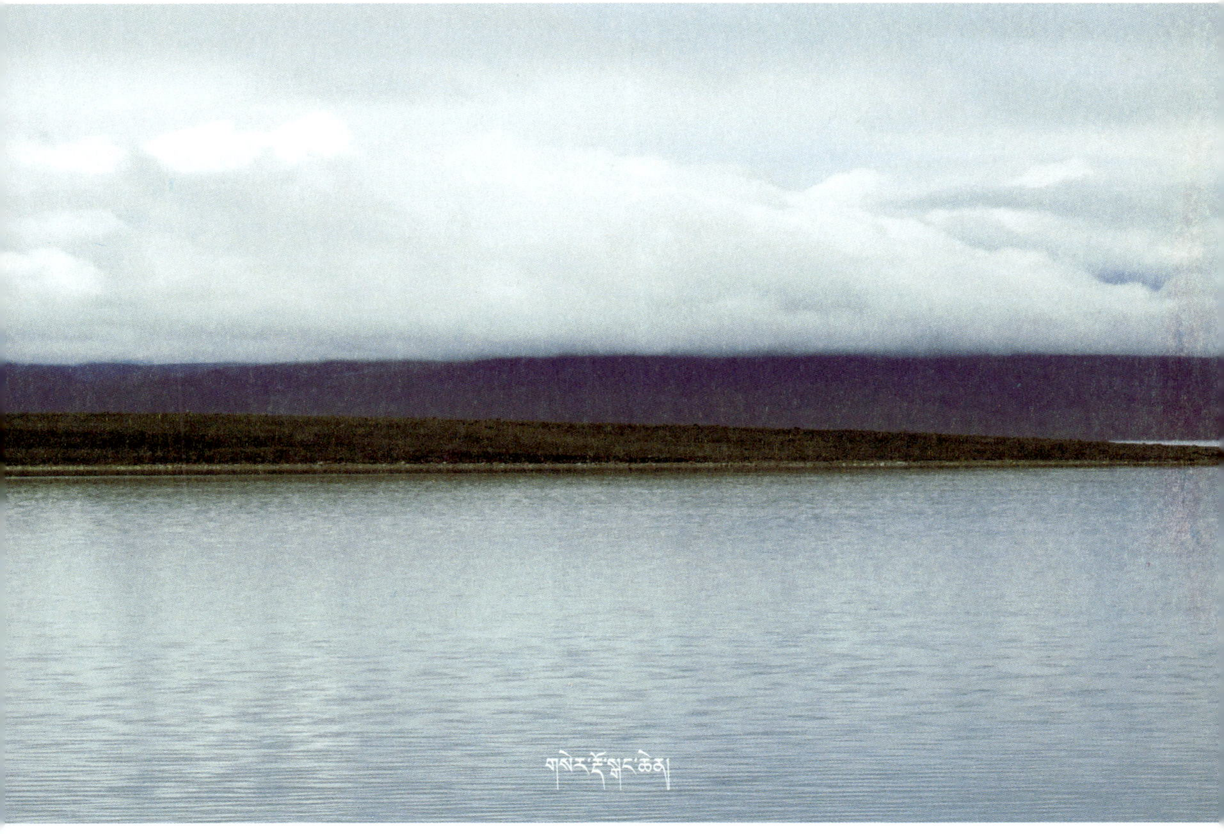

དེ་མཚོ་ནང་དུ་མར་འཛུལ་འགྲོ་བ་དང་དུས་མཚུངས་མཚོ་དཀྱིལ་ནས་ཐ་རླབས་འཕྱུར་གྱི་ཡོད། སྐབས་རེ་འབྲུག་གི་ཇ་སྒྲོག་ཟེར་བའི་རླུང་འཚུབ་དྲག་པོའི་ཁྲོད་དུ་མཚོ་ཁའི་སྦྲ་གུར་དང་མི་ཕྱུགས་ལ་ཡང་རླུང་སྐྱོན་གྱི་གནོད་འཚེ་ཕོག་གི་ཡོད། ཐན་རབས་ཀྱི་ངག་རྒྱུན་དུ་འབྲུག་ཇའི་རླུང་འཚུབ་དྲག་པོ་གཡོ་བའི་སྐབས་སུ་གྲི་དང་ཁབ་སོགས་ཆེ་ཆུང་ལ་མ་ལྟོས་པའི་མཚོན་ཆའི་རིགས་ས་ལ་བཙུགས་ནས་དེའི་སྣེ་མོར་འཐམ་བསྣད་ན་གནོད་འཚེ་ཕོག་མི་སྲིད་ཟེར་སྲོལ་ཡོད།

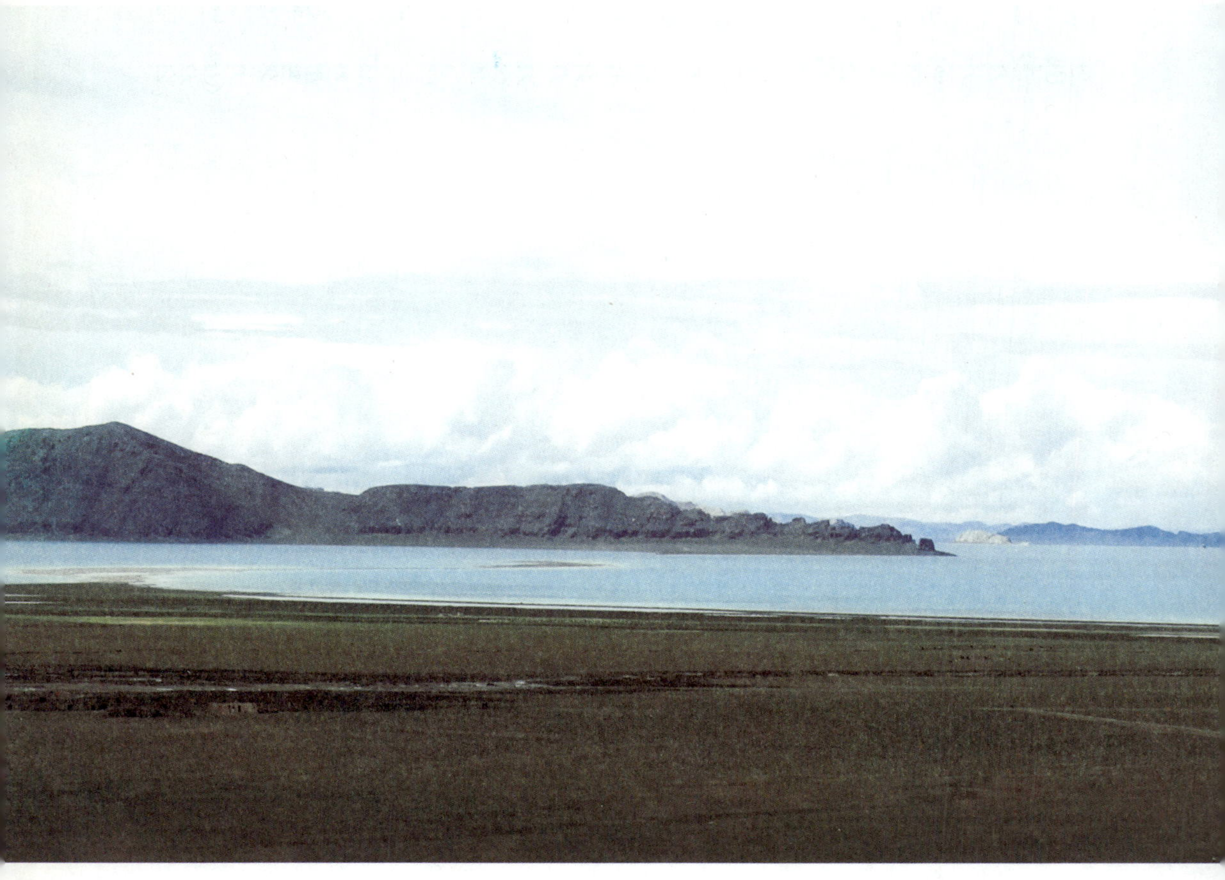

སེང་དོ།

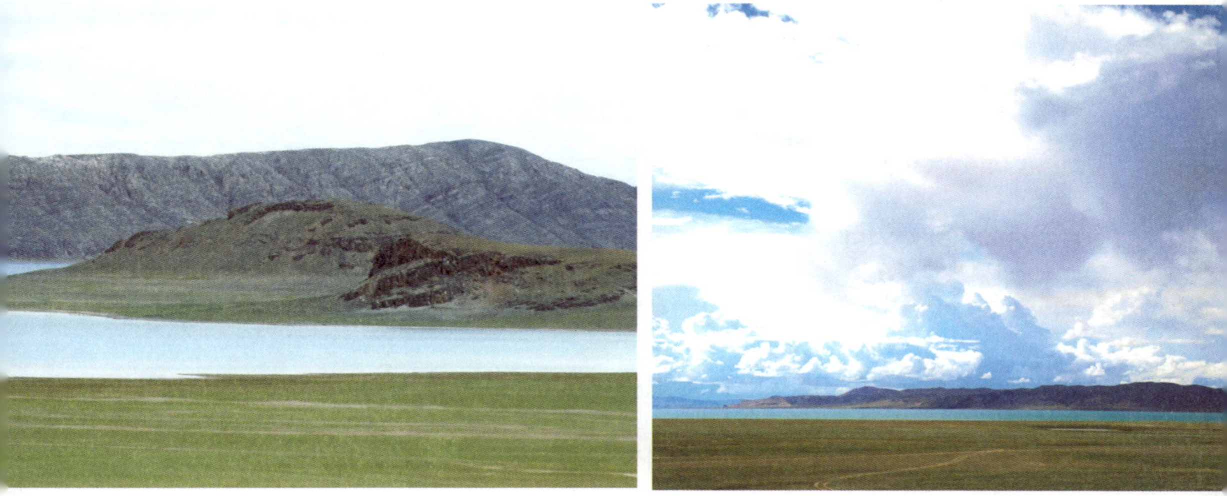

ཛོ་དང་མཚོ་ཡི་ཆགས་ཚུལ།

གང་ལྟར་འབྲུག་ལངས་ཉལ་བྱེད་པའི་སྣང་ཚུལ་ནི་ཟེ་གླིང་འདུས་མཚོའི་མཐའ་འཁོར་གྱི་འབྲོག་སྡེ་ཀུན་གྱིས་རྒྱུན་མཐོང་གི་སྣང་ཚུལ་ཞིག་ཏུ་གྱུར་ཡོད་ལ་བྱང་ཐང་གི་མཚོ་གཞན་དང་བསྡུར་ན་ཡང་ཟེ་གླིང་འདུས་མཚོ་ནི་འབྲུག་ལངས་ཉལ་བྱེད་པ་ཆེས་མང་ཤོས་ཀྱི་མཚོ་དེ་ཡིན།

གསུམ། ཛོ་ཀན་རག་པ་ནས་གསེར་གྱི་བྱེ་བ་རྙེད་པའི་གཏམ་རྒྱུད།

དེ་ཡང་སྤྱི་ལོའི་དུས་རབས་བཅུ་དགུ་པའི་ལོ་རབས་བརྒྱད་བཅུའི་གཡས་གཡོན་དུ་ཟེ་གླིང་འདུས་མཚོའི་ཤར་རྒྱུད་དུ་གནས་སྡོད་བྱས་པའི་བལ་གོག་ཚང་ཞེས་པའི་ཁྱིམ་ཚང་དབུལ་པོ་ཞིག་ཡོད་ཅིང་འབྲོག་ཁྱུལ་སྤྱི་དང་འདྲ་བར་ཁྱིམ་ཚང་དེ་ཉིད་ཀྱང་ནམ་ཟླ་དུས་བཞིའི་འགྱུར་བ་ལ་བསྟུན་ནས་རྩ་བ་གནས་སྤོ་བྱེད་ཀྱི་ཡོད། སྐབས་ཤིག་ཟེ་གླིང་འདུས་མཚོའི་བྱང་ནས་ལྷོ་རུ་འགྲོ་བའི་ལམ་བར་དུ་ཁྱིམ་ཚང་

དེར་བུ་མོ་ཞིག་ཡོད་པ་དེས་ར་ལུག་ཉུང་ངུ་ཞིག་དེད་ནས་རྗེས་སུ་ཡོང་། ཁྱིམ་མི་རྣམས་ཁལ་གཡག་དེད་ནས་སྔོན་ལ་སོང་། བུ་མོས་རྫ་ཆུ་གང་ཡག་ལ་ར་ལུག་འཚོ་བཞིན་ག་ལེར་ཡོང་བའི་ལམ་བར་དུ་ཟེ་ཤྲིང་འདུས་མཚོའི་བྱང་ཤར་དོ་ཐན་རག་པའི་ཉེ་འགྲམ་དུ་འཁོར་སྐབས་མོའི་མིག་ལམ་དུ་དོ་ཐན་རག་པའི་སྟེང་དུ་འོད་ཆེམ་ཆེམ་དུ་འཕྲོ་བའི་དངོས་པོ་ཞིག་ཡོད་པ་མཐོང་། མོ་ཡ་མཚན་སྐྱེས་ནས་དེར་བལྟ་རུ་སོང་བས་དངོས་ཟོག་མང་པོ་སྤུངས་ཤིང་འགའ་（རས་ཤིག་གི་མིང་）ཡིས་བཀབ་བཞག་པ་ཞིག་དང་དེའི་འགྲམ་དུ་གསེར་དཀྲིས་ཅན་གྱི་བཞོ་ཟོ་ཆ་གཅིག་འོད་འཕྲོ་བཞིན་ཡོད་པས་མོས་ཟོ་བ་འདི་འདི་འདྲའི་སྤུས་ལེགས་ཤིག་རེད་ཨང་སྙམ་སྟེ་ཟོམ་ཡ་གཅིག་གི་ཟོམ་ལུང་ནས་འཇུས་ཤིང་ཞིབ་པར་བལྟས་རྗེས་རང་སོར་བཞག མ་གཞི་རང་ཉིད་རྒྱུ་དངོས་ཞན་པའི་དབུལ་པོའི་བུ་མོ་ཡིན་ན་ཡང་། དངོས་པོ་འདི་དག་ནི་མི་གཞན་གྱིས་ས་འདིར་བཞག་པ་ཡིན་པས་ངས་འཁྱེར་སོང་ན་རྐུ་མ་བརྐུས་པ་ཡིན་པ་མ་ཟད་རས་ཀྱི་འོག་ཏུ་དངོས་པོ་གང་ཡོད་བསྒོགས་ནས་བལྟས་ཀྱང་རྐུན་རྟགས་ཡིན་པས་ཤིན་ཏུ་མི་རུང་བ་ཞིག་རེད་སྙམ་པའི་མི་ཆོས་ཡ་རབས་ཀྱི་སེམས་ཁམས་དེའི་རྐྱེན་པས་རས་ཐུམ་འོག་གི་དངོས་པོ་དེ་དག་གང་ཡིན་ཙམ་ཡང་མ་ལྟོས་པར་སླར་ཡང་ར་ལུག་ཉུང་ངུ་དེ་དེད་ནས་ཕྱིན། ཉི་མ་ནུབ་རིའི་རྩེ་ནས་བཞུད་རྗེས་ཁྱིམ་མི་རྣམས་ཀྱིས་གུར་ཕུབ་ནས་ཚོགས་བཟུང་ཡོད་པའི་ས་རུ་འཁོར། མོ་ཁྱིམ་དུ་འཛུལ་ནས་དགོང་ཟས་ལ་རོལ་ཞིང་ཉལ་གྲབས་བྱེད་པའི་སྐབས་སུ་བློ་བུར་དུ་ད་གིན་གྱི་ཡ་མཚན་པའི་དངོས་པོ་དེ་དག་དྲན་ནས་མོས་འདི་ལྟར་སྨྲས། ཨ་ཕ་ཨ་མ། ང་ད་གིན་དོ་ཐན་རག་པའི་འགྲམ་ནས་ཡོང་དུས་དངོས་པོ་ཁྱད་མཚར་ཅན་

འགའ་མཐོང་བྱུང་ཟེར་ནས་རེ་དོགས་ཅི་ཡང་མེད་པར་དེའི་སྐོར་ཞིབ་པར་བཤད། ཨ་ཕའི་གདོང་ནས་རེ་དོགས་ཀྱི་རྣམ་འགྱུར་ཞིག་སློ་བུར་དུ་བྱུང་ནས། འོ་ན་ཉེ་འཁོར་ལ་མི་དང་སྣར་འདྲ་མཐོང་རྒྱུ་ཨེ་འདུག་ཟེར། བུ་མོས་ས་དེའི་ཉེ་འཁོར་ན་མི་མ་དགོས་དུད་འགྲོ་རྐང་ཆག་ཅིག་ཀྱང་མཐོང་རྒྱུ་མི་འདུག་ཟེར། ཕ་རྒན་གྱིས་འོ་དེ་རྙེད་པ་རེད། བུ་མོ་རང་གིས་ང་ཚོ་སྐད་མི་གཏོང་བ་ཅི་ཡིན་ཟེར། བུ་མོས་དེ་རྙེད་པ་ག་ལ་ཡིན། རྒྱུ་རིན་ཐང་ཅན་དེ་འདྲར་བདག་པོ་ཡོད་ངེས་ཡིན་པས་ངས་ནི་འཁྱེར་རྒྱུའི་བསམ་བློ་མ་འཁོར་ཟེ་བ་དེ་ལྟད་མོ་ཆེ་དྲགས་པས་འཇུ་ཙམ་ཞིག་ལས་གཞན་གྱི་དངོས་པོ་རྣམས་ལ་ཐུག་རེག་ཙམ་ཡང་བྱེད་མ་ནུས་ཟེར། ཕ་རྒན་གྱིས་

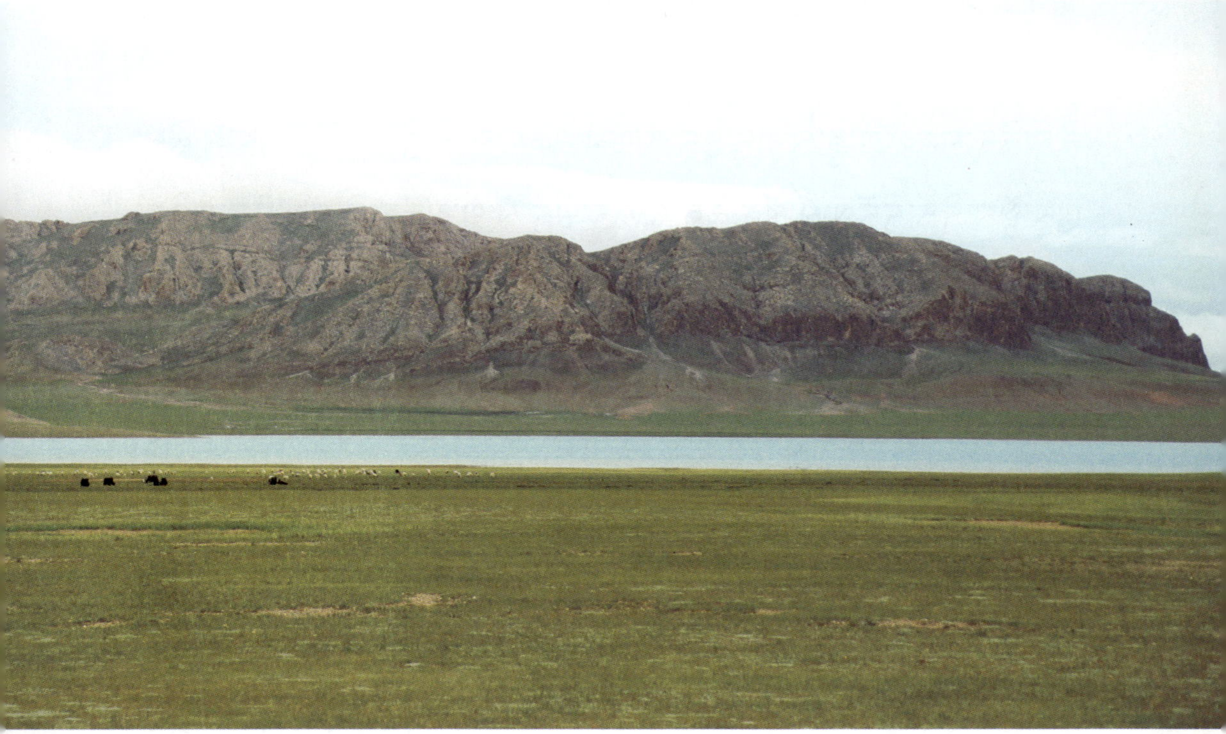

མཚོ་ཁའི་ཚོར་ལུག་དང་རྩྭ་ཐང་།

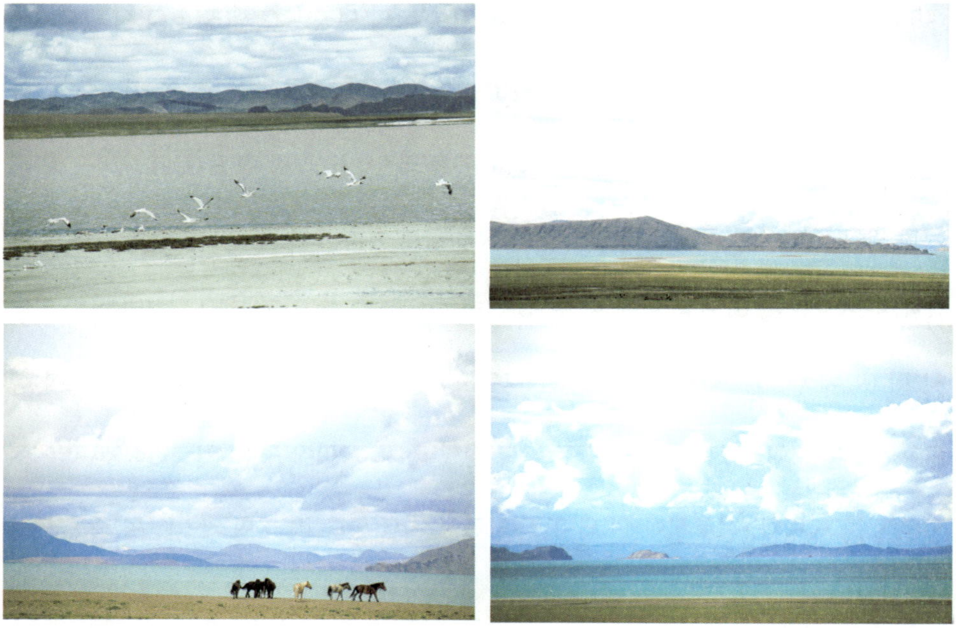

མཚོ་མཐའི་མཛེས་ལྗོངས།

རིད་རིད་གཞན་གྱི་རྒྱུ་ལ་གང་བྱུང་ལག་པ་འཆང་ག་ལ་ཏུང་། འོན་ཀྱང་མི་མེད་ལུང་སྟོང་དེར་དངོས་པོ་ཕོན་ཆེན་དེ་འདྲ་ཡོད་པ་ཡ་མཚན་ཆེ་བས་ངེད་གཉིས་ལམ་སེང་ལྟ་རུ་འགྲོ་དགོས་ཟེར། དཀར་འོད་འཚེར་བའི་ཟླ་བའི་གསལ་ཊོགས་ལས་བུ་མོས་ཨ་ཕ་ཁྲིད་དེ་དོ་རྐན་རག་པའི་ཕྱོགས་སུ་བསྐྱོད། ད་གིན་ཙ་དངོས་ཡོད་པའི་ས་དེར་འཁྱོར་རྗེས་བུ་མོའི་ལག་གིས་འཛུས་པའི་ཟྭ་བ་ཡ་གཅིག་དེ་ལས་གཞན་གྱི་དངོས་པོ་རྣམས་གར་སོང་ཆ་མེད་དུ་གྱུར་ཡོད་པ་མ་ཟད་ཉེ་འཁོར་གྱི་བྱེ་མའི་ནང་ལ་མིའི་རྐང་པའི་དབྱིབས་དང་འདྲ་བའི་རིང་ཐུང་ཁྲུ་གང་ཙམ་གྱི་རྐང་རྗེས་ཁ་ཤས་ཡོད་པ་ལས་གཞན་དངོས་པོ་བཞག་པའི་ཤུལ་དང་མི་ཕྱུགས་ཀྱི་རྗེས་སོགས་ཅི་ཡང་མེད་པར་གྱུར་ཡོད། ཨ་ཕས་ཨ་ཁ་ཁ་ཕངས་པ་ལ། དངོས་པོ་དེ་དག་ཟེ་སྦྲིང་

འདུས་མཆོས་ངེད་དབུལ་པོའི་ཁྱིམ་ཚང་ལ་སྦྱིན་པ་གནང་བ་ཡིན་ཚོད་འདུག་ཀྱང་ང་ཚོར་ཟློ་བ་ཡ་གཅིག་ལས་ཐོབ་སྐལ་མེད་པ་འདྲ་ཟེར་ནས་ཡིད་ཕངས་བའི་རྣམ་འགྱུར་དང་བཅས་ཟློ་བ་དེ་འཁྱེར་ནས་རང་ཁྱིམ་དུ་ཕྱིར་ལོག གནའ་མིའི་ངག་རྒྱུན་དུ་དེ་ནི་ཀླུའི་བང་མཛོད་ཀྱི་ནོར་བུ་སྐབས་འགར་མཚོ་ཁ་ན་ཕྱིར་སྟོན་པ་ཡིན་ཞིང་བསོད་ནམས་ཅན་གྱི་མིས་མ་གཏོགས་མཐོང་མི་ཐུབ་ཅིང་གལ་ཏེ་མཐོང་ན་ཡང་ལག་པས་རེག་པ་དང་གྲིབ་མ་ཕོག་པ། ས་རྡོ་བཤོ་བ་སོགས་མ་བྱས་ན་ཀླུ་ཡིས་རང་འཛེགས་བདག་ཉར་བྱེད་འགྲོ་ཞིང་གལ་སྲིད་ལག་པས་ཐུག་རེག་དང་གྲིབ་མ་ཕོག་པ་སོགས་བྱུང་ཚེ་མིའི་ལག་གྲིབ་ཕོག་པའི་རྐྱེན་གྱིས་ཀླུས་བདག་ཉར་མི་བྱེད་པའི་བཤད་སྲོལ་ཡོད། དེ་ནི་དོན་དངོས་ཐོག་དེ་ལྟར་བྱུང་ཡོད་པ་ཡིན་ཏེ་བུ་མོ་དེས་ལག་གིས་རེག་པའི་ཟློ་བ་དེ་ལས་གཞན་རྣམས་གར་སོང་ཆ་མེད་དུ་གྱུར་ཡོད་པ་ལྟ་བུ་རེད། དེའི་རྗེས་སུ་བལ་གོག་ཚང་ཞེས་པའི་དབུལ་པོའི་ཁྱིམ་ཚང་དེ་ཡང་ལོ་རེ་བཞིན་ཡར་རྒྱས་སུ་ཕྱིན་ནས་མཐར་ཡུལ་དེར་སྐད་གྲགས་ཡོད་པའི་ཁྱིམ་ཚང་འབྱོར་ཕྱུག་ཅན་ཞིག་ཏུ་གྱུར་བ་ནི་ཀླུའི་ནོར་བུ་ཁྱིམ་དུ་འབྱོར་བའི་རྐྱེན་གྱིས་ཡིན་པར་གྲགས། གང་ལྟར་ཁྱིམ་ཚང་དེ་དུས་དེ་ནས་བཟུང་འབྱོར་ཕྱུག་ཅན་ཞིག་ཏུ་གྱུར་བ་མ་ཟད་ཁྱིམ་ཚང་དེའི་རྒྱུད་པ་བར་མ་ཆད་པ་ཁྲི་བཟང་ཚང་（ཁྱིམ་མིང་）ཞེས་པ་དུས་ད་ལྟའང་དཔལ་མགོན་རྫོང་མན་ཐང་ཡུལ་ཤོག་གྲོང་ཚོ་དྲུག་པའི་ས་ཆར་གནས་སྡོད་བྱས་ཡོད།

བཞི། མཚོ་ལུག་དང་སྐམ་གནས་ལུག་ཁྱུ་འདྲེས་པ།

སྔིར་ན་ཆེ་ཆུང་ལ་མ་ལྟོས་པའི་མཚོར་གནས་ཀྱི་སྲོག་ཆགས་མང་པོ་ཞིག་གློ་བུར་དུ་མཚོ་ཁར་དོན་པ་དང་སླར་ཡང་མཚོ་ནང་དུ་འཛུལ་བ་སོགས་ནི་མཚོ་ཁའི་འགྲོག་པ་མང་ཆེ་བའི་མིག་མཐོང་ལག་ཟིན་དུ་འགྱུར་བཞིན་ཡོད་ནའང་སེམས་ཅན་དེའི་མིང་དང་ཁྱད་ཆོས་སོགས་བྱེ་བྲག་གི་འགྲེལ་བཤད་བྱེད་ཤེས་ཀྱི་མེད་ལ་དེ་ཙམ་གྱི་དོ་སྣང་ཡང་ཡོང་གི་མེད། འོན་ཀྱང་མཚོ་ལུག་ནི་མཚོ་ནང་དུ་གནས་པའི་སྲོག་ཆགས་ཤིག་ཡིན་ཡང་སྐམ་གནས་དང་ཆུར་གནས་ཀྱི་ཁྱད་པར་ཙམ་ལས་འགྲོག་པའི་སྒོ་ཕྱུགས་ལུག་དང་ཁྱད་ཆོས་གཅིག་མཚུངས་ལྟ་བུར་གྱུར་ཡོད་ལ་མཚོ་ལུག་དང་སྐམ་གནས་ལུག་ཁྱུ་འདྲེས་པ་ལས་མཚོ་ལུག་གི་རིགས་རྒྱུད་འཕེལ་ཏེ་ཁྱིམ་

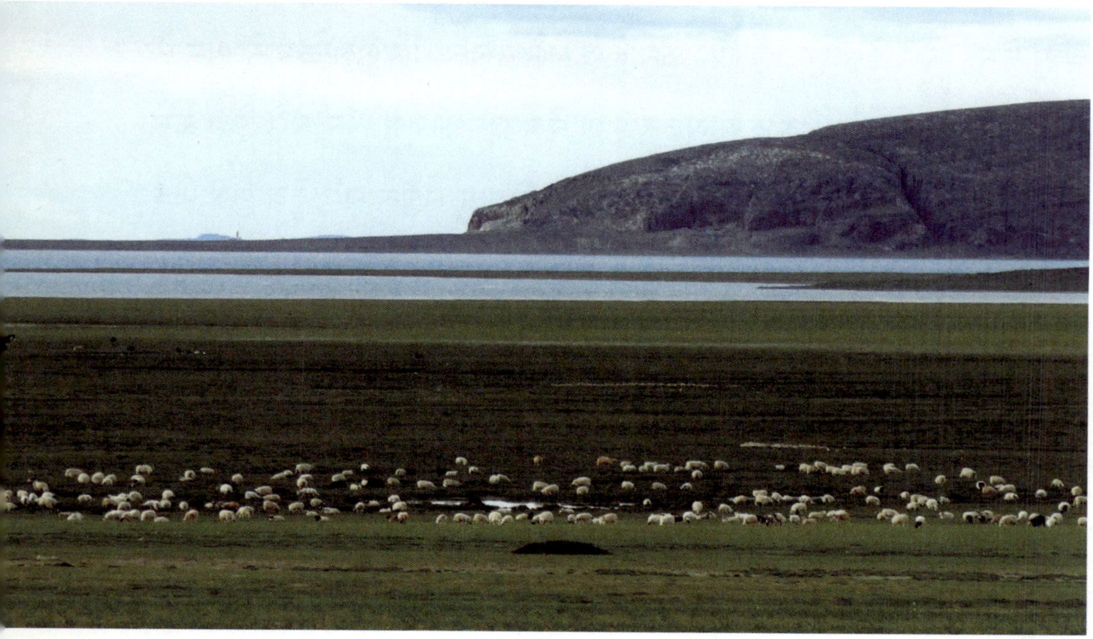

མཚོ་མཐའི་ལུག་ཁྱུ།

ཚང་ཕྱུག་པོ་ཆགས་པའི་ལོ་རྒྱུས་མང་ཡང་དཔེ་མཚོན་ཙམ་བརྗོད་ན། སྤྱི་ལོའི་དུས་རབས་བཅོ་བརྒྱད་པའི་ལོ་རབས་བདུན་བཅུའི་སྐོར་ལ་ཤར་དོལ་པ་ཉུ་བཞིའི་ནང་ཚན་དོལ་པ་ཞུ་ཉུ་ཚོ་པའི（དཔལ་མགོན་རྫོང་མན་ཐང་ཡུལ་ཤོག་གི་ས་ཁོངས）བརྣ་ཉུས་ཚང་ཞེས་པའི་ཁྲིམ་ཚང་དབུལ་པོ་ཞིག་ཡོད་ཅིང་ཁྲིམ་ཚང་དེ་ནི་ལོ་ལྟར་གང་སར་སློང་མོ་བྱེད་དུ་འགྲོ་གི་ཡོད། དཔྱིད་དུས་ཤིག་ལ་བྱང་གནམ་ཉུ་འདུ་ཁོངས་བཅུ་གསུམ་གྱི་ནང་ཚན་བྱང་ཚོ་ལྷའི་ནང་གི་སྤེ་པ་ཆེ་ཤོས་སེ་པ་ཉེ་མའི་（དཔལ་མགོན་རྫོང་མ་ཆེན་ཡུལ་ཤོག་གི་ས་ཁོངས）ནང་དུ་སློང་མོ་བྱེད་པར་སོང་ཞིང་དབྱར་སྟོད་ཚུར་ལོག་ཡོང་བའི་ལམ་བར་དུ་ཟེ་སྒྲིང་འདུས་མཚོའི་བྱང་ཤར་དོ་རྒན་རག

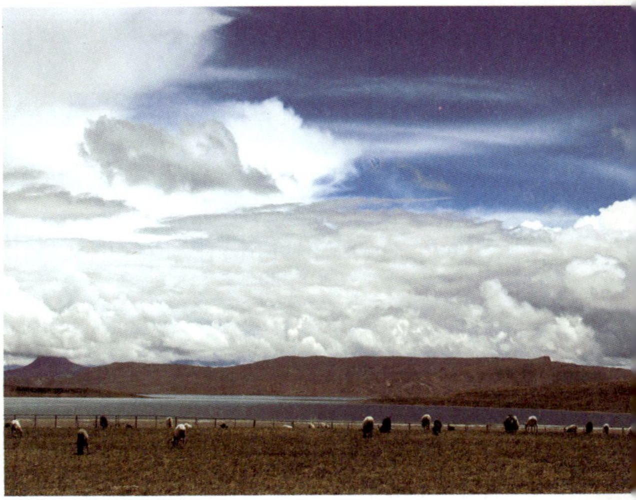

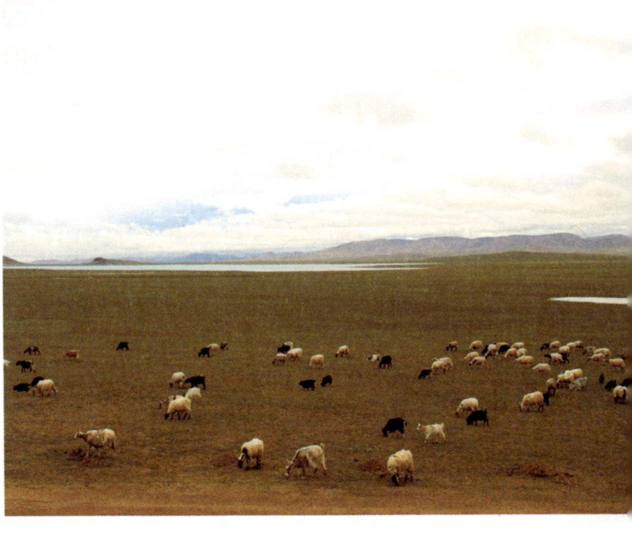

མཚོ་འགྲམ་རྩྭ་ཐང་གི་ར་ཁྱུ་དང་ལུག་ཁྱུ།

པའི་འགྲམ་དུ་ཞག་སྡོད་བྱས་ཤིང་ཁྲིམ་དེར་ར་ལུག་ཉུང་ངུ་ཞིག་ཡོད་པ་དེ་ཡང་གུར་གྱི་ཉེ་འགྲམ་དུ་བཞག དེའི་ནུབ་མོར་ཆར་པ་ཆེན་པོ་བབས་ཤིང་ནམ་གུང་ཙམ་ལ་ཆར་ཐག་ཅུང་ཆད་པའི་ཚེ་ན་ལུག་མང་པོ་ཞིག་འབའ་སྒྲ་དེར་དེར་དང་གུར་གྱི་གཡས་གཡོན་གང་ས་ནས་རྒྱུགས་ཡོང་བས་ཁྲིམ་མི་རྣམས་ལམ་སེང་མལ་ནས་ལངས་ཏེ་བལྟས་པས་ཟླ་དཀར་གྱི་ངོགས་སུ་ལུག་མང་པོ་མཚོ་ནས་དོན་ཅིང་ཚུར་རྒྱུག་ཡོང་ཞིང་ཁོང་ཚོའི་ལུག་ཀྱང་དེ་དང་འདྲེས་ཡོད་པ་མཐོང་། ཁོང་ཚོའི་སེམས་སུ་འདི་ནི་ཆར་པ་བབས་པའི་རྐྱེན་གྱིས་མི་ཚང་ཕྱུག་པོ་ཞིག་གི་ལུག་ལྷས་ར་ནས་ཕྱིར་ཤོར་བ་ཡིན་རྒྱུ་རེད་སྙམ་ནས་ལམ་སེང་ལུག་འདྲེས་མཚམས་འབྱེད་བརྩིས་བྱས་པས་ལུག་ཕལ་ཆེར་ཅུར་དར་དེར་གྱི་འཛོགས་ཤིང་མཚོ་ནང་དུ་འཛུལ། དེ་དང་མཉམ་དུ་རང་གི་ལུག་ཀྱང་མཚོ་ནང་དུ་ཤོར། ཁོང་ཚོས་ཐབས་གང་ཡོད་ཀྱིས་ཐལ་བ་བཤོ་བ་དང་། འཇུ་བ། ཅུར་ཇོ་བརྒྱབ་པ་སོགས་ཀྱིས་བཀག་ཐབས་བྱས་པས་རང་གི་ལུག་དེ་དག་མཚོ་ནང་དུ་མ་ཤི་བར་ཕྱིར་འདོན་ཐུབ་ཙམ་ཞིག་བྱུང་། ཁྲིམ་མི་རྣམས་ཧང་སང་ནས་དེ་འདྲའི་ལུག་མང་པོ་དེ་མི་ཚང་སུའི་ཡིན་ནམ། དེ་རིང་ཐམས་ཅད་མཚོ་ནང་དུ་ཤི་སོང་བས་སྙིང་རྗེ། ང་ཚོའི་ལུག་ཀྱང་རེ་གཉིས་ཆུའི་ནང་དུ་ཤི་ཡོད་ས་ཡོད། གསལ་པོ་མཐོང་གི་མི་འདུག ཕངས་པ་ལ། མེད་པའི་སྟེང་དུ་མུ་གེ་རེད་ཟེར་བཞིན་རང་གི་ལུག་ཉུང་ངུ་དེ་གུར་གྱི་འཁྲིས་སུ་དེད་ནས་ཉལ། ཕྱི་ཉིན་བལྟས་ཚེ་རང་གི་ལུག་ཐམས་ཅད་ཚང་ཡོད་པའི་སྟེང་དུ་ལུག་སྡོ་ཁྲ་ཁ་དོག་གཅིག་དང་འདྲ་བ་སྨུ་ཤིན་ཏུ་ཞན་པ་བཅུ་འདྲེས་ནས་ཡོད་པ་མཐོང་། ལུག་འདི་ཚོ་བདག་པོས་འཚོལ་བར་ཡོང་ན་ང་ཚོ་རྒྱང་རིང་བུད་སོང་ན་མི་ཡོང་ཟེར་ནས་ཅུང་སྐྱུག་བསྡད་

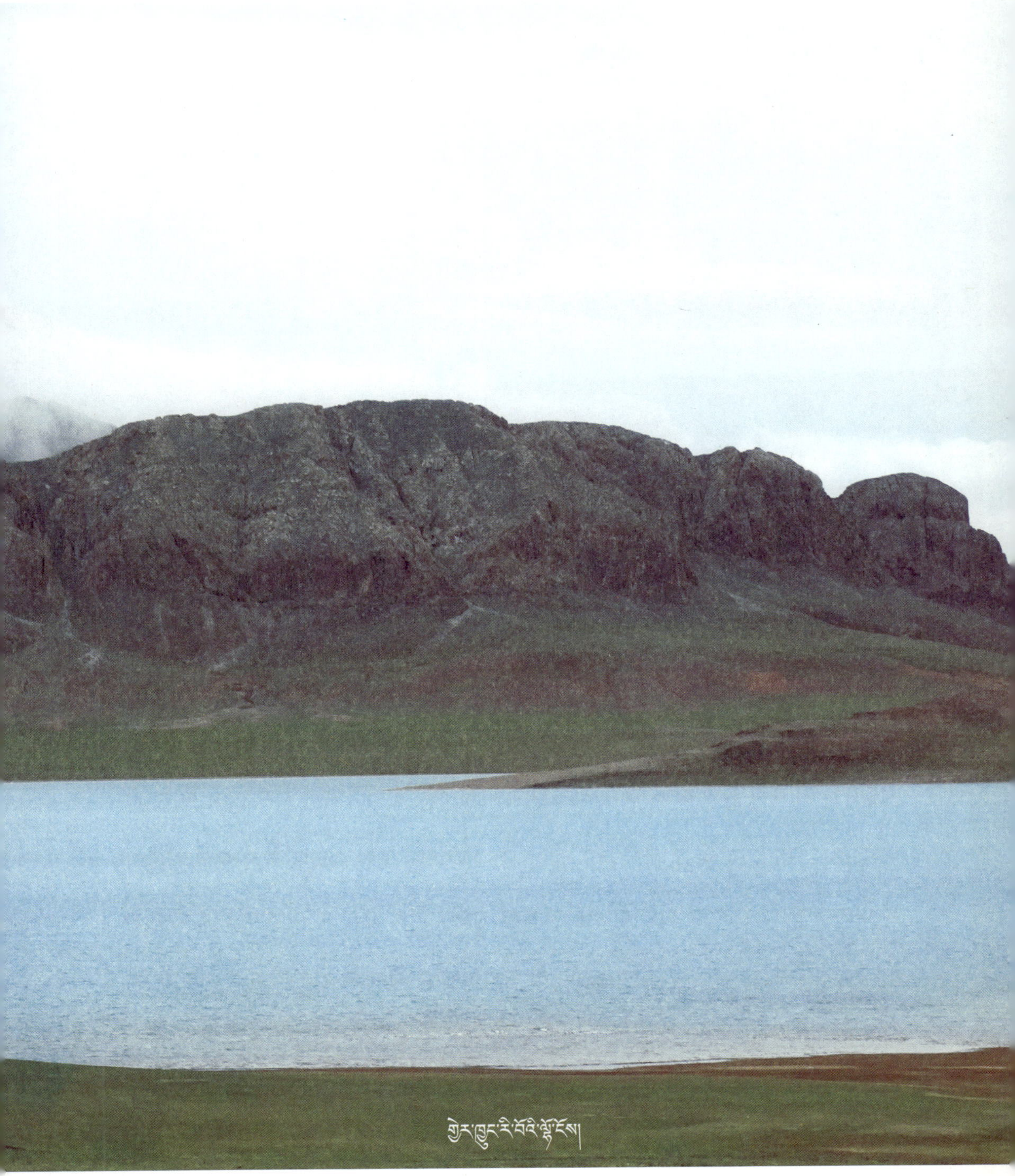

གྱེར་ཁྲུང་རི་བོའི་ལྷོ་ངོས།

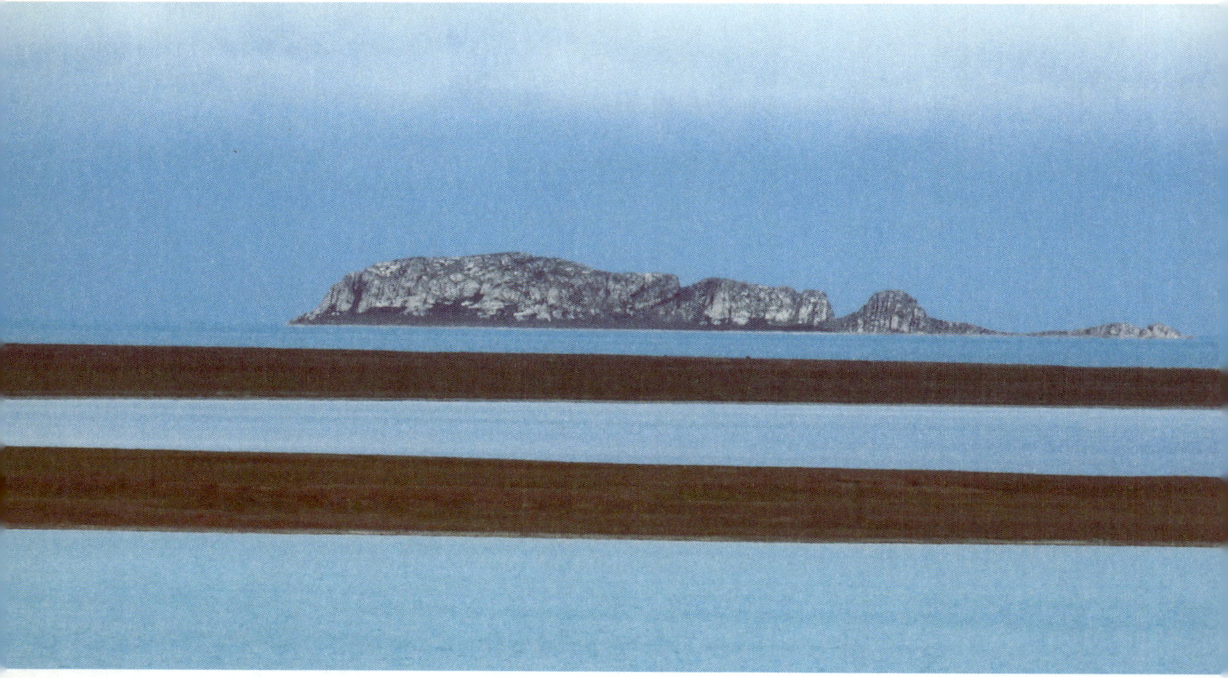

ཟེ་གླིང་མཚོའི་ནུབ་ངོས་ཀྱི་ཆགས་དབྱིབས།

པས་ཉིན་གུང་ཙམ་ལ་གསར་དུ་འདྲིས་པའི་ལུག་སྔོ་ཁྲ་བཅུ་པོ་དེ་ཐམས་ཅད་དུས་གཅིག་ལ་ཤི ཁོ་ཚོ་ཅི་བྱེད་མེད་པར་ཏུ་བ་བཀལ་ནས་སླར་ཡང་ཕ་ཡུལ་ཕྱོགས་སུ་བསྐྱོད། པོ་དེའི་རྗེས་མ་ན་ནིང་མཚོ་ལུག་དང་འདྲིས་པའི་དུས་དེར་ཁྱིམ་གྱི་མ་མོ་ཡོད་ཚད་ལ་ལུ་གུ་སྔོ་ཁྲ་རྐྱང་རྐྱང་སྐྱེས་ཤིང་དུས་དེ་ནས་བཟུང་རིམ་བཞིན་ཁྱིམ་དེར་ལུག་སྔོ་ཁྲ་ཤིན་ཏུ་མང་པོ་འཕེལ་ནས་མཐར་ཁྱིམ་ཚང་དེ་ལུག་སུམ་སྟོང་ཙམ་གྱི་བདག་པོར་གྱུར། དེ་ནས་བཟུང་མི་རབས་མང་པོར་ཁྱིམ་རྒྱུད་དེའི་ལུག་ནི་ཁ་དོག་སྔོ་ཁྲ་ཤ་སྟག་འབྱུང་བའི་བཤད་སྲོལ་ཡོད་ཅིང་ཆེས་མཐའ་མའི་མི་བརྒྱུད་དེ་མན་ཐང་ཡུལ་ཤོག་གྲོང་ཚོ་བཞི་པའི་ནང་དུ་གུང་པ་ཚང་ཞེས་པའི་ཀན་ཀོན་

གཉིས་བྱུང་ཡོད་པ་དེ་ཡིན་ཞིང་དེའི་ལུག་ཀྱང་སྔོ་ཁྲ་ཤ་སྟག་ཡོད་པ་ཡུལ་མི་ཀུན་གྱིས་ཤེས་གསལ་ཡིན།

ཡང་དུས་རབས་བཅུ་དགུའི་དུས་མཇུག་ཙམ་ལ་ཟེ་གླིང་འདུས་མཚོའི་བྱང་ནུབ་ཏུ་གནས་པའི་ཁྲ་ཚང་ཞེས་པའི་ཁྱིམ་ཚང་ཞིག་ཡོད་（མཚོའུ་གཉིས་རྫོང་ཞི་བདེ་ཡུལ་ཤོག་གི་ས་ཁོངས）ཅིང་མཚན་མོ་ཞིག་ལ་ཆར་པ་ཆེན་པོ་བབས་པའི་རྐྱེན་གྱིས་ཁྱིམ་ཚང་དེའི་ལུག་རྣམས་ལྷས་ར་ནས་དོན་ཏེ་མཚོ་ཁར་ཤོར། སྐབས་དེར་ཁྱིམ་མི་དབང་སྟོབས་ཀྱིས་ལུག་ངོ་ལེན་པར་སོང་བས་ལུག་ཚང་མ་མཚོ་ཁར་སླེབས་པ་མ་ཟད་ཆུའི་ནང་ནས་ཀྱང་འབབ་སྒྲ་དང་ཆོབ་ཆོབ་ཟེར་ནས་ལུག་མཚོ་ནང་དུ་འགྲོ་བའི་སྒྲ་ཐོས། ཁོས་མུན་ནག་ནང་དུ་གསལ་པོ་མ་མཐོང་ཡང་ལུག་མཚོའི་ནང་

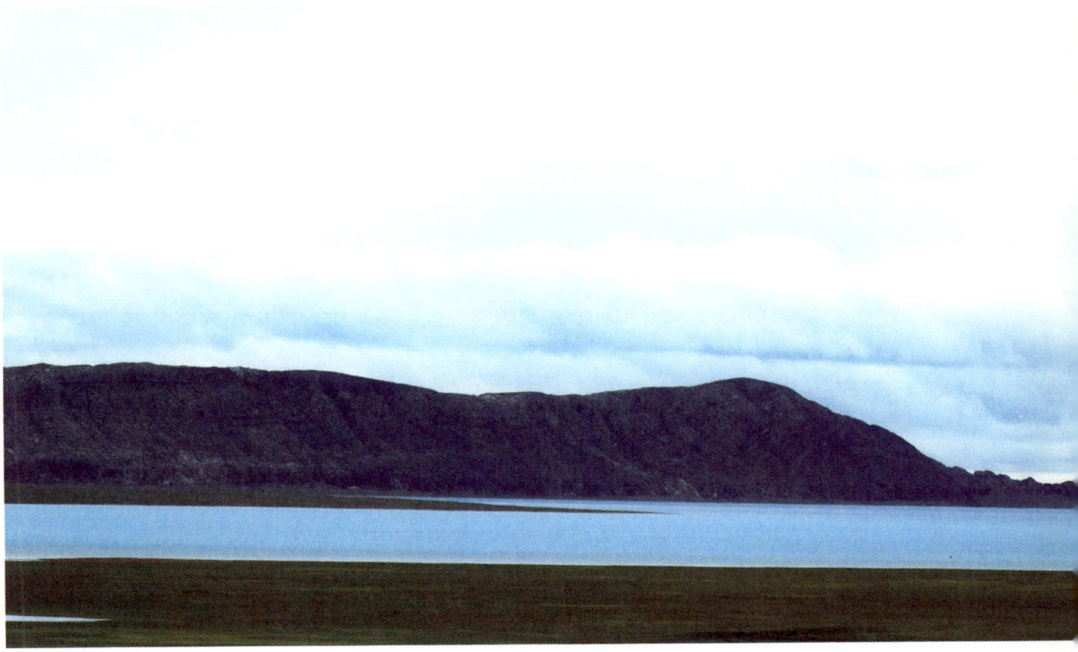

མཚོ་ལུག་དོན་སྐྱོང་བའི་ཁུལ།

དུ་ཤོར་འདུག་བསམ་ནས་ཐལ་བ་བཤོ་བ་དང་ཀི་རྒྱག་པ་སོགས་བྱས་ནས་ལུག་རྣམས་རང་ཁྱིམ་དུ་དེད། ཕྱི་ཉིན་བལྟས་ཚེ་ཁྱིམ་དེའི་ལུག་ཁྱུའི་ནང་དུ་ལུག་སྔོ་ཁྲ་ལྔ་ཙམ་ཞིག་འདྲེས་ཡོད་ཅིང་དེ་ནས་བཟུང་ཁྱིམ་ཚང་དེའི་སྔོ་ཕྱུགས་རིམ་གྱིས་འཕེལ་ནས་ས་དེར་སྐད་གྲགས་ཡོད་པའི་འབྱོར་ཕྱུག་ཅན་ཞིག་ཏུ་གྱུར།

གཞན་ཡང་ སྤྱི་ལོ་༡༩༢༩ ལོར་རྒན་མོ་པི་པིན་ཟེར་བ་ཞིག་མཚོ་ཁར་ཕྱུགས་འཚོ་གིན་ཡོད་དུས་མཚོ་ནང་ནས་ནོར་སྔོ་ཁྲ་སྨུ་མདོག་གཅིག་དང་འདྲ་བ་༡༨ ཕྱིར་དོན་ནས་རང་གི་ཟོག་དང་འདྲེས་ཤིང་ཡུད་ཙམ་སྤྱོད་ལམ་མཐུན་པར་སྤྱད་ནས་སླར་ཡང་མཚོ་ནང་དུ་ཕྱིར་འཇུལ་སོང་བ་དངོས་སུ་མཐོང་། ཡང་ཉེ་རབས་སྤྱི་ལོ་༢༠༠༠ ལོའི་ཟླ་བ་༨ པའི་ནང་དུ་མན་ཐང་འཇག་ལུང་གྲོང་ཚོའི་དབང་ཆེན་ཚང་གི་ཁྱིམ་མིས་མཚོ་ནང་ནས་ནོར་འགའ་ཕྱིར་དོན་ཞིང་ཡུན་རིང་རྩྭ་ཟ་བཞིན་བསྡད་ནས་སླར་མཚོ་ནང་དུ་ཕྱིར་ལོག་པ་མཐོང་བ་སོགས་རང་བྱུང་ཁམས་ཀྱི་ངོ་མཚར་བའི་སྣང་ཚུལ་མང་པོ་དངོས་སུ་མིག་གི་སྤྱོད་ཡུལ་དུ་གྱུར་ཡོད།

༣། ཟེ་སླིང་འདུས་མཚོ་དང་བང་གོག་མཚོ་འདྲེས་པའི་སྐོར།

རང་བྱུང་ཁམས་ཀྱི་གནམ་གཤིས་ཚ་གྲང་གི་འགྱུར་བ་ལ་གཞིགས་ནས་སྐབས་རེ་མཚོ་ཆེ་རུ་འགྲོ་བ་དང་། ཡང་སྐབས་རེ་མཚོ་ཆུང་དུ་འགྲོ་བ་སོགས་ཀྱི་སྣང་ཚུལ་ནི་རྒྱུན་མཐོང་རང་བཞིན་དུ་གྱུར་ཡོད་ཅིང་ཉེ་བའི་དུས་རབས་ཀྱི་ནང་དུ་ཡང་མཚོ་འདི་ཉིད་ལ་འགྱུར་བ་ཧ་ཅང་གི་ཆེན་པོ་བྱུང་དང་འབྱུང་བཞིན་པ་མཐོང་གསལ་རེད། དེ་ཡང་གནའ་མི་རྒན་རབས་ཀྱི་ངག་རྒྱུན་ལྟར་ན་ལྷོ་བྱང་ལ་བོད་ལ་ (གྲི་གུ་ལའི་མིང་) དང་བྱང་འབུམ་མཛོད་ལྷུགས་རི་ཚུན་ཆོད་ཀྱི་མཚོ་དང་མཚེའུ། གཙང་པོ་དང་ཆུ་ཕྲན་ཐམས་ཅད་ཚུར་འདུས་ཤིང་ཟེ་སླིང་འདུས་མཚོའི་ནང་དུ་འཁྱིལ་

ཡོད་ན་ཡང་ཟེ་སླིང་འདུས་མཚོའི་གཏིང་ཙམ་དུ་ས་འོག་གི་ལུང་བུ་ཞིག་ཡོད་པ་དེ་ལས་ཟེ་སླིང་འདུས་མཚོ་དང་མཐའ་ཡས་རྒྱ་མཚོར་འབྲེལ་ཡོད་པས་ལུང་བུ་དེ་མ་འགག་པར་རང་སོར་གནས་ན་ཟེ་སླིང་འདུས་མཚོ་ཆེ་རུ་འགྲོ་མི་སྲིད་ཅེས་ཟེར་སྲོལ་ཡོད་ལ་ཉེ་བའི་དུས་རབས་ཀྱི་ནང་དུ་མཚོ་ལ་བརྟག་དཔྱད་བྱས་པའི་མཇུག་འབྲས་ཀྱང་དེ་དང་འདྲ་མཚུངས་ཤིག་བརྗོད་ཡོད་པ་སྟེ། ཟེ་སླིང་འདུས་མཚོའི་འོག་ན་ཆུ་བཞུར་འགྲོ་སའི་ལུང་བུ་ཞིག་ཡོད་ཅིང་དེ་ཉིད་ཤ་ཆེན་པོ་རི་བོ་ཙམ་ཞིག་གིས་

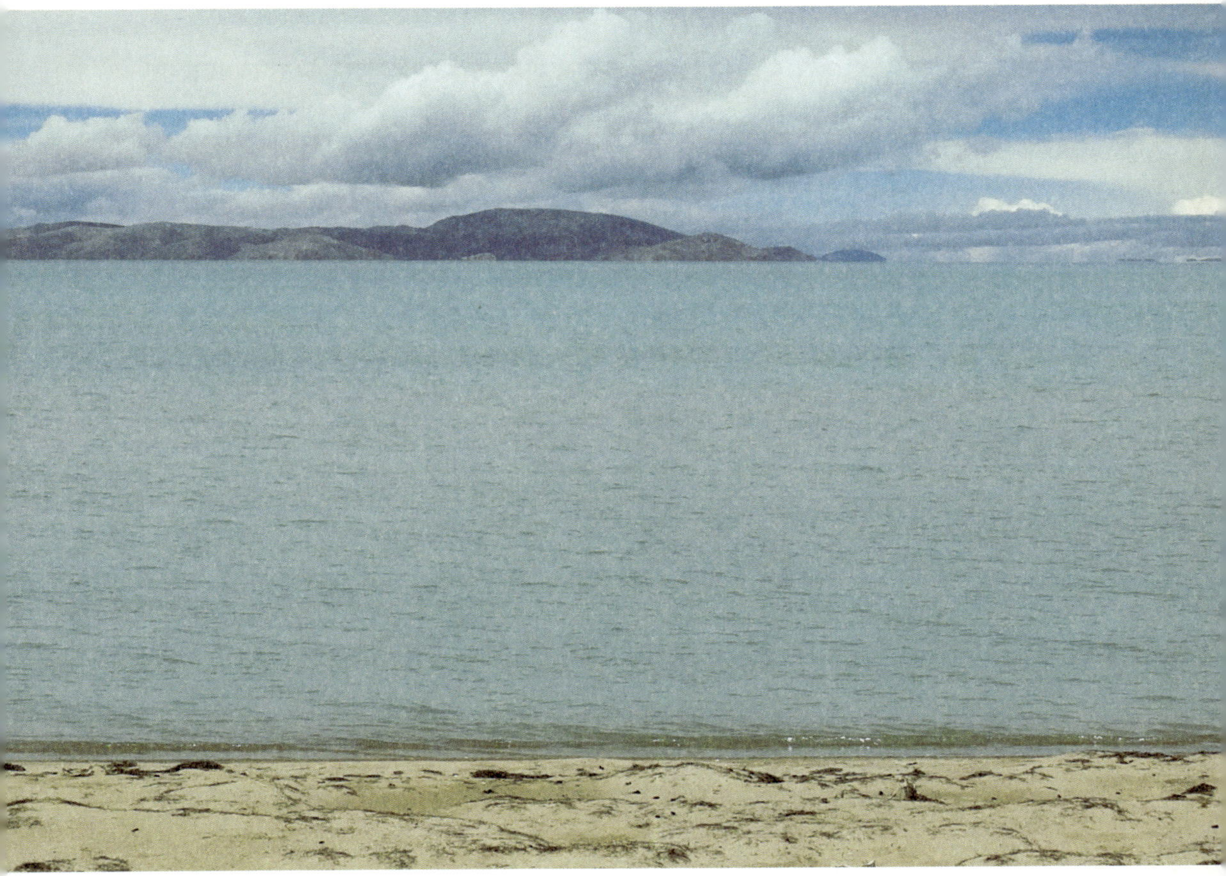

མཚོ་འགྲམ།

བཀབ་པ་ལ་བརྟེན་ནས་མཚོ་ཕྱིར་ལུད་དེ་མཚོ་རྒྱ་ཆེ་རུ་འགྲོ་བ་ཡིན་པའི་འགྲེལ་བརྗོད་བྱས་ཡོད། (མཚོར་འཇུག་རུ་ཁག་) གིས་ཐབས་ལམ་སྣ་ཚོགས་ལ་བརྟེན་ནས་ཉ་དེ་ཁྲུང་བུའི་སྙིང་ནས་ཐུང་ཙམ་ཞིག་ཕར་ལ་ནུད་ཐུབ་པས་མཚོ་ཆུང་དུ་འགྲོ་ངེས་རེད་ཅེས་བརྗོད་ཡོད་ལ་མཚོ་ཁའི་འབྲོག་པ་མང་ཚོགས་ཀྱིས་ཀྱང་ལོ་དེར་མངོན་གསལ་དོད་པོས་མཚོ་ཆུང་དུ་ཕྱིན་པ་རེད་ཅེས་བརྗོད་ཀྱི་འདུག ད་དུང་བཤད་སྲོལ་གཞན་ཞིག་ནི་གནམ་མཚོ་དང་ཟེ་སླིང་འདུས་མཚོ་ཕན་ཚུན་ས་འོག་ནས་འབྲེལ་ཡོད་ཅིང་མཚོ་གཉིས་ཀྱི་རྒྱ་ཁྱོན་ཆེ་ཆུང་དང་འཕེལ་འགྲིབ་ཀྱི་ངོ་བོ་ཡང་གཅིག་མཚུངས་ཡིན་ཞེས་བརྗོད་སྲོལ་ཡོད་ལ་གོང་དུ་བཤད་པའི་མཚོ་ལ་བརྟག་དཔྱད་བྱེད་མཁན་གྱི་རུ་ཁག་དེས་ཟེ་སླིང་འདུས་མཚོའི་ནང་དུ་འབར་རྫས་བརྒྱབ་པའི་སྐབས་སུ་གནམ་མཚོའི་ནུབ་ཕྱོགས་ཀྱི་མཚོ་ཟུར་ན་མཚོ་འབྲུགས་ཆེན་པོ་ཐེབས་ཤིང་མཚོ་མདོག་འགྱུར་འགྲོ་བ་དང་། ཟེ་སླིང་འདུས་མཚོའི་ལྷོ་ཕྱོགས་ཐུང་ཐག་རིང་བའི་ས་ཆ་ཞིག（དཔལ་མགོན་རྫོང་མན་ཐང་ཡུལ་ཤོག་གི་ས་ཁོངས་）ཏུ་གནམ་མཚོའི་མིག་ཅེས་པའི་མཚེའུ་ཞིག་ཡོད་པ་དེ་ཡང་ཟེ་སླིང་འདུས་མཚོར་འབར་རྫས་བརྒྱབ་སྐབས་འདམ་ཁུ་ནག་ལྗོག་ལྗོག་ཏུ་འཕྱུར་ནས་ཆུ་མདོག་འགྱུར་འགྲོ་གི་འདུག་ཅེས་ས་གནས་སོ་སོའི་ཡུལ་མིས་བཤད་ཀྱིན་འདུག སྐད་ཆ་དེ་དག་ལ་ཉན་ན་ཟེ་སླིང་འདུས་མཚོ་དང་གནམ་མཚོ་གཉིས་ས་འོག་ནས་འབྲེལ་ཡོད་ཟེར་ན་ཡང་བདེན་དཔང་མི་ཉུང་བ་ཞིག་རྙེད་ཐུབ་ཀྱི་ཡོད།

གང་ལྟར་གནམ་གཤིས་ཚ་གྲང་གི་འགྱུར་བའམ་ཡང་ན་མཚོ་གནས་སྲོག་ཆགས་ཀྱི་འདུག་སྟངས་གང་ཡིན་ཚོད་དཔག་བྱེད་དཀའ་རུང་མི་ལོ་བརྒྱ་ཕྲག་ཁ་ཤས་ཀྱི་ཡར་

སྔོན་ཞིག་ན་ཐེ་སྒྲིང་འདུས་མཚོ་ཁ་ལུད་ཅིང་ས་ཏ་ཤོ་ (ཐེ་སྒྲིང་འདུས་མཚོ་དང་བང་ཁོག་མཚོའི་བར་དུ་ཡོད་པའི་གྲོག་རོང་ཞིག་གི་མིང་) ཞེས་པ་དེ་ནས་ཆུ་ཤོར་ནས་ཤར་གྱི་བང་ཁོག་མཚོ་དང་འབྲེས་ཤིང་མི་ལོ་མང་པོར་མཚོ་མོ་དེ་གཉིས་ཡུག་གཅིག་ཏུ་ཆགས་ནས་གནས་ཤིང་སླར་ཡང་རང་བྱུང་ཁམས་ཀྱི་འགྱུར་བ་ལས་མཚོ་གཉིས་ཐ་དད་དུ་གྱུར་པ་རེད་ཅེས་བཤད་སྲོལ་ཡོད། སྐབས་དེར་མཚོ་གཉིས་ཀྱི་བར་ནས་མཚོར་གནས་སྲོག་ཆགས་སྐམ་ལ་དོན་ནས་ཤི་བ་གྲངས་ལས་འདས་པ་མཐོང་རྒྱུ་ཡོད་ལ་ལྷག་པར་དུ་མཚོ་སྐྱང་ཤི་བའི་རོ་ཤིན་ཏུ་མང་ཞིང་དེའི་བྱང་ཁོག་གི་རུས་སྒྲོམ་ནང་དུ་མི་ལངས་ནས་ཡར་འགྲོ་མར་འགྲོ་བྱེད་ས་ཡོད་པའི་བཤད་སྲོལ་ཡོད་ཅིང་དུས་རབས་ཉི་ཤུ་པའི་ལོ་རབས་དགུ་བཅུའི་ནང་དུ་ཡང་ཐེ་སྒྲིང་འདུས་མཚོའི་ཤར་ཐང་ནས་སྲོག་ཆགས་ཀྱི་རུས་པ་ཡ་མཚན་ཅན་མང་པོ་ཡུལ་མིས་མཐོང་མྱོང་ལ་ས་ཏ་ཤོ་ཞེས་པ་དེར་ཆུ་རྒྱུགས་ཤུལ་ཏ་ཙང་གསལ་པོ་ཡོད་པ་ད་ལྟ་ཡང་མཐོང་རྒྱུ་ཡོད།

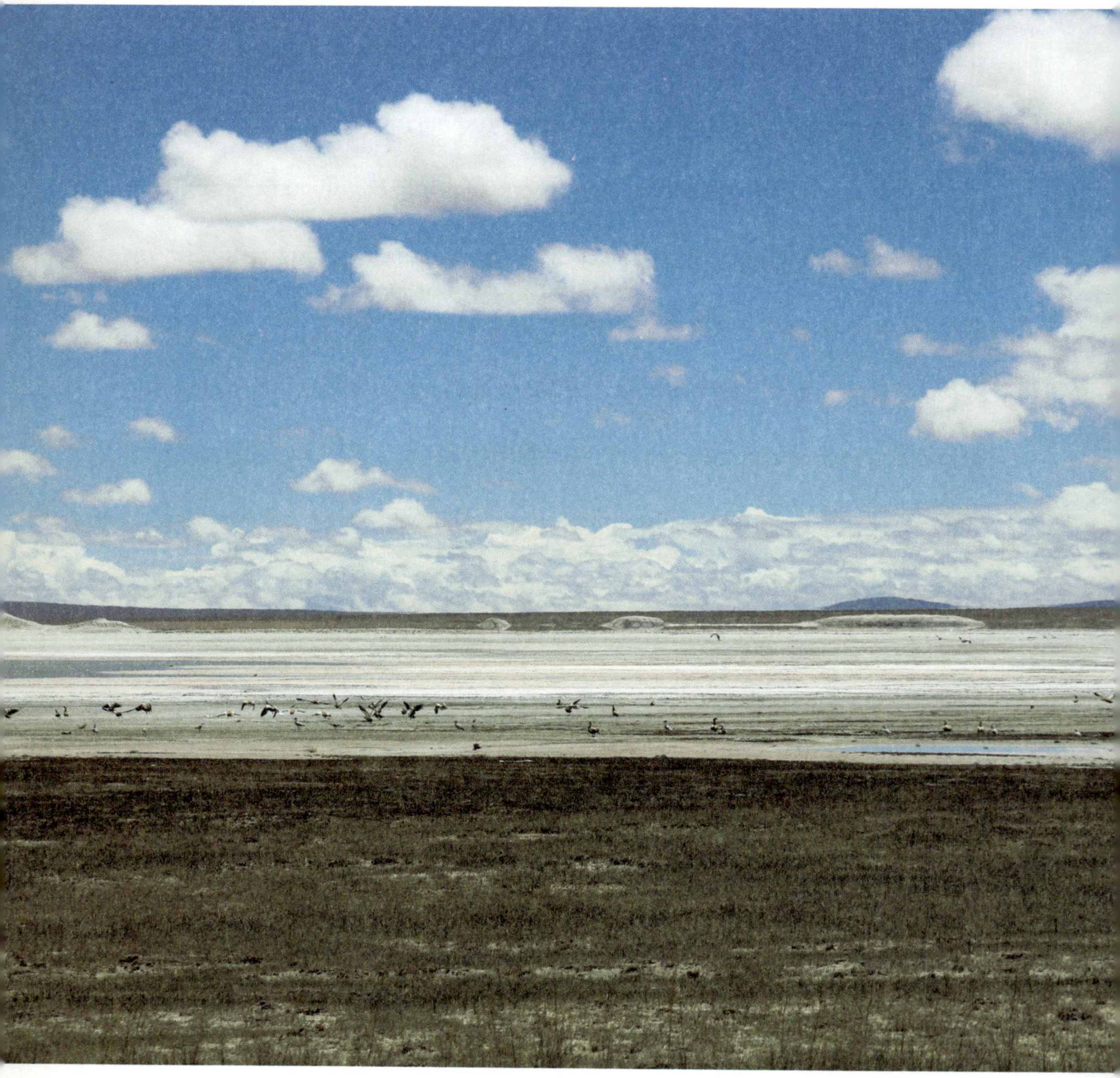

མཚོ་མཐའི་བྱ་ཚོགས།

ས་བཅད་བཞི་པ། ཟེ་སྒྲིང་འདུས་མཚོ་དང་འབྲེལ་བའི་མི་སྣ་ལ་མཚན་ཅན་གྱི་གཏམ་རྒྱུད།

གཅིག ཀླུ་བཙན་རྒྱལ་པོ་དང་ཟེ་སྒྲིང་འདུས་མཚོའི་སྐོར།

ཀླུ་བཙན་རྒྱལ་པོ་ཞེས་པ་ནི་གེ་སར་སྒྲིང་སྐྱུང་གི་ནང་དུ་ཤོག་བུ་སྨུམ་ཟེན་ལྷ་བུར་ཁྱབ་ཡོད་ཅིང་ལྷག་དོན་བདུད་སྒྲིང་གཡུལ་འགྱེད་ཀྱི་ནང་དུ་འབྱུང་བའི་མི་སྣ་གལ་ཆེན་ཞིག་ཡིན་ལ་དམངས་ཁྲོད་ངག་རྒྱུན་དུ། ཡུམ་མ་ནི་གདུག་ཅན་ཀླུ་ཡི་རྒྱུད། །ཡབ་ཕ་ནི་དྲག་ཤུལ་བཙན་གྱི་རིགས། །ཀླུ་བཙན་རྐྱང་གཉིས་ཀྱི་སྲས་པོ་ལ། །དཔའ་ཡ་མེད་ཀླུ་བཙན་རྒྱལ་པོ་འབྲུངས། །ཞེས་པོའི་མིང་ལ་ཀླུ་བཙན་རྒྱལ་པོར་འབོད་ཅིང་ཡར་ཁམས་བྱང་མའི་ས་ཆར་བཻཌཱུར྄ཡ་ཞུན་མའི་མདངས་ལྟར་སྔོ་ལ་དྭངས་པའི་བརྗིད་ཆགས་ཡིད་འོང་གི་མཚོ་མོ་ཟེ་སྒྲིང་འདུས་མཚོ་ནི་པོའི་མ་རྒྱུད་ཀླུ་ཡི་མཆེད་ཁུངས་དང་ཀླུ་བཙན་རྒྱལ་པོའི་བླ་སྲོག་གི་རྟེན་ནམ་ཡང་ན་བླ་གནས་ལྷ་བུར་ངོས་འཛིན་དང་གུས་བཀུར་བྱེད་པ། རྩེ་མོ་མཁའ་དབྱིངས་སུ་སྙེགས་པའི་ལྷུན་པོའི་དབུས་ན་ཆེས་ཆེར་འཕགས་པའི་བྱང་བཙན་པོ་གུ་ར་གཡུ་དམར་ནི་པོའི་ཕ་རིགས་བཙན་གྱི་མཆོད་གནས་དང་མཁར་རྫོང་དུ་བཟུང་ནས་གུ་རའི་ཉེ་འདབས་སུ་འཚོ་སྡོད་བྱེད་ཀྱི་ཡོད། དེར་བརྟེན་ཀླུ་བཙན་རྒྱལ་པོ་དང་པོའི་མི་རབས་གོང་མ་རྣམས་ཀྱིས་ཟེ་སྒྲིང་འདུས་མཚོ་ནི་ཡབ་མེས་ཀྱི་བླ་མཚོ་དང་མགོན་སྐྱབས་སུ་ངོས་འཛིན་བྱས་ནས་རི་མཚོ་ཀུན་ལས་ཁྱད་པར་འཕགས་པའི་གསོལ་

མཚོད་དང་དད་མོས་བྱེད་ཀྱི་ཡོད་ལ་ཟྲི་གླིང་འདུས་མཚོ་ནི་བྱང་རྫེ་ཀླུ་བཙན་རྒྱལ་པོའི་བླ་མཚོ་ཡིན་ཞིང་སྐབས་དེར་བདུད་སྡེ་དཀར་ནག་ཁྲ་གསུམ་གྱིས་དད་མོས་བྱེད་ཡུལ་ཞིག་ཡིན་པ་ནི་མི་ལོ་སྟོང་ཕྲག་གི་ནང་དུ་མི་རབས་ནས་མི་རབས་བར་བརྒྱུད་པའི་ངག་རྒྱུན་དེ་དུས་ད་ལྟའི་བར་དུ་གནས་ཡོད། དེ་ཡང་ཀླུ་བཙན་རྒྱལ་པོ་ངོ་སྤྲོད་མདོར་བསྡུས་ཤིག་ཞུས་ན། ངམ་གླིང་གཡུལ་འགྱེད་ལས། །

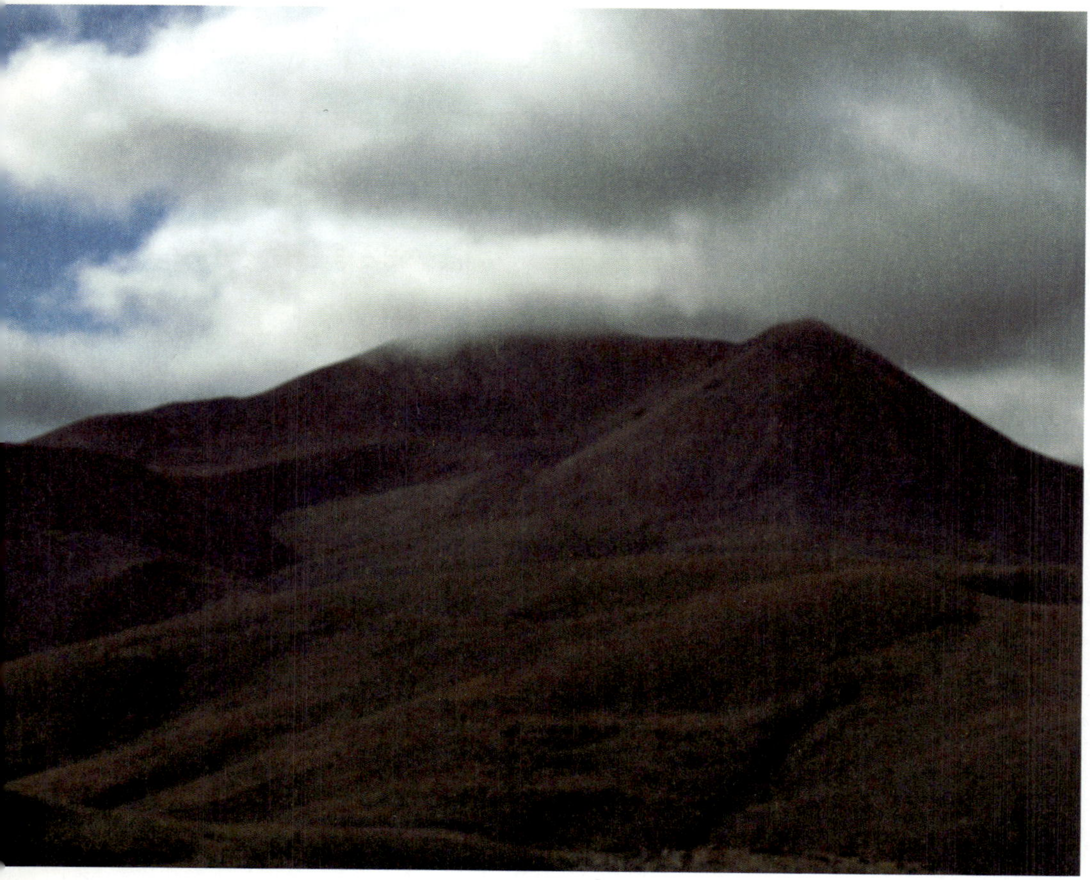

ཀུ་ར་གཅམ་རྫོང་ཕྲུག་མོ།

མཚོ་སྒོག་གི་ཉི་འོད།

ཀི་རུའི་གནམ་ལྷ་རྒྱལ་པོ་དང་། །
ཀི་རུའི་ས་སྐྱོང་རྒྱལ་པོ་དང་། །
ཀི་རུའི་སྒོག་ལྷ་རྒྱལ་པོ་དང་། །
ཀི་རུའི་མི་དབང་རྒྱལ་པོ་བཅས། །
ཀི་རུའི་ཆོས་རྒྱལ་རྣམ་པ་བཞི། །
ཀི་རུའི་ཨ་ཁྱུང་རྒྱལ་པོ་དང་། །

ཀི་ཏུའི་མི་ཁྲུང་རྒྱལ་པོ་དང་། །
ཀི་ཏུའི་ས་འབུམ་རྒྱལ་པོ་དང་། །
ཀི་ཏུའི་ཀླུ་བཙན་རྒྱལ་པོ་བཅས། །
མཆོད་གནས་ཞང་ཞུང་བོན་ལ་བྱས། །
ཕོ་སྲུ་ལ་ཨ་ཕམ་མི་ཁྲུར་ཟེར། །

ཞེས་པ་ལྟར་ཡར་ཁམས་བྱང་མའི་ཡུལ་ན་རྒྱལ་པོར་བཀུར་བའི་ཀི་ཏུའི་མི་རབས་བརྒྱད་པ་ཀི་ཏུ་ཀླུ་བཙན་རྒྱལ་པོ་ནི། ངམ་གླིང་གཡུལ་འགྱེད་ལས།

ཐང་ནག་བོན་གྱི་སྐྱེས་མཐའ་དང་། །
ཨ་ཁྲུང་ཀི་ཏུའི་གདུང་རབས་ལ། །
ཕ་སྲིན་པོ་ས་འབུམ་ནག་པོ་དང་། །
མ་ས་སྲིན་བདུད་མོ་དེ་གཉིས་ལ། །

བུ་ཀླུ་བཙན་འགྲན་མེད་ཏུ་བཞི་སྐྱེས། ཞེས་ཟེར་ཞིང་གེ་སར་གླིང་སྒྲུང་ལས་གསལ་བ་ལྟར་ན་ཀི་ཏུའི་གདུང་རྒྱུད་ཀྱི་རྒྱལ་རབས་བདུན་པ་ཡབ་ཆེན་ས་འབུམ་ནག་པོ་དང་། ཡུམ་ས་སྲིན་རྒྱལ་མོ་གཉིས་ཀྱི་སྲས་སུ། བོད་རབ་བྱུང་དང་པོའི་ཤིང་ཁྲི་སྟེ་སྤྱི་ལོ་༡༠༣༣ལོའི་བོད་ཟླ་བཅུ་པའི་ཚེས་ཉེར་དགུའི་ཉིན་སྐུ་འཁྲུངས། ཁོ་ནི་སྟོབས་ཤུགས་དང་གཟི་བརྗིད་གཞན་ལས་ལྷག་པ། དབུ་ལ་ཟངས་ཀྱི་རྭ། ཞལ་ལ་གཅན་ཟན་གྱི་མཆེ་བ། ཞབས་ལ་རྐང་ཀའི་སེན་མོ་བཅས་ཡོད་པ་ཞིག་བྱུང་། དེ་དང་ལྷན་དུ་ཁོའི་ཚིབས་པ་འདོ་བ་རྟ་སྐྱེས་ཁམ་པ་ཞེས་པ་དེ་ཡང་འཁྲུངས་པ་མ་ཟད་གནམ་ལ་སྐར་མ་དུ་བ་མཇུག་རིང་དང་། ས་ལ་དུག་གི་མེ་ཏོག་སྣ་ཚོགས་སྔར་མེད་གསར་སྐྱེས་སུ་བྱུང་ཞིང་ངོ་མཚར་གྱི་གྲགས་པ་ཡུལ་ཀུན་དུ་ཁྱབ་པ་བྱུང་། ངམ་གླིང་གཡུལ་འགྱེད་ལས།

ཟླ་གསུམ་ཟླ་ངོ་ལོན་པའི་དུས། །

སྐུ་བཙན་བུ་དང་ར་སྐྱེས་ཏ། །

ཉིན་གཅིག་ནང་ལ་མི་སྡོད་པར། །

ཞག་གཅིག་རི་ལ་མི་ལུས་ཟེར། །

སྟེང་ན་བྱ་རོག་ཁུག་པ་ལྡིང་། །

ཕྱི་ན་འཕར་བ་སྤྱང་གི་རྒྱུག །

མི་ཤ་དམར་པོ་སྔོན་བཟས་བྱེད། །

མི་ཁྲག་དམར་པོ་ཧུབ་ཀྱིས་འཐུང་། །

མི་རྟའི་སྙིང་ལ་སྲན་འགམ་བྱེད། །

མི་རྟའི་མིག་ལ་ཡོས་འགམ་བྱེད། །

ལོ་གསུམ་ལོ་ངོ་ལོན་པའི་དུས། །

རྒྱ་འཛང་མོན་དང་སྟག་གཟིག་ཡུལ། །

རོང་དང་གླིང་དཀར་གུ་གེའི་ཡུལ། །

ཛག་མ་བཅད་པ་དེ་གཅིག་ཀྱང་མེད། །

གནང་མ་བླང་པ་དེ་སུ་ལའང་མེད། །

ཟག་བཅས་ཛུ་འཕྲུལ་སྣ་ཚོགས་སྟོན། །

རིས་འགའ་སྐྱེས་པ་སྟག་ཚས་ཅན། །

ཁྲབ་དུག་ཟིལ་འབར་བ་ལུས་ལ་གྱོན། །

རྫོག་ལྷུགས་ར་རྩེ་བརྒྱད་མགོ་ལ་གྱོན། །

ཚོས་སྡེ་ཆེན་པོ་བཅུ་གསུམ་བརྙག།

དགེ་འདུན་སྡེ་རིགས་དམངས་སུ་ཕབས། །

གཙུག་ལག་ཁང་རྣམས་ཉམས་ཆག་བཏང་། །

སྔ་དྲོ་རྒྱ་གར་སྟོད་ལ་སོང་། །

ཞྭ་སེར་ཅན་ལ་དགུ་བརྒྱ་བསད། །

ཐུ་བཙན་རྒྱལ་པོའི་ཞོགས་ཟས་རེད། །

ཕྱི་དྲོ་རྒྱ་ནག་སྨད་ལ་སོང་། །

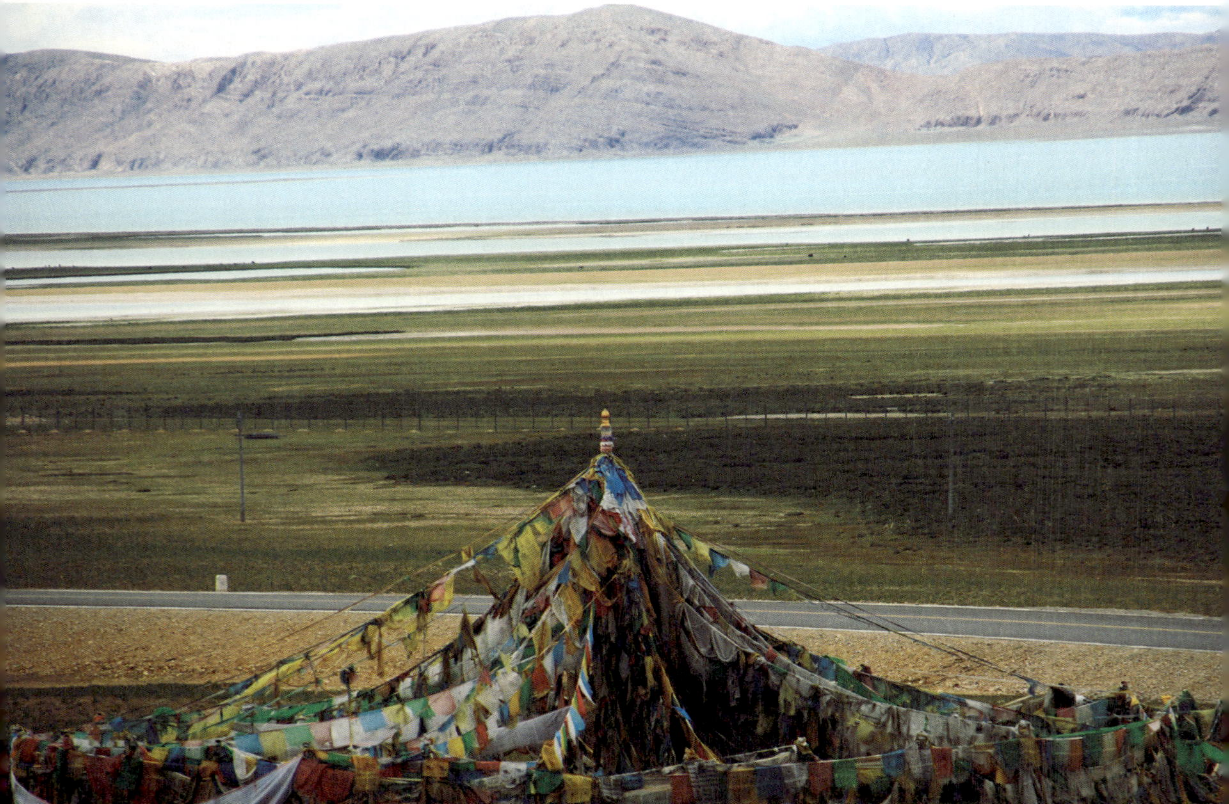

མཚོ་མཐའི་ལྷུང་དར།

ཏུང་ཧོག་ཅན་ལ་དགུ་བརྒྱ་བསད། །
སྐུ་བཙན་རྒྱལ་པོའི་དགོང་ཟས་རེད། །
བར་གསེང་དབུས་གཙང་ཙ་བཞི་སྐོར། །
གྲངས་མེད་བྱིས་པ་ཁ་ལ་བཏབས། །
སྐུ་བཙན་རྒྱལ་པོའི་ཞོར་ཟས་རེད། །
ཕྱི་སྡེ་གྲོ་ཡོས་འཆའ་འཆའ་རེད། །
རང་སྡེ་གསེར་ཕྱེ་སྦྲིལ་སྦྲིལ་རེད། །
རྒྱལ་པོས་རང་སྡེ་སྲུང་ལེ་རེད། །

རང་སྡེས་རྒྱལ་པོར་བཀུར་ལི་རེད། །ཞེས་གྲགས་ཏེ། དེ་ལྟ་བུའི་ངོ་མཚར་ཅན་གྱི་བུ་དེས་ཡར་ཁམས་བྱང་མའི་རི་བརྒྱུད་ཀྱི་དབུས་ན་རྒྱལ་པོ་ཁྲི་ལ་འཁོད་འདྲའི་བཙན་པོ་གུ་ར་གཡུ་དམར་གྱི་ཕྱོགས་བཞིར་རྫོང་བཞི་བཅས་ཏེ་རྒྱལ་སྲིད་བཟུང་ཞིང་དཀར་ནག་ཕྱུགས་རིགས་ཀྱིས་རི་ལུང་ཁེངས་ནས་བསྐྱོད་ཡོད་པའི་བཤད་སྲོལ་ཡོད་དེ། ངམ་གླིང་གཡུལ་འགྱེད་ལས།

ཤར་ལ་ཤ་ཙུ་གནམ་རྫོང་དང་།
ལྷོ་ལ་དགོ་ཙུ་སྨུག་རྫོང་དང་། །
ནུབ་ཏུ་ཟང་ར་རྩེ་དགུ་དང་། །
བྱང་དུ་ལྕགས་ར་རྩེ་དགུ་དང་། །

རྫོང་ཡང་བཞི་མཚལ་ར་སྨུག་པོ་ཡོད། ཅེས་པ་ལྟར། རི་བོ་གོ་ར་གཡུ་དམར་གྱི་ཕྱོགས་བཞི་ཙ་སྐུ་བཙན་རྒྱལ་པོའི་མཁར་རྫོང་རྣམས་ཡོད་ཅིང་རྩ་ཆུ་གང་བཟང་གི་ས་ཙ་ཕྱུགས་རིགས་དཀར་ནག་ཁྲ་གསུམ་གྱིས་ཁྱབ་ཡོད་པ་སྟེ། ངག་སྙིང་ལས།

ཨ་དཀར་གོང་སྡིང་ལུག་ས་བཟང་། །

ལུག་ཁྱུ་ལ་ཁྱུ་མཐུད་ཁྱུ་དགུ་ཡོད། །
ཁྱུ་རེ་རེའི་ནང་ལ་སྐྱོང་རེ་ཡོད། །
སྐྱོང་གྲངས་ཁ་མ་ཐོག་ལོ་གསུམ་སོང་།
ཙི་གི་བྱ་ཁྱུང་ར་ས་བཟང་། །
ར་ཁྱུ་ལ་ཁྱུ་མཐུད་ཁྱུ་དགུ་ཡོད། །
ཁྱུ་རེ་རེའི་ནང་ལ་སྐྱོང་རེ་ཡོད། །
སྐྱོང་གྲངས་ཁ་མ་ཐོག་ལོ་གསུམ་སོང་། །
འབུམ་ཐུར་བསེན་མོ་འབྲི་ས་བཟང་། །
འབྲི་ཁྱུ་ལ་ཁྱུ་མཐུད་ཁྱུ་དགུ་ཡོད། །
ཁྱུ་རེ་རེའི་ནང་ལ་སྐྱོང་རེ་ཡོད། །
སྐྱོང་གྲངས་ཁ་མ་ཐེབ་ལོ་གསུམ་སོང་། །
གཡག་པོ་དྲེད་རོང་ཁལ་ས་བཟང་། །
ཁལ་ཁྱུ་ལ་ཁྱུ་མཐུད་ཁྱུ་དགུ་ཡོད། །
ཁྱུ་རེ་རེའི་ནང་ལ་སྐྱོང་རེ་ཡོད། །
སྐྱོང་གྲངས་ཁ་མ་ཐོག་ལོ་གསུམ་སོང་།
ཀུ་རའི་ན་འཛོམས་རྟ་ས་བཟང་། །
རྟ་ཁྱུ་ལ་ཁྱུ་མཐུད་ཁྱུ་དགུ་ཡོད། །
ཁྱུ་རེ་རེའི་ནང་ལ་སྐྱོང་རེ་ཡོད།

སྐྱོང་གྲངས་ཁ་མ་ཐོག་ལོ་གསུམ་སོང་། །ཞེས་ཟེར་སྐྱེ་ཀླུ་བཙན་རྒྱལ་པོ་ནི་སྟོབས་འབྱོར་མངའ་ཐང་རྒྱས་ཤིང་དཔའ་དང་རྩལ་དྲུག་འཛོམས་པའི་བདུད་སྐྱེའམ་ངམ་ཡུལ་གྱི་རྒྱལ་པོ་ཞིག་ཡིན་ཤིང་ཁོའི་མངའ་ཁོངས་ཀྱི་ས་ཆ་ནི། ངམ་གླིང་གཡུལ་འགྱེད་ལས། །

ཤར་ནགས་ལྷ་ཛམ་ཧྲའི་ཡན་ཆོད་དང་། །
ལྷོ་ལྷ་རིའི་རི་རྒྱུད་ཚུན་ཆད་དང་། །
ནུབ་ཧ་སྒོ་རི་ཁྲ་མན་ཆད་དང་། །
བྱང་དཔའ་གཟི་གངས་རྒན་ཚུན་ཆད་ཡིན། །

ཞེས་པ་ལྟར། ཤར་ཕྱོགས་སུ་རི་བོ་ནགས་ལྷ་ཛམ་ཧྲའི་ཉེ་འཁོར་གྱི་སྡེ་ནགས་ཤོད་སོགས་དེང་སྐབས་འབྲི་རུ་རྫོང་གི་ས་དང་། ལྷོ་ཕྱོགས་ལྷ་རི་རྫོང་གི་ས་ནས་རི་བོ་གཉན་ཆེན་ཐང་ལྷའི་རི་རྒྱུད་ཀྱི་ཚུན་ཆད། ནུབ་ཀྱི་ཕྱོགས་སུ་ཉི་མ་རྫོང་ཁོངས་སུ་ཡོད་པའི་སྟ་སྒོ་གངས་རིའི་ཚུན་ཆད། བྱང་གི་ཕྱོགས་སུ་གདང་ལའི་

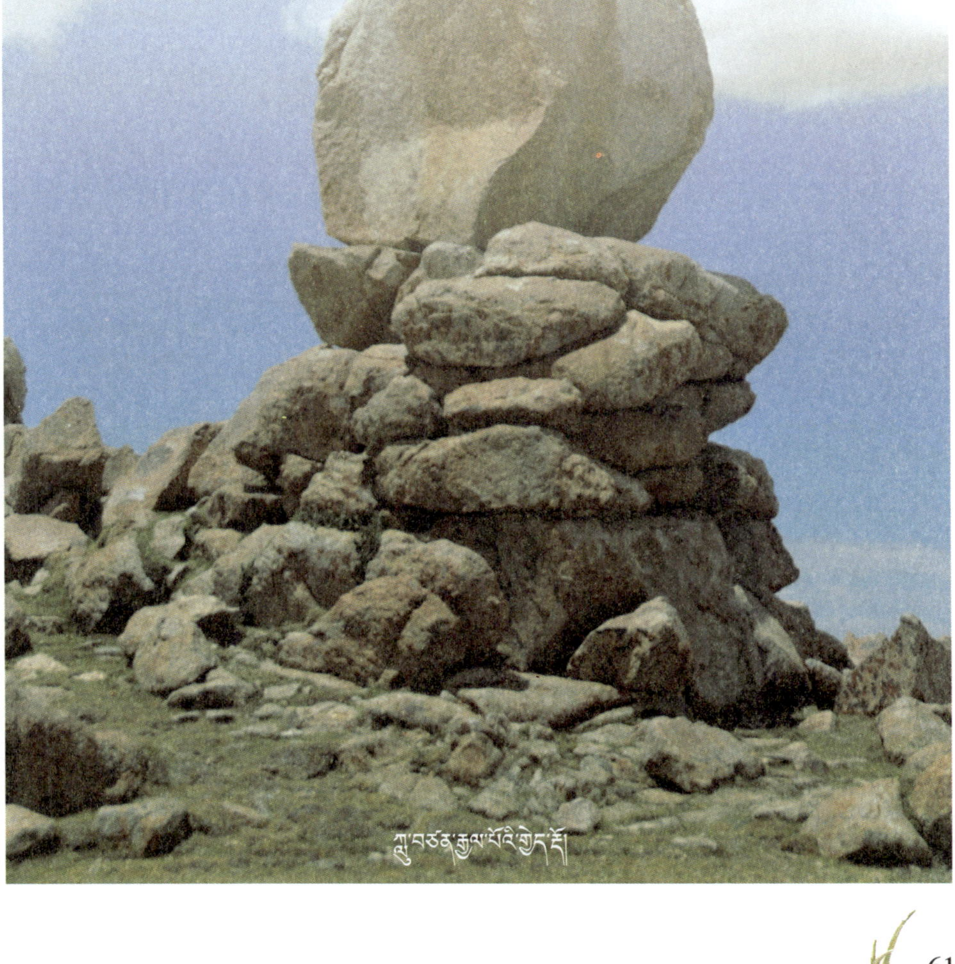
ཀླུ་བཙན་རྒྱལ་པོའི་སྐྱིད་རྡོ།

རི་རྒྱུད་ཨ་མདོ་རྫོང་རྐང་གཉིས་ཡུལ་ཤོག་གི་ས་ཁོངས་སུ་ཡོད་པའི་དཔའ་གཟི་གངས་རྒྱན་གྱི་ཚུན་ཆད་ཀྱི་འབྲོག་སྡེ་ཆེན་པོ་དེ་རྣམས་ཟླ་བཙན་རྒྱལ་པོའི་མངའ་འབངས་སུ་གྱུར་བའི་བདུད་སྡེ་ཡིན་ལ། སྒྲུང་མཁན་གྲགས་པའི་ངག་སྒྲུང་ལས།

འབྲི་མོ་རོང་ཆེན་ཡན་ཆད་གཅིག །ལ་དྭགས་གངས་སྒོ་མན་ཆད་གཉིས། །

ལྷུན་གྲུབ་རྒྱལ་ཁབ་ཚུན་ཆད་གསུམ། །
འཛམ་གླིང་སྡེ་ཕྱེད་བདུད་ཀྱི་སྡེ། །
ཨ་སྟོན་ཚོ་པ་བདུད་ཀྱི་སྡེ། །
ལྷ་རི་ཨར་ཙ་བདུད་ཀྱི་སྡེ། །
ཨ་སྟོན་རོང་ཤིང་བདུད་ཀྱི་སྡེ། །
དཀར་གྲུབ་གྲོང་པ་བདུད་ཀྱི་སྡེ། །

བྲག་གསུམ་ལུང་པ་བདུད་ཀྱི་སྡེ། ཞེས་དང་ཡང་། བདུད་གླིང་སྨད་ཆ་བདུད་ལེའུ་ལས།

བདུད་མཁར་ཤ་རུ་གནམ་རྫོང་དང་། །
བདུད་མོ་ཊཀྐིའི་སྤྲུལ་བ་དང་། །
བདུད་སྡེ་དྭགས་ཉངས་ཀོང་གསུམ་བཅས། །
ཐམས་ཅད་སེང་ཆེན་ཁྲིད་ལ་འབུལ།

ཞེས་པ་ལྟར་ན་ཀོང་པོ་ནི་དེང་སྐབས་བོད་ལྗོངས་ཉིང་ཁྲི་ས་ཁུལ་དང་། དྭགས་པོ་ནི་ལྷོ་ཁ་ས་ཁུལ། ཉངས་ནི་ཀོང་པོའི་ཉངས་ཆུ་གཙང་པོའི་རྒྱུག་ཁུལ་དུ་ཡིན་པས་ཁུལ་དེའི་ས་ཆ་ཕལ་ཆེར་ཟླ་བཙན་དཔོན་གྱི་མངའ་འབངས་སུ་གྱུར་ཡོད་སྐད།

ས་ཆ་དེ་དག་ཏུ་འཚོ་གནས་བྱེད་པའི་ཡུལ་སྡེ་ནི། ངམ་གླིང་གཡུལ་འགྱེད་ལས། །

ནག་ཚང་ཚོ་བ་སོ་དགུ་དང་། །

སྨང་རི་དྲུག་ཅུ་རེ་ལྔ་དང་། །

བར་གླིང་སྡེ་ཚོ་ཤོག་བཞི་དང་། །

འབྲུ་མ་དྲུག་ཅུ་ཐམ་པ་དང་། །

ཨམ་ཤོག་སྡེ་ཚོ་དགུ་པོ་དང་། །

ས་གནམ་ཚོ་བ་བཅུ་གཉིས་དང་། །

བྱང་རིགས་སྡེ་ཤོག་སུམ་ཅུ་དང་། །

ཛ་ཨ་བྲག་སྡེ་ཤོག་ཚོ་པ་དགུ །

ཞེས་པ་ལྟར། དེའི་སྐབས་སུ་འདིར་མིང་ཐོག་པའི་ཚོ་ཤོག་ཆེན་པོ་བརྒྱད་དང་། ནང་གསེས་ཚོ་ཆུང་ཁག་ཉིས་བརྒྱ་ཉེར་བདུན་སྐོར་ཡོད་པ་ལས། ནག་ཚང་ཚོ་བ་ནི་དེང་སྐབས་ཉི་མ་དང་། ཤེལ་རྩྭ། མཚོ་ཆེན་གཉིས་བཅས་རྫོང་ཁག་གསུམ་གྱི་སར་ཡོད། བར་གླིང་སྡེ་ཚོ་ཤོག་བཞི་ནི་མཚོ་ཆེན་གཉིས་རྫོང་གི་སར་ཡོད། འབྲུ་མ་དྲུག་བཅུ་ནི་གཡག་པ་འབྲུ་མ་དྲུག་བཅུ་ཞེས་པ། དེང་སྐབས་དཔལ་མགོན་རྫོང་གཞིན་སྐོར་ཡུལ་ཤོག་ལ་ཡོད། ཨམ་ཤོག་སྡེ་ཚོ་དགུ་ནི་ད་ལྟ་ཨ་མདོ་རྫོང་ཞེས་པ་དེ་དང་། ས་གནམ་ཚོ་པ་བཅུ་གཉིས་ནི། གནམ་རུ་ཚོ་ལྔ་དང་། ས་སྐྱ་ཚོ་བདུན་ཡིན་ལ་ད་ལྟ་དཔལ་མགོན་རྫོང་གི་སར་ཡོད། བྱང་རིགས་སྡེ་ཤོག་སུམ་བཅུ་ནི་དེང་སྐབས་ནག་ཆུ་རྫོང་གི་སར་ཡོད། ཛ་ཨ་བྲག་སྡེ་ཤོག་ཚོ་པ་དགུ་ཞེས་པ་དེ་ད་ལྟ་སྙན་རོང་རྫོང་གི་སར་ཡོད། སྨང་རི་དྲུག་བཅུ་རེ་ལྔ་ཞེས་པ་ནགས་ལྷ་ཇམ་ལྷའི་ཉེ་འཁོར་གྱི་ཚོ་ཤོག་དེང་སྐབས་འབྲི་རུ་དང་ལྷ་རི་རྫོང་གཉིས་ཀྱི་སར་ཡོད་ལ། ཚོ་ཤོག་དེ་

རྣམས་ནི་ སྟར་མིང་བཞིན་ད་ལྟ་ཡང་ས་གནས་སོ་སོའི་སར་མིང་དོན་འཕྲོད་ཀྱི་ཡོད།

དེ་ལྟ་བུའི་མངའ་འབངས་མི་སེར་གྱི་འགོ་དཔོན་བྱང་རྗེ་སླུ་བཙན་རྒྱལ་པོ་ལ་སྲིད་སྐྱོང་གི་བློན་ཆེན་བཅུ་གསུམ་དང་སྒོ་སྲུང་བའི་ནང་བློན་གཅིག་བཅས་ཡོད་པར་གྲགས་ཏེ། ངམ་གླིང་གཡུལ་འགྱེད་ལས།

རི་གུ་མཚལ་དམར་ཛ་རྫོང་ནང་། །
བློན་ཆེན་རྒྱལ་པོ་མི་དམར་སྐྱབས། །
གཙོ་མོ་ཛ་རྫོང་ནང་བཙུད་ལ། །

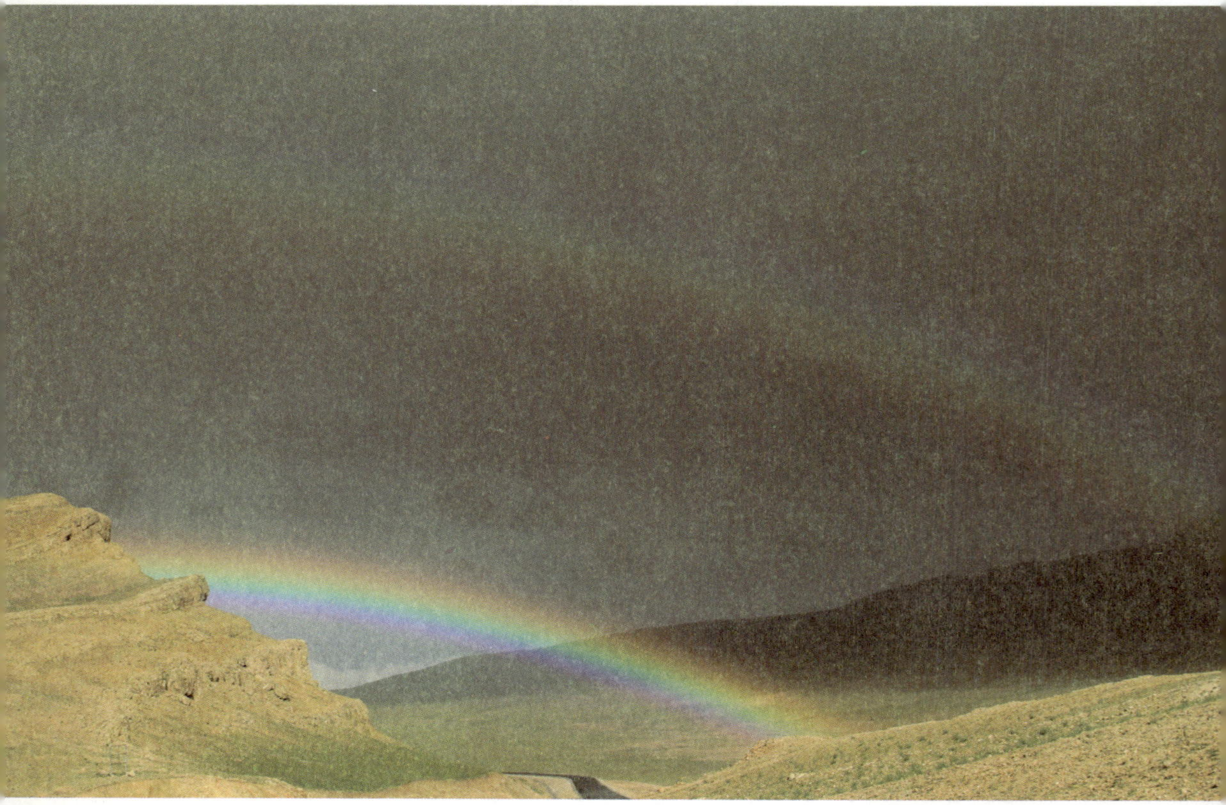

འཇའ་ཚོན་ཤར་བ།

རི་ཤིའི་ཨ་སྟག་གླུ་མོ་ཡོད། །
ནག་ཚང་ལྷ་མའི་མཚལ་རྫོང་ནང་། །
བདུད་ཀྱི་མི་ནག་སྟོབས་ཆེན་ཡོད། །
བྲག་གཡས་སྐར་རྫོང་ནང་བཙུད་ལ། །
རྡོལ་པའི་གཡུ་ལོ་ཐོག་རྩེ་ཡོད། །
རི་རྩེ་ཤེལ་རྫོང་ནང་བཙུད་ལ། །
སློབ་ཆེན་འབུམ་ཐུབ་དཔུང་དམར་ཡོད། །
བྲག་གུ་གསལ་རྫོང་ནང་བཙུད་ལ། །
བདུད་ཀྱི་མི་ནག་རྒྱལ་པོ་ཡོད། །
འབྲོང་གི་གནམ་རྫོང་ཕྱུག་མོ་ལ། །
སློབ་ཆེན་ཛ་ར་ཁྲི་ཐུབ་ཡོད། །
མཐའ་ཁང་བྲག་རྫོང་ནང་བཙུད་ལ། །
བཙན་ཚ་ལྷ་དར་ངོ་དམར་ཡོད། །
རྐོད་ལུང་གནམ་རྫོང་ནང་བཙུད་ལ། །
བཙན་ཆུང་ལྷའུ་དར་པོ་ཡོད། །
སྨོམ་ལུང་པདྨ་བཞི་རྫོང་ནང་། །
གནམ་ལྷ་ཁྲི་དཀར་སྟག་ལྷ་ཡོད། །
དྲོད་ལུང་ཤེལ་དཀར་བྲག་རྫོང་ནང་། །
སྤྱང་ཚ་ཉི་མ་འབུམ་ཐུབ་ཡོད། །

རི་པའི་གསེར་རྫོང་ནང་བཅུད་ལ། །
ཀི་ཏུའི་ཁྲོ་བོ་སྟོབས་རྒྱལ་ཡོད། །
ཤར་སྒོ་སྲུང་པའི་བློན་ཆེན་ལ། །
ཀི་ཏུའི་ཁྲོ་བོ་སྟོབས་རྒྱལ་ཡོད། །
ལྷོ་སྒོ་སྲུང་བའི་བློན་ཆེན་ལ། །
བདུད་ཀྱི་མི་དམར་སྟོབས་ལྡན་ཡོད། །
ནུབ་སྒོ་སྲུང་བའི་བློན་ཆེན་ལ། །
ནག་ཚང་མི་ནག་བོང་རིང་ཡོད། །
བྱང་སྒོ་སྲུང་བའི་བློན་ཆེན་ལ། །
རི་ཤིའི་ཨ་སྟག་གླུ་མོ་ཡོད། །
ནང་སྲིད་སྐྱོང་བའི་བློན་ཆེན་ལ། །

ག་དར་བློན་པོ་ཕྱིང་སྟོན་ཡོད། །ཅེས་གེ་སར་གླིང་སྒྲུང་གི་ནང་དུ་གླུ་བཙན་རྒྱལ་པོའི་རྒྱལ་བློན་འབངས་གསུམ་གྱི་ཆགས་ཚུལ་དེ་ལྟར་བཤད་ཡོད།

གླུ་བཙན་རྒྱལ་པོ་ནི་རང་གི་མངའ་འབངས་མི་སེར་བྱམས་ཀྱིས་སྐྱོངས་ཤིང་གཞན་སྡེ་དཔུང་གིས་འཇོམས་པའི་དཔའ་རྩོད་དྲག་ཤུལ་ཅན་ཞིག་ཡིན་གཤིས་གླིང་ཨ་སྐྱིད་མེ་བཟའ་འབྲུམ་སྒྲོན་བྱ་བའི་གཟུགས་མཛེས་ཡིད་འོང་གི་བུ་མོ་དེ་དཔུང་གིས་ཐོགས་ཏེ་ཆུང་མར་བསུས་ཡོད་དེ། བདུད་ལེའུ་ལས།

གླིང་ཨ་སྐྱིད་མེ་བཟའ་འབྲུམ་སྒྲོན་དེ། །
མོ་ལོ་དགུ་ལ་སོན་པའི་དུས། །

སྐུ་བཙན་བདུད་ཀྱི་ལག་ཏུ་ཚུད། །
མཛོས་གདའ་ཟེར་ནས་འཇོམས་ཀྱིས་བསུས། །
དགའ་གདའ་ཟེར་ནས་ཇ་མ་བཞག །
རིན་ཆེན་དར་གོས་གང་དགའ་གསོལ། །

བཙུད་ལྡན་ཟས་སྣ་གང་འདོད་གཤམས། །ཞེས་པ་ལྟར་མི་བཟའ་བོའི་ཚུང་མར་བསུས་པ་མ་ཟད་རོང་ལྷོན་ག་དར་ཕྱིང་སྔོན་དེ་བཙན་འཕྲིད་བྱས་ནས་རང་གི་ལྷོན་པོར་བསྐོས་པར་གྲགས་ཏེ། བདུད་ལེའུ་ལས།

རོང་ལྷོན་ག་དར་ཕྱིང་སྔོན་དེ། །
ཕོ་ལོ་བཅུ་གསུམ་ལོན་པའི་དུས། །
ཨ་རྒྱལ་ཨ་མས་དགོངས་པ་གནང་། །

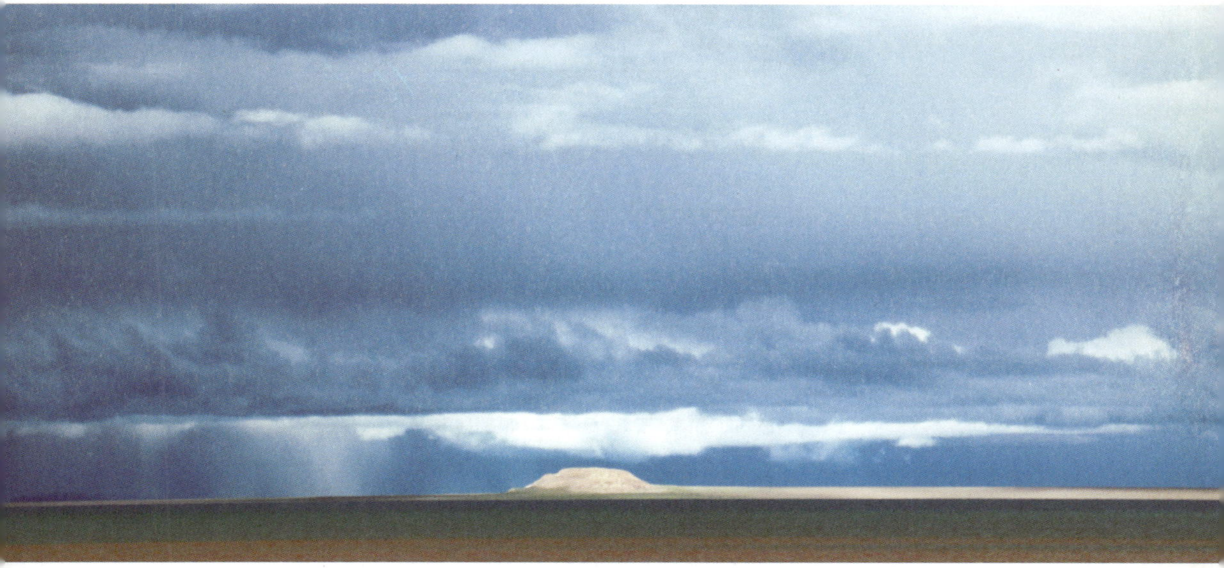

སྤྲིན་གསེབ་ཀྱི་ཉི་འོད་མཚོ་སྙིང་དུ་འཕྲོས་པའི་མཛེས་སྣང་།

དཀར་དམར་མེ་ཏོག་འབྲུ་བར་སོང་། །
སྤ་ཏྲ་ཡར་ལ་འགྲོ་ཙ་ན། །
རོང་ཡུལ་དར་གདངས་དཀར་པོ་ནས། །
སྤྱི་ཐོ་ཨ་བྲ་ཤིག་སེ་གདའ། །
ན་མགོ་སྤུ་ལུ་རུག་སེ་གདའ། །
འཛག་མ་ཨ་ལུང་འཁྱིལ་ལེ་གདའ། །
མེ་ཏོག་ཁྲ་དམར་དཀྱིལ་ལེ་གདའ། །
ཉི་འོད་གསལ་གདའ་ལྷག་གེ་གདའ། །
མེ་ཏོག་ཆར་པ་སིལ་ལེ་བྱུང་། །
འཇའ་འོད་གུར་ཁང་དཀྱིལ་ལེ་བྱུང་། །
སེམས་དགའ་བའི་སྨུ་ཆུང་ལེན་བཞིན་སོང་། །
ཡིད་སྤྲོ་བའི་མེ་ཏོག་འབྲུ་ཞིང་སོང་། །
མེ་ཏོག་ལྷ་ལ་མཆོད་ཅིང་སོང་། །
རེ་ཞིག་བར་སྣང་སྟོང་པ་ནས། །
འཇའ་ནག་པོ་ལྗོ་སྤྲིན་འཁྲིགས་འདྲ་བྱུང་། །
དགྲ་འཆི་བདག་ཏན་སྒྲ་ཐག་སེ་བྱུང་། །
བལྟས་བཞག་དུས་སྐྱུ་བཙན་རྒྱལ་པོ་རེད། །
ཨ་ཕ་ཟེར་ནས་ལན་གསུམ་བོས། །
དྲིན་ཨ་ཕས་རྟ་བར་མ་ཚོར་ཐལ། །
ཨ་མ་ཟེར་ནས་ལན་གསུམ་བོས། །

མ་ཨ་མས་རྫ་བར་མ་གོ་ཐལ། །

དེ་ལྟ་ཡོང་མེད་པ་བཟུང་ནས་བྱུང་། །

ཞེས་པ་སྟེ། ལྷོ་རོང་བཙན་ཁ་བ་དཀར་པོའི་རི་རྒྱུད་དུ་གནས་པའི་རོང་ཁྲི་རྫེ་རྒྱལ་པོའི་སྲས་ཕོ་རོང་ཕྲུག་ཨ་ནུ་ཕྱིང་སྟོན་དེ། རང་ཉིད་གཅིག་པུ་རིའི་རྩེ་མོར་སྤྲོ་གསེང་ལ་སྐྱོད་སྐབས། ཀླུ་བཙན་རྒྱལ་པོ་དང་ཐུག་ནས་བདུད་ཡུལ་དུ་ཁྲིར་ནས་བདུད་ནག་པོའི་ལུགས་ཀྱི་མནའ་ཐེངས་དགུ་གཞག་སྟེ་ནང་བློན་དུ་བསྐོས་པ་སྟེ།

དཀར་ཡག་གངས་ནས་སེང་ཞིག་བཟུང་། །

བཟུང་མི་ཀླུ་བཙན་རྒྱལ་པོ་བྱས། །

བསོད་མི་ག་དར་ཕྱིང་སྟོན་བྱས། །

སེང་དཀར་མོའི་ཤ་ནས་ཁམ་རེ་ཟོས།

སེང་ཁྲག་དེ་ནས་ཧུབ་རེ་འཐུང་། །

སེང་པགས་སྟེང་ལ་འགྲེ་ལོག་བསྒྱུར། །

ཙན་དན་ནགས་ནས་སྟག་ཅིག་བཟུང་། །

བཟུང་མི་ཀླུ་བཙན་རྒྱལ་པོ་བྱས། །

བསོད་མི་ག་དར་ཕྱིང་སྟོན་བྱས། །

སྟག་ཤ་དེ་ནས་ཁམ་རེ་ཟོས། །

སྟག་ཁྲག་དེ་ནས་ཧུབ་རེ་འཐུང་། །

སྟག་པགས་སྟེང་ལ་འགྲེ་ལོག་བསྒྱུར། །

ཁྲ་ཡག་རྫ་ནས་འབྲོང་ཞིག་བཟུང་། །

བཟུང་མི་ཀླུ་བཙན་རྒྱལ་པོ་བྱས། །

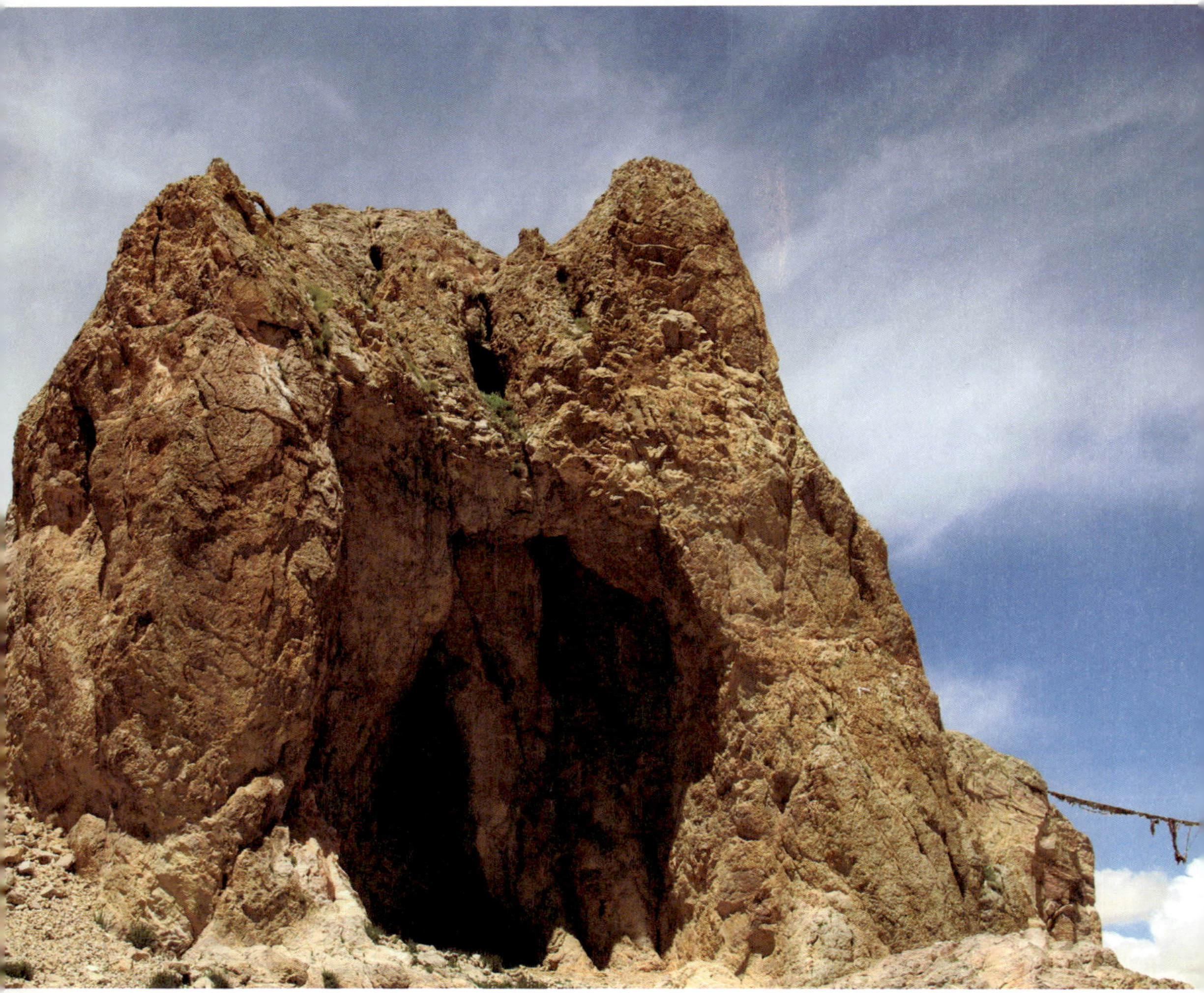

ཁྱུང་མཆུ་གནས་ཀྱི་སྤྱག་མགོ་འདྲ་བའི་བྲག་དམར།

བསོད་མི་ག་དར་ཕྱིང་སྔོན་བྱས། །

འཁྲོང་ཤ་དེ་ནས་ཁམ་རེ་ཟོས། །

འཁྲོང་ཁྲག་དེ་ནས་ཧུབ་རེ་འཐུང་། །

འཁྲོང་པགས་སྟེང་ལ་འགྲེ་ལོག་བསྒྱུར། ཞེས་དེ་ལྟར་བདུད་ནག་པོའི་ལུགས་ཀྱི་མཐའ་དེ་བཞག་ནས་དགྲ་ཡོད་ན་མདུང་མོ་མཉམ་འཛིན་དང་། གྲོགས་ཡོད་ན་ཕྱི་མར་ཁིམ་བགོས་བྱ་རྒྱུའི་ཁས་བླངས་ཤིང་ཕན་ཚུན་གཅིག་ཡིད་གཅིག་ལ་ཆེས་ཏེ་ནང་བློན་དུ་བསྐོས།

དེ་ལྟར་མདོ་ཁམས་གླིང་ལ་འགྲན་ཡ་བྱས་ནས་མི་བཟའ་འབུམ་སྐྱིད་དཔུང་གིས་གྲོགས་ཤིང་སྐྱ་ལོའི་རྟ་ཁྲུ་ཧྲག་ལ་བཅད་པའི་རྗེས་འབྲས་སུ་ཀླུ་བཙན་རྒྱལ་པོ་ཡབ་ཀེ་ཏུ་ས་འབུམ་རྒྱལ་པོ་འདས་པའི་མྱུ་ངན་གྱི་མཚམས་ལོ་གསུམ་བཞུགས་པའི་སྐབས་དང་བསྟུན་ནས་གླིང་དམག་བདུད་ཡུལ་དུ་སླེབས། བློན་ཆེན་མི་དམར་དང་། ག་དར་ཕྱིང་སྔོན། ཨ་སྟག་དཔའ་མོ་བཅས་དམག་སུ་ཡིན་མིན་སྐད་ཆ་འདྲི་བར་ཕྱིན། དེ་ནས་ཡར་སླེབས་སྐབས་གླིང་གི་ལས་དམག་ཡིན་ཚུལ་དང་། ད་ནི་ཡག་པོ་ཞིག་མི་ཡོང་བས་ཡང་ན་གླིང་ལ་འདུན་མ་གཏང་རྒྱུ་དང་། ཡང་ན་རྒྱལ་པོ་མྱུ་ངན་ཁང་ནས་དོན་རོགས་ཞེས་ཞུ་བ་ནན་འབུལ་བྱས་ཀྱང་རྒྱལ་པོ་ཀླུ་བཙན་དེས། ལྷ་བདུད་ཁ་སྡེབ་དང་། ཕྱི་སྲུང་ལག་སྦྲེལ་གྱི་དཔེ་ལྟར་བདུད་གླིང་དགྲ་གཉེད་ཡིན་པས་མདུན་མ་འགྲིག་ཐབས་མེད། ལོ་གསུམ་རིང་བློན་པོ་རྣམས་ཀྱིས་རང་རྟུས་འཛིན་ཐུབ་པ་བྱེད་དགོས། ལོ་གསུམ་གྱི་རྗེས་སུ་ང་མྱུ་ངན་ཁང་ནས་ཐོན་ཏེ་ཞོགས་ལས་གཅིག་གི་ཡུན་ལ་དགྲ་གླིང་ཏིལ་ཙམ་མེད་བཟོ་བ་ལས་སླ་ཟེར་ནས་མྱུ་ངན་གྱི་མཚམས་ནས་མ་དོན་པར་བཞུགས། དེའི་རྐྱེན་གྱིས་གླིང་དམག་བདུད་

ཡུལ་དུ་ཤོར་ནས་བདུད་ཀྱི་བློན་ཆེན་རྣམས་དམར་གསོད་བཏང་། དེའི་རྗེས་སུ་སྒྲ་བཙན་རྒྱལ་པོ་སྨྲ་ངན་གྱི་མཚམས་ནས་དོན་ཏེ་རང་ཡུལ་ལ་དམག་གི་སོ་སྲུང་དམ་པོར་བཞག་ཅིང་ཕ་ས་བཟུང་ནས་བསྡད་ཡོད་དེ། བདུད་ལེའུ་ལས།

ནག་པོ་བདུད་ཀྱི་ས་ཆ་ལ། །
གནམ་ལ་བྱ་རྒྱ་དྲྭ་མིག་བཙུགས། །
བྱ་ཆེན་མཁའ་ལྡིང་མན་ཆད་ནས། །
པགས་ཕྱིའུ་ཕ་ལྷང་ཡན་ཆོད་རྣམས། །
འཕུར་ཞིང་ལྡིང་བའི་རང་དབང་མེད། །
འོག་ནས་ས་ལ་རྐང་རྒྱ་བཙུགས། །
འཁོར་ལོ་བསྒྱུར་རྒྱལ་མན་ཆད་ནས། །
ས་འོག་འབུ་སྲིན་ཡན་ཆོད་རྣམས། །
གང་འདོད་འགྲོ་བའི་རང་དབང་མེད། །
ཆུ་ལ་ལྷབས་རྒྱ་དམ་པོ་བཙུགས། །
ཆུ་སྲིན་པ་ཏ་མན་ཆད་ནས། །
ཉ་ཆུང་གསེར་མིག་ཡན་ཆད་རྣམས། །
འཁྱུག་འགྲོས་བསྒྱུར་བའི་རང་དབང་མེད། །
འཕྲང་ལ་མི་སྲུང་སོ་བ་བཙུགས། །
སྟོང་གསུམ་དམག་ཚོགས་མན་ཆད་ནས། །
སྲང་འཁྱམས་སློང་མོ་ཡན་ཆོད་རྣམས། །
རྐང་ཆུང་སྒྲོ་བའི་རང་དབང་མེད། །ཅེས་ཕྱོགས་མཚམས་ཀུན་ཏུ་སྲུང་དམག་

གིས་བསྐོར་ནས་བཞག་ཡོད་ན་ཡང་། གླིང་སེང་ཆེན་རྒྱལ་པོ་མི་གཅིག་རྟ་གཅིག་གིས་སྙོ་སྲུང་རྣམས་རིམ་གྱིས་བཏུལ་ཇེས་ཀླུ་བཙན་རྒྱལ་པོའི་བླ་གནས་འདི་ལྟར་ཡོད་དེ། རག་དཀར་ཛ་ཆེན་བར་མ་ལ། །

བདུད་གཡག་ཁམ་པ་ཏུ་རིང་ཡོད། །
ར་རྩེ་གནམ་ལ་ཐུག་འདྲ་ཡོད། །
ཕྱོགས་བཞི་ལ་སོ་བཙུགས་འདྲ་ཡོད། །
བདུད་ལུང་ཛ་རི་ཉིལ་འདྲ་ལ། །
བྲི་སེར་བླ་འབྲོང་ནག་པོ་ཡོད། །
བླ་འབྲོང་ཛ་ནས་མཆོངས་འདྲ་ཡོད། །
འབྲོང་རྭ་མེ་ལྕེ་མཆེད་འདྲ་ཡོད། །
ཞབ་ཆེན་སྤང་གི་གཡས་ཟུར་ལ། །
བདུད་ལུག་ལྤགས་ཀྱི་རྨིག་པ་ཡོད། །
ལྤགས་རྨིག་ཐོག་དམར་ལྷུང་འདྲ་ཡོད། །
རྨིག་པ་མདའ་མཚོན་སྐོར་འདྲ་ཡོད། །
ལུག་ཟི་ཨ་ནུ་ཕྲེང་སྟོན་ཡོད། །
ཕྲེང་སྟོན་དཀར་ཕྱོགས་ཆོས་ལ་སྒྱུར། །

ཞེས་པ་ལྟར་གྱི་བླ་གནས་དག་གཅིག་ཀྱང་མ་ལུས་པ་བསད་པ་མ་ཟད། ཀླུ་བཙན་རྒྱལ་པོའི་བླ་མཚོ་ཟེ་གླིང་འདུས་མཚོ་ལ་ཡང་གེ་སར་གྱིས་མདའ་བརྒྱབ་སྟེ་དུམ་བུ་བདུན་དུ་གཏོར་བར་གྲགས་ཏེ། རག་སྒྲུང་ལས།

མདའ་ཐོག་དམར་བདུན་གྱི་སོ་ཁ་ལ། །
མཚོ་སྟོན་མོ་དུམ་བུ་བདུན་ལ་བགོས། །

ཀླུ་གོང་མར་ཡོན་ཆབ་ཕུལ་འདྲ་བཟོས། །

མཚོ་འདི་ལ་ཟེ་ཞིང་བདུན་མཚོ་ཐོགས། །

ཞེས་པ་སོགས་ག་དར་སློན་པོ་ཕྱིང་སྔོན་དེ་གེ་སར་རྒྱལ་པོས་ཀློ་ཁ་བསྒྱུར་ནས་སྒྲུ་བཙན་རྒྱལ་པོའི་བླ་གནས་རྣམས་ག་དར་སློན་པོ་དང་གེ་སར་གཉིས་ཀྱིས་རིམ་པར་བཏུལ་པས་སྒྲུ་བཙན་རྒྱལ་པོའི་དབང་ཐང་ཉམས། དེ་ནས་སྒྲུ་བཙན་རྒྱལ་པོའི་ཆུང་མ་མེ་བཟའ་འབུམ་སྐྲོན་ཡང་གེ་སར་རྒྱལ་པོར་ཀློ་ཁ་ཕྱོགས་ཤིང་སྒྲུ་བཙན་རྒྱལ་པོ་གསོད་རོགས་བྱས་པས་སྒྲུ་བཙན་ནི་རང་གི་ཆུང་མ་ལ་ཡིད་ཆེས་ཆེ་བའི་རྐྱེན་གྱིས་ཚེ་སྲོག་ཤོར་བར་གྲགས་ཏེ། ངམ་གླིང་གཡུལ་འགྱེད་ལས།

རི་ཡར་སྟོད་ཤ་བ་རུ་བཅུ་དེ། །

གནམ་ཨ་སྟོན་ཀ་བ་མི་ལོ་སྐྱེ། །

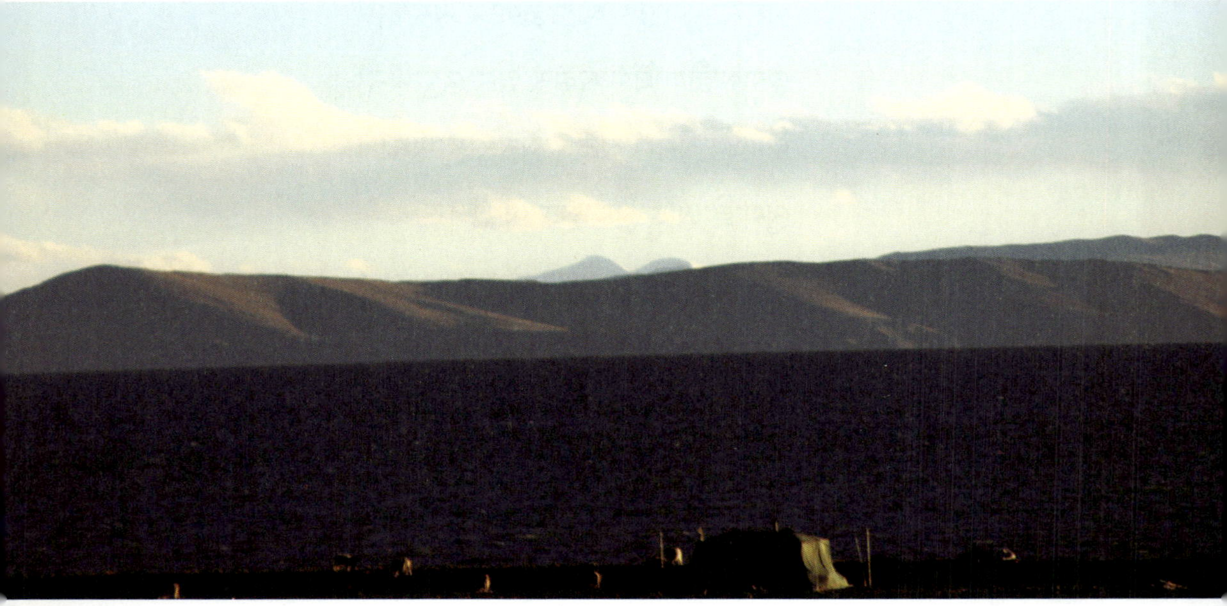

མཚོ་ཁའི་འབྲོག་སྡེ།

གནམ་མཐོན་པོ་གན་ལ་རི་མོ་འབྲི། །
བྱང་དམུ་བདུད་སྨུ་བཙན་སྔང་བ་རེད། །
དེ་རྨ་བྱའི་མདངས་ལ་ཡིད་ཆགས་འཕོར། །
བྱང་སྨུ་བཙན་སྔང་བ་མི་བཟར་ཆགས། །
ནང་རྨ་བྱ་ཁྲ་མོའི་སློ་ཡ་བྱུས། །
སློ་མ་ཐུབ་སློ་སྙིང་དགྲ་ལ་བྱིན། །

ཞེས་པ་ལྟར་མི་བཟའ་འབུམ་སྒྲོན་གྱིས་གེ་སར་རྒྱལ་པོ་བདུད་མཁར་གྱི་ནང་ལ་ས་རྒྱ་ཆེ་ཞིང་ཡངས་པ་ཞིག་བརྐོས་ནས་དེ་ཡི་ནང་ལ་འབྲུ་མང་པོ་བཀོད། དེའི་སྟེང་དུ་གེ་སར་བཞག སྣ་གཡས་པའི་ནང་དུ་བྱུ་རུ་ཞིག་བཞག གཡོན་པའི་ནང་དུ་སྤོས་ཤེལ་བཞག མགོ་ལ་བྱ་སྤུ་བྱིའུ་སྤུ་བཙུགས། གཞོགས་གཡས་ལ་ལུག་ཤིག་གཅིག་བཞག གཡོན་ལ་ལྡེ་བ་ཞིག་བཞག ཁ་ལེགས་པར་བཅད་ནས་དེའི་སྟེང་དུ་སྐྱིད་བུ་དང་ཟངས་བཙུགས། དེའི་ནང་དུ་ཚུ་བླུགས་ནས་སྨུ་བཙན་གྱིས་མོ་དཔྱད་ཀྱིས་མི་མཐོང་བའི་ཐབས་བྱས། དུས་དེར་བདུད་བློན་ག་དར་ཕྱིང་སྔོན་དེ་ལུག་ས་རིའི་ཟུར་ལ་བསྐུར། བདུད་ཧ་གུ་གུ་རོག་རྫོང་དང་རྨ་བྱ་འཇབ་ཤེས་གཉིས་མཁར་གྱི་ནང་ལ་རྒྱབ་པས། དེ་གཉིས་ཀྱི་རྒྱང་རྐོད་སྨུག་ལ་ཡོད་པ་ཤེས་ནས་འགྲོ་མ་ཐོད་པར་ཕྱི་ནུར་དང་སྣ་སྒྲ་བྱེད་ཅིང་འདུག་པས་ག་དར་ཡིད་མ་ཆེས་ཏེ། བདུད་ཧ་གཉིས་མཁར་ལ་འགྲོ་མི་ནུས་པ་འདི་མི་བཟས་གེ་སར་ནང་དུ་བསྐུང་ཡོད་པ་ཨེ་ཡིན་སྙམ་ནས་མི་བཟའ་འབུམ་སྐྱིད་ལ་འདི་སྐད་བཤད་དོ། །

འཇིག་རྟེན་མགོ་བ་རྣམ་གསུམ་ཡོད། །
མི་རྒན་གྲོད་རྒན་ཐུག་ཉིན་མགོ། །
སྲིད་པ་སྤྲ་གྲོད་གཏམ་ཉིན་མགོ། །
སྤྲ་རབས་ད་བྱུང་གཏམ་ཉིན་མགོ། །
ཁལ་རྒན་མི་མགོ་ཁལ་རྒན་མགོ། །
དུད་ངན་ཏུ་བ་འགེལ་ཉིན་མགོ། །
འབལ་འབེལ་ལྷག་ལྷོག་འགེལ་ས་མགོ། །
ཆག་རྒྱུ་གྲུམ་རྒྱུ་འགེལ་ས་མགོ། །
རྒས་ངན་གཞོན་བཙོག་བསྐྱོན་ས་མགོ། །
བུ་ཆུང་མི་མགོ་མགོ་ས་ཡོད། །
རྒན་པོ་འགྲུལ་འཚོར་བྱེད་ཉིན་མགོ། །
ཁ་མངག་སྣ་མངག་བྱེད་ཉིན་མགོ། །
ཁྲིམ་མཚོས་མེ་སློང་བྱེད་ཉིན་མགོ། །
བོད་འཇིག་རྟེན་མགོ་བ་གྲལ་སྒྲིག་རེད། །
བདུད་སླུ་བཙན་ཤེ་ཁ་སློན་པོ་མགོ། །
རེད་ཨེ་བསམ་ཕུང་མོ་མི་སྐྱུང་མ། །
ཁྱོད་སླུ་བཙན་ཡིད་ལ་མི་འདོད་པར། །
དཔོན་སེང་ཆེན་ཁྱི་ག་འདོད་པས་ན། །
འཇིག་རྟེན་བོད་ཀྱི་གཏམ་དཔེ་ལ། །

དཔོན་བཙན་པོ་མི་དགའ་འཛམ་ན་དགའ། །
མི་གཉོམ་ཆུང་བདག་པོ་རྣ་སོས་དལ། །
ཟས་ཞིམ་ལི་མི་དགའ་མང་ན་དགའ།
ཟས་མང་པོའི་བདག་པོ་ཐེམ་སྐྱོ་ཆེ། །
རོགས་མཛེས་ན་མི་དགའ་བཟང་ན་དགའ། །
ཡུན་རིང་པོ་གཞིབ་དུས་འདུག་སོས་བདེ། །
བདེན་ཨེ་བསམ་ཕུང་མོ་མི་སྐྱུང་མ། །

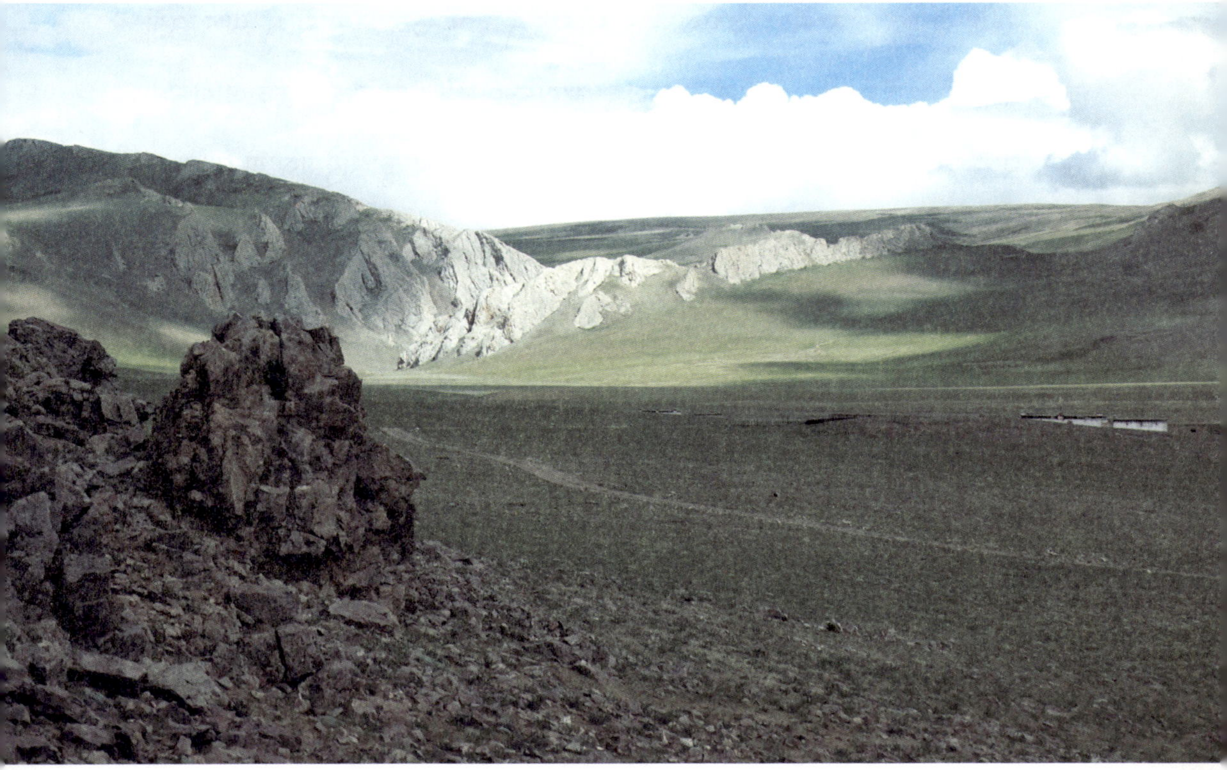

མདའ་སྒྲོ་ཐྲག་དཀར་གྱི་རྫོ་རྡོས་དང་རི་དྭགས་གཞན་བ་འཁོར་སའི་ས་ཁྲིམ།

གཏན་གྲོགས་ཕུང་བའི་ཤེས་མེད་མ། །
དགྲ་ནང་ལ་སྐྱུང་བའི་བློ་ཆུང་མ། །
ངས་ཕོ་འདྲེ་ཀླུ་བཙན་རྒྱལ་པོ་ལ། །
གཏམ་གོ་བའི་བརྡ་དེ་མ་བསྟན་ན། །
སྔོན་སངས་རྒྱས་རྣམས་ཀྱི་ཞལ་རྒྱུན་ལ། །
མི་སྟོང་ཕྲག་བསད་པའི་ཡ་ཕོ་བས། །
མནའ་ཐེངས་གཅིག་ཟོས་པའི་སྡིག་ཏན་སྟུག །
དུས་བསྐལ་པར་ཐར་རེ་མི་འདུག་གསུངས། །

ཞེས་སོགས་ཟེར་རོ། །སྐབས་དེར་ཕོ་བདུད་ཀླུ་བཙན་རྒྱལ་པོ་དེ་ཡར་འགྲོ་རྒྱ་གར་སྟོད་ལ་སོང་མར་འགྲོ་རྒྱ་ནག་སྨད་ལ་སོང་ཡང་། ཀླ་གནས་རྣམས་བཏུལ་ཚར་བ་དང་དབང་ཐང་ཞོགས་པའི་རྐྱེན་གྱིས་བྱང་མུན་པ་ཆུ་འཁྲིགས་ཀྱི་ལ་ཁ་ཏུ་ཛོ་ཏུའི་སྤྲུལ་པ་ལ་དགུའི་ཐོག་ལ་ཐོ་དགུ་དང་ཐོ་དགུའི་ཐོག་ལ་བྱ་དགུ་བབས་པ་རྣམས་རེ་རེ་འཕུར་བས་བདུད་རྟ་ལན་རེ་འགྲོགས་ནས་ཀླུ་བཙན་ས་ལ་ལྷུང་ནས་ཕྱི་རྫིབ་ཆེན་ཆག་ཅིང་རྫིབ་ཆུང་གྲུམ། ནང་སློ་བའི་སྐད་རྩ་ཆད་ལ་ཁད་ཅིག་བྱས་ཏེ་བདུད་ཡུལ་དུ་འཁྱོར། དེར་བློན་པོ་དང་མེ་བཟའ་གཉིས་ཀྱིས་མགྱོགས་པོ་ཆིབས་ཁ་ནས་བཟུང་སྟེ་ཁམས་འདྲི་དང་འོ་རྒྱལ་ཆེ་ཞེས་ཞུས་ཀྱང་ཀླུ་བཙན་ནི་གཏམ་གཅིག་ཀྱང་སྨྲ་མི་ནུས་པར་ཧུ་ཤུ་རྫིང་ངེར་འདུག་གོ །དེ་ནས་མཁར་ནང་དུ་ཕྱིན་ཚེ་བདུད་རྟ་ནག་ལ་རྟོབ་ཆེན་དེ་ཡང་མཁར་ལ་མི་འཛུལ་བར་ལག་གཡོབ་དང་སྣ་སྦྲ་སོགས་ཡིད་མི་ཆེས་པའི་རྣམ་འགྱུར་ཚད་མེད་བྱས། ཀླུ་བཙན་རྒྱལ་པོ་རྣམ་རྟོག་ཆེན་པོ་ཞིག་ཟོས་ནས་འདི་སྐད་ཟེར་རོ། །

ཨ་ཙི་ལྷས་ངན་ཆེ་རྒྱུ་ལ། །
སྔར་དུས་ད་དུས་མི་འདྲ་བོ། །
འཇིག་རྟེན་བོད་ཀྱི་གནམ་དཔེ་ལ། །
དུས་འགྱུར་གནས་འགྱུར་ཕ་མ་འགྱུར། །
ཉལ་ས་བཅའ་ཚོ་ཆུང་མ་འགྱུར། །
གཤིབ་ཡུན་རིང་ན་གྲོགས་མཆོག་འགྱུར། །
ཐེ་ཚོམ་ཆེ་ན་ཕུག་ལྷ་འགྱུར། །
བདུད་ཡུལ་མུན་པ་འོད་ལ་འགྱུར། །
ཁྲག་གི་ཆར་པ་ཆུ་ལ་འགྱུར། །
བདུད་ཡུལ་སྤྲིན་པོ་ལྷ་ལ་འགྱུར། །
འདུག་རོགས་མི་བཟའ་སྤྱོད་པ་འགྱུར། །
ཀླུ་བཙན་རྒྱལ་པོ་ཁ་ཊེ་འགྱུར། །
བདུད་ཏ་རྣམ་རྟོག་ཕྱིར་ནུད་བྱེད། །
ཕྱི་ནང་མི་ཐུབ་སྟེ་ལྟས་རེད། །
ལོ་ཆུང་བན་དེའི་སྣང་བ་དེ། །
སྨོམ་པ་མི་ཐུབ་སྟེ་ལྟས་རེད། །
གོ་ཁྲུག་ནག་མོའི་སྐོག་གནམ་དེ། །
འདུག་སོས་མི་བདེའི་སྟེ་བལྟས་རེད། །
བདུད་ཡུལ་ཨ་ཐང་སྐྱ་མོ་ན། །

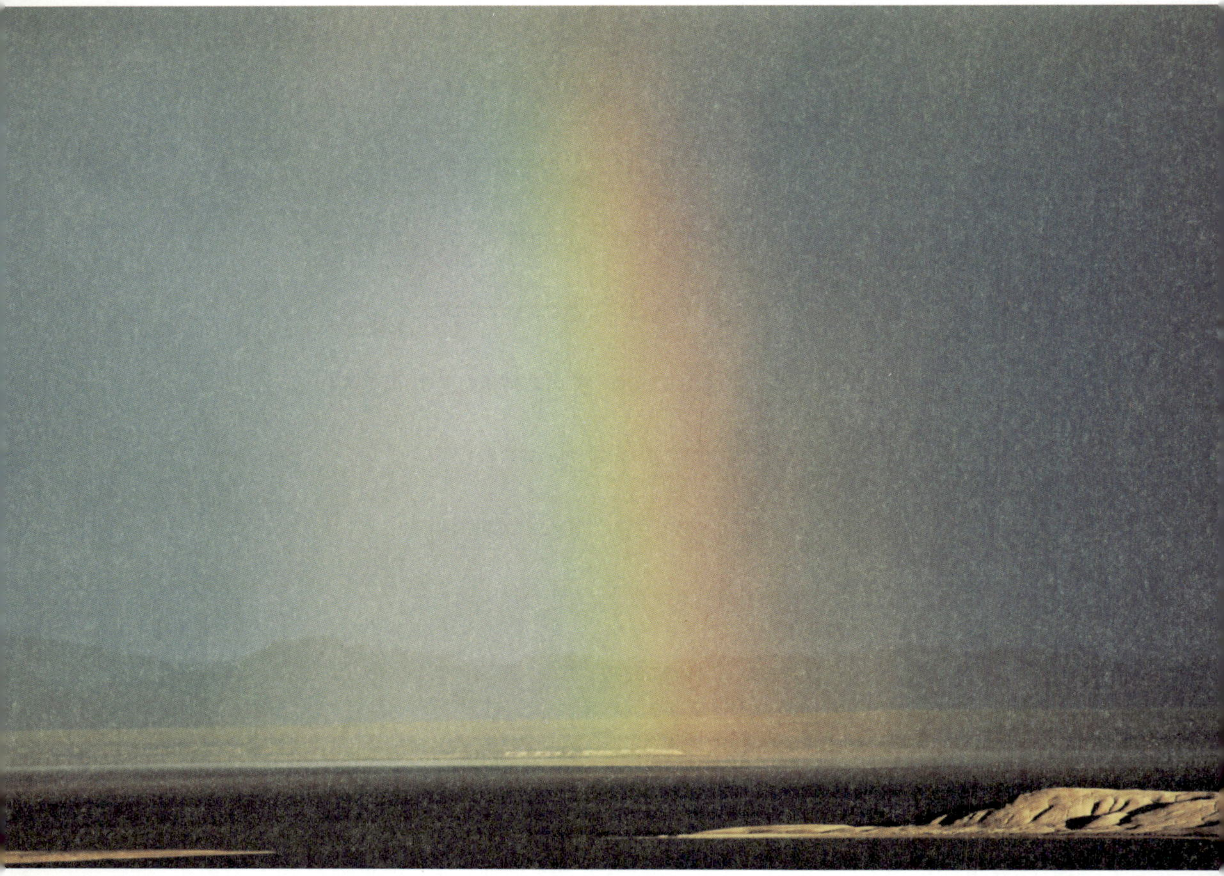

མཚོ་སྟེང་གི་འཇའ་འོད།

མ་དར་བདུད་རྩིའི་ཆར་པ་དེ། །
བདུད་ཡུལ་མི་ཆགས་སྟ་བལྟས་རེད། །
དེ་ནས་སྔོན་པོ་ཕྱིང་སྟོན་ལགས། །
བདུད་མཁར་ཕྱི་ནང་བར་གསུམ་ལ། །
མཐོང་ཚུལ་བཟང་ངན་ཅི་འདྲ་བྱུང་། །

ཞེས་སོགས་ཟེར་བར་བློན་པོ་ག་དར་ཕྱིང་སྟོན་དེ་ཟླ་བཙན་རྒྱལ་པོའི་སྐུ་དྲུང་དུ་བསྟད་ནས། གོ་བའི་གཏམ་ལ་ཚིག་གསུམ། མི་གོ་བ་ལ་ཚིག་གསུམ། གོ་མ་བཟ་ལ་ཚིག་གསུམ་ཟེར་བ་འདི་བཤད་དོ། །

ཕོ་འདྲེ་ཟླ་བཙན་རྒྱལ་པོ་ལགས། །
བློ་མ་ཡིངས་རིག་པ་ང་ལ་གཏོད། །
བློ་སེམས་བྱང་ཕོག་སྟོད་ལ་ཞོག །
རྣམ་ཤེས་རིག་པ་ནང་ལ་ཁུག །
ཚིག་འདི་ཡི་འབྲུ་དོན་ཡིད་ལ་ཞོག །
ལ་རྒྱ་སྟུ་མོའི་གཏམ་དཔེ་ལ། །
རྗེ་རྒྱལ་པོར་ཡར་ཞུས་པོ་ལི་མིན། །
ཨུ་ཐུག་ན་མི་ཞུ་དཀའ་མེད་རེད། །
ལི་ངར་མའི་ཐོ་བ་པོ་ལི་མིན། །
ཆག་སོང་ན་མི་བརྟུང་ག་མེད་རེད། །
རྟ་བྱང་མར་ཡོབ་རྟུང་པོ་ལི་མིན། །
སེམས་ཁྲེལ་ན་མི་རྟུང་ག་མེད་རེད། །
སྐང་ཟ་ཟེ་ནོར་གྱི་བང་མཛོད་ལ། །
དགྲ་རྐུན་མ་གཉིས་ལ་ཕྱེད་མ་རེད། །
ཕྱེད་མ་བྱུང་ན་རབ་མ་རེད། །
ཚོ་རིང་ཐུང་རི་མགོའི་ཕུང་པོ་རེད། །

དགྲ་འཆི་བདག་བདུད་ལ་ཕྱིད་མ་རེད། །
ཕྱིད་མ་བྱུང་ན་རབ་མ་རེད། །
མགོ་སྐྲ་པོ་ལུས་ཀྱི་བ་སྤུ་དེ། །
སྐྱེ་བསེར་རླུང་ལ་ཕྱིད་མ་རེད། །
ཕྱིད་མ་བྱུང་ན་རབ་མ་རེད། །
ཤ་ཁྲག་སྒྱུ་ལུས་འདོམ་གང་དེ། །
ཐང་དཀར་ཀློད་ལ་ཕྱིད་མ་རེད། །
ཕྱིད་མ་བྱུང་ན་རབ་མ་རེད། །
ཕོ་སྐྱེས་པོ་མེད་པའི་ཆུང་མ་དེ། །
སྐྱེ་ཡག་བུ་དང་ཕྱིད་མ་རེད། །
ཕྱིད་མ་བྱུང་ན་རབ་མ་རེད། །
དཔེ་དེ་བས་བདེན་ཞིག་གང་ན་ཡོད། །
སྒོ་ཕྱི་མའི་ནང་ལ་བལྟས་ཙ་ན། །
སྨན་བུ་མོའི་རྣམ་འགྱུར་ཇི་བཙོག་རེད། །
བདུད་ནག་པོའི་འབྱུང་བཞི་ཇི་འཁྲུག་རེད། །
སྐྱེས་དར་མའི་བློ་ཕྱུག་བུ་མོས་རྐུ། །
བན་ཆོས་པའི་དམ་ཚིག་ཆགས་པས་ཉམས། །
རྗེ་རྒྱལ་པོའི་ཁྲིམས་སྲིད་ཁྲམ་པས་བརྫད། །
དེ་སྟེ་འཛིག་རྟེན་གཏམ་དཔེ་ལ། །

ནག་མོས་མ་ཕུང་ཕུང་ས་མེད། །
ར་ཤས་མ་དུག་དུག་ས་མེད། །
ས་བརྫད་ཨ་བྲ་འཕེལ་སྟོབས་ཆེ། །
 སེ་བརྫད་ཁྲམ་པ་སྙིང་སྟོབས་ཆེ། །
མི་བརྫད་ནག་མོ་བྱ་བྱེད་མང་། །
དེ་ཚོ་བདུད་ལ་འཛོམས་ནས་བདའ། །
བདུད་མཁར་ཁྲག་གི་མཚོ་མོ་ལ། །
མ་དར་འཇའ་འོད་གུར་ཁང་ཕུབ། །
བདུད་མོ་མེ་བཟའ་འབུམ་སྐྱིད་དེ། །
མི་བཟོད་སྐྱིད་ཀྱི་ཁེར་བགད་ཤོར། །
གོ་དོ་ཨེ་བསམ་གླུ་བཙན་དཔོན། །
ད་དུང་སྐད་ཆ་མ་གོ་ན། །
བྱིའུ་ཚང་ནང་ལ་སྦྲུལ་མཁར་བཅས། །
ཁྲི་ཚང་ནང་ལ་སྟག་མོ་འཁྱིལ། །
གླང་རྒན་ཉལ་ས་འབྲོང་གིས་ཐྲོག །
གཉོམ་ཆུང་ས་ལམ་བཙན་པོས་བཟུང་། །
རང་མི་འགྲོ་ཚེ་གཞན་མི་སླེབས། །
ད་དུང་སྐད་ཆ་མ་གོ་ན། །
ཁོལ་མོའི་ནང་ནས་གཡུ་འབྲུག་གྲགས། །

ཤན་མཆུའི་ནང་ནས་ལྷོ་སྤྲིན་འཚུབ། །
ཀོ་དོང་ནང་ལ་སྙེ་བརྒྱད་འཇུལ། །
ཡ་ཐབ་སྟེང་ལ་དམ་ཆེན་འཁྱིང་། །
མ་ཐབ་སྟེང་ལ་གློག་དམར་འཁྱུག །
ཀོ་ཁུག་ནང་ལ་ཐོག་སེར་འདྲེན། །
ད་དུང་སྐད་ཆ་མ་གོ་ན། །
བདུད་ཡུལ་ཆགས་ལུགས་འགྱུར་རན་གདའ། །
སྤྲུ་བཙན་ཕ་ཡུལ་འཁྱིམ་རན་རེད། །
དཔོན་སློན་ཁམས་བདེ་ཞུ་རན་རེད། །
མི་པགས་ལྤ་བྲེ་འབེབས་རན་རེད། །
དར་གདུགས་རྒྱལ་མཚན་འཛུགས་རན་རེད། །
མི་མགོའི་རྩིགས་པ་བཞིག་རན་རེད། །
ལྷ་ཁང་སྤྱིན་འཇའ་སྦྲིག་རན་རེད། །
བདུད་མཁར་ཇག་པའི་སྐྱུང་ལུང་རེད། །
སྤྲུ་བཙན་ཇག་པ་མགོ་འཕོར་རེད། །
བདུད་མོ་སྲོག་གི་སྲུ་གྲི་རེད། །
དོན་ཚོར་ནས་ཨེ་ཡོད་རྒྱལ་པོ་ལགས། །
གོས་མེད་ཀྱང་འབབ་ལའི་སིག་སིག་རེད། །
རྒྱུ་མེད་ཀྱང་ཕ་མའི་གཅེས་ཕྲུག་རེད། །
ཤ་མེད་ཀྱང་རུས་པའི་འདོར་ལེན་རེད། །

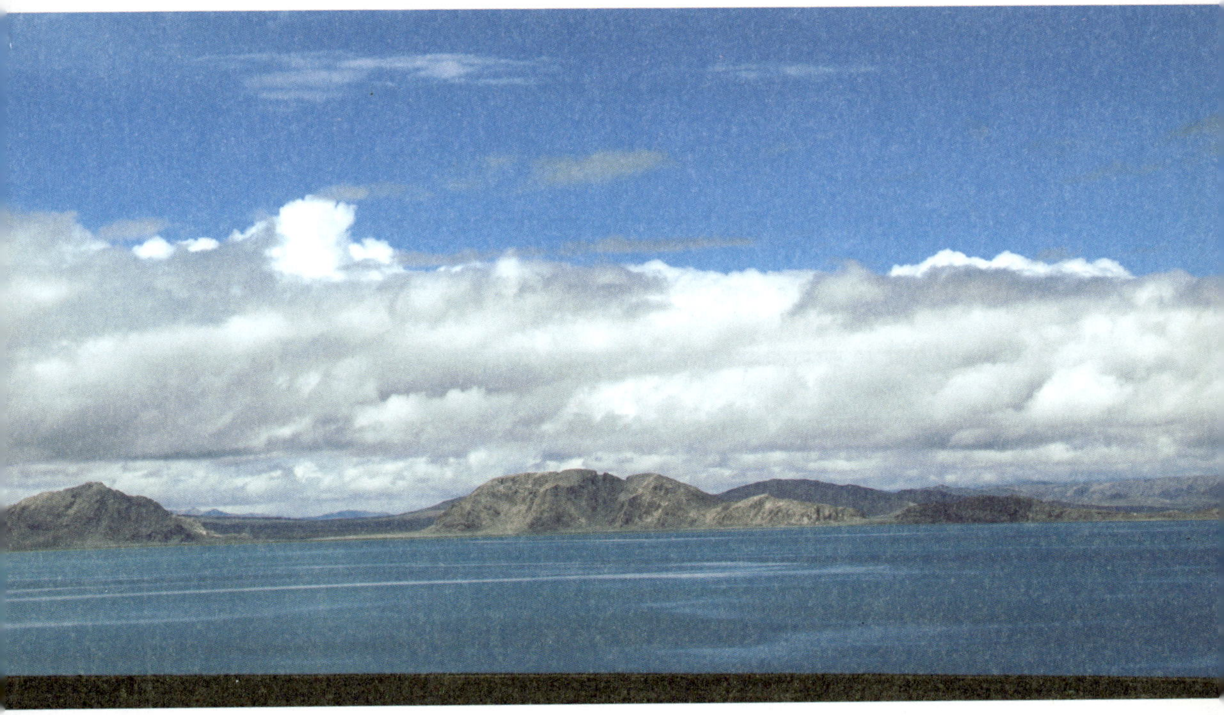

སྔོན་མ་ཨ་ཁྱུང་ཟངས་རྣ་ཞེས་པའི་དོ་ཞིག་ཡོད་པས་དེའི་ཡུལ།

ཤེས་མེད་ཀུང་མཛངས་མའི་འདུག་ཚུལ་རེད། །
ཤི་རན་ཡང་གསོན་གྱི་རེ་བ་རེད། །
ཁྱོད་ད་ཏུང་རྩ་བ་མ་ཆོད་ན། །
ཁྱོད་ཡ་ཐབ་དྲེད་མོས་སློག་སློག་བྱོས། །
ངས་མ་ཐབ་འཁྱི་བས་ཀོ་ཀོ་བྱོས། །
སྐྱིད་བུ་ཕར་འཐེན་ཚུར་འཐེན་བྱོས། །
གཏམ་དེ་ཡི་རྩ་བ་མ་ཆོད་ན། །
ཁྱོད་རང་མནའ་དེ་ཁྱོད་རང་བྱོས། །

ང་རང་མནའ་དེ་ང་རང་བྱེད། །
མནའ་ལ་འགལ་བ་མེད་པ་བྱེད། །
བློན་པོའི་དམ་ཚིག་བརྟ་ཚིག་ཡིན། །

ཞེས་ཟེར་བས། སྐུ་བཙན་གྱིས་བསམ་པར་ང་རང་ལ་རྟགས་ཆོ་འཕྲུལ་བྱུང་བ་དང་བློན་པོའི་སྒྲུ་དོན་གཉིས་གཅིག་པར་འདུག ཕུང་མོ་མི་སྐྱུང་མ་དེས་མི་སྐྱུང་ཡོད་ལི་མིན་ནམ། གླིང་གི་ཇོ་རུ་འདི་གནམ་གྱི་བྱ་དང་འདྲ། མཁར་ཐོག་ནས་ནམ་འཕབ་ཆ་མེད། བར་སྣང་གི་རླུང་དང་འདྲ། སྐེའུ་ཁུང་ནང་ནས་ནམ་འཛུལ་ཆ་མེད། །ས་འོག་གི་བྱི་བ་དང་འདྲ་ས་ཞབས་ནས་ནམ་ཐུད་ཆ་མེད། ཇོ་རུ་འདི་སྒྱུལ་བ་ཆེ། བདུད་མོ་བློ་ཁ་ཚ། ང་སྐུ་བཙན་ལ་ཅི་ཡོང་ངམ་བསམ་ཞིང་སྙིང་རླུང་འཁྲུགས་ནས་ན་རེ། །

ཡ་ཨ་རོགས་ཕུང་མོ་མི་སྐྱུང་མ། །
བློན་པོའི་ཟེར་ཚུལ་ལ་བལྟས་ན། །

ཕུང་མོ་ཁྱོད་ཀྱིས་མི་སྐྱུང་ཡོད་ལི་མིན་ནམ་ཟེར་ནས་ཤོར་གྲབ་བྱས་པས། སྐབས་དེར་མེ་བཟའ་སྐྲག་ཅིང་འདར་ནས་ད་སྦྲ་ལག་གི་བྱ་བ་ཞིག་བསྟན་ན་ཅི་དྲག་བསམ་ནས་ན་རེ། ང་ཕ་ཡུལ་སྐྱིད་པོ་སྤང་ཙ་ན། །

འདུག་ཡུལ་ནག་པོ་བདུད་ལ་རེད། །
བྱམས་པའི་ཕ་མ་སྤང་ཙ་ན། །
བློ་གཏད་སྐུ་བཙན་དཔོན་ལ་རེད། །
ཚེ་འདིར་སྐྱིད་སྡུག་སྐྱབས་ཡུལ་དེ། །
ཁྱེད་སྐུ་བཙན་མིན་པའི་རེ་ས་མེད། །
དེ་མ་གསུངས་སྐུ་བཙན་སྐུ་ཚེ་རིང་། །
བློན་སྨྲོན་པའི་ཁ་ལ་ཉན་རྒྱུ་མེད། །

རི་བོ་རླུང་གིས་སྐྱུར་ན་སུ་ཡིས་གནོན། །
རྒྱ་མཚོ་མེ་ཏུ་འབར་ན་སུ་ཡིས་བདའ། །
རྒྱུ་ནོར་ བླ་མས་བསགས་ན་སུ་ཡིས་འདྲེན། །
ཁྲིད་དཔོན་པོས་གཡོས་ན་སུ་ཡིས་གཏམ། །
རོང་སློན་ག་དར་ཕྱིང་སྟོན་འདེས། །
ད་ནང་ང་ལ་ཟེར་རྒྱུ་ལ། །
བདུད་བླུ་བཙན་འབྱུང་བཞི་འཁྲུག་དགོས་ཟེར། །
ང་རོང་བཟས་སྙིང་ནས་འདོར་དགོས་ཟེར། །
ཁོ་རོང་སློན་ཕྱི་ལ་ཨེ་འགྲོ་ཟེར། །
བདུད་མཁར་གསེར་འཕྲུ་སློན་པོས་མནན། །
བདུད་སྡེ་ཁྲ་མོའི་འགོ་པ་བྱེད། །

དེ་འདྲའི་བསམ་ངན་འཆང་ནས་གདའ་ཟེར་བ་སོགས་དབྱེན་སྦྱོར་དང་སྤྲ་ལག་གི་ཪྫུན་གཏམ་མང་པོ་བཤད་པས། བླུ་བཙན་རྒྱལ་པོའི་སེམས་སུ་མི་བཟའ་འབུམ་སྒྲོན་འདི་ངའི་ཚེ་གང་གི་གཏན་གྲོགས་ཡིན་པས་མོས་ཟེར་བ་བདེན་སྙམ་ནས་ན་རེ། །

ད་བདུད་མོའི་སྐད་ཆ་བདེན་ནས་བྱུང་། །
དེ་སྙེ་ཪྫོ་ཏུ་ནག་བཙོག་དེ། །
མཁར་བཙན་པོ་འདི་ཏུ་མ་སླེབས་ཀྱང་། །
ས་གར་ཡོད་ཁྲིག་ཁྲིག་ལ་ཐང་མེད། །
སློ་གཏད་བདུད་མོ་ཁྱོད་ལ་ཡོད། །

ད་ཁྱེད་རང་གིས་ང་ཡི་མོ་ཐིག་ཆེ་བ་དེ་མ་ཁུར་མི་ཁྱོག ཆུང་བ་དེ་མ་ཁུར་མི་ཐིག་འཐྲིང་བ་དེ་ཁུར་ཨོག་ལག་པ་གཡས་ནས་གཡོན་ལ་མ་སྤྲོད། །ཕ་ཞབས་སྐས་

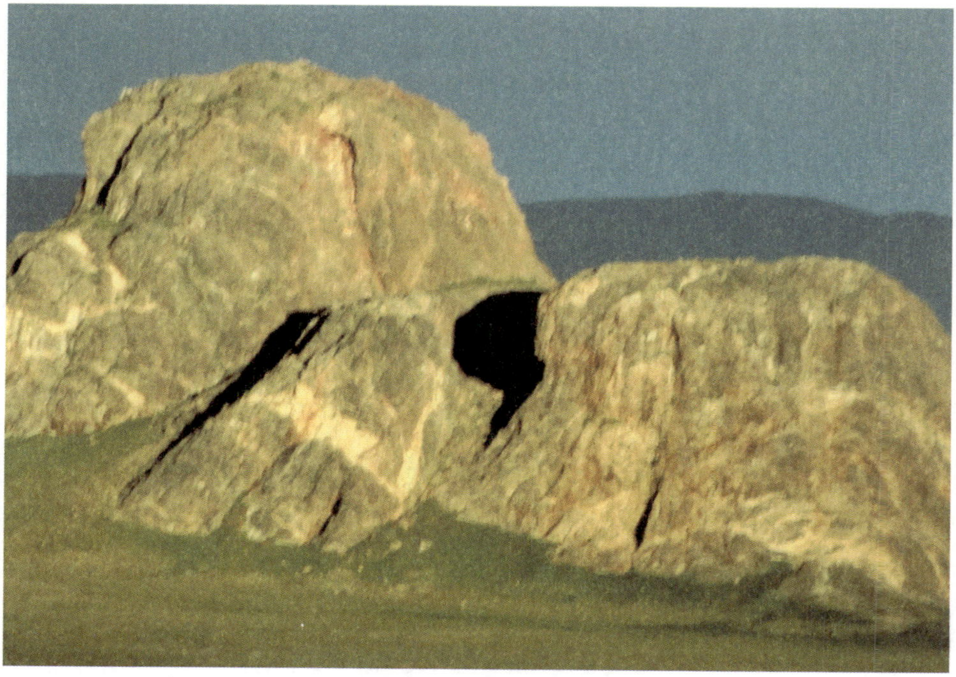

ཨ་སྟག་དཔའ་མོའི་མདའ་རྩེད་རྩེ་ས།

ཞབས་ནས་མ་འདྲེན། པང་ཁེབས་ཁྲ་མོའི་ཞབས་ནས་མ་འདྲེན། །མ་ཐིག་མ་ཐིག་མོ་ཡིས་མ་ཐིག་མ་ཟེར། །ཁྲི་མོ་དམར་མོའི་ཞབས་ནས་མ་འདྲེན། ངའི་ལྷ་བདུད་དར་རྒྱུད་ཅེ་འདུག་དང་། ཀླུ་བཙན་སྐྱ་ཚེ་རིང་ཐུང་། །བདུད་མོའི་འདུག་སྐྱིད་ཆེ་ཆུང་སོགས་ལ་མ་བལྟས་ན་སེམས་ཁྲལ་ཆེ་ཟེར་རོ། མི་བཟས་ལེགས་སོ་ཞུས་ནས། དགོས་འདོད་ཀུན་འབྱུང་གི་མཛོད་ནང་མགྱོགས་པར་སོང་ནས་མོ་ཐིག་འཁྲིང་བ་དེ་བླངས་ནས་མ་བྱེད་ཟེར་བ་ཐམས་ཅད་བྱས་ནས་ཀླུ་བཙན་ལ་གཏད་དོ། །ཀླུ་བཙན་གྱིས་སྔར་ལྟར་བདུད་བཞིའི་ལྷ་རྣམས་མ་ལུས་པ་བོས་ནས་མོ་བཏར་བས། མོ་དེས་ཙུང་ཟད་ལུང་བསྟན་བྱུང་ཡང་། དེ་དག་གི་རྩ་བ་ངོ་མ་ཤེས་ནས་འདི་སྐད་སྨྲས་སོ། །ཨ་ཏ་ཏ། བདུད་ནག་པོའི་བསྟན་པ་དར་ངེས་རེད། ལྷ་གོང་མའི་དབུ་འཕངས་སྨད་ངེས་རེད། །

ང་སླུ་བཙན་སྐུ་ཚེ་བརྟན་ངེས་རེད། །
དེ་སྔོན་མཐོང་སྣང་སྐྲག་སྣང་དེ། །
མི་ཐིག་སེམས་ཀྱི་ཚོ་འཕྲུལ་རེད། །
རྫུན་ཐག་ཆོད་ག་དར་ཕྱིང་སྔོན་རེད། །
བདེན་ཐག་ཆོད་མེ་བཟའ་འབུམ་སྐྱིད་རེད། །
ཇོ་ཏུ་ནག་ཇོག་པོ་སྟེང་ནས་བྱ་འཚུབ་འཚུབ། །

འོག་ནས་འབུ་གསོག་གསོག་རྣ་བ་གཡས་གཡོན་ནས་ཁྲག་ནག་ཐིག་ཐིག་གཞོགས་གཡས་གཡོན་གཉིས་ནས་ཕྱི་སྤྱང་གཉིས་ཀྱིས་ཐོས་ཏེ། རི་བོ་ཆེན་པོ་གསུམ་གྱི་ཕར་ནང་ལ་རྒྱ་མཚོ་ཆེན་པོ་ཞིག་གི་མར་ཞབས་ལ་གནས་འདུག་ཨ་བ་རི། ད་ཨ་དཀར་ལུག་ལ་འགྱུར། ཁྱི་མ་ནས་ལ་འགྱུར། བྱ་རོག་མགོ་སེ། སྤྱང་ཀ་མཆུ་དམར་ཡང་རེ་བ་མི་འདུག་ཟེར་ཞིང་བློ་བདེ་བར་གནས། དེ་ནས་མི་བཟའ་འབུམ་སྐྱོན་ངེས་གཡོ་ཐབས་ཀྱི་འཁོར་ལོ་སྐོར་ཏེ་སྐབས་རེ་ངོ་དགའ་དང་ཁྲེལ་ལད་ཀྱི་གཏམ་བཤད། སྐབས་རེ་སེམས་ཤིན་ཏུ་འཁྲིང་བའི་ཚུལ་གྱི་མིག་ཆུ་གཏོང་ནས། སླུ་བཙན་རྒྱལ་པོ་ཁྱེད་ཀྱི་ཚེ་སྲོག་དེ་ངས་ཉིན་གྱི་བྱ་ར་དང་མཚན་གྱི་མེལ་ཚེ་བྱེད་པར་ཁྱད་འདུག་པས་ཁྱེད་ཀྱི་སྲོག་གནས་དེ་ང་ལ་ངེས་པར་ཤོད་རོགས་ཞེས་ཤུ་ཚུགས་བཏང་བས། རྒྱལ་པོ་སླུ་བཙན་གྱིས་ཆད་ལུས་མེད་པར་བཤད། ད་གཟོད་རྒྱལ་པོའི་ཚེ་སྲོག་གི་གནས་སྟངས་ཚུལ་བཞིན་དུ་ཤེས་པས་དེ་ཐམས་ཅད་གེ་སར་རྒྱལ་པོ་ལ་གསལ་བར་བཤད། དེ་ནས་ནམ་སྟོད་ཙམ་དུ་གེ་སར་རྒྱལ་པོ་དེས་དགྲ་ལྷའི་གོ་མཚོན་སྣ་དགུ་སྐུ་ལ་གསོལ་ནས་གཞུ་མོ་ར་རྐོང་འཁྱིལ་བའི་སྟེང་དུ། མདའ་མོ་གློག་ལྕེ་ཁྲག་

འཕྲུང་མ་ཞིག་བཞག་ནས་མི་བཟའ་འབུམ་སྐྱོན་གྱིས་རོགས་བྱས་ནས་སླུ་བཙན་ཉལ་སར་བསྐྱོད། སླུ་བཙན་རྒྱལ་པོ་ཏར་སྲ་དང་ཁུར་སྲ་གནམ་ས་གས་འགྲོ་བ་ལྟར་མནལ་དུ་སོང་བའི་སྐབས་དང་བསྟུན་ནས་གེ་སར་གྱིས།

རང་ལུས་ཉོན་མོངས་གཞི་མ་དང་། །
རང་སེམས་དུག་ལྔའི་རྩ་བ་དང་། །
རེ་དོགས་བདུད་ཀྱི་སོ་པ་གསུམ། །
དེ་གསུམ་ཆགས་འཛིན་མ་བྱས་ན། །
ཡར་ཁམས་བྱང་གི་སླུ་བཙན་དེ། །
འདྲེན་སྐལ་གེ་སར་ང་ལ་ཡོད། །

རམ་ཤེས་མཐོ་རིས་ཐར་ལམ་དྲོངས། ཞེས་ཟེར་ནས་དཔལ་བའི་བཞི་འཛོམས་ལ་སྐོག་མདའ་འཕངས་བས་ཕོའི་སྲོག་གནས་ལ་ཐེབས་ཏེ་དྲན་མེད་དུ་རྒྱལ་ཞིང་ཙུང་ཙམ་ནས་རྒྱལ་སངས་ནའང་གསོན་པའི་རེ་བ་བྲལ་བ་ཤེས་སྐབས་སླུ་བཙན་གྱིས་གེ་སར་ལ་འདི་སྐད་ཟེར་བར་གྲགས་ཏེ། ངག་སྙུང་ལས།

ཡང་གཅིག་ཇོ་རུ་ཚུར་ལ་གསོན། །
ང་བྱང་བདུད་སླུ་བཙན་རྒྱལ་པོ་འདིས། །
ས་ཡར་ཁམས་བྱང་གི་ལུང་པ་ལ། །
རང་སྡེ་གསེར་ཕྱེ་སྤྲིལ་སྤྲིལ་བྱས། །
མི་སེར་སྡུག་ལ་སྐྱུར་སྒྱོང་མེད། །
གཞན་སྡེ་ཡོས་ཁྲ་འགམ་འགམ་བྱས། །
བཙན་པོ་ལང་ལ་གཏོང་སྒྱོང་མེད། །
འོན་ཀྱང་གནའ་མིའི་གཏམ་དཔེ་ལ། །

བྱ་བྱེད་མང་བའི་ནག་མོ་དེས། །
མཐའ་མ་ཚེ་རོགས་དགྲ་ལག་སྐྱེལ། །
ཟེར་བའི་དཔེ་དེ་བདེན་ནས་གདའ། །
སྨན་མེ་བཟའི་ཕྱི་ནང་མ་བརྟེས་ན། །
ང་གླུ་བཙན་ཚེ་སྲོག་ཤོར་དོན་མེད། །
ཡིན་ཡང་ཚེ་སྔོན་བསྐོས་ཐང་རེད། །
ཁྱོད་ཡར་འདྲེན་བླ་མ་ཡིན་ཟེར་ན། །
ངས་འབུལ་རྒྱུ་ཞུ་རྒྱུ་གཉིས་ཀ་ཡོད།
ཁ་རྫོའི་གསེར་ཐང་གོང་མ་ན། །
གསེར་སྐུ་རེས་བཀོ་ཞིང་ལག་པས་འཇབ། །
དེ་ཚོ་རྒྱལ་པོ་ཁྱོད་ལ་འབུལ། །
མདུང་ཆག་བྲག་གུ་གསལ་སྒྲོན་ལ། །
གནམ་ལྕགས་ཤེལ་གྱི་སྐུ་རེ་ཡོད། །
འཇང་ས་དམ་རྗེ་ཧ་གཏུབ་བྱེད་ཡིན།
དེ་ཚོ་རྒྱལ་པོ་ཁྱོད་ལ་འབུལ། །
ས་སྙིད་པོ་ཡར་ཁམས་བྱང་མ་ལ། །
ཕྱུགས་དཀར་ནག་ཁྲུ་ལ་ཁྲུ་མཐུད་ཡོད། །
དེའི་ཆ་གཅིག་ཁྱེད་ལ་འབུལ་བ་ཡིན། །
ཆ་གཅིག་མི་བཟའི་ཟྭོག་སྐལ་ཡིན། །
ཆ་གཅིག་བདུད་སྡེའི་ཟྭོག་སྐལ་ཡིན། །
ངའི་བདུད་སྡེ་ནམ་མཁའི་སྐར་མ་འདི། །

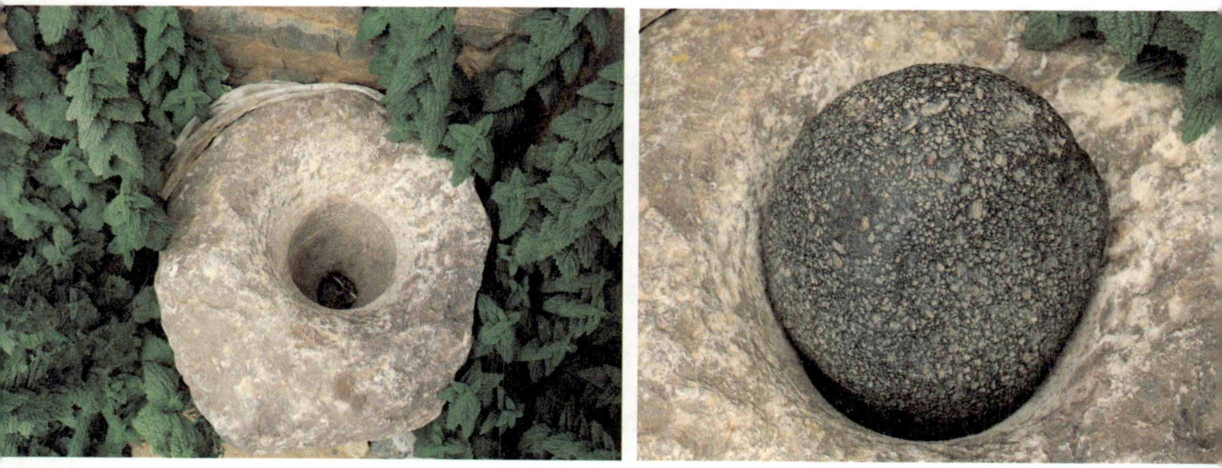

ཀླུ་བཙན་གྱི་གསེར་བཟུང་ས།

རེ་བཙོལ་སའི་ཟླ་བ་ཁྱོད་རང་ཡིན། །
ངའི་ཚོ་རོགས་མེ་བཟའ་འབུམ་སྒྲོན་འདི། །
རེ་བཙོལ་ས་ཕོ་གསར་ཁྱོད་ལ་ཡིན། །
ངའི་ཐོགས་མེད་རྣམ་པར་ཤེས་པ་དེ། །
སྐྱིར་འཛམ་གླིང་ལྷོད་མོ་མཐོང་བའི་ས། །
དགོས་བདུད་སྡེའི་སྙིང་སྡུག་རིག་པའི་ས། །
གནས་དེ་འདྲ་ཞིག་ལ་འཛོག་རོགས་ཞུ། །
ངའི་མགོ་བོ་སྲིན་པོ་ཁྲིས་པའི་གཟུགས། །
རལ་པ་མེ་སྟག་ཚུབས་སེ་ཚུབ། །
མིག་རྩ་སྒློག་དམར་ཁྱུགས་སེ་ཁྱུག །
མཐོང་ན་སྙིང་རྩ་འདར་བའི་གཟུགས། །
འདི་ཡར་ཁམས་བྱང་མའི་མཚོ་ཡི་ཕུད། །

གནམ་པོ་སྔོན་ཐང་ལ་ལྟུང་འདྲ་ཡི། །
མཚོ་ཁྲི་གླིང་ནང་དུ་འཕེན་རོགས་ཞུ། །
མི་རབས་བརྒྱད་ཀྱི་བླ་མཚོ་ཡིན། །
མེས་པོའི་བླ་ཡིད་འཁོར་ས་ཡིན། །

ཞེས་སོགས་ཞུས་པར་གྲགས་ཤིང་གེ་སར་གྱི་དེ་ལྟར་བྱེད་པར་ཁས་བླངས་ནས་ཁོའི་རྣམ་པར་ཤེས་པ་རྒྱ་སྐར་མགོའམ་སྐར་མ་སྨྲལ་བོའི་གོ་ལའི་སྟེང་དུ་བཞག་ནས་འཛམ་གླིང་གི་ལྷད་མོ་དང་བདུད་སྡེའི་སྐྱིད་སྡུག་ལྟ་ རུ་བཅུག་པ་དང་། བླ་བཙན་གྱི་མགོ་བོ་ཁྲི་གླིང་འདུས་མཚོའི་ནང་དུ་འཕངས་བར་གྲགས་ཤིང་ཁྲི་གླིང་འདུས་མཚོའི་བྱང་ནུབ་ཏུ་བླ་བཙན་ར་ལོ་ཞེས་པའི་གླིང་ཕྲན་ཞིག་ཡོད་པ་དེ་བླ་བཙན་རྒྱལ་པོའི་སྐྲ་ལོ་ཡིན་ཞིང་གནའ་དུས་སུ་དོ་དེའི་སྟེང་ནས་གཡུ་བྱུར་སོགས་རིན་ཆེན་གྱི་རིགས་སྣ་ཚོགས་རྙེད་རྒྱུ་ཡོད་པ་ནི་བླ་བཙན་རྒྱལ་པོའི་མགོ་རྒྱན་དེར་འཁོར་བ་ཡིན་པའི་བཤད་སྲོལ་ཡོད་ལ་ཁྲི་གླིང་འདུས་མཚོའི་ལྷོ་ཤར་དུ་གནས་པའི་མདའ་སྒྲོ་བྲག་དཀར་ཞེས་པ་དེ་ཡང་བླ་བཙན་ལ་ཐོད་མདའ་རྒྱག་བྱེད་ཀྱི་མདའ་མོ་སྒྲོག་ལྟེ་ཁྲག་འཁྱུང་ཞེས་པ་དེ་ཡིན་པའི་བཤད་སྲོལ་ཡོད།

གཉིས། བྱང་རི་ཤིའི་ཨ་སྟག་དཔའ་མོ་དང་ཁྲི་གླིང་འདུས་མཚོའི་སྐོར།

དེ་ཡང་གེ་སར་གླིང་སྒྲུང་ལས་གསལ་བ་ལྟར་ན་བྱང་རི་ཤིའི་ཨ་སྟག་དཔའ་མོ་ནི་སྐྱེས་པ་ཕོ་ཡིས་ཀྱང་འགྲན་མི་བཟོད་པའི་དཔའ་རྩལ་ཅན་གྱི་འབྲོག་མོ་ཞིག་ཡིན་ཞིང་ཡར་ཁམས་བྱང་མའི་ཡུལ་ན་སྟན་གྲགས་ཀྱིས་ཁྱབ་པའི་དམག་དཔོན་ཞིག་ཡིན་པས་རྗེ་བླ་བཙན་རྒྱལ་པོས་བྱང་སྒོ་སྲུང་བའི་དམག་དཔོན་དུ་བསྐོས་པ་

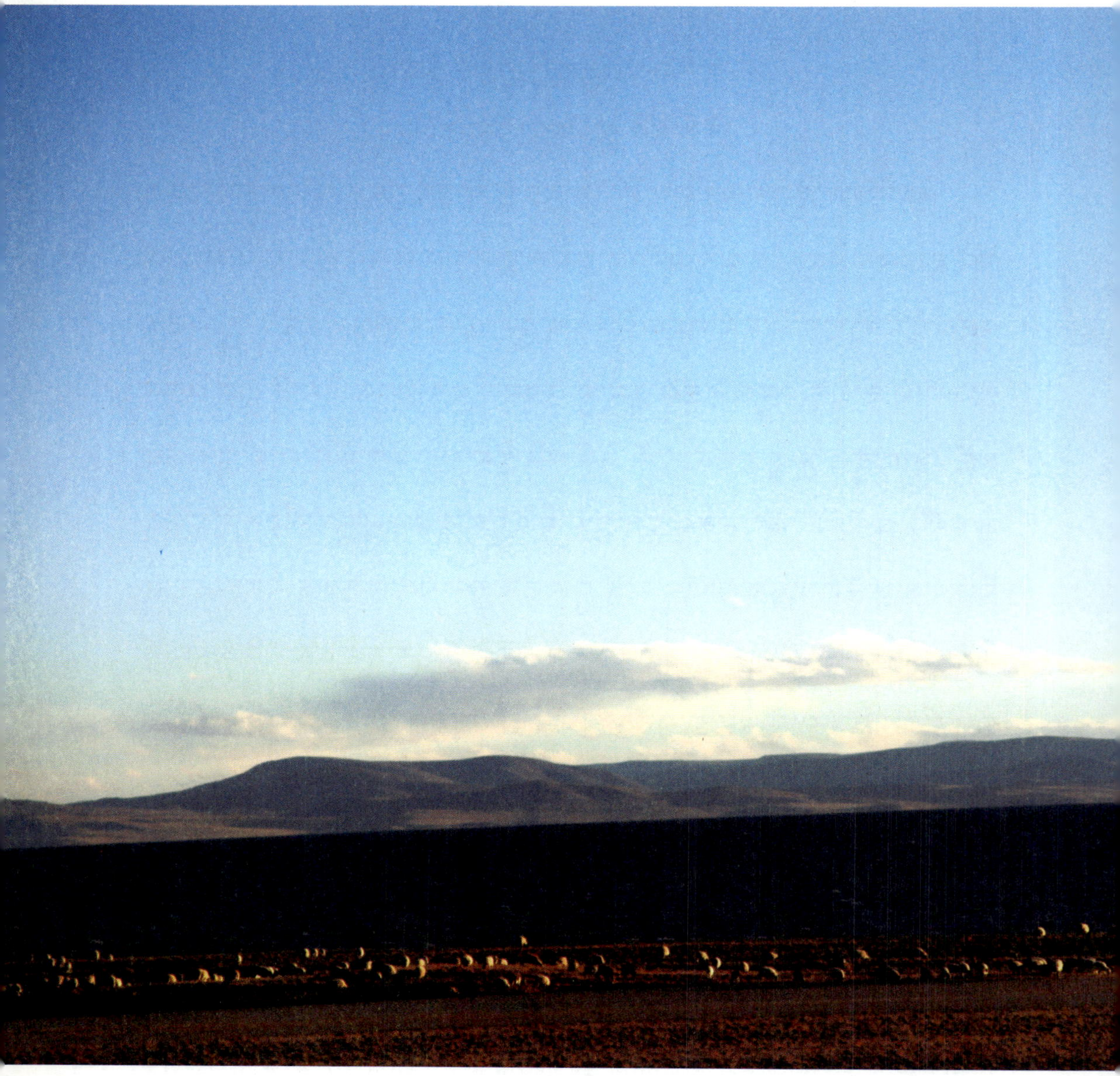

རྒྱ་ཐང་གི་ཁོར་ཡུག

དང་རྒྱལ་པོ་འདས་གྲོང་དུ་སོང་རྗེས་ཀླུ་བཙན་རྒྱལ་པོའི་རྒྱལ་ཚབ་བྱས་ཤིང་བདུད་སྡེ་སྐྱོང་མཁན་གྱི་མིང་དོན་མཚུངས་པའི་དཔའ་མོ་ཞིག་ཡིན།

ཟི་གླིང་འདུས་མཚོ་ནི་ཡར་ཁམས་བྱང་མའི་ཡུལ་གྱི་རྒྱལ་རབས་གོང་མ་རྣམས་ཀྱི་བླ་མཚོ་ཡིན་པས་བྱང་རི་ཤིའི་ཨ་སྟག་དཔའ་མོས་ཀྱང་མཚོ་འདི་ཉིད་བླ་མཚོ་རུ་བཀུར་ནས་དད་མོས་དང་གསོལ་མཆོད་བྱེད་ཅིང་ཟི་གླིང་འདུས་མཚོའི་ཉེ་འཁོར་ན་ཨ་སྟག་དཔའ་མོ་དང་འབྲེལ་བའི་གནའ་ཤུལ་གྱིས་ཡོངས་སུ་ཁེངས་ཡོད།

དེས་ན་བྱང་རིའི་ཤིའི་ཨ་སྟག་དཔའ་མོ་ཞེས་པ་དེ་ངོ་སྤྲོད་མདོར་བསྡུས་ཤིག་ཞུས་ན། ངམ་གླིང་གཡུལ་འགྱེད་ལས།

ང་ཨ་སྟག་ཐོག་དོན་བཤད་པ་ན། །
ལོ་ཡི་རྒྱལ་པོ་སྟག་ལོ་ལ། །
མི་སྟག་བདུན་པ་སྟག་ཟླ་ལ། །
ཞག་གི་ཉི་མ་སྟག་གི་ཉིན། །
གཟའ་ཉི་མ་དུས་ཚོད་སྟག་ལ་སྐྱེས། །
ཧ་རག་པ་ངེད་གཉིས་མཉམ་དུ་འཁྲུངས། །

ཞེས་པ་སྟེ་བོད་རབ་བྱུང་དང་པོའི་མི་སྟག་གི་ལོ་ལ་ཡབ་རི་ཤི་ལྷ་དར་དང་ཡུམ་བྱུར་མཚོ་གཉིས་ཀྱི་སྲས་མོར་འཁྲུངས། མོའི་ཁྲིམ་རྒྱུད་ནི་རྫོན་པ་ཡིན་ཞིང་རི་དྭགས་བསད་ནས་འཚོ་བ་སྐྱེལ་གྱི་ཡོད་པས་རི་ཤི་ཞེས་འབོད་པ་ཡང་རྫོན་པའི་མིང་གི་རྣམ་གྲངས་ཤིག་རེད། ཉིན་ཞིག་ཕ་རི་ཤི་ལྷ་དར་འབྲོང་གསོད་དུ་སོང་བའི་སྐབས་སུ་འབྲོང་གིས་བརྡུངས་ནས་ཚེ་སྲོག་ཤོར་བ་དང་། དེའི་རྗེས་སུ་མ་བྱུར་མཚོ

ཡང་རྒྱང་གིས་ཐོས་པས་མོ་ཕ་མེད་མ་མེད་ཀྱི་དྭ་ཕྲུག་ཁེར་འཁྱམ་ཞིག་ཏུ་གྱུར་ཞིང་ལག་མདའ་གཞུ་ཐོགས་ཏེ་འཁོར་དང་རྒྱང་བསད་ཅིང་ཕ་མའི་དགྲ་ཤ་ལེན་ཐབས་བྱས་པས་མོ་ནི་མདའ་རྩལ་ཤིན་ཏུ་བྱང་ཆུབ་པའི་སྐྱེན་པ་ཞིག་ཏུ་གྱུར་བ་སོགས་དམངས་ཁྲོད་ངག་སྒྲུང་གི་གླུ་ཚིག་ལས་འདི་ལྟར་ཟེར་ཏེ།

མ་ང་ཡི་ལོ་རྒྱུས་བཤད་པ་ན། །
གནའ་སྔ་མོ་སྐལ་བའི་ཡ་ཐོག་ལ། །
ས་ཡར་ཁམས་བྱང་མའི་རི་རྒྱུད་ལ། །
ཁ་བཞི་དྲིད་ཀྱི་ར་བ་ལ། །
ཡང་བཞི་མཚལ་ར་སྨུག་པོ་ན། །
གནམ་མཐའ་མཐིང་ལས་སྔོ་ས་ན། །
ས་མཐའ་ཟངས་ལས་དམར་ས་ལ། །
རྩ་འཇག་མས་ཤུགས་གླུ་ལེན་ས་ལ། །
ཛོ་ཛེའུ་འཕག་འཚག་རྒྱག་ས་ལ། །
ཛོ་ཨ་དཀར་ཉི་མ་ལྡེ་ས་ལ། །
གཙོད་གོག་པོ་ཁྱུག་རྒྱུག་བྱེད་ས་ལ། །
དགོ་ཨ་ཐོང་རྩེད་འཛྲོགས་འཐེན་ས་ལ། །
འབྲུག་ཁོབ་རྟུང་ངར་ཙོ་རྒྱག་ས་ལ། །
རྒྱང་ཁ་དཀར་ཛོག་རྩེད་རྩེ་ས་ལ། །
ཨ་ཡེར་ཟླ་ཡི་མར་གཤམ་ལ། །

ཤེལ་ཡེར་ཟླ་ཡི་མར་ཟུར་ལ། །
ཟླ་སྤྱང་སྤྲ་ལྷུགས་བརྫབ་འདྲ་ལ། །
ཟླ་ཤར་ཤར་སྤྱང་ལ་འཕྲིས་ས་ནས། །
སྤྱང་ཤར་ཟླ་ལ་འཕྲིས་ས་ནས། །
ཟླ་ཤར་སྤྱང་ཤར་ཁྲ་ས་ལ། །
མ་ཨ་སྟག་རྫོ་རྫོང་གོང་མ་དེ། །
སྨན་ཨ་སྟག་ངའི་དཔྱིད་ས་དབྱར་ས་ཡིན། །
དགུན་ཟླ་གསུམ་སྐྱོ་ལ་སྡོད་ལེ་ཡིན། །

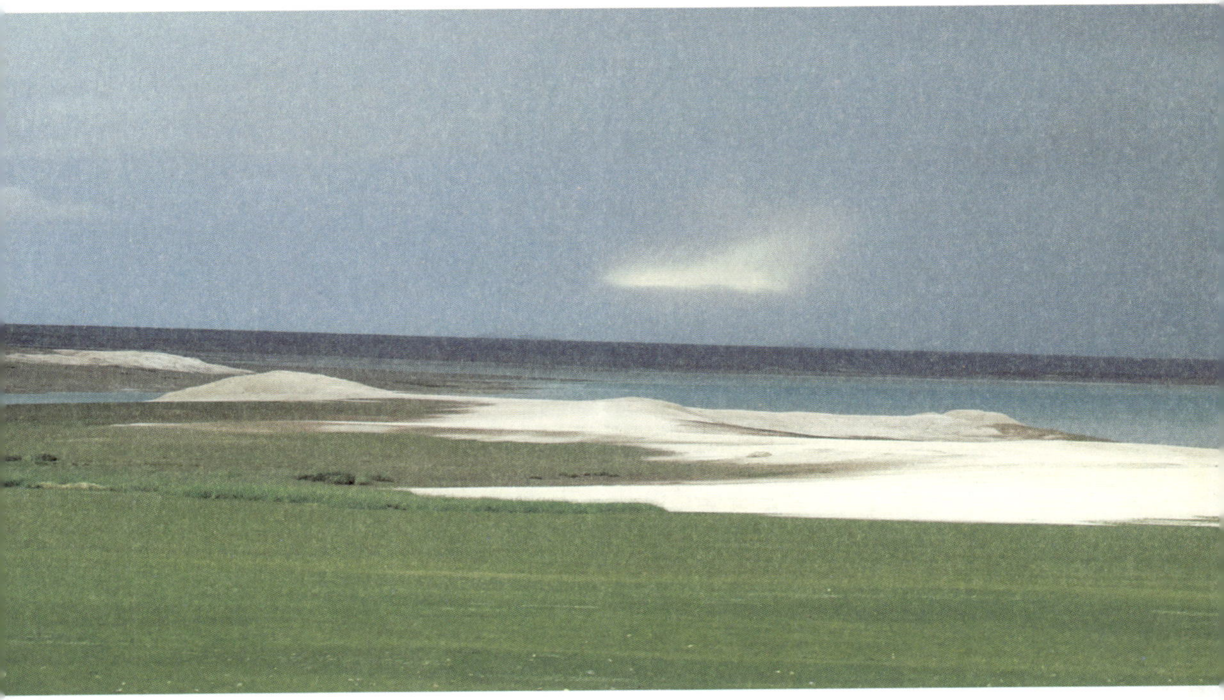

ཨ་སྟག་དཔའ་མོའི་རྩམ་ཁུག་མཐིལ་རྫོལ་བའི་རྩམ་པ།

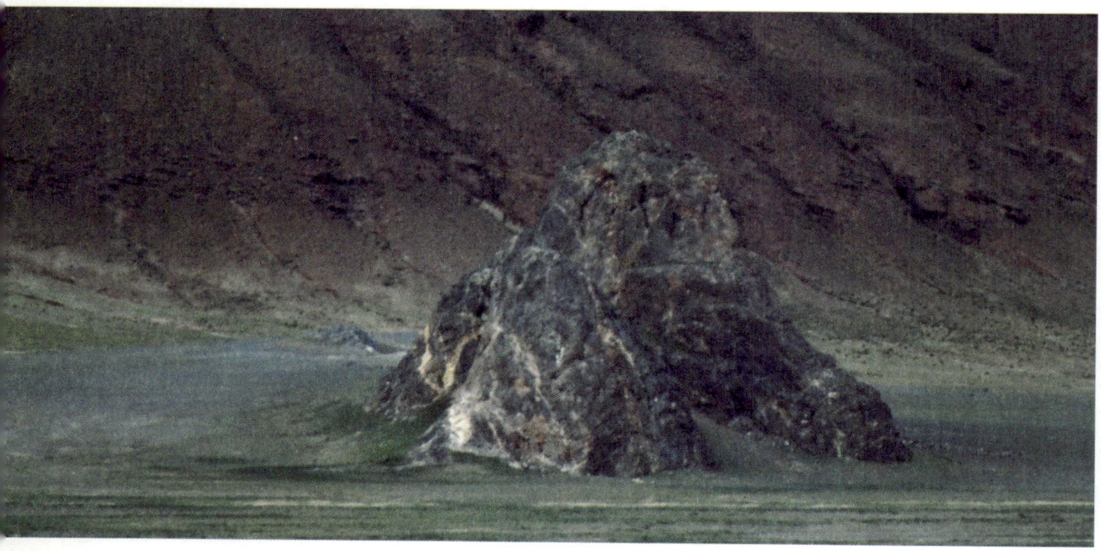

ཨ་སྟག་འབེན་ར།

ཀྵོ་ལུང་ཐང་སྤང་གི་ཚུན་ཆོད་ལ། །
སྤང་རི་ཛམ་པའི་ཚུན་ཆོད་ནས། །
གྲི་གུ་ལ་ཡི་ཕར་ནང་ལ། །
སྤང་དཀར་ན་རོ་དགུ་ཤོག་ལ། །
ང་ཨ་སྟག་ལྷ་མོ་སྤྱོད་ལེ་ཡིན། །
སྟོན་ཟླ་གསུམ་ཡར་ཁམས་བྱང་ཡུལ་ལ། །
དུ་རུ་ཛ་ཡི་གཡས་ཟུར་ལ། །
དུ་རུ་ཛ་ཡི་གཡོན་ཟུར་ལ། །
དུར་ཛ་རག་པའི་ཁོང་སེང་ལ། །
ང་སྟག་ལྷ་མོ་སྤྱོད་ལེ་རེད། །

མ་ང་ཡི་ལོ་རྒྱུས་བཤད་ཟེར་ན། །

གནའ་སྔ་མོ་སྔར་གྱི་དུས་ཚོད་ལ། །

ཕ་རི་ཤི་ལྷ་དར་འབྲོང་གིས་བསད། །

མ་བྱུར་མཚོ་ལྷ་མོ་རྒྱང་གིས་ཟོས། །

ང་ཕ་མེད་མ་མེད་དྭ་ཕྲུག་ལུས། །

ང་མོ་ལོ་དྲུག་གི་གོང་ཐོག་ལ། །

ང་མ་སྟོད་དབུས་གཙང་སྟོད་ལ་སོང་། །

གཙང་ཞུ་ཡུག་ཐང་གི་ཐང་སྟོད་ལ། །

ཞུ་ཡུག་ཐང་གི་ཐང་ཟུར་ལ། །

ང་མ་སྟོད་ས་མཐའ་འབྱམ་པའི་དུས། །

ལྷ་དམ་ཅན་མགར་བ་ནག་པོ་དེ། །

ར་རྐོད་ཞབས་ལ་ཆིབས་ནས་འདུག །

ཐོ་བ་གཡས་ནས་ཕྱུར་བསྟོད་གདའ། །

ཐོ་ཆེན་རྡིག་སྒྲ་ཉིགས་སེ་གདའ། །

སྐམ་པ་གཡོན་ནས་བཟུང་བསྟོད་གདའ། །

སྐམ་ཆེན་ཁྲིག་སྒྲ་ཐགས་སེ་གདའ། །

ལྷ་རང་འཁོར་ཐེའུ་རང་མང་པོས་བསྐོར། །

སྔན་ང་ཡི་གདོང་ལ་ཕེབས་བསྟོད་གདའ། །

སྐུ་མངོན་སུམ་ང་ལ་ཞལ་གཟིགས་བྱུང་། །

སྨན་ཁྱོད་ལ་ཅི་དགོས་གང་དགོས་ཟེར། །
མགོ་གཡུ་ཚལ་བུ་མོའི་རྒྱན་ཆ་རེད། །
མགོ་གཡུ་ཚལ་ཁྱོད་ལ་སྤྲེར་ཡོང་གསུངས། །
རྒྱུ་དེ་ཚོ་ང་ལ་མི་དགོས་ཞུས། །
རབ་བྱུང་ན་སྒོམ་ཅིག་དགོས་གདའ་ཞུས། །
བདུད་སྒོམ་ནམ་མཁའི་མཐོང་རོལ་འདི། །
བརྡུང་མི་དམ་ཅན་མགར་བ་རེད། །
གསོལ་མི་ཨ་སྟག་དཔའ་མོ་ཡིན། །
མཆོན་བརྒྱ་ཕྲག་ཆར་པ་འབབ་ན་ཡང་། །
སྒོམ་འདི་ཚོ་ཉམ་ང་ཡོད་ལེ་མིན། །
ཡང་དེ་ནས་དམ་ཅན་མགར་བ་དེས། །
གོས་རྒྱ་ཚོས་བུ་མོའི་རྒྱན་ཆ་རེད། །
གོས་རྒྱ་ཚོས་ཁྱོད་ལ་སྤྲེར་ཡོང་གསུངས། །
རྒྱུ་དེ་ཚོ་ང་ལ་མི་དགོས་ཞུས། །
རབ་བྱུང་ན་ཁྲབ་ཅིག་དགོས་འདུག་ཞུས། །
བདུད་ཁྲབ་ལྷུགས་ལེན་སྟོན་མོ་དེ། །
བརྡུང་མི་དམ་ཅན་མགར་བ་རེད། །
གསོལ་མི་ཨ་སྟག་དཔའ་མོ་ཡིན། །
དུས་ད་དུང་དམ་ཅན་མགར་བ་དེས། །

སྐྱིད་ཆབ་དཀར་བུ་མོའི་རྒྱན་ཆ་རེད། །
སྐྱིད་ཆབ་དཀར་ཁྲིད་ལ་སྐྱེར་ཡོང་གསུངས། །
རྒྱུ་དེ་ཚོང་ལ་མི་དགོས་ཞུས། །
རབ་བྱུང་ན་གྲི་ཞིག་དགོས་འདུག་ཞུས། །
སྐབས་དེ་དུས་དམ་ཅན་མགར་བ་དེས། །
ལྕུགས་ངར་རང་ངར་ན་མི་ཡག་ཟེར། །
ངར་ན་སྐྱིད་ལས་ཆག་རེད་ཟེར། །
གཞུན་ཡང་གཞུན་ལྕུགས་མི་ཡག་ཟེར། །
གཞུན་ན་ཁ་ལས་ཉེར་རེད་ཟེར། །
ངར་ལྕུགས་གཞུན་ལྕུགས་སྲེ་དགོས་ཟེར། །
ལྕུགས་སྣ་དགུ་ལ་བཏུང་དགོས་གསུངས། །
དེའི་ཕོ་ལྕུགས་ཁྲོ་བོ་ཁྲོས་འདྲ་བཏུང་། །
མོ་ལྕུགས་ཁྲོ་མོ་ཁྲོས་འདྲ་བཏུང་། །
བུ་ལྕུགས་དཀར་མདའ་འཁྱུག་འདྲ་བཏུང་།
ཁྲག་འགྲིམ་གྲིབ་སོ་ཁྱུག་འདྲ་གདའ། །
མཐའ་རིས་མེ་སྟག་འཕྲོས་འདྲ་གདའ། །
ལྕག་པ་གངས་དཀར་ཟེ་བ་དང་། །
སོ་ཁ་མུན་ནག་འཁྲིགས་འདྲ་གདའ། །
གྲི་མགོ་ཟླ་མའི་དབང་ཞུ་འདྲ། །

མཛུབ་དཀྲིས་གནམ་གྱི་དགུ་ཚིགས་འདྲ། །
དཔའ་ལུང་དར་མདུད་སྤུངས་སེ་གདའ། །
སྨན་ཨ་སྟག་ངའི་ལག་ཏུ་འཛོག་ཁ་ལ། །
གྲི་རྟོ་ངར་ཅི་འདུག་བལྟ་ཡིན་ཟེར། །
འཁྲོང་ཁོབ་རྫུང་ར་ཙོ་དགུ་ཙམ་ཞིག །
རྗོ་ཕ་བོང་ནག་པོའི་སྙིང་ལ་བཞག །
གྲི་གཡུག་ཐེངས་གཅིག་གིས་དུམ་བུར་བཏང་། །
གྲིའི་མིང་ལ་འཁྲོང་རྭ་དགུ་ཆོད་བཏགས། །
སྨན་ཨ་སྟག་ངའི་ལག་ལ་བཞག་ནས་བྱུང་། །
གསང་མདའ་ཕྲ་རིང་དགུ་ཆོད་འདིའི། །
མདའ་རྩེ་ཁ་མ་ཉམས་རྫུང་མི་དེ། །
ལྷ་དམ་ཅན་མགར་བ་ནག་པོ་ཡིན། །
སྟོད་སྟ་སྒོ་རི་ཁྲ་མན་ཆད་ནས། །
སྨད་ནགས་ལྷ་ཛམ་ཟླ་ཡན་ཆོད་ལ། །
མདེའུ་སྔོན་པོ་གར་ཡོད་གར་ཁྱབ་དེ། །
སྨན་ཨ་སྟག་སོང་ས་བསྟོད་ས་ཡིན། །
སྤུར་སྤུ་མོ་སྐྱལ་བའི་ཡ་ཐོག་ལ། །
ས་ཡར་ཁམས་བྱུང་ལ་སྟོད་པའི་དུས། །
སྨན་ཁེ་རེ་ཁེར་འགྲོ་བྱེད་པའི་དུས། །
ང་འགའ་རེས་བཙན་མོ་བཙན་མོ་ཟེར། །

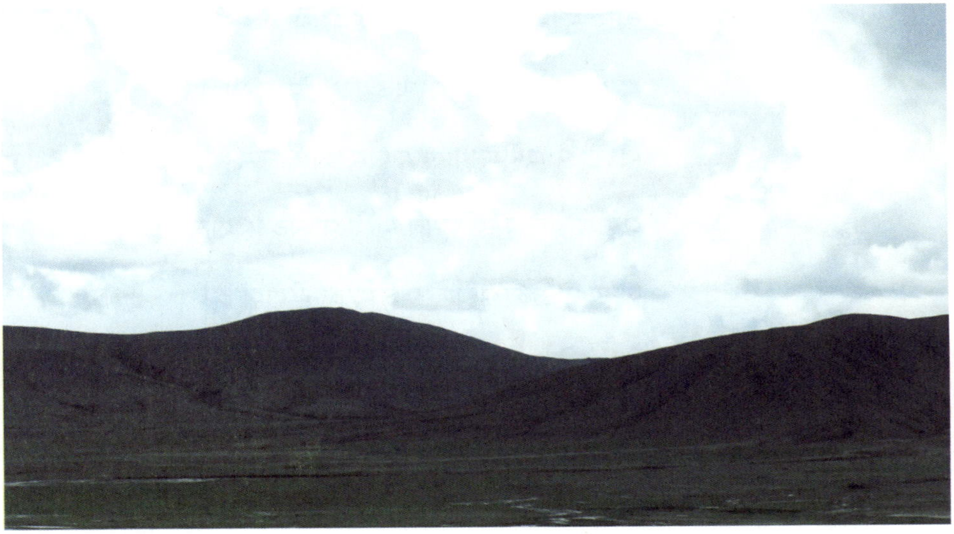

ཨ་སྟག་དཔའ་མོའི་ཟླ་མཚན་དུ་གྲགས་པའི་བཙག་དམར།

ང་བཙན་མོ་ཟེར་ན་འཁྲིག་རྒྱུ་རེད། །

བཙན་དམར་པོ་འདྲ་བའི་བུ་མོ་ཡིན། །

ང་འགའ་རེས་བདུད་མོ་བདུད་མོ་མཛེ། །

ང་བདུད་མོ་ཟེར་ཡང་ཚོག་ཚོག་རེད། །

ང་ཡར་ཁམས་བྱང་ལ་སྤོད་པའི་དུས། །

བདུད་སླུ་བཙན་རྒྱལ་པོའི་སྒོ་སྲུང་ཡིན། །

ཡང་འགའ་རེས་ཧྲག་མོ་ཧྲག་མོ་ཟེར། །

ང་ཧྲག་མོ་ཟེར་ཡང་བདེན་པ་རེད། །

ངས་མདོ་ཆེན་ཧ་བྲུ་འདེད་འགྲོ་རེད། །

རྗེས་ར་མདའ་ཡོད་ན་གསོད་འགྲོ་རེད། །

ངས་སྙིང་མ་རང་གིས་ལེན་འགྲོ་རེད། །

ཡང་ད་དུང་དེ་ཡིས་མི་ཚད་ལེ། །
ང་ཡར་ཁམས་བྱང་ལ་སྡོད་པའི་དུས། །
ཕ་རི་ཤེ་འབྲོང་གིས་བསད་སོང་རེད། །
འབྲོང་གཅིག་སོད་ཨ་ཕའི་ཤ་ལེན་བསམ། །
ས་ཁེབ་ཆེན་འབྲོང་གཏིང་མ་རྫོགས་ན། །
ང་ཨ་ཅེས་དགྲ་ལེན་མི་ལོན་བསམ། །
མ་བྱུར་མཚོ་རྒྱང་གིས་ཟོས་སོང་རེད། །
རྒྱང་གཅིག་སོད་ཨ་མའི་ཤ་ལེན་བསམ། །
ན་དམར་ཡག་རྒྱང་ཁྱུ་མ་ཟད་ན། །
མ་ཨ་མའི་དགྲ་ལེན་མི་ལོན་བསམ། །
ང་རི་ཤེའི་དཔའ་མོ་གར་སོང་ལ། །
བྱ་ཐང་དཀར་གཞོག་སྒྲ་ཉིལ་ལི་ལི། །
བྱ་ཐང་དཀར་ཤ་ལ་འཁོར་བསྡད་རེད། །
སྤྱང་ཨ་ཐོང་དུར་ལྷེར་ལིངས་སེ་ལིང་། །
སྤྱང་ཨ་ཐོང་ཤ་ལ་འཁོར་བསྡད་རེད། །
བྱ་ཕོ་རོག་ཤ་སྐད་ཐགས་སེ་ཐག །
བྱ་ཕོ་རོག་ཁྲག་ལ་འཁོར་ཡོང་རེད། །
དབྱར་ཟླ་གསུམ་ས་ལ་བཤུལ་དྲི་བྲོ། །
འབུ་སྦྲང་མའི་སིལ་སྒྲ་ཉིལ་ལི་ལི། །
འབུ་དཀར་པོ་ཁུས་འཁྱུར་ལྷིར་རི་རི། །

དགུན་ཟླ་གསུམ་ཤ་ཡིས་བརྩིག་པ་བརྩིགས། །
ཤ་སྔོང་རྩིག་པ་ཉིལ་ལི་ལི། །
ཐང་དཀར་གཞོག་སྒྲ་ཐིབས་སི་ཐིབ། །
བྱ་ཕོ་རོག་ཤ་སྐད་ཐགས་སེ་ཐག །
སྤྲང་གི་རྒྱུག་འདུར་ལིངས་སེ་ལིང་། །
སྤང་སེར་པོ་དམར་པོ་ཁྲག་མདོག་འགྱུར། །
ང་དེ་འདྲ་བྱས་ནས་སོང་ལེ་ཡིན། །
ང་མོ་ལོ་དྲུག་གསུམ་བཅོ་བརྒྱད་ལ། །
ས་ཡར་ཁམས་བྱང་གི་ས་སྤུང་བྱས། །
ཉིན་ཞིག་ལ་གླིང་གི་ཇོ་རུ་དེ། །
མགོ་ཚོག་དཀར་དགོ་རུ་ཁྱོག་ཙམ་ཞིག།
རྒྱབ་ཁྲབ་དཀར་ལུས་ལ་འཛོབ་ཙམ་ཞིག།
རྟ་ཕོ་ཆེན་ཁ་ལོ་ཐུབ་ཙམ་ཞིག།
ས་ཡར་ཁམས་བྱང་ལ་སླེབས་བསྟད་གདའ། །
དཔོན་ཀླུ་བཙན་ཐོད་མདའ་སྤྲད་ཡོད་ཟེར། །
ང་ཞེ་སྡང་རུས་པའི་གཏིང་ནས་ལངས། །
ཇོ་ཀླུ་བཙན་དཀྲོང་བའི་ལག་དམར་དེ། །
སྨན་ཨ་སྟག་སྒོ་ལ་སླེབས་དུས་མེད། །
ཁང་གོམ་གསུམ་ཕན་ལ་བཏང་ཟེར་ན། །
ང་དཔའ་མོ་ཟེར་དོན་མི་འདུག་སྙམ། །

ངའི་གསང་མདའ་ཁྲ་རིང་དགུ་ཚོད་དེ། །
སྲ་རྒྱ་ཞུང་སྨུག་མོའི་མར་གཞམ་ལ། །
མིག་རྗི་སྲུ་རོག་པོའི་ཡར་སྣང་ལ། །
གདོང་སྲ་བའི་མི་ཡོང་གོར་མོའི་སྙིང་། །
མདའ་རྒྱབ་ཏུས་མདའ་རྩེ་རྒྱངས་སེ་དོན། །
བརྒྱབ་བཞག་ལེ་ཨ་ཅེས་འཆུག་པ་མེད། །
ཁོ་སྐྱོང་ཉིད་འཛའ་ཡི་ལུས་པོ་ལ། །

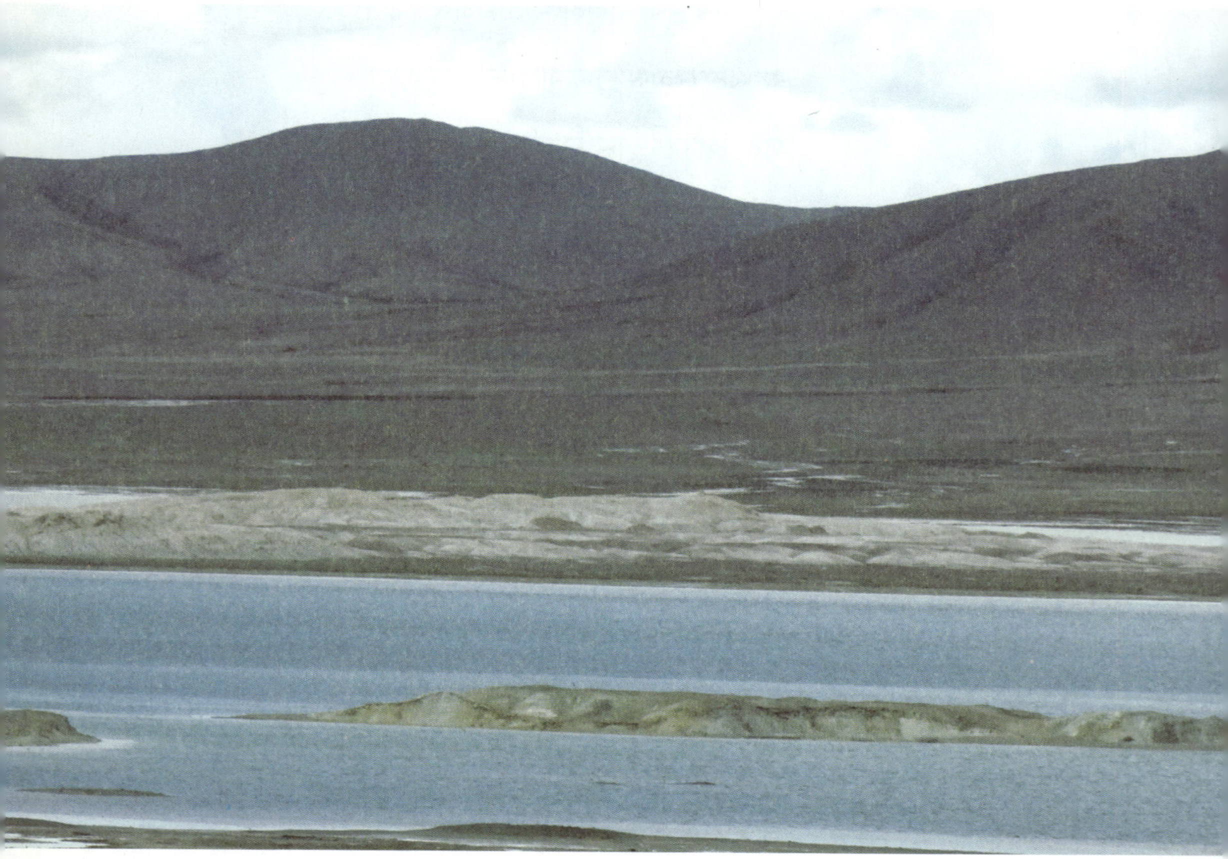

ཨ་སྐྱག་གི་རྩམ་པར་བྲགས་པའི་ས་དཀར།

མགོ་སྐྲ་ཁྲིམ་གཏོར་རྒྱུ་ཕ་ཚད་ཟེར། །

རྨ་ཁབ་མིག་ཙམ་ཡང་མཐོང་རྒྱུ་མེད། །

གྲི་འབྲོང་རྭ་དགུ་ཚོད་སྐེད་ནས་ཕྱུངས། །

ཁོའི་མགོ་བོ་ཡུངས་རྫོག་བཅད་འདྲ་ཞིག།

ཕུང་པོ་ཐང་ཤིང་འགྲེལ་འདྲ་ཞིག།

བཟོ་བསམ་ནས་དཔའ་མོ་གདོང་ལ་མཆོངས། །

གྲི་གཡས་གཡུག་གཡོན་གཡུག་མང་པོ་བྱས། །

ཁོ་སྙོང་ཉིད་འཇའ་ཡི་ལུས་པོ་ལ། །

རྨ་མི་དགོས་རྨ་རྗེས་མ་དོད་བྱུང་། །

ལག་མཆོན་མེད་དཔའ་བོ་དམར་འཛིང་བྱས། །

དཕུང་ཚད་དུས་ཤུགས་ཀྱིས་མི་ཐུབ་གདའ། །

ལས་དེ་དུས་ཨ་ཅེའི་བསམ་པ་ལ། །

བུ་ཆུང་ཆུང་འདི་ཙམ་མ་ཐུབ་ན། །

ལུས་འཁོར་གསུམ་བསྐོར་བ་ངོ་ཚ་རེད། །

ཉི་མ་དེ་ཡི་ཕན་ཆད་ལ། །

ལུས་འཁོར་གསུམ་མི་བསྐོར་དམ་བཅའ་བཞག།

དེ་ཡིན་ཡང་གླིང་གི་ཇོ་རུ་དེས། །

མགོ་སྐྲོག་དཀར་མ་འཕུད་གྱོན་སྟོད་ཟེར། །

སྐྲོག་དཀར་པོ་ཨ་ཅེའི་རྒྱན་ཆ་རེད། །

སྨན་ཁྱོད་ཀྱི་ཐོབ་ཐང་རེད་འདུག་ཟེར། །
ལུས་ཁྲབ་དཀར་ཁྱོད་ཀྱིས་གྱོན་སྡོད་ཟེར། །
སྟག་ཤར་བ་བརྒྱ་ལས་དགའ་གདའ་ཟེར། །
གྲི་མདའ་གཞུ་ལུས་ལ་ཐོགས་སྡོད་ཟེར། །
དཔའ་ངར་རྩོད་སྟག་དང་འདྲ་གདའ་ཟེར། །
ས་ཡར་ཁམས་བྱུང་མའི་བདུད་སྡེ་ལ། །
སྨན་ཁྱོད་ཀྱིས་འགོ་འཛིན་བྱེད་དགོས་ཟེར། །
དུས་ད་ཅུང་དེ་ཡི་མི་ཚད་ལེ། །
ཕ་རི་ཤི་བསད་པའི་ལག་དམར་དེ། །
དུས་ད་ལྷ་ཨ་ཅེས་གསོས་གདའ་ཟེར། །
དོན་མེད་པའི་རི་དྭགས་བཤས་ལ་ཕབ། །
ཕ་གསོད་མཁན་དགྲ་བོ་སྤྱགས་ཀྱིས་གསོས། །
སྨན་ཨ་སྟག་སྣང་བ་འཁྲུལ་གདའ་ཟེར། །
ངས་དེ་དུས་གླིང་གི་ཇོ་ཅུ་ལ། །
ངའི་ཕ་གསོད་དགྲ་བོ་ལག་དམར་དེ། །
ཁྲ་ཤར་རེ་མདུན་ལ་ཁྲིད་གདའ་ན། །
སྨན་ང་ཡི་བློ་གཏད་ཁྱོད་ལ་བྱེད། །
ཤར་མདོ་ཁམས་གླིང་གི་དཔུང་དམག་ལ། །
དགྲ་འདུལ་རོགས་ཨ་ཅེས་བྱེད་ཡོང་བཟས། །

གླིང་ལྷ་སྲས་ཇོ་རུ་རྒྱལ་པོ་དེས། །
ངས་གསོས་པའི་འབྲོང་ཕྲུག་ཆུང་ཆུང་དེ། །
ཕ་གསོད་མཁན་དགྲ་བོ་རེད་གདའ་ཟེར། །
འདི་ཨེ་བདེན་མིག་གིས་ལྟོས་དང་ཟེར། །
ལག་སེན་སྐོར་ལན་གཅིག་བརྡབ་པའི་དུས། །
ཕ་རི་ཤི་ལྷ་དར་ཕུང་པོ་དེ། །
ནག་ནར་རེ་འབྲོང་རྣའི་རྩེ་ལ་གདའ། །
སྨན་ཨ་སྟག་ཞེ་སྡང་གཉིང་ནས་ལངས། །
མདའ་ལེན་གཅིག་འཕངས་བའི་སོ་ཁ་ནས། །
འབྲོང་ནག་པོའི་ཕུང་པོ་ས་ལ་གདབ། །
དུས་དེ་ནས་ང་ཡར་ཁམས་རྒྱལ་མོ་བྱས། །
འབངས་མི་སེར་གྱི་སྐྱིད་སྡུག་ཨ་ཅིས་བལྟས། །
ཕྱི་དགྲ་བོ་ནང་ལ་གཏོང་སྒོ་མེད། །
ནང་རང་སྡེའི་རྒྱལ་དུས་ཤོར་སྒོ་མེད། །
འབངས་མི་སེར་སྡུག་ལ་སྐྱུར་སྒོ་མེད། །
ངའི་བདུད་སྡེ་སྡར་ཡག་ད་མཛེས་ཡིན། །
ཡང་ད་དུང་དེ་ཡིས་མི་ཚད་ལེ། །
ཤར་མདོ་ཁམས་གླིང་གི་དཔུང་རོགས་བྱས། །
དགྲ་མ་ཐུབ་བསམ་པ་གཅིག་ཀྱང་མེད། །

སྲེ་འཇང་གླིང་གཉིས་པོ་འབྲུགས་པའི་དུས། །
དཔའ་སྙིང་སྟོབས་སྟང་མའི་རྩེ་ཡ་ལ། །
དམའ་ཉི་མ་གཞུང་གི་ལུང་མདོ་ལ། །
འཇང་བྱུར་ལྷའི་བླ་འབྲོང་ཟངས་རྭ་ཅན། །
གསོན་འཛམ་བུའི་གླིང་ལ་གྲགས་པ་ཆེ། །
ཧོར་ཤན་པས་ཟེར་ན་ངས་གསོད་ཟེར། །
བློན་འདུན་མས་ཟེར་ན་ངས་ཐུབ་ཟེར། །
བུ་གུང་པས་ཟེར་ན་ངས་ཐུབ་ཟེར། །
བུ་ཕོ་གསར་གྱིས་དཔའ་གཏམ་ཁ་ནས་བཤད། །
རྟ་ཕོ་ཆེན་རྨིག་བཞི་རྫ་ལ་བརྡབས། །
ང་ཡར་སོང་ཡར་ལ་སོང་བའི་དུས། །
འབྲོང་ཕལ་བ་ཁག་གཅོད་ཁུག་གཅོད་བཏང་། །
བྱུར་ལྷའི་བླ་འབྲོང་ཟངས་རྭ་ཅན། །
ར་བཀུག་ནས་གླིང་ལ་མཆོངས་བའི་དུས། །
གུང་པའི་ནག་ཁྲ་རྭ་རྩེར་བཀོན། །
ཤན་པ་དམར་རྒྱ་བྲོས་དགོས་ཐུག །
བློན་ཆེན་འདུན་མ་ཕྱིར་ནུད་ཤོར། །
མདའ་ཉག་ཕྲན་འཕངས་ནས་ཨ་ཅིས་བསད། །
ངས་སྟང་མ་དང་པོ་དེ་ནས་བླངས། །

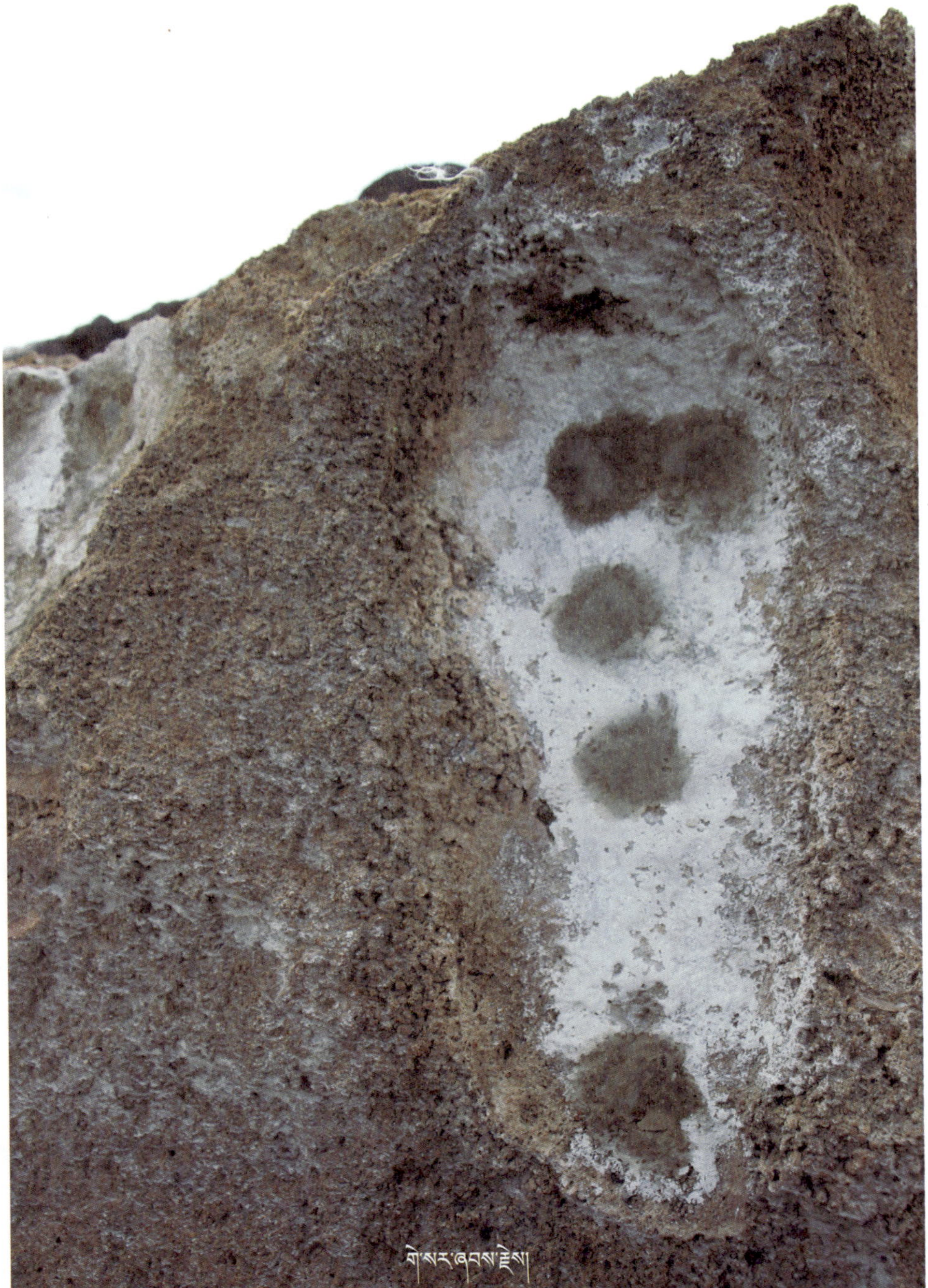

གེ་སར་ཞབས་རྗེས།

བ་ཐུལ་རྒོད་ལྡེམ་གཙོས་བྱས་པའི། །

དཔའ་ཁས་ལེན་མང་པོ་ས་ལ་གདབ། །

དེ་ནས་གུ་ཉི་མོན་ལ་སོང་། །

མོན་ཡ་མེད་ཨ་གྲགས་དྲུག་ཅུའི་ནང་། །

དཔའ་ཡ་མེད་སྟག་མོ་ཁྲི་བཙན་དེ། །

མགོ་དར་འཕྲུ་ཉིལ་ལི་ས་ལ་གདབ། །

ཟ་ཙོ་གཡས་པ་ཨ་ཅིས་བླངས། །

ད་རུང་བསད་པ་གྲངས་ཀ་མེད། །

དེ་ནས་སྟག་གཟིག་ཡུལ་ལ་སོང་། །

གྱད་ཀྱི་མི་བརྒྱ་ཧ་བརྒྱའི་ནང་། །

ཕོ་ཐོབ་ཆེན་འཛམ་གླིང་གྲགས་འདྲ་གདའ། །

གྱེད་མི་ངར་རྒོད་ཁས་ལེན་ནང་། །

གྱེད་མི་སྐར་ཆེན་རང་ཤར་དེ། །

མཚོན་འཁྲོང་ཟ་དགུ་ཚོད་ཀྱི་སོ་ལ་བྲངས། །

ཡང་དེ་ནས་སོག་པོའི་ཡུལ་ལ་སོང་། །

བེ་ཐུལ་གནམ་ལྕགས་འབུམ་ཐུབ་གཙོས། །

དཔའ་ཁས་ལེན་བཅོ་བརྒྱད་ས་ལ་བཏབས། །

ཡང་སྟེ་གུ་རྒྱལ་པོའི་ས་ཆ་ལ། །

སྟུག་ཐང་ན་བ་ཁྲ་ལེབ་ནས། །

སྲས་འཛིགས་མེད་ནམ་མཁའ་སློ་གྲོས་དེ། །
སྨན་ཨ་སྟག་གདོང་ལ་ཐུག་ནས་བྱུང་། །
དཔའ་སྙིང་སྟོབས་ཅན་གྱི་བུ་རེད་ཟེར། །
སྨན་རི་ཤིའི་ཨ་སྟག་དཔའ་མོ་ངས། །
ཤི་དགོས་ན་ཡོ་ན་ཚུང་གདའ་བསམ། །
ཞགས་པ་འཁྱོང་རྫིད་དགུ་སྐོར་དེ། །
གཡུག་ཐེངས་གཅིག་གི་ཁ་ལམ་ལ། །
གྲོལ་མེད་ཨ་ཡོང་སྐྱེ་ལ་བགོན། །
རྗོ་སྨུར་ལྕུགས་ཀྱུ་ཁྲབ་ལ་བགོན། །
ཁྲ་ཤར་རེ་སྙིང་དཀར་སྐར་ལ་ཁྲིད། །
བྱུ་རུ་རྒྱལ་དང་ཞང་ཞུང་སོགས། །
དགྲ་མ་བརྒྱབ་ས་ལ་གཅིག་ཀྱང་མེད། །
དཔའ་སྟོབས་ལས་རླུང་བཏང་མ་དེ། །
མ་བླངས་བསམ་པ་སེམས་ལ་མེད། །
ང་རི་ཤིའི་ཨ་སྟག་དཔའ་མོ་འདི། །
སྟོད་རྒྱ་གར་ཚོས་སྨོ་མན་ཆོད་ནས། །
སྨད་རྒྱ་ནག་ཁྲིམས་སྨོ་ཡན་ཆོད་ལ། །
དཔའ་སྙིང་སྟོབས་ཀུན་ལ་གྲགས་པ་ཆེ། །

ང་ཡིན་པ་ཨ་ཅེ་དེ་འདྲ་ཡིན། །ཞེས་པའི་གླུ་ཚིག་འདིས་ཨ་སྟག་དཔའ་མོའི་ཚེ་གང་གི་བྱ་བ་དང་རང་གཤིས་སོགས་བློ་ཡུལ་དུ་གསལ་ལྷང་ངེར་འཆར་ཐུབ། དེ་ལྟ་བུའི་བྱང་ཐང་གི་འགྲོག་མོ་དཔའ་རྩལ་ཅན་དེ་ཉིད་ཀྱིས་ཟེ་སྒྲིང་འདུས་མཚོ་ནི་རང་ཉིད་ཀྱི་བླ་སྲོག་གི་ལྟེ་གནས་ལྟ་བུར་ངོས་འཛིན་བྱེད་ཀྱི་ཡོད་ཅིང་ཨ་སྟག་དཔའ་མོ་དང་འབྲེལ་བའི་ཟེ་སྒྲིང་འདུས་མཚོའི་ཉེ་འཁོར་གྱི་གནའ་ཤུལ་ནི་དཔལ་མགོན་རྫོང་མན་ཐང་ཡུལ་ཤོག་གི་ས་ཆ་ཟེ་སྒྲིང་འདུས་མཚོའི་བྱང་ཤར་ཁྲུང་མཆུ་ཐྲག་དམར་ཞེས་པར་བྱང་རི་ཤིའི་ཨ་སྟག་དཔའ་མོས་མ་འོངས་ཕྱི་རབས་རྣམས་ཀྱིས་ཁོང་ལ་རྗེས་དྲན་བྱེད་པའི་རྟེན་དུ་སོག་ལྷམ་གྱོན་ནས་བཞག་པའི་ཞབས་རྗེས་ཤིན་ཏུ་གསལ་བ་ཞིག་དང་། དཔའ་མོའི་དུང་ཆབ་ཀྱི་རྗེས་སོགས་ཡོད། དེ་བཞིན་དཔལ་མགོན་རྫོང་མན་ཐང་ཡུལ་ཤོག་གི་ས་ཆ་ཟེ་སྒྲིང་མཚོའི་ཤར་དུ་ཨ་སྟག་དཔའ་མོས་རྒྱུང་བསད་པའི་ཤ་རྣམས་འཇོག་སའི་ཨ་སྟག་ཤ་ཁང་ཟེར་བའི་གྲོག་རོང་ཆེན་པོ་ཞིག་དང་། ཨ་སྟག་དཔའ་མོས་བྱང་ཚྭ་མཚོའི་ཁ་ནས་གདན་དྲངས

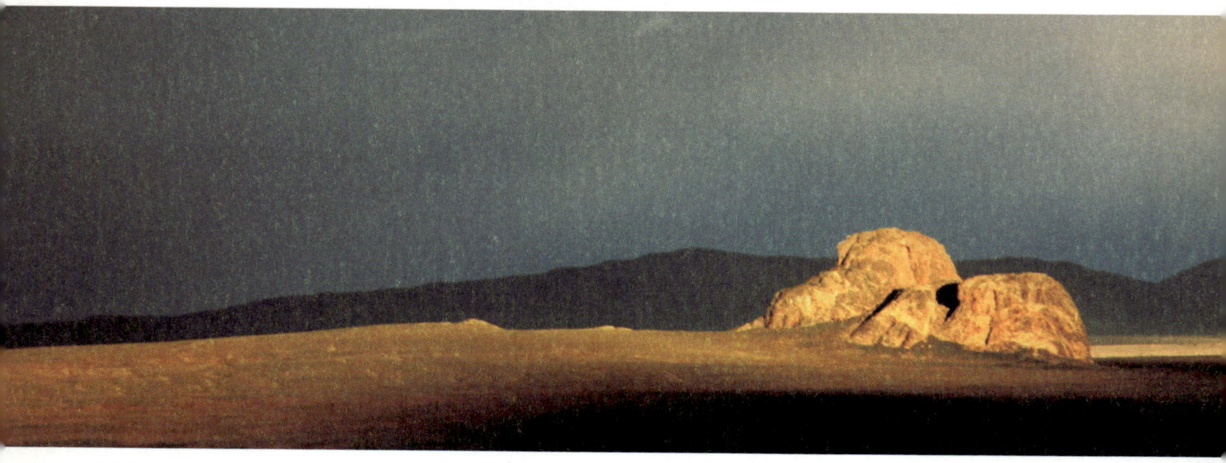

ཨ་སྟག་དཔའ་མོ་དང་འབྲེལ་བའི་ཤོད་སྲོལ་མང་བའི་ས་ཁུལ།

པའི་གཡང་མོ་ཚྭ་མཚོ། ཚྭ་རི་སྤྱན་གསུམ་བཅས་ཡོད་ཀྱང་ད་སྐབས་ཚྭ་རི་སྤྱན་གསུམ་ལས་གཞན་རྣམས་མཚོ་ཆེ་རུ་སོང་བའི་རྐྱེན་གྱིས་མཚོ་ནང་དུ་ནུབ་ནས་མི་སྣང་བར་གྱུར་ཡོད།

མཚེའུ་གཉིས་རྫོང་ཞི་བདེ་ཡུལ་ཤོག་གི་ས་ཆ་ཟེ་གླིང་འདུས་མཚོའི་བྱང་ནུབ་མཚོ་འགྲམ་དུ་ཨ་སྟག་འབེན་ར་ཞེས་པའི་བྲག་དེའུ་ཞིག་ཡོད་ཅིང་དེ་ཨ་སྟག་དཔའ་མོས་མདའ་རྩེད་རྩེ་ས་ཡིན་པའི་བཤད་སྲོལ་ཡོད་པ་དང་། དེའི་ནུབ་ཏུ་ས་དཀར་པོ་རྒྱ་ལམ་འཕེན་པ་ལྟ་བུ་ཞིག་ཡོད་ཅིང་དེ་ནི་ཨ་སྟག་དཔའ་མོའི་རྩམ་པ་ཐོ་བའི་ཤུལ་ཡིན་ཟེར། དེའི་ནུབ་ཏུ་ས་དམར་མཚལ་འདྲ་བ་ཆར་ཆུ་སོགས་ཀྱིས་ཀྱང་དག་མི་ཐུབ་པ་ཞིག་ཡོད་པ་དེ་ནི་ཨ་སྟག་དཔའ་མོའི་ཟླ་མཚན་ས་དེར་ཟག་པ་ལས་བྱུང་བའི་བཤད་སྲོལ་ཡོད་པ་སོགས་ཟེ་གླིང་འདུས་མཚོའི་ཉེ་འཁོར་ཀུན་ན་བྱང་རི་ཤེའི་ཨ་སྟག་དཔའ་མོའི་གཏམ་རྒྱུད་ཁྱབ་ཡོད་དོ། །

གསུམ། བྱང་རི་ཤེའི་ཨ་སྟག་དཔའ་མོས་བྱང་ཚྭ་ཁ་ནས་ཚྭ་མཚོ་དང་ཚྭ་རི་ཟེ་གླིང་འདུས་མཚོའི་ཟུར་དུ་གདན་དྲངས་པའི་གཏམ་རྒྱུད།

བྱང་གི་ཚྭ་མཚོ་བརྟན་མ་བཅུ་གཉིས་ནི་ཟས་མཆོག་ཚྭ་ཡི་གཏེར་ཁ་འཛད་མེད་དུ་བརྫོལ་བའི་ནོར་བུའི་ཕ་ཁྲིམ་ལྟ་བུ་ཞིག་ཡིན་ན་ཡང་ཚྭ་མཚོ་དང་ཁ་ཐག་འགྱང་བའི་འབྲོག་པ་ཚོ་ལ་མཆོན་ན་ཚྭ་ལེན་པར་ལམ་ཐག་རིང་ཞིང་དཀའ་ངལ་གྱི་འགག་འཕྲང་མང་པོ་བརྒྱུད་དགོས་ཀྱི་ཡོད་པས་ཚྭ་ལེན་དུ་འགྲོ་བ་ནི་འཚོ་བའི་ཁྲོད་ཀྱི་ཆེས་དཀའ་ངལ་ཆེ་བའི་འགྲུལ་བཞུད་ཅིག་ཡིན། འགྲུལ་བཞུད་དེའི་ཁྲོད་དུ་ཆེས་དཀའ་སྡུག་ཆེ་ཞིང་མ་བརྒྱུད་ཐབས་མེད་ཀྱི་ལམ་བུ་གཅིག་ཡོད་པ་ནི་བྱང་

ཐྭ་སྐྱ་གཙང་པོ་བརྒལ་ནས་འགྲོ་དགོས་པ་དེ་ཡིན། གཙང་པོ་དེ་ནི་བྱང་ཐང་ཁུལ་དུ་ཆེས་ཆེ་བའི་གཙང་པོ་དེ་ཡིན་པས་གནའ་དུས་སུ་ཟམ་པ་མེད་པའི་རྐྱེན་གྱིས་ཆུ་དེ་བགྲོད་པར་དཀའ་ངལ་ཆེ་ཞིང་ཆུ་ཆེ་བའི་སྐབས་སུ་འགྲུལ་པ་རྣམས་གཙང་པོའི་འགྲམ་དུ་ཉིན་ཞག་མང་པོ་ཆུ་ཆུང་དུ་འགྲོ་རྒྱུར་སྒུག་དགོས་ཤིང་ཆུ་ལེགས་པར་བརྟག་མ་ཤེས་པར་གང་བྱུང་དུ་ཆུ་བརྒལ་ན་མི་ཟོག་གཉིས་ཀྱི་ཚེ་སྲོག་དང་དཔལ་འབྱོར་ལ་གྱོང་གུན་ཚབས་ཆེན་ཡོང་རྒྱུ་གཏན་འཁེལ་ཡིན།

དམངས་ཁྲོད་ངག་རྒྱུན་དུ་དེ་ལྟ་བུའི་དཀའ་ངལ་དེ་སེལ་བའི་ཆེད་དུ་བྱང་རི་ཤེའི་ཨ་སྟག་དཔའ་མོ་དེས་བྱང་གི་ཚ་ཁ་ནས་རྭ་མཚོ་རྫུ་འཕྲུལ་གྱིས་གདན་འདྲེན་ཞུས་ཤིང་ཕྲ་མཚོ་ཟེ་སྙིང་འདུས་མཚོའི་ཤར་ཕྱོགས་སུ་བཞག་ཅིང་རྭ་མཚོ་དེ་ཉིད་སྐལ་པ་ཇི་སྲིད་བར་མི་ཉམས་པར་གནས་པའི་ཆེད་དུ་ས་བདག་རྭ་རི་སྤུན་གསུམ་གདན་འདྲེན་ཞུས་པའི་བཤད་སྲོལ་ཡོད་དེ། རྭ་རི་གདོང་དཀར་དང་། རྭ་རི་ཆུ་ཁྲིད། རྭ་རི་སྐྱ་འདྲ་ཞེས་པའི་རི་བོ་ཆུང་ཆུང་གསུམ་ད་ལྟ་ཡང་ཟེ་སྙིང་མཚོའི་ལྷོ་ཤར་གྱི་མཚམས་སུ་མིག་གི་མཐོང་ཡུལ་དུ་གྱུར་ཡོད།

དེ་ཡང་ཡུལ་མིའི་ངག་རྒྱུན་དུ། །
མཚོ་ཟེ་སྙིང་འདུས་མཚོའི་མར་ཟུར་ན། །
མཚོ་སྔོན་པོ་གཡུ་ཡི་མེ་ལོང་འདྲ། །
ཟས་བཅུད་ཆེན་རྭ་ཡི་གཏེར་ཁ་ཅན། །
ཨ་སྟག་གི་གཡང་མོ་རྭ་མཚོ་རེད། །
མཚོ་ཟེ་སྙིང་འདུས་མཚོའི་མར་གཤམ་ལ། །

བུ་སྲུན་གསུམ་དམག་ལ་ཆས་འདྲའི་རི། །

ལུས་འཁོར་གསུམ་དཔའ་ཆས་གྱོན་འདྲ་འདི། །

ས་བྱང་གི་ཚྭ་རི་སྲུན་གསུམ་རེད། །

ཅེས་རི་མཚོའི་བཤད་པ་ངག་རྒྱུན་དུ་གནས་ཡོད་ལ་བྱང་རི་ཤེའི་ཨ་སྟག་དཔའ་མོ་མི་ཡུལ་དུ་བཞུགས་པའི་སྐབས་སུ་མཚོ་དེར་རྩྭ་སྐྱ་གཙང་པོའི་ལྗོ་ཕྱོགས་ཀྱི་འགྲོག་སྡེ་རྣམས་ས་དེ་ནས་ཚྭ་ལེན་སྲོལ་ཡོད་ཀྱང་ཨ་སྟག་དཔའ་མོ་འདས་གྲོངས་སུ་སོང་རྗེས་ཚྭ་མ་ཆགས་པའི་བཤད་སྲོལ་ཡོད། གང་ལྟར་གཏམ་རྒྱུད་དེ་ཉིད་ཡུལ་ཕྱོགས་འདིར་རླུང་ལྟར་གྲགས་ཤིང་སྤྱི་ལོ་༢༠༠༩ ལོའི་བར་དུ་ཟེ་སླིང་འདུས་མཚོའི་ཤར་ཕྱོགས་སུ་གཡང་མོ་ཚྭ་མཚོ་ཟེར་བའི་མཚེའུ་ཞིག་དངོས་སུ་མཐོང་རྒྱུ་ཡོད་ཀྱང་ལོ་དེར་ཟེ་སླིང་འདུས་མཚོ་འཕྱུར་བའི་རྐྱེན་གྱིས་གཡང་མོ་ཚྭ་མཚོ་དང་ཟེ་སླིང་འདུས་མཚོ་དབྱེར་མེད་དུ་འདྲེས་པ་རེད།

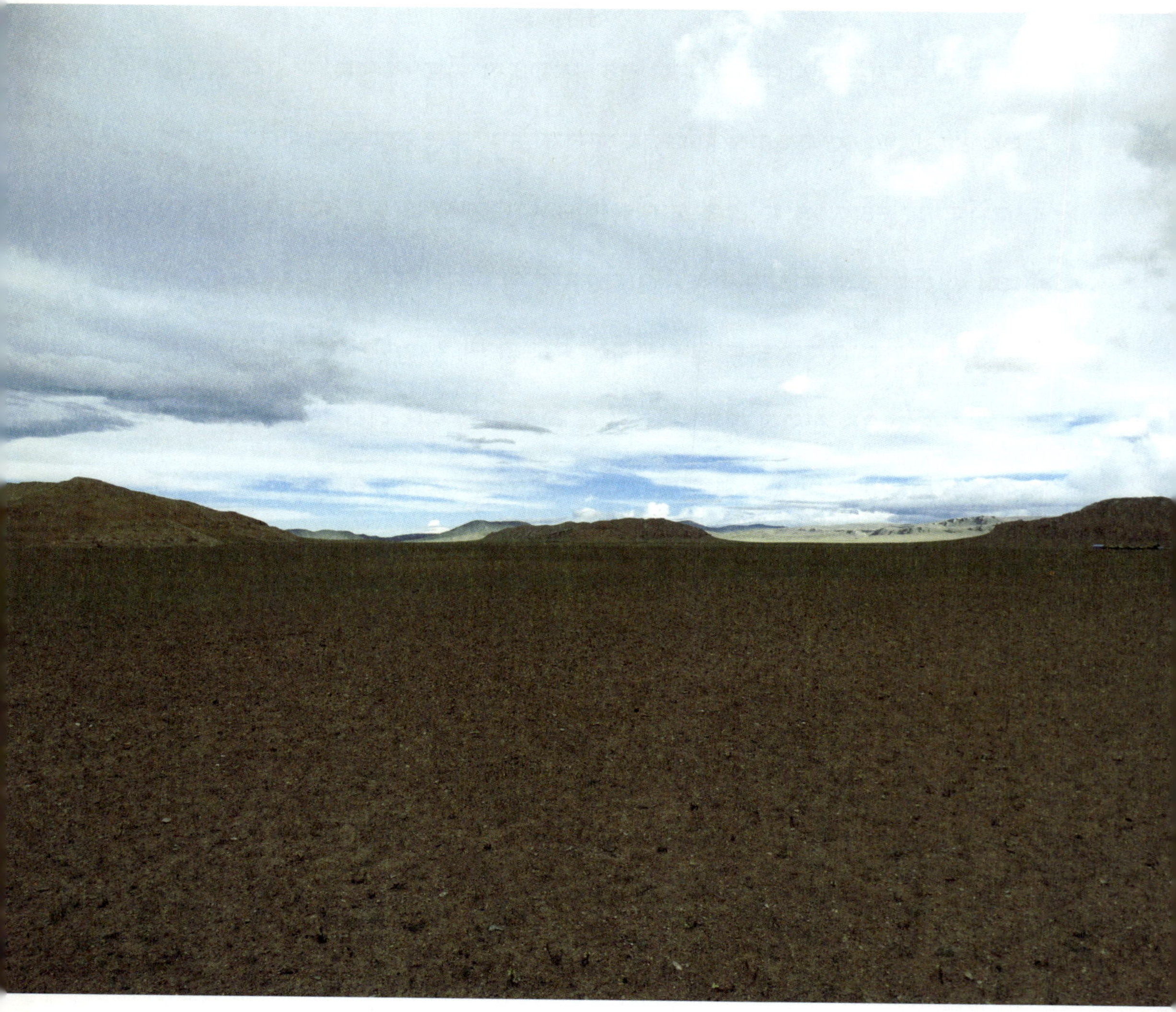

ཚྭ་རི་སྐྱུན་གསུམ།

ས་བཅད་ལྔ་པ། ཟི་གླིང་འདུས་མཚོའི་ཤར་རྒྱབ་ཀྱི་མཚེའུ་གཉིས་ཀྱི་ངོ་སྤྲོད།

གཅིག ཟི་གླིང་འདུས་མཚོའི་ནུབ་ཀྱི་མཚོ་སྔོན་མོ།

མཚོ་སྔོན་མོ་ནི་ཟི་གླིང་འདུས་མཚོའི་ནུབ་ཕྱོགས་ཤེལ་ཚ་རྫོང་གཞུང་སྨད་ཡུལ་ཤོག་དང་། མ་ཡོ་ཡུལ་ཤོག་གཉིས་ཀྱི་ས་མཚམས་སུ་གནས་ཡོད་ཅིང་ཟི་གླིང་འདུས་མཚོའི་ཡུལ་སྐོར་ལམ་ཆེན་གྱི་ནུབ་ངོས་གཞུང་སྨད་གྲོང་ཚོ་བརྒྱད་པའི་རིག་གནས་ཁང་ནས་སྤྱི་ལེ་༧ ཙམ་ཕྱིན་ན་སླེབས་ཐུབ། རྒྱ་མཚོའི་ངོས་ལས་མཚོ་ཚད་རྨིད་༤༤༨༨ ཟིན་གྱི་ཡོད།

མཚོ་འདི་ནི་རི་བོ་གྱེར་ཁྲུང་གི་ནུབ་ངོས་སུ་འཁྱིལ་ཡོད་ཅིང་མཐའ་འཁོར་གྱི་མཛེས་ལྗོངས་ངོ་མཚར་ཆེ་ལ་སྣ་ཁ་མི་གཅིག་པའི་བྱ་རིགས་མང་པོའི་འདུ་གནས་ཤིག་ཡིན་གཤིས་མི་རྣམས་ཀྱིས་འདབ་ཆགས་ཀྱི་གླིང་ཕྲན་ཞེས་པའི་ཐ་སྙད་སྦྱར་ཡོད། མཚོ་འདིའི་རྒྱ་ཁྱོན་ལ་སྤྱི་ལེ་༡༠ ལྷག་ཙམ་ཡོད་ཅིང་འདབ་ཆགས་སྐྱེ་བསྲུ་བྱེད་སའི་གླིང་ཕྲན་གཙོ་བོ་ཁག་དགུ་ཡོད། དེ་ཡང་ཤར་ནས་རིམ་པར། ངོ་ཁྲ་འཁྱིལ་དང་། བསང་དེའུ། གསེར་ཉ་དོ། དཔུལ་སྲང་དོ། བསང་ལི་རག་རིལ་དོ། གསེར་དོ་སྐང་ཆེན། ངང་སྔོང་དོ། དེ་པོ་རྒྱ་ལེབ། གྲོད་པ་ཁ་བཅིངས་དོ་བཅས་ཡིན། གླིང་ཕྲན་འདི་དག་གི་སྟེང་དུ་ལོ་རེའི་ཟླ་གཉིས་པ་དང་གསུམ་པའི་ནང་དུ་ཕྱོགས་སོ་སོ་ནས་འཕུར་ཡོང་བའི་བྱ་རིགས་སྣ་ཚོགས་འཛོམས་ཤིང་རང་རང་གི་བྱ་ཕྲུག་སྐྱེ་བསྲུའི་ལས་ལ་བྲེལ་བ་ནི་ཆེས་མཛེས་སྡུག་ལྡན་པའི་དུས་ཚོགས་ཤིག་ཡིན་ལ་མཚོ་འདིའི་དམིགས་བསལ་གྱི་ལྷ་ན་སྡུག་པའི་མཛེས་ལྗོངས་ཤིག་རེད། སྐབས་དེར་སྙན་འཇེབས་ལྡན་པའི་བྱ་སྐད་དང་ལྡེམ་མྱུར་ཡིད་འོང་གི་འཕུར་རྩལ། དེ་བས་ཀྱང་ཉམས་དགའ་བ་ནི་བྱ་མའི་དྲོད་ཁོལ་གྱིས་སྐྱོང་བའི་སྒོ་ང་སྣ་ཚོགས་དང་། འཕུར་རྩལ་སྦྱོང་བཞིན་པའི་བྱ་ཕྲུག་གི་ཉམས་འགྱུར། བྱ་མའི་གཤོག་སྟེང་དུ་བྱ་ཕྲུག་ཁུར་ནས་མཚོ་གླིང་དུ་བསྐྱོད་པ་སོགས་ཀྱི་སྣང་ཚུལ་ནི་ཆེས་ཡིད་

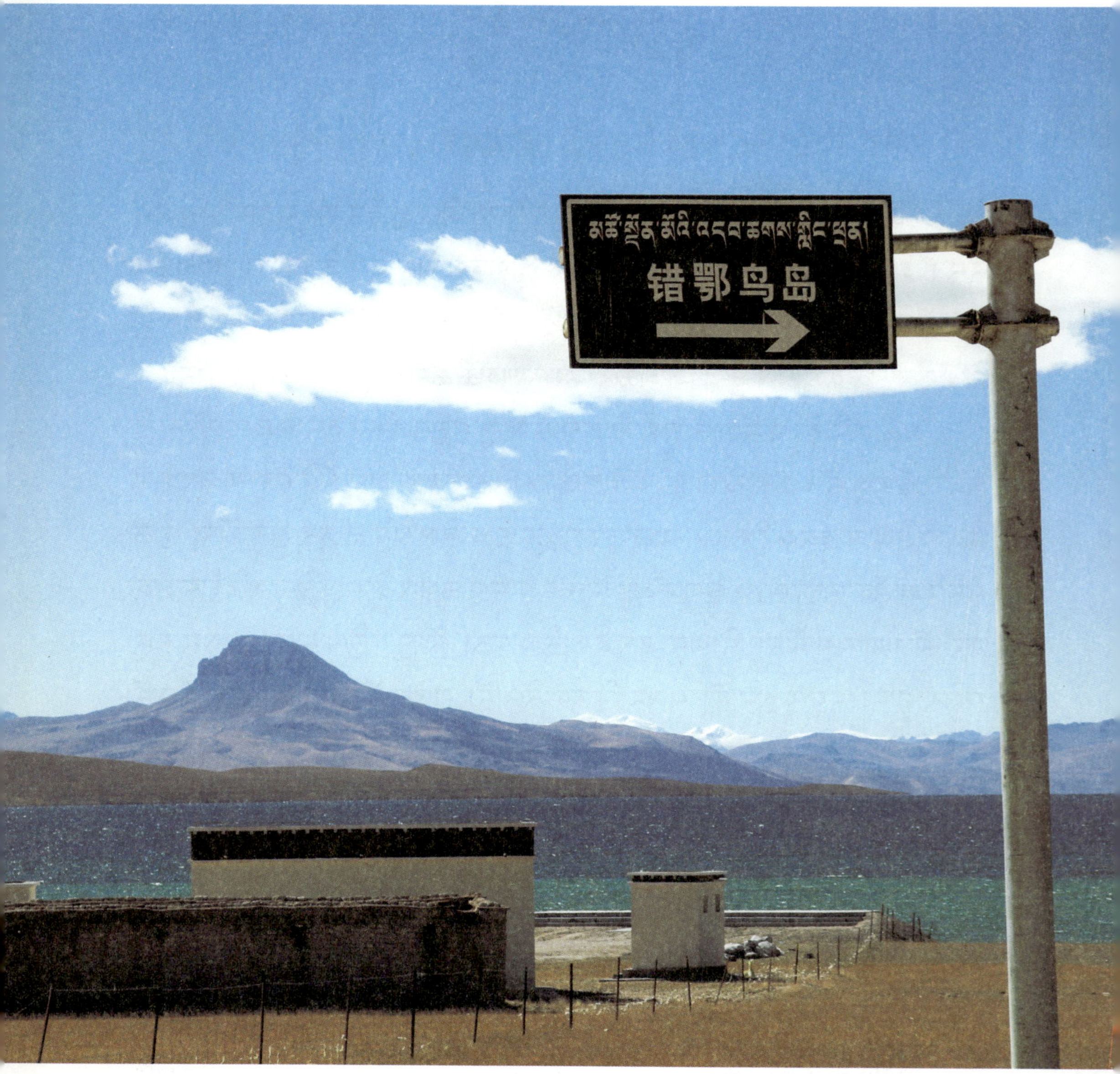
མཚོ་སྔོན་མོའི་འདབ་ཆགས་གླིང་ཕྲན།
错鄂鸟岛

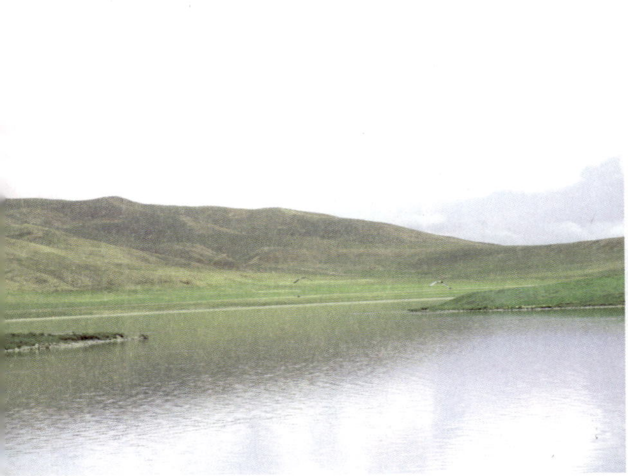
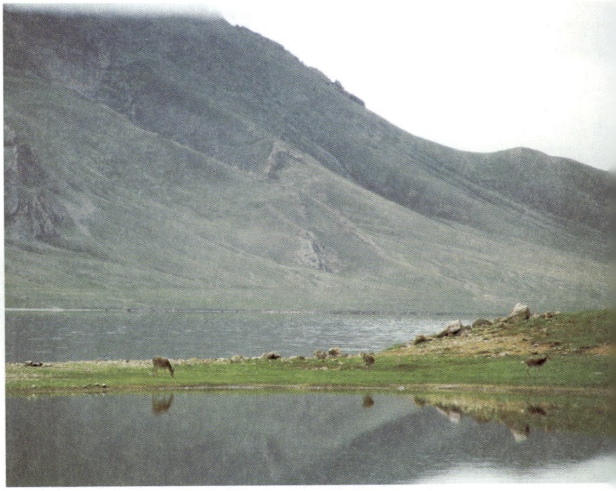

མཚོ་སྔོན་པོའི་ཡུལ་ལྗོངས།

ཏུ་འོང་བའི་སྒྲོག་ཆགས་ཀྱི་གཞིས་ཀ་དང་རང་བྱུང་ཁམས་ཀྱི་མཛེས་སྡུག་ཕྲ་ན་མེད་པ་ཞིག་ཡིན། འདབ་ཆགས་སྐྱེ་བསུ་བྱེད་པའི་སྐབས་སུ་མཚོ་འདིར་ཁྲུང་ཁྲུང་སྐེ་ནག་དང་། ངང་པ་དཀར་པོ། ངུར་བ་སེར་པོ། ངང་མ་ནག་པོ། ངང་མ་ཧ་སྐད་ཅན། བྱ་དཀར་ཨོག་པོ། སྐྱུ་ར་ཞ་ཟན། མཐིང་རིལ་རྒན་མོ་སོགས་བྱ་རིགས་མི་འདྲ་བ་ལྔ་བཅུ་ལྷག་ཙམ་དང་ཁ་གྲངས་ཁྲི་ཚོ་ལས་བརྒལ་བ་ཡོད། དུས་ཡུན་ཟླ་བ་གཉིས་ཙམ་གྱི་རིང་ལ་སྒོ་ང་སྒྲིན་པ་དང་བྱ་ཕྲུག་གི་འཕུར་རྩལ་སྦྱོང་བ་སོགས་ཀྱི་གོ་རིམ་བརྒྱུད་དེ་ལོ་དེའི་བྱ་ཕྲུག་རྣམས་བྱ་ཕྲུའི་རྗེས་ཟིན་པ་འཕུར་ཐུབ་པའི་སྐབས་སུ་བྱ་རིགས་ཕལ་ཆེ་བ་སླར་ཡང་ཕྱོགས་སོ་སོར་འཕུར་ནས་འགྲོ་བ་ལས་གཏན་སྡོད་བྱེད་པའི་སྲོལ་མེད། མཚོ་སྔོན་པོའི་བྱང་ཤར་གྱི་ཡུལ་སྐོར་ལྗོངས་གཟིགས་སྐྱིགས་བུ་དེ་ནས་གཟིགས་ན་གཡུ་ཞུན་གྱི་ཁུ་བ་འཁྱིལ་འདྲའི་མཚོ་མོ་དེའི་ཉེ་འཁོར་ན་རྫ་རི་དང་གངས་རི་མང་པོས་བསྐོར་ནས་ཡོད་ཅིང་དེ་དག་ལ་ཆེས་མཛེས་པའི་རང་བྱུང་ཆགས་དབྱིབས་ཀྱི་རྣམ་པ་དང་ངོ་མཚར་བའི་གཏམ་རྒྱུད་ཀྱིས་ལྗོངས་རྒྱུ་བར་མིག་ཡིད་རྣ་བའི་དགའ་སྟོན་སྣ་ཚོགས་རང་ཤུགས་སུ་སྟེར་ངེས་ཡིན། དེ་ཡང་ཤར་ཕྱོགས་ཀྱི་རི་བོ་དེར་གྱེར་ཁྲུང་རི་བོ་ཟེར་ཞིང་འདི་ནི་ཡུལ་འདིས་གསོལ་མཆོད་བྱེད་པའི་ཡུལ་ལྷ་ཞིག་ཡིན་ལ་དམངས་ཁྲོད་ངག་རྒྱུན་དུ།

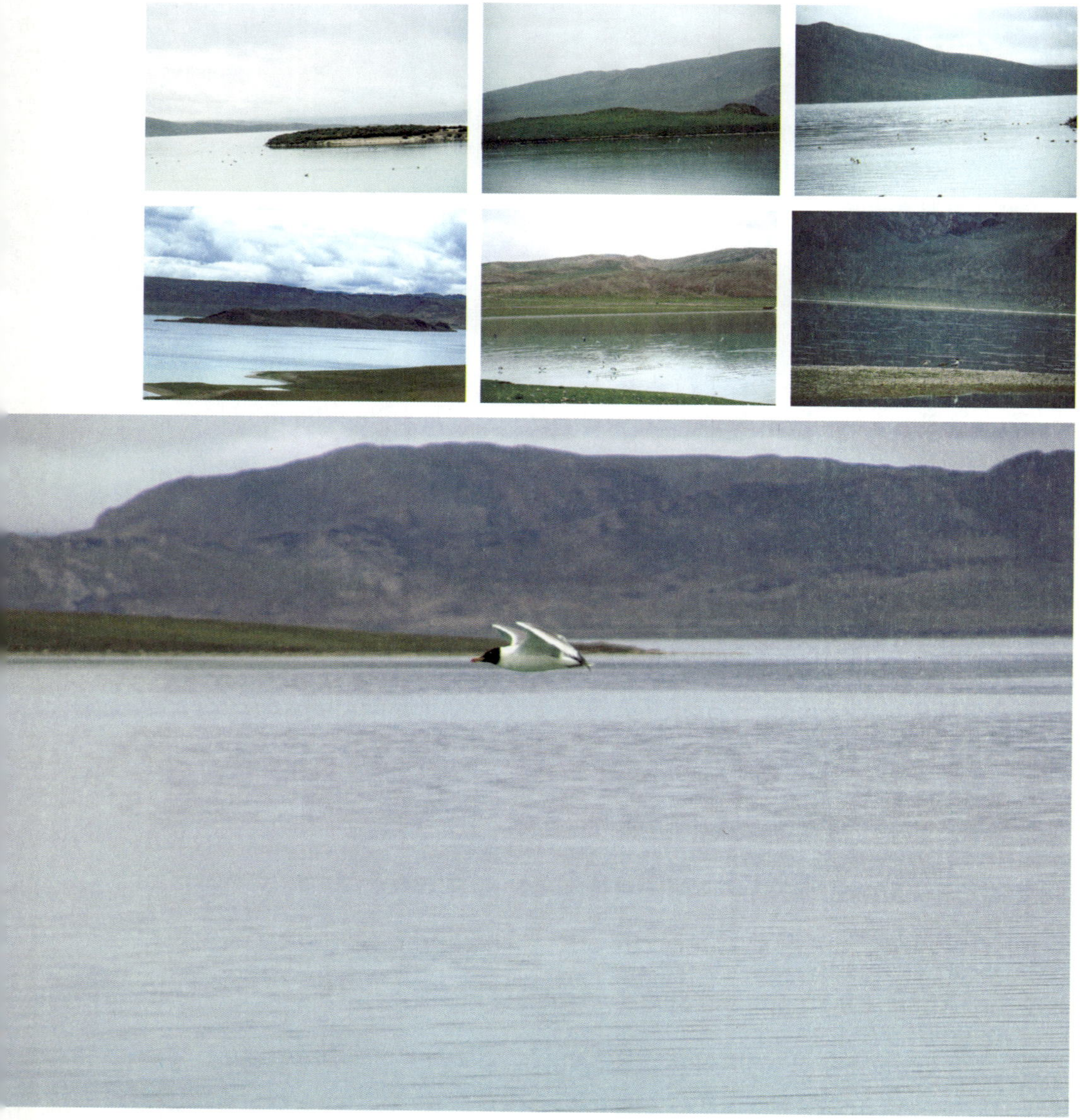

མཚོ་སྔོན་མོའི་ངོ་ཕྲན་དང་མཚོ་བྱ།

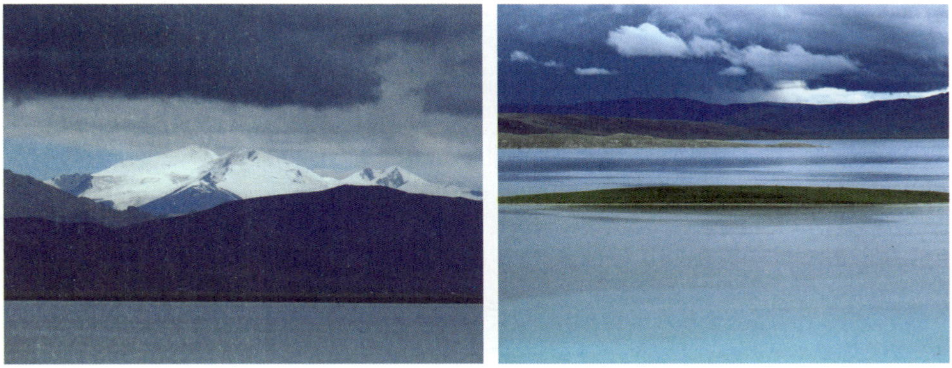

རྒྱལ་གངས་རི་བོ།

གྱེར་ཁྱུང་སེང་གེ་འཁྱིལ་བ་འདྲ། །
སེང་ལག་གཡས་པ་བརྐྱངས་པ་འདྲ། །

ཞེས་ཟེར་ཏེ་རི་བོ་དེའི་དབྱིབས་ནི་སེང་གེ་ཞིག་ནུབ་ཏུ་ཁ་སྒྲུ་ནས་ལག་གཡས་པ་བརྐྱངས་པ་དང་འདྲ་པོ་ཡོད་ཟེར་ལ་ཁྱུལ་དེར་མཆོན་ན་དད་མོས་དང་གསོལ་མཆོད་བྱེད་ཡུལ་གྱི་ལྷ་རི་ཞིག་ཡིན། དེ་ནས་ལྷོ་ཕྱོགས་སུ་གཟིགས་ན་རི་ཚོགས་ཀྱི་དབུས་ན་ཤེལ་གྱི་མཆོད་རྟེན་ལྟ་བུ་དཀར་ལ་དྭངས་པའི་གངས་རི་ཞིག་རྒྱང་ཐག་ཐུང་རིང་བའི་ས་ཞིག་ན་སྐྱ་ལྕང་དེར་ཡོད་པ་མིག་ལམ་དུ་མཐོང་བ་དེ་ནི་ཇོ་མོ་རྒྱལ་གངས་ཞེས་པ་དེ་ཡིན་ཞིང་བོད་ཁམས་སྐྱོང་བའི་བརྟན་མ་བཅུ་གཉིས་ཀྱི་གྲལ་དུ་གཏོགས་པའི་གནས་རི་ཞིག་ཡིན། དེང་སྐབས་ཤེལ་ཚྭ་ཇོང་ཞེས་པའི་མིང་ཡང་རི་བོ་འདི་ཉིད་ལས་བྱུང་བ་ཡིན་ཏེ་རི་བོ་འདི་ཉིད་ཤེལ་དཀར་གྱི་ཚྭ་ལྟར་དཀར་ལ་འོད་འཚེར་བས་ཤེལ་ཚྭ་ཞེས་མཚུངས་དཔེ་རུ་བཀོད་པ་ཡིན་ཞིང་དེའི་ཉེ་འདབས་སུ་ཆགས་པའི་སྲིད་འཛིན་སྡེ་ཚན་དེ་ལ་ཡང་ཤེལ་ཚྭ་ཇོང་ཞེས་འབོད་པ་རེད། དེ་ཡང་རིག་འཛིན་རྒོད་ལྡེམ་གྱི་གཏེར་མ་བརྒྱ་བཞིན་ལྷ་བསང་ལས། ཡུལ་ནི་ན་ལེན་ཤིང་ལེན་ན། །བཙན་ལ་རོལ་པའི་སྨན་གཅིག་མ། །ཆིབས་སུ་དྲེལ་ཧྲ་རྐང་གསུམ་ཆིབས། །གཞོས་བུ་སླིང་དང་གཏོར་མས་བརྟན། །ཞེས་པ་ལྟར་རི་འདིའི་གནས་བདག་

བཙན་ལ་རོལ་པའི་སྨན་གཅིག་མ་ཞིས་པ་དེ་ཡིན་པར་བཤད། ད་དུང་དམངས་ཁྲོད་ངག་རྒྱུན་དུ་ཇོ་མོ་རྒྱལ་གངས་ནི་བོད་ཀྱི་མགུར་ལྷ་བཅུ་གསུམ་གྱི་ནང་ཚན་ཇོ་བོ་གཡའ་སྤང་སྐྱེས་ཀྱི་ཆུང་མ་ཡིན་ཡང་སྐབས་ཤིག་ལ་དམར་བཙན་གུ་ར་ཞེས་པའི་རི་དེས་ཇོ་མོ་རྒྱལ་གངས་ལ་དགའ་པོ་བྱས་ནས་ལུགས་མཐུན་མིན་པའི་འབྲེལ་བ་བྱས་པ་དེ་ཇོ་བོ་གཡའ་སྤང་སྐྱེས་ཀྱིས་ཚོར་ནས་ཁོ་ང་རྒྱལ་ཆེན་པོ་སྐྱེས་ནས་དམར་བཙན་གུ་རའི་ཀླིག་འབྲས་ཕྱུང་ནས་སྐེ་ལ་བཏགས་པ་དང་ཇོ་མོ་རྒྱལ་གངས་ལ་མདའ་བརྒྱབ་ནས་ནུ་མ་

བང་ཁོག་མཚོའི་མཚོ་བྱ།

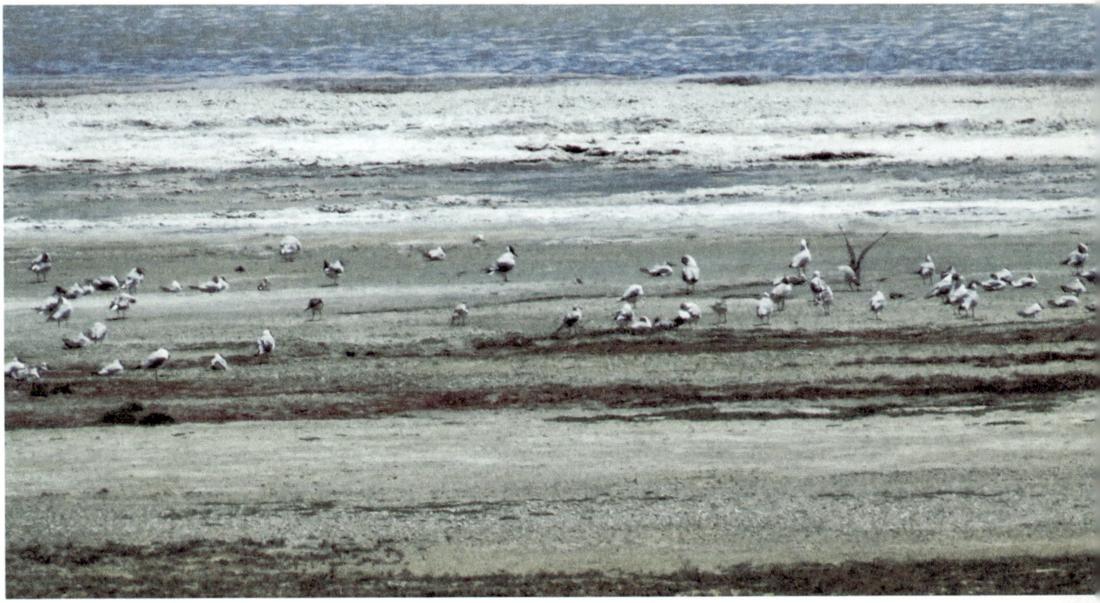

བང་ཁོག་མཚོའི་མཚོ་བྱ།

གཡས་པ་གཏོར་བ་རེད་ཟེར་ཞིང་ཁྲུལ་འདིའི་གཏམ་དཔེ་ལ་ཡང་། འཆལ་པོ་འཆལ་ཚོད་མ་ཟིན་ན། །དམར་བཙན་གུ་རའི་སྐེ་ལ་ལྟོས། །འཆལ་མོ་འཆལ་ཚོད་མ་ཟིན་ན། །རྒྱལ་གངས་ལྷ་མོའི་ནུ་མར་བལྟོས། །ཞེས་ཟེར་སྲོལ་ཡོད། དེ་བཞིན་སྟོང་ཁྲུང་རི་བོ་དང་། མ་ཡོ་གཱ་པ་སོགས་བཟེད་ཚགས་ཀྱི་རི་བོ་མང་པོ་རིན་ཆེན་གྱི་ཁྲ་ཚོམ་བཀོད་པ་ལྟ་བུའི་མཛེས་ལྗོངས་ལ་སྤྱོད་རོལ་བྱེད་རྒྱུ་ཡོད།

གཉིས། ཟི་གླིང་འདུས་མཚོའི་ཤར་གྱི་བང་ཁོག་མཚོ།

བང་ཁོག་མཚོ་མོ་ནི་ཟི་གླིང་འདུས་མཚོའི་ཤར་ཕྱོགས་དཔལ་མགོན་རྫོང་མན་ཐང་ཡུལ་ཤོག་གི་ས་ཁོངས་སུ་གནས་ཤིང་དཔལ་མགོན་རྫོང་ནས་སྤྱི་ལེ་༧༠ ཙམ་བསྐྱོད་ན་མཚོ་ཁ་རུ་འཁྱོར་གྱི་ཡོད་ལ་ཟི་གླིང་འདུས་མཚོའི་ཡུལ་སྐོར་ལམ་གྱི་ཤར་ཟུར་དུ་ཡོད། རྒྱ་མཚོའི་ངོས་ལས་མཐོ་ཚད་སྨིད་༤༥༢༧ ཟིན་གྱི་ཡོད་ལ་མཚོ་དེའི་སྤྱིའི་རྒྱ་ཁྱོན་ལ་ལམ་ཐག་སྤྱི་ལེ་༥༠ ལྷག་ཙམ་ཡོད།

ཡངས་པའི་རྩྭ་ཐང་གསེར་གྱི་གཞོང་པ་ལྟ་བུའི་དབུས་ན་ཐུལ་དཀར་འབྲི་མོའི་འོ་མ་འཁྱིལ་འདྲའི་བང་ཕོག་མཚོ་དཀར་ནི་སྣ་མང་འདབ་ཆགས་ཀྱི་ཕ་ཁྱིམ་ཡིན་ལ་མ་བཀོད་རང་བྱུང་གི་མཛེས་སྡུག་ལྷ་ན་མེད་པའི་རྩྭ་ཐང་གི་རྒྱན་ཆ་ཞིག་ཀྱང་ཡིན། ཁུལ་འདིའི་མི་རབས་གོང་མ་རྣམས་ཀྱིས་མཚོ་འདི་གཏེར་མཚོ་ཡིན་ཞིང་འཛད་པ་མེད་པའི་རིན་ཆེན་གཏེར་རྫས་ཀྱི་བང་མཛོད་ལྟ་བུ་ཞིག་ཏུ་གྱུར་ཡོད་པ་རེད་ཅེས་མཚོ་འདི་ལ་སྲུང་སྐྱོབ་དང་ཡྙ་གསོལ་བྱེད་སྲོལ་ཡོད་ཅིང་མིང་གཞན་ལ་དར་མཚོ་ཕྱུག་མོ་ཞེས་འབོད་སྲོལ་ཡོད།

མཚོ་འདིར་ཡ་མཚན་ཆེ་བའི་གཏམ་རྒྱུད་ཅིག་བཤད་རྒྱུ་ཡོད་པ་ནི་ཐོག་མར་མཚོ་འདི་ཚྭ་མཚོ་ཡིན་པའི་བཤད་སྲོལ་ཡོད་ཀྱང་རི་བོ་སྤང་ཆེན་སྤང་ཆུང་གཉིས་སྟོད་ཀྱི་མ་ཕམ་གཡུ་མཚོར་འགྲོ་བའི་ལམ་དུ་དཔའ་ཕུད་ཀྱིས་གདོང་བཀག་ནས་འཁོར་མ་བཙུག

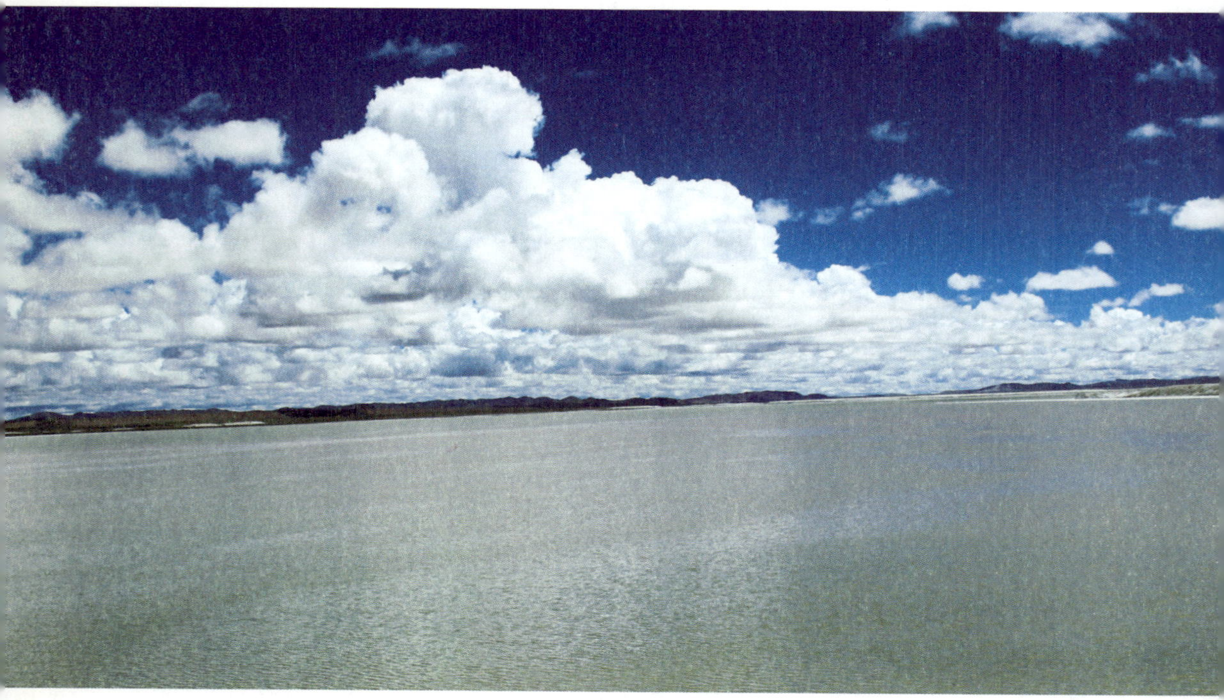

བང་ཕོག་མཚོའི་མཛེས་ལྗོངས།

པའི་དུས་སུ་དེ་མཉམ་དུ་ཡོང་བའི་ཐེའུ་རང་སྤྱན་བདུན་ཞེས་པ་ཞིག་ཡོད་པ་དེ་རྣམས་མཚོ་དེའི་ཁ་རུ་ཡོང་ནས་ཚྭ་ཐམས་ཅད་བལྡགས་ནས་མེད་པ་བཟོས་ཚར་རྗེས་མཚོ་དེའི་ཤར་ཕྱོགས་ནས་ནུབ་ཏུ་ཁ་གཏད་ནས་བསྡད་ཡོད་པ་ཟེར་བ་ནི་ད་ལྟ་ཐེའུ་རང་སྤྱན་བདུན་ཞེས་པའི་རི་བོ་བདུན་མུ་འབྲེལ་དུ་གནས་ཡོད་པ་དེ་ཡིན། དེ་ནས་བཟུང་མཚོ་དེར་ཚྭ་མི་ཆགས་པར་བྱུལ་མཚོ་རུ་གྱུར་བ་རེད་ཟེར།

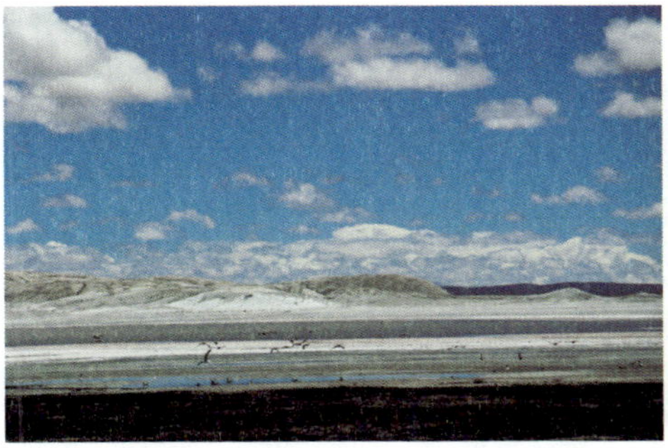

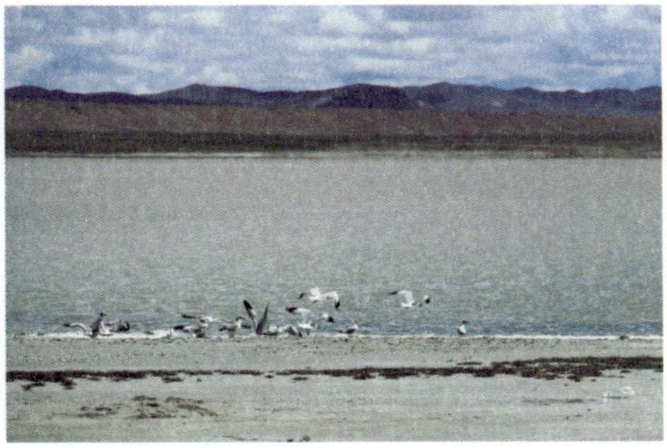

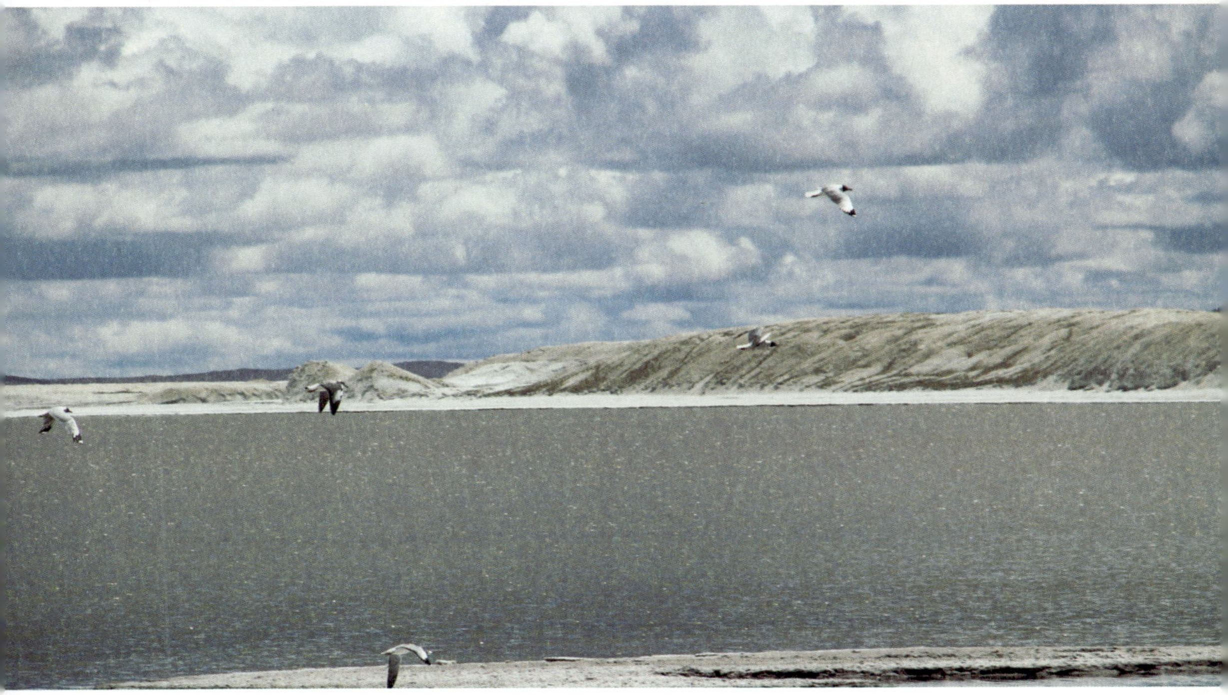

བང་ཁོག་མཚོ་དཀར་གྱི་ཆགས་དབྱིབས།

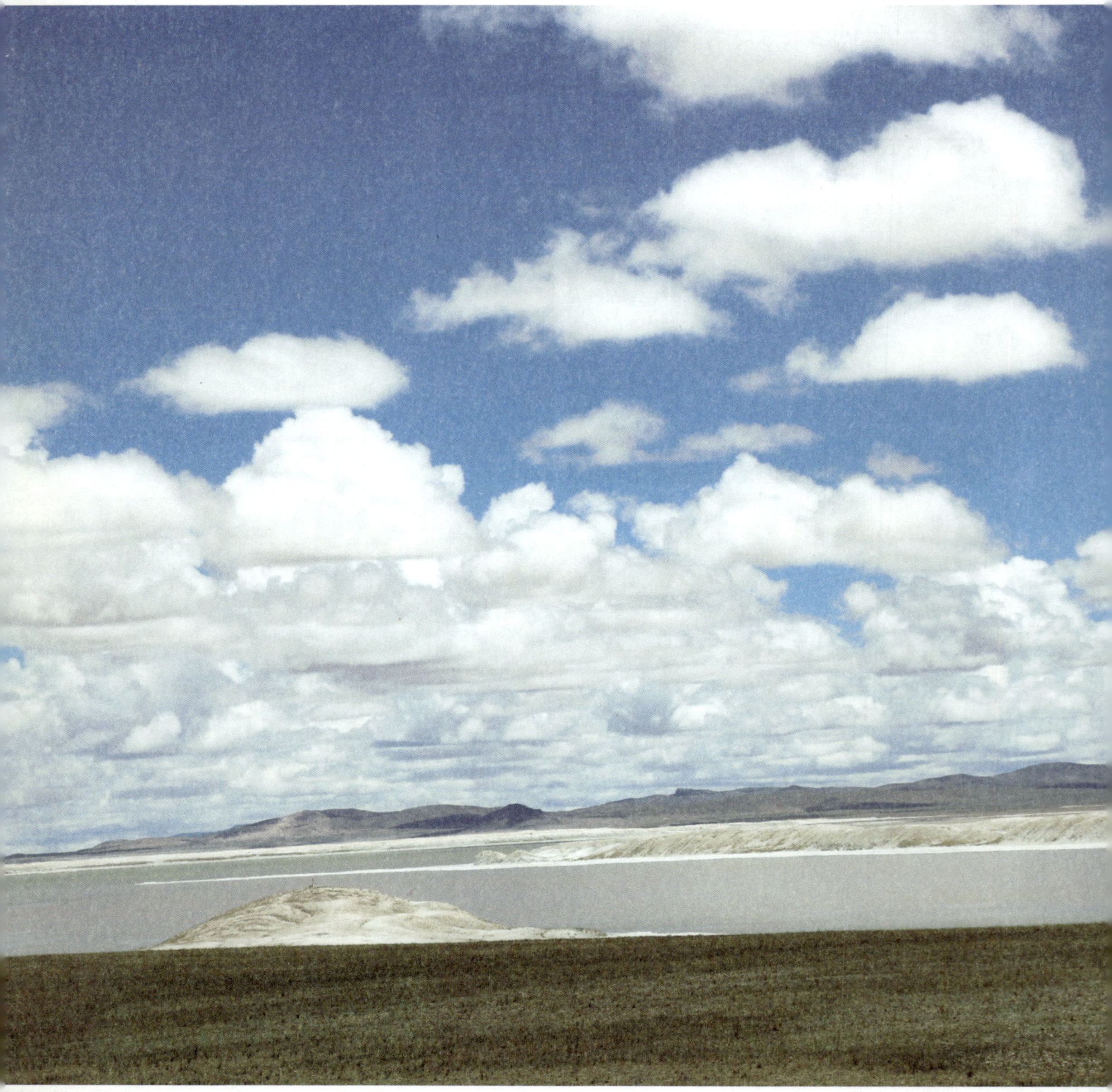

བང་ཁོག་གཏེར་མཚོ།

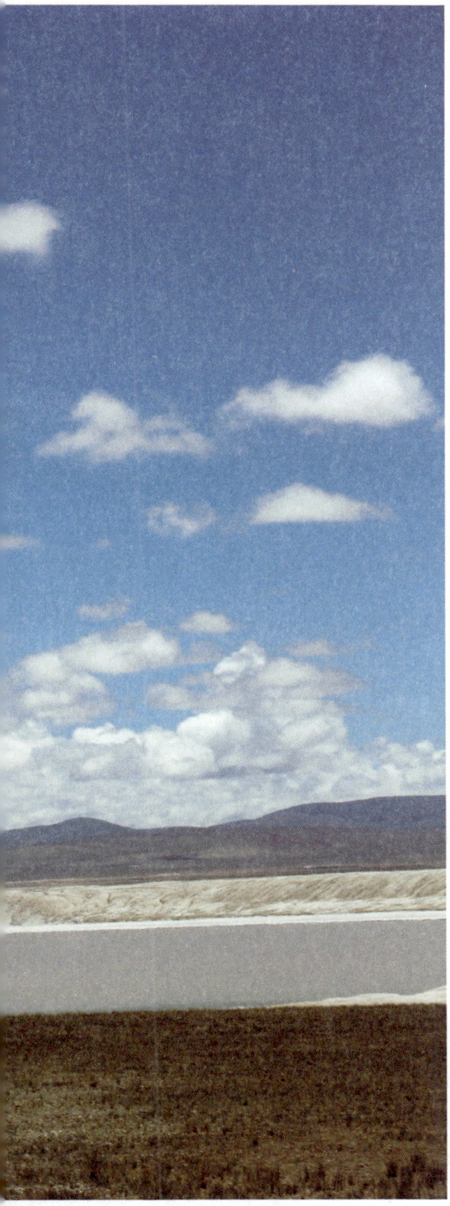

བང་ཁོག་མཚོ་ཞེས་པ་ནི་མཚོ་དེའི་ཆགས་དབྱིབས་བྲང་ཁོག་གི་དབྱིབས་དང་འདྲ་བའི་ཆ་ནས་ཡུལ་སྐད་དུ་བང་ཁོག་མཚོ་ཞེས་འབོད་སྲོལ་ཡོད། དེ་ཡང་སྤྱི་ལོ་༡༩༥༨ ལོ་ཙམ་ནས་བཟུང་གནས་དེར་ཚྭ་ལ་བརྐོ་མཁན་གྱི་ལས་གྲྭ་ཞིག་བཙུགས་ཤིང་། ས་དེའི་ཚྭ་ལ་ སྤུས་ཚད་དང་ཐོན་ཁུངས་ཤིན་ཏུ་ལེགས་པས་རིམ་གྱིས་ལས་གྲྭ་དེ་འཕེལ་རྒྱས་སུ་ཕྱིན་ནས་ཚྭ་ལ་རྒྱ་སྐར་ཞེས་འབོད་པའི་རྒྱ་བོད་ཀྱི་ལས་བཟོ་བ་སྟོང་ཕྲག་གསུམ་ཙམ་དང་། གནམ་གཤིས་ལས་ཁུངས། ལྕགས་བཟོ་ལས་ཁུངས། མདོ་ཁུང་སི་སོགས་སྲིད་འཛིན་ལས་ཁུངས་ཀྱང་ཁ་ཤས་བཙུགས་ཡོད། དེའི་སྐབས་སུ་བང་ཁོག་གི་ཚྭ་ལ་རྒྱལ་ཕྱི་རྒྱལ་ནང་ཀུན་ཏུ་སྙན་གྲགས་ཆེན་པོ་བཙུགས་ཤིང་། ཀྲུང་གོའི་རྒྱལ་ཁབ་ཀྱི་དཔལ་འབྱོར་ལ་གནོན་འདེགས་བྱས་ཡོད་པས་སྐབས་དེར་སྐྱིལ་འདྲེན་དང་འབྲེལ་གཏུག་གི་ས་ཚིགས་གལ་ཆེན་ཞིག་དང་། རྫོང་འདི་ཡང་གནས་དེར་ཆགས་རྒྱུའི་རྨང་གཞི་ཡོད་ལ་ས་དེར་བང་ཁོག་ཚྭ་ལ་ཁ་ཞེས་འབོད་ཀྱི་ཡོད། དེ་རྗེས་སྤྱི་ལོ་༡༩༨༠ ལོའི་ཟླ་བ་༩ པར་བང་ཁོག་ཚྭ་ལ་ཁ་ནས་དེར་ཡོད་པའི་སྲིད་འཛིན་སྡེ་

ཚན་ཚང་མ་སྔོན་མའི་སྤྱང་ལུང་རྫོང་ཆགས་ས་ཏུ་ཚུར་གནས་སྤོ་བྱས་ནས་རྫོང་དབུ་བཙེས། འོན་ཀྱང་སྔོན་མ་ཚ་ལ་ཁའི་མིང་དེ་རྒྱུན་འཛགས་སུ་གནས་ནས་ཀུན་གྱིས་བང་ཕོག་རྫོང་ཞེས་འབོད་པ་བྱུང་། དེའི་རྗེས་སུ་རིམ་གྱིས་བང་ཕོག་རྫོང་ཞེས་པ་དེ་དཔལ་མགོན་རྫོང་ཞེས་པར་སྒྲ་འགྱུར་བ་ཡིན།

མཚོ་དེར་འབབ་པའི་ཆུ་ཕྲན་ཆེ་ཤོས་ནི་ཛ་གར་གཙང་པོ་ཡིན་ཞིང་དེའི་ཆུ་

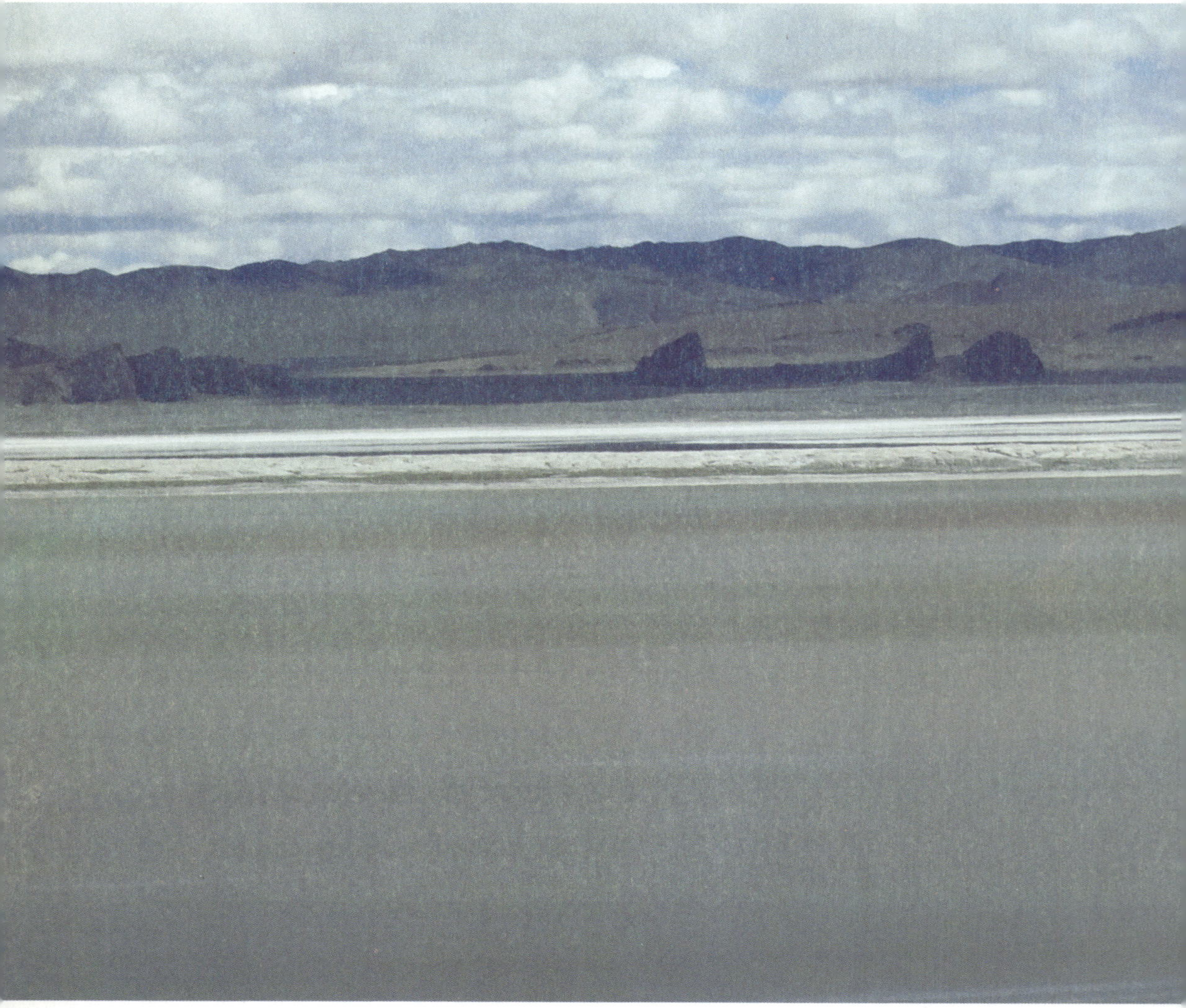

འགོ་ནི་རྒྱ་ལུའི་གཙང་པོ་དང་། སྦྲུལ་ནག་ལུ་མ། མཁལ་གནས་ར་གསུམ་གཙང་པོ་བཅས་འདྲེས་ནས་ཆུ་འགོ་ནས་ཆུ་མཇུག་བར་སྤྱི་ལེ་༧༠ ལྷག་གི་སར་རྒྱུགས་ནས་ཆུ་མཇུག་མཚོ་དེར་འདྲེས་ཡོད། དེ་བཞིན་མཚེར་ཆུ་གཙང་པོ་དང་། ལུང་དམར་གཙང་པོ། ར་བ་ལུང་གསུམ་གྱི་གཙང་པོ་བཅས་མཚོ་དེར་འདྲེས་ཡོད།

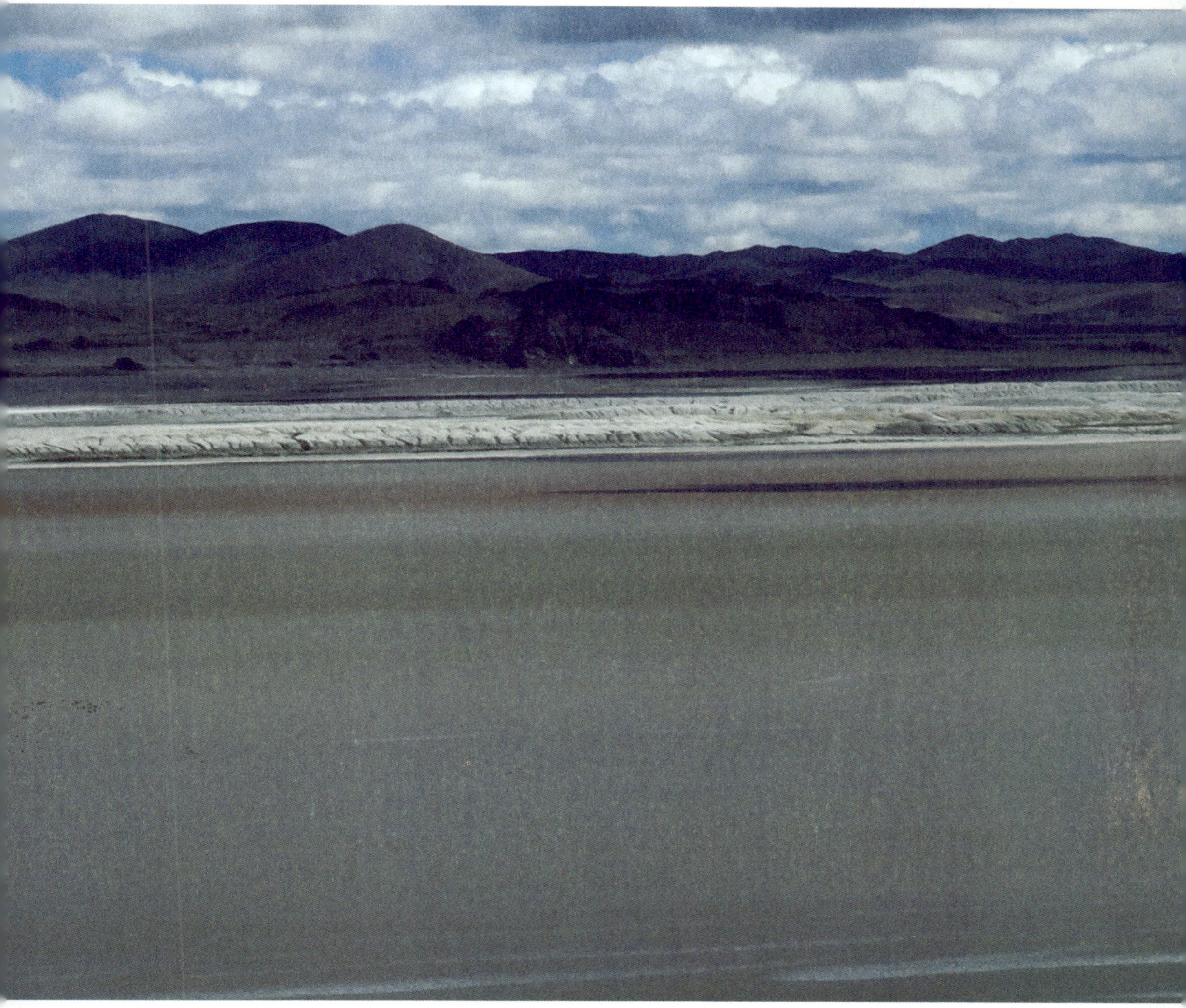

ཐེའུ་རང་སྲུན་བདུན་དང་བང་ཁོག་མཚོ།

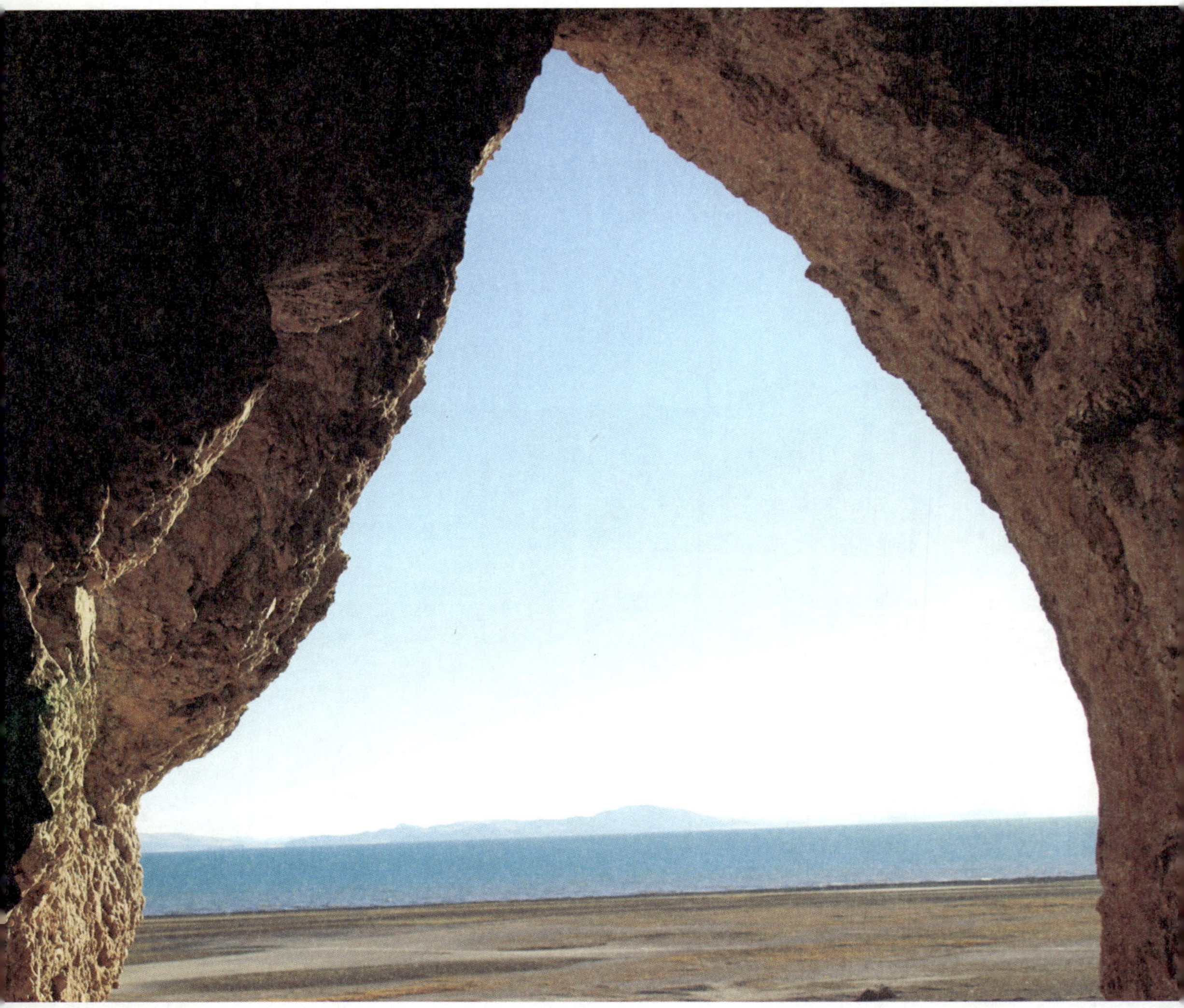

ཁྲུང་མཆུའི་བྲག་སྒོ་བླ་མའི་དབུ་ཞྭ་རང་བྱོན་དང་ཟི་གླིང་མཚོ།

ས་བཅད་དྲུག་པ། ཟི་ལིང་འདུས་མཚོའི་ཉེ་འཁོར་གྱི་གནས་རི་དང་དགོན་སྡེའི་ངོ་སྤྲོད།

གཅིག ཁྲུང་མཆུ་བྲག་དམར།

ཁྲུང་མཆུ་བྲག་དམར་ནི་དཔལ་མགོན་རྫོང་མན་ཐང་ཡུལ་ཤོག་གི་ས་ཁོངས་ཟི་ལིང་འདུས་མཚོའི་བྱང་ཤར་དུ་གནས་ཤིང་དཔལ་མགོན་རྫོང་ནས་བྱང་ནུབ་ཀྱི་ཕྱོགས་སུ་སྤྱི་ལེ་༡༣༥ ཙམ་བསྐྱོད་ན་སླེབས་ཐུབ་ཅིང་ས་བབ་མཐོ་ཚད་རྒྱ་མཚོའི་ངོས་ནས་རྨིད་༣༤༠༠ ཟིན་གྱི་ཡོད།

དེ་ཡང་བྱང་ཐང་འབྲོག་གི་ས་ཆ་དཀར་ནག་ཕྱུགས་ཀྱི་ཕ་ས་མཐིང་མདོག་གི་ལྷ་ལམ་ཡངས་པོ་ས་ལ་འཕོས་འདྲའི་མཚོ་ཆེན་ཟི་ལིང་མཚོ་མོའི་ཤར་རྒྱུད། རི་བོ་དམར་གཏེར་བཞམ་འདྲ་བསྟན་སྲུང་སྨུག་པོ་དགྲ་འདུལ་གྱི་ནུབ་ཕྱོགས། གསེར་མདོག་གི་རྩྭ་ཐང་མེ་ཏོག་ཐང་ལ་བརྡལ་འདྲའི་དབུས་སུ། བྲག་རི་རྩེ་མོ་དགུང་དང་མཉམ་པ་བྱ་རྒྱལ་ཁྲུང་ཆེན་ནམ་འཕང་གཅོད་པ་དང་འདྲ་བའི་གནས་རི་བྱ་ཁྲུང་ག་ཏུ་ཊ་ཡི་སྒྲུབ་གནས་ཁྱད་དུ་འཕགས་པ་དེ་ཉིད་ཆགས་ཡོད་ཅིང་གནས་མཆོག་འདི་ནི་ཆོས་ལུགས་ཀྱི་ངོས་ནས་བཤད་ན་གནས་རི་ཁྱད་པར་ཅན་ཞིག་དང་གེ་སར་གླིང་སྒྲུང་གི་ནང་དུ་གསལ་བའི་བྱང་ཐང་གི་ཡབ་མེས་ཨ་སྟག་དཔའ་མོ་དང་འབྲེལ་བའི་གཏམ་རྒྱུད་དང་གནའ་ཤུལ་གྱི་ལྡེ་གནས་ལྟ་བུ་ཞིག་ཡིན་པ་མ་ཟད་མཛེས་ལྗོངས་ཀྱི་བཀོད་པ་ཁྱད་དུ་འཕགས་པའི་ཡུལ་ལྗོངས་ཤིག་ཡིན།

ཁྲུང་མཆུ་བྲག་དམར་གྱི་ཆགས་དབྱིབས་ནི་ལྷོ་ནས་བལྟས་ཚེ་རྒྱ་སྟག་དམར་པོ་ཁ་གདངས་ཤིང་མཆེ་བ་གཙིགས་པ་ཞིག་ཁ་ལྷོ་ནུབ་ཏུ་བསྒྱུ་ནས་ཡོད་པ་འདྲ་ལ་

ཤར་ནས་བལྟས་ན་གཡུ་ཡི་གཞོང་པའི་སྟེང་དུ་རྒྱན་གྱིས་མཛེས་པའི་གཏོར་མ་ཞིག་བཞག་ཡོད་པ་དང་འདྲ་ཟེར།

ངག་རྒྱུན་ལྟར་ན་ཐོག་མར་ཨོ་རྒྱན་གྱི་སློབ་དཔོན་ཆེན་པོ་པདྨ་འབྱུང་གནས་གང་དེ་ཉིད་བོད་ཡུལ་ཁ་བ་ཅན་གྱི་ལྗོངས་སུ་ཆོས་ཀྱི་རྒྱལ་པོ་ཆེན་པོ་ཁྲི་སྲོང་ལྡེའུ་བཙན་གྱིས་སྤྱན་དྲངས་ཤིང་བོད་ཀྱི་ས་ཆ་ཀུན་ཏུ་ཞབས་ཀྱིས་བཅགས་ཤིང་ལྷ་འདྲེ་གདུག་པ་ཅན་དམ་ལ་བཏགས། དེའི་དུས་སུ་ཨོ་རྒྱན་ཆེན་པོ་མཆོག་གནས་འདིར་སྐུ་གདུག་པ་ཅན་འདུལ་བར་དགོངས་ནས་བྱ་ཁྱུང་ག་རུ་ཌ་ཡི་སྦུབ་པ་ལ་བཞུགས་པའི་ཚེ་ན་ཟེ་གླིང་འདུས་མཚོའི་ནང་དུ་གནས་པའི་ཀླུ་བདུད་རྗོལ་བ་ནག་པོ་ཞེས་པ་བསྟན་ལ་གནོད་ཅིང་སེམས་ཅན་ལ་འཚེ་བའི་ཀླུ་གདུག་པ་ཅན་ཞིག་ཡོད་པ་དེས་ཨོ་རྒྱན་ཆེན་པོར་ངན་སེམས་བཅངས་ནས་སྤྲུལ་ནག་པོ་འཇིགས་སུ་རུང་བ་ཞིག་ཏུ་སྤྲུལ་ནས་ཡོང་ཞིང་སློབ་དཔོན་ཆེན་པོའི་སྦུབ་ཁང་གི་སྒོ་རུ་སླེབས་ཚེ་སྐད་གཅིག་གིས་སློབ་དཔོན་ཆེན་པོ་བྱ་ཁྱུང་ག་རུ་ཌའི་སྐུར་བཞེངས་ནས་ཀླུ་བདུད་རྗོལ་བ་ནག་པོ་དམ་ལ་བཏགས་པར་གྲགས་ཤིང་ད་ལྟའང་སྐབས་དེའི་སྤྲུལ་ནག་གི་རྗེས་

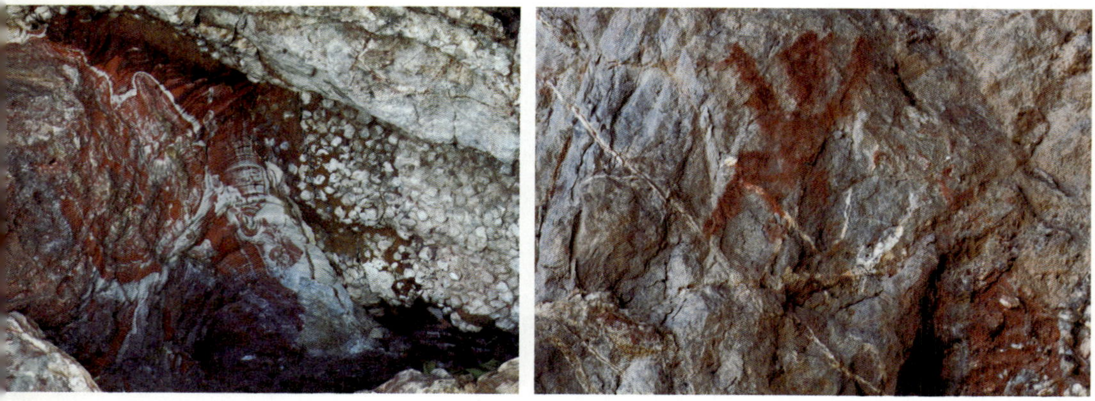

ཁྱུང་མཆུའི་བྲག་རིས་སྣ་ཚོགས།

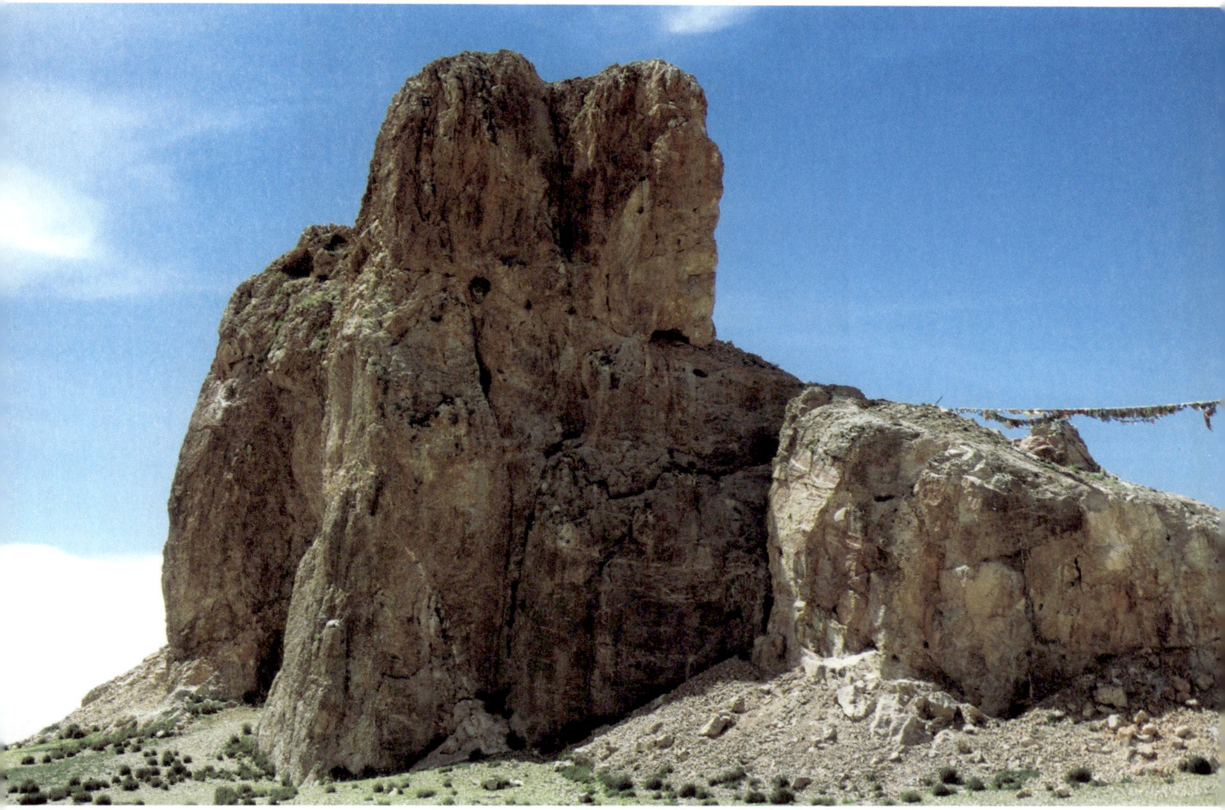

ཁྲུང་མཚུ་ནུབ།

རེད་ཟེར་བ་མཇལ་རྒྱུ་ཡོད། དེ་ལྟར་གནས་མཆོག་འདི་ཉིད་སངས་རྒྱས་གཉིས་པ་པདྨ་འབྱུང་གནས་ཀྱིས་བྱིན་གྱིས་བརླབས་པའི་སྒྲུབ་གནས་ཁྱད་པར་ཅན་ཞིག་ཡིན་ལ་གེ་སར་རྒྱལ་པོ་མི་རྟ་གཉིས་དང་ཨ་སྟག་དཔའ་མོ་སོགས་གནས་འདིར་ཕེབས་ནས་བྲག་ལ་ཞབས་རྗེས་བཞག་པའང་ད་ལྟ་མཐོང་རྒྱུ་ཡོད། དེའི་རྗེས་དུས་རབས་ཉི་ཤུ་པའི་དུས་སྟོད་སྤྱི་ལོ་༡༨༢༣ ལོར་པཎ་ཆེན་སྐུ་ཕྲེང་དགུ་པ་ཆོས་ཀྱི་ཉི་མ་མཆོག་སོག་པོའི་ཡུལ་དུ་ཕེབས་པའི་ལམ་དུ་དོལ་པའི་རིམ་བཞི་བྱང་བསོད་ནས་པཎ་ཆེན་རིན་པོ་ཆེ་མཆོག་ལ་གནས་འདི་ཉིད་གནས་སྒོ་འབྱེད་རོགས་ཞེས་ཞུ་སྐབས་ཀུན་གཟིགས་པཎ་ཆེན་རིན་པོ་ཆེ་མཆོག་གིས་ཞལ་ནས་གནས་རི་འདི་ཁྱད་དུ་འཕགས་

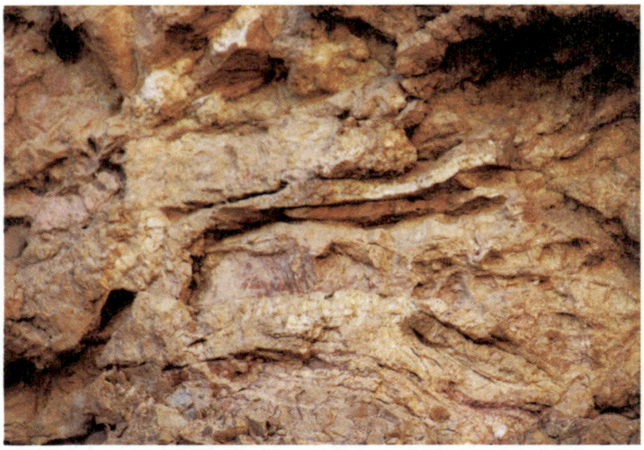

ཨ་སྟག་དཔའ་མོའི་སོག་ལྷམ་གྱི་རྗེས།

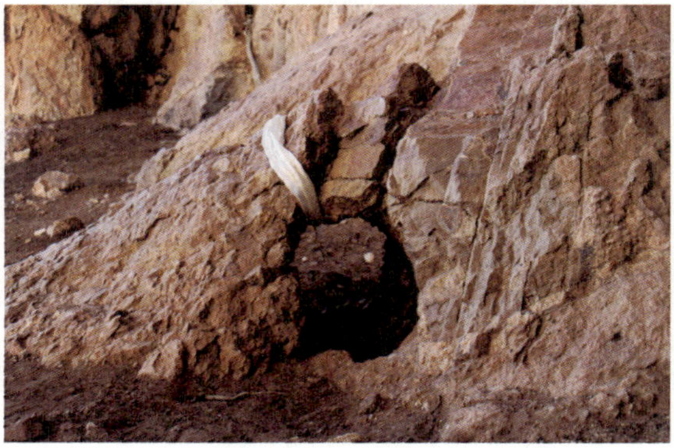

སྦྱིག་པའི་འཛུལ་ཁུང་།

པའི་གནས་ཤིག་ཡིན་འདུག་ཀྱང་འདི་གནས་སྒོ་འབྱེད་མཁན་ནི་ང་མིན། གཏེར་སྟོན་ཀརྨ་གླིང་པའི་སྐུ་གསུང་ཐུགས་ཀྱི་སྤྲུལ་པ་ཞིག་མི་རིང་བར་འབྱོན་པར་འགྱུར་ཞིང་ཁོང་གིས་གནས་སྒོ་འབྱེད་རྒྱུ་ཡིན་པས་ཁྱེད་དཔོན་འབངས་རྣམས་བློ་སེམས་བདེ་བར་བཞུགས་མཛོད་གསུངས་ཡོད་སྐད། དེ་ནས་མི་ལོ་སུམ་ཅུ་སོ་གསུམ་འདས་པའི་རྗེས་སུ་གྲུབ་ཆེན་པདྨ་བཛྲ་ཞེས་པའི་རྟོགས་ལྡན་ཞིག་དང་ཁོང་གི་ལྷམ་མཁའ་འགྲོ་མ་ཞིག་བཅས་གནས་བསྐོར་གྱི་ཚུལ་དུ་གནས་དེར་འབྱོར་སྐབས་རིམ་བཞི་བྱུང་བསོད་ནས་ཁྱེད་གཉིས་གང་ནས་ཡོང་བ་ཡིན། གང་དུ་འགྲོ་བ་ཡིན་

སོགས་སྐད་ཆ་ཞིབ་པར་དྲིས་པའི་ཚོ་ན་ང་གཉིས་གྲུབ་ཆེན་བླ་བ་རྡོ་རྗེའི་བཀའ་ལྟར་བྱང་ཕྱོགས་ཁྱུང་རྫོང་སྨུག་པོ་གནས་སྐོ་འབྱེད་པར་ཡོང་བ་ཡིན་ཟེར། རིམ་བཞིན་བྱང་བསོད་ཀྱི་སེམས་སུ་སྔོན་མ་པཎ་ཆེན་རིན་པོ་ཆེས་ལུང་བསྟན་པ་དེ་འདི་ཡིན་པ་འདྲ་མཉམ་ནས་དོལ་བ་ཟད་པ་ཚོ་པའི་གྲོང་པ་བཅོ་བརྒྱད་ལ་ཕོང་རྣམ་གཉིས་དེར་བཞུགས་རིང་གི་སྒྲུབ་རྒྱུགས་སོགས་ཀྱི་ཐད་ནས་ཞབས་གཏོགས་ཞུ་དགོས་པའི་བཀའ་ཕབ། དེ་ནས་གྲུབ་ཆེན་རིན་པོ་ཆེ་དེ་རྡོ་རྗེ་ཕུར་པའི་དཀྱིལ་འཁོར་ཞལ་ཕྱེས་ནས་བཞུགས་པ་དང་། ལྷམ་མཁའ་འགྲོ་མ་དེ་ཉིད་སྲུང་མར་འཕྲིན་བཅོལ་གནང་ནས་ཡུན་རིང་དུ་བཞུགས།

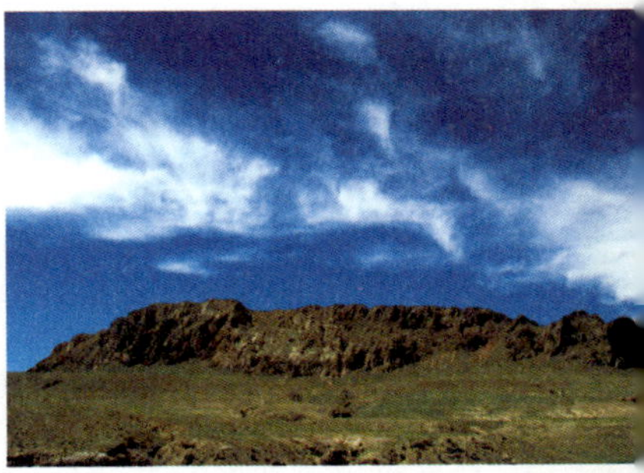

ཟད་རི་རྣམ།

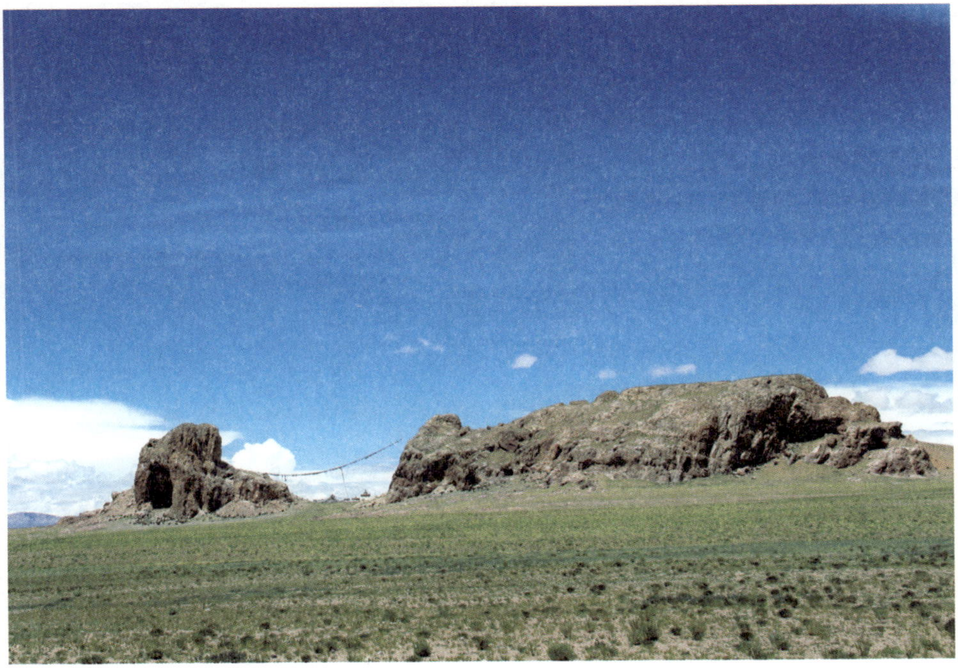

གནས་རི་ཁྱུང་མཆུ་ཤར་ནུབ།

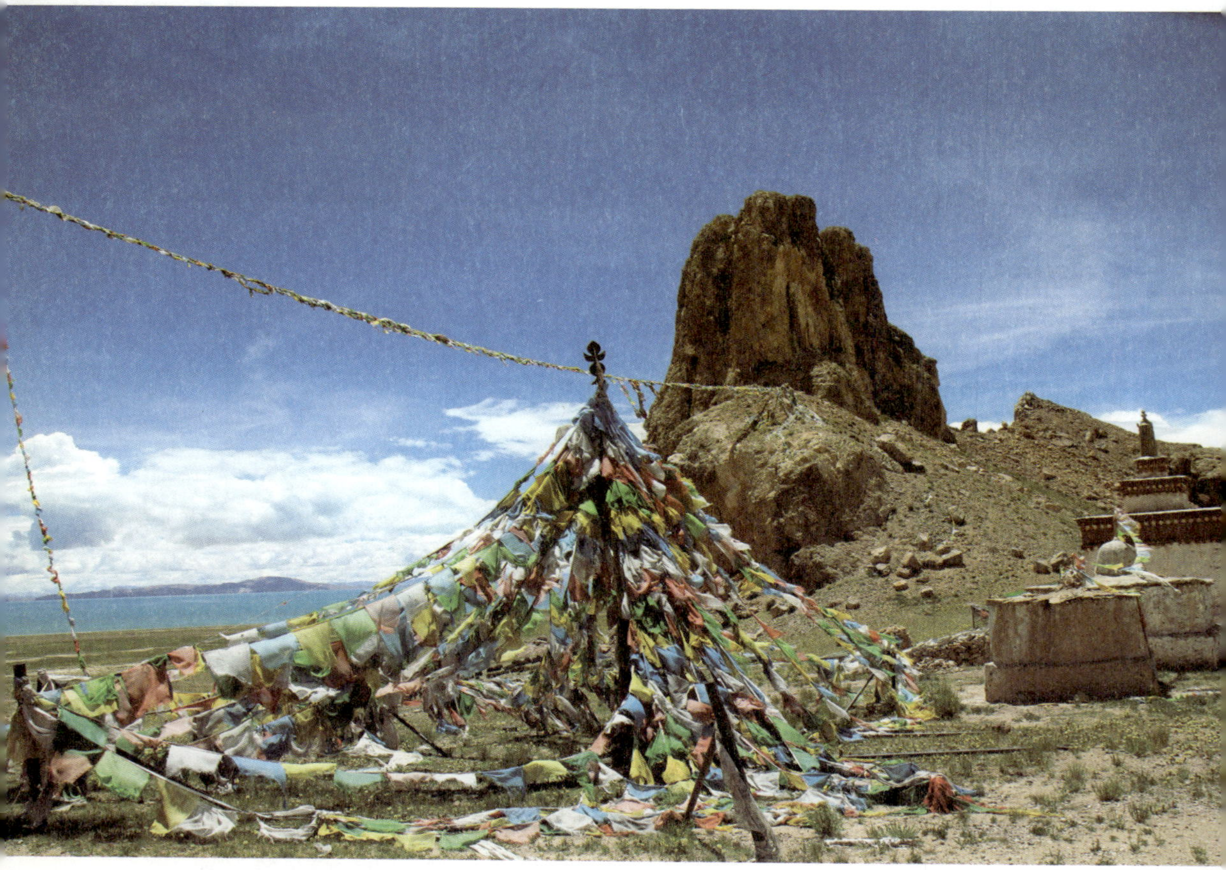

ཁྱུང་མཚུ་ཤར་ནུབ་དབར་གྱི་རླུང་དར།

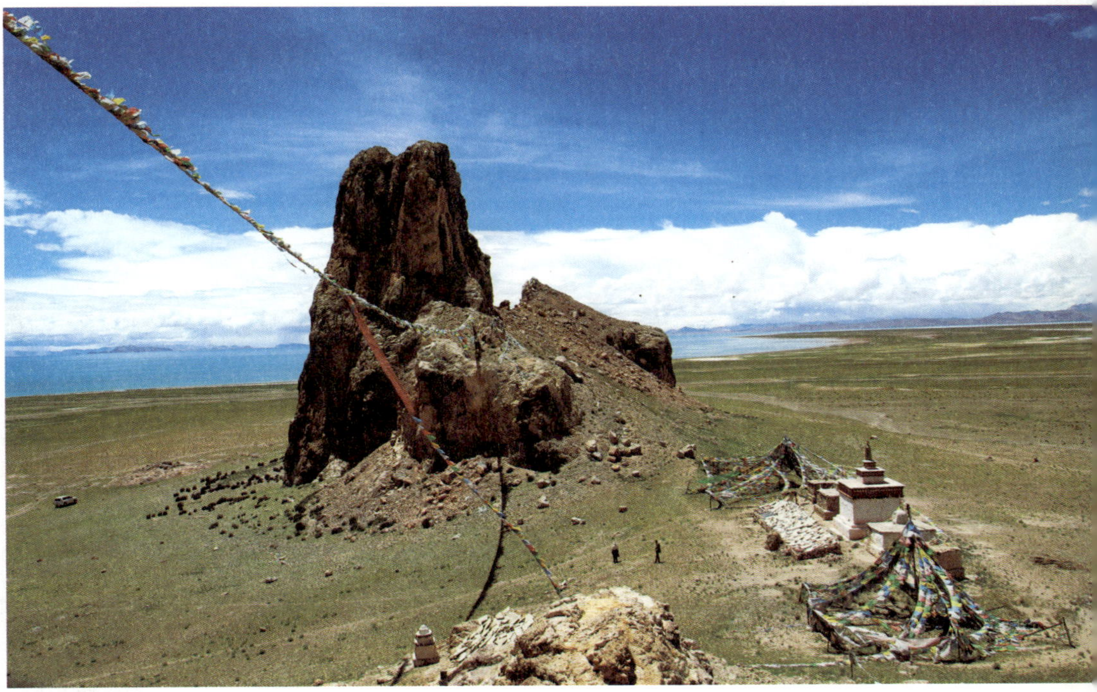

ཁྱུང་མཆུ་ཤར་མ།

ཉིན་ཞིག་གྲུབ་ཆེན་རིན་པོ་ཆེའི་ཞལ་ནས་དེ་རིང་གནས་སྒོ་འབྱེད་པ་དང་གཏེར་འདོན་པའི་དུས་ཡིན་གསུངས་ཤིང་སེང་ཆེན་ཕུག་པ་ནས་རྫོ་གཟི་དང་འདྲ་བ་ཞིག་དང་། ཨུ་རྒྱན་པད་ཞྭ་གཅིག ཟླ་བ་གཅིག རྫོའི་སྟེང་དུ་ཡི་གེ་ཡོད་པ་ཞིག་བཅས་གཏེར་དུ་བཞེངས་ཡོད་ཅིང་ཡི་གེ་དེའི་ནང་དོན་ནི། སེང་ཆེན་ཛེ་དང་རྒྱང་གོད་ཏ། །གནམ་ས་གསལ་བའི་མེ་ལོང་ཡིན། །ཞེས་འཁོད་ཡོད་པར་གྲགས། དེ་བཞིན་གནས་རིར་ཁྲུས་དང་། བྱིན་འབེབ། བརྟན་བཞུགས་སོགས་མཛད་ནས་གནས་སྒོ་ཕྱེས་ཡོད་ཅིང་དེའི་ཉིན་པར་གྲུབ་ཆེན་རིན་པོ་ཆེའི་ཞལ་ནས། དེ་རིང་གངས་ལྷ་བཙན་འབར་བའི་ཕྱུགས་ཀ་ནས་འོད་ཟེར་ཞིག་འཕྲོས་སྟེ་ཅོང་ཞི་གནས་ལ་ཟུག་པ་དང་། ཛྷ་རི་རྫོ་ཛེ་ཕག་མོའི་ཕྱུགས་ཀ་ནས་འོད་ཟེར་ཞིག་འཕྲོས་ཏེ་ཁྱུང་མཆུ་གནས་ལ་ཟུག་འདུག་པས་དད་པ་དང་མོས་གུས་རྣམ་དག་གིས་གནས་འདིར་ཕྱག་

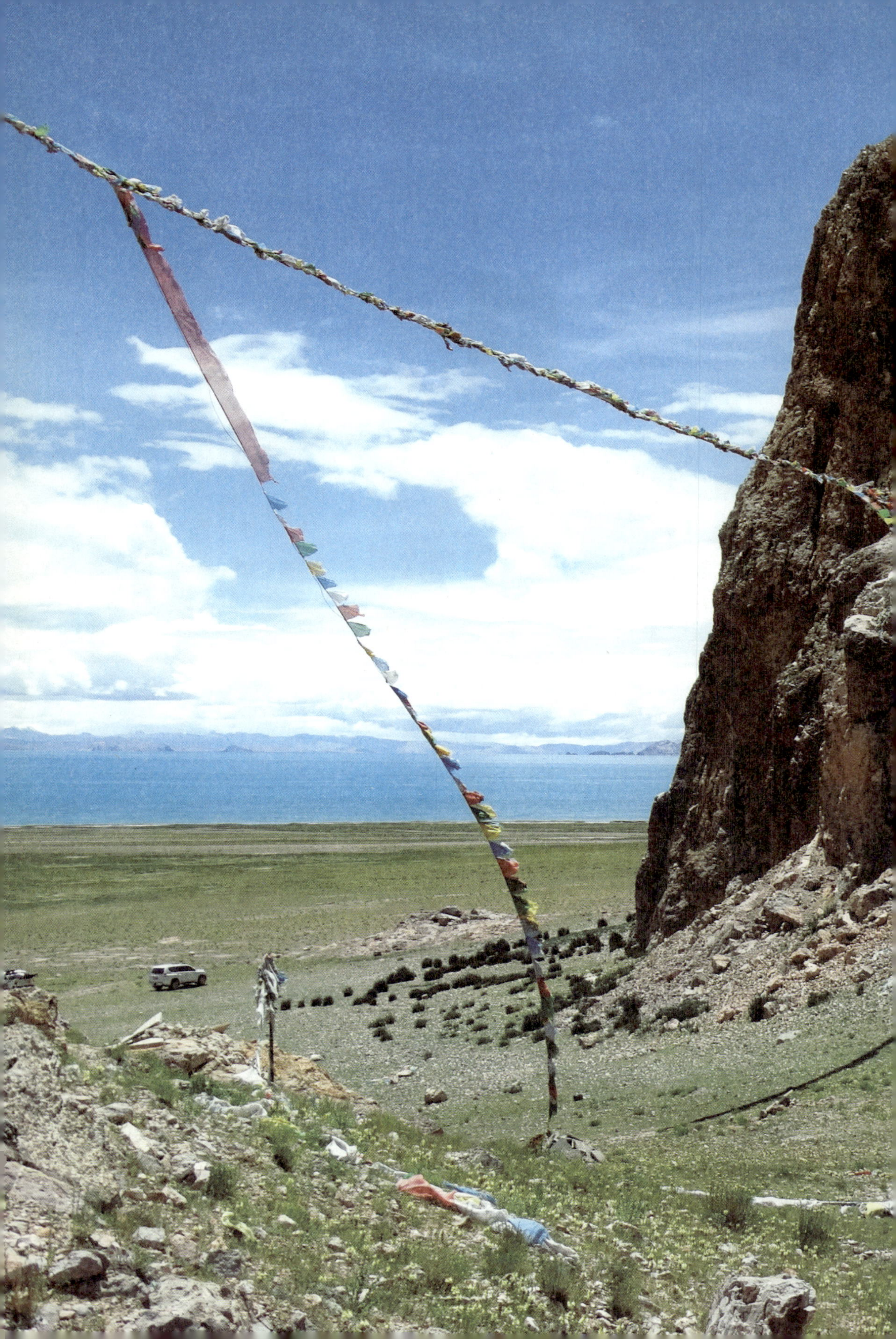

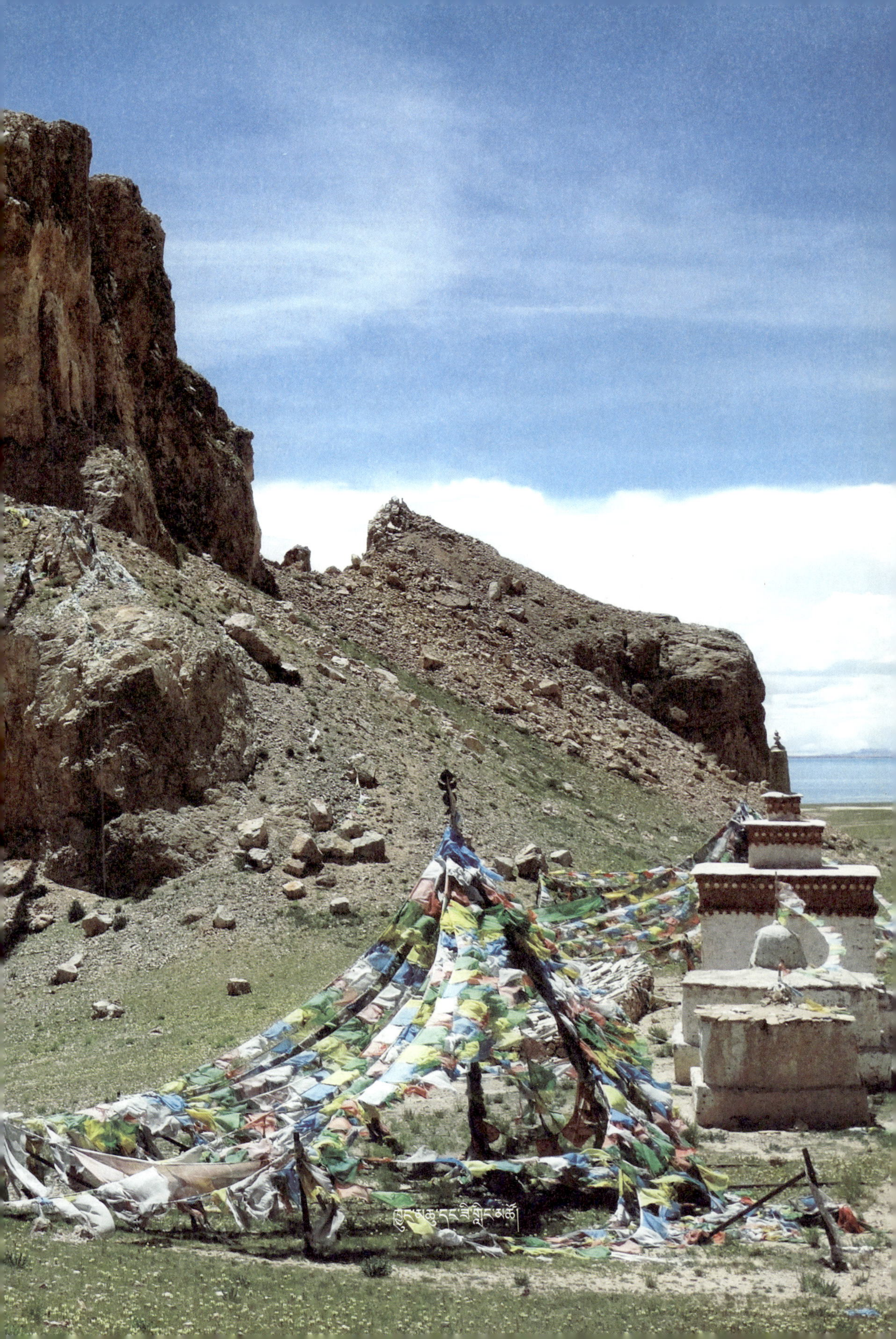

ཁྲུང་མཆུ་དང་ཉེ་སྐྱིད་མཚོ།

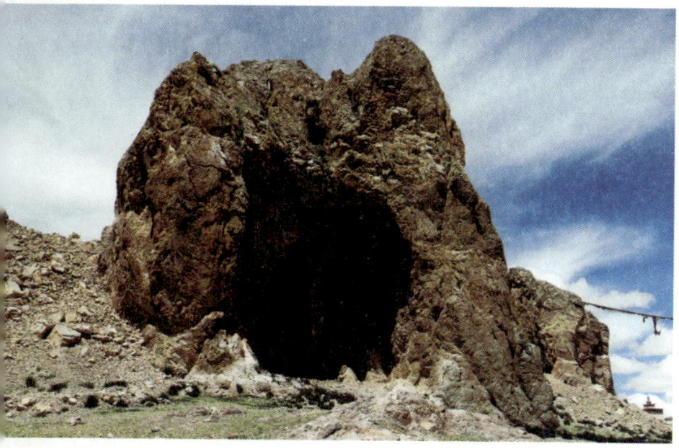

ཁྱུང་མཆུའི་ལྷོ་ངོས།

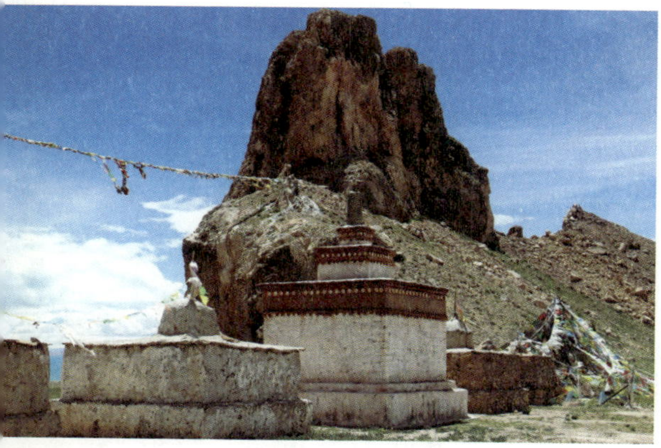

ཁྱུང་མཆུའི་སྐོར་ལམ།

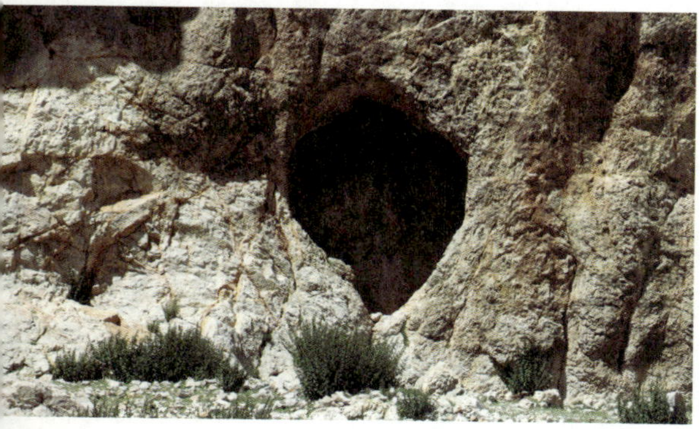

ཁྱུང་མཆུའི་དུང་དཀར་ཕུག

དང་སྐོར་བ་བྱས་ན་གནས་མཆོག་ཙཱ་རི་དང་མཉམ་པའི་བྱིན་རླབས་ཐོབ་པར་གསུངས་པ་དང་ཟི་གླིང་མཚོ་ཁ་ལུད་མི་ཤོར་བའི་ཆེད་དུ་ཁང་བུ་བརྩེགས་པའི་མཆོད་རྟེན་ཞིག་ཀྱང་བཞེངས་པ་བཅས་གནས་སྒོ་ཕྱེས་པ་ཡིན་ཞེས་ཡོངས་སུ་གྲགས་པའི་ཐ་སྙད་དེ་བྱུང་།

གཙོ་བོ་གནས་རི་དེ་ཉིད་ལ་གུ་རུའི་སྒྲུབ་ཕུག་དང་། གེ་སར་སྒྲུབ་ཕུག་སོགས་ཁྱད་དུ་འཕགས་པའི་སྒྲུབ་ཕུག་ལྔ་ཙམ་ཡོད་ཅིང་གུ་རུའི་སྒྲུབ་ཕུག་ཏུ་གུ་རུའི་བཞུགས་ཁྲི་དང་། གུ་རུའི་ཕྱག་རྗེས། གླིང་རྗེ་གེ་སར་རྒྱལ་པོའི་ཞབས་རྗེས། རྟ་རྐྱང་པོའི་ཞབས་རྗེས། ཁྱི་ཏ་པ་ལའི་རྗེས། ཨ་སྟག་དཔའ་མོས་སྐྱེད་ཚབ་བྲག་ལ་བཅིངས་པའི་རྗེས། ཨ་སྟག་དཔའ་མོས་སོག་ལྷམ་གྱོན་ནས་བཞག་པའི་རྗེས་སོགས་མཇལ་རྒྱུ་ཡོད། ཡང་ཤུན་ཁྲོད་དུ་སྒྲོན་མེ་ཁྱེར་ནས་འཛུལ་སའི་སྒྲུབ་ཕུག་ཞིག་ཡོད་པ་དེའི་ནང་གི་ལྡེབས་སུ་ཅོང་ཞིའི་བྲག་ལས་གྲུབ་པའི་བྱ་ཁྱུང་ཆེན་རང་བྱོན་དང་གུ་རུས་བྱིན་རྟེན་ཟེར་བའི་ས་དམར་པོ་ཞིག་ཀྱང་ལེན་རྒྱུ་ཡོད།

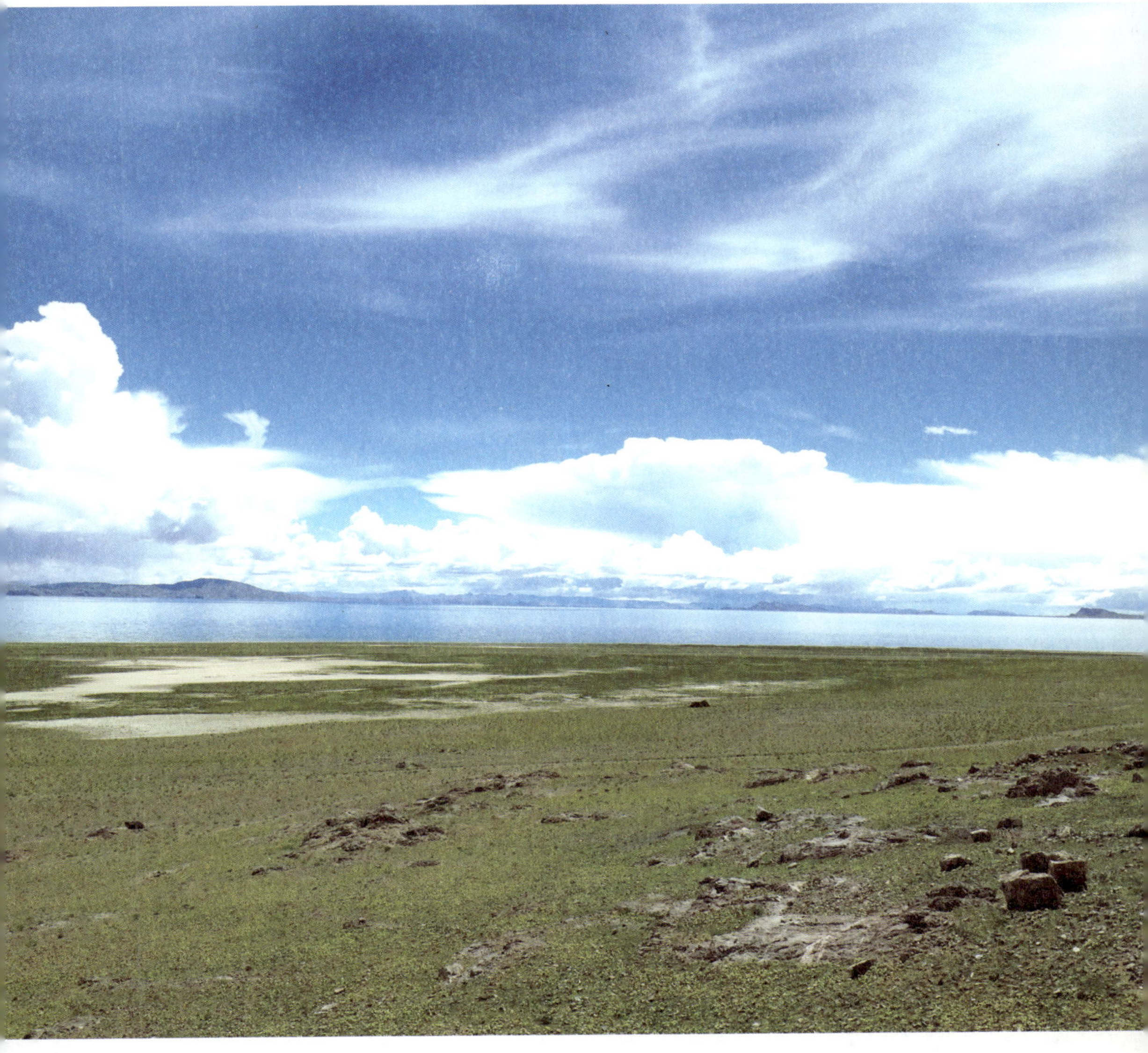

ཟེ་གླིང་འདུས་མཚོའི་ཤར་གྱི་རྩྭ་ཐང་།

དེ་བཞིན་གནས་རིའི་ནུབ་ཏུ་ཨོ་རྒྱན་པད་ཞྭ་རང་བྱོན་དང་། བྱང་དུ་མཁའ་འགྲོའི་གསང་ལམ། ཤར་དུ་མཁའ་འགྲོའི་བྲོ་ར། ལྷོ་རུ་འབྲུག་རང་བྱོན། དམ་ཅན་རྡོ་རྗེ་ལེགས་པའི་ཞབས་རྗེས། སློབ་དཔོན་རིན་པོ་ཆེའི་ཕྱག་འཁར་གྱི་རྗེས། ཕ་མའི་དྲིན་ལན་འཇལ་ཐུབ་མིན་བརྟག་ས། སྡིག་པའི་འཇུལ་ཁུང་སོགས་ངོ་མཚར་བའི་རང་བྱོན་མང་པོ་ཡོད་ཅིང་གནའ་དེང་ཀུན་ཏུ་ཡུལ་མིས་ཕྱག་དང་སྐོར་བ་བྱེད་སྲོལ་ཡོད།

གཉིས། སྙིང་ཆུང་ལྷ་ཁང་ངོ་སྤྲོད་མདོར་བསྡུས།

སྙིང་ཆུང་ལྷ་ཁང་ནི་ཤེལ་ཚྭ་རྫོང་གཞུང་སྨད་ཡུལ་ཤོག་གི་ས་ཁོངས་ཟྱི་སྙིང་འདུས་མཚོའི་ལྷོ་ཕྱོགས་སུ་གནས་ཤིང་ཟྱི་སྙིང་འདུས་མཚོའི་ཡུལ་སྐོར་ལམ་དང་ཉ

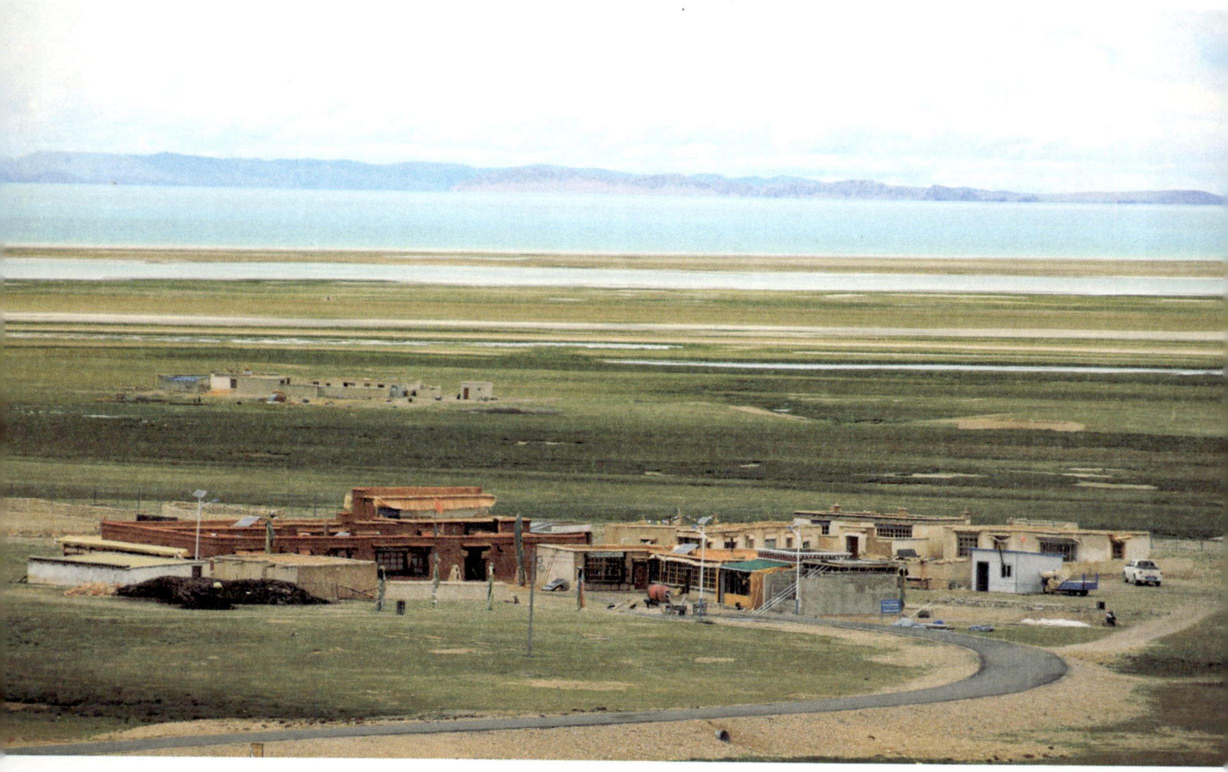

སྙིང་ཆུང་ལྷ་ཁང་།

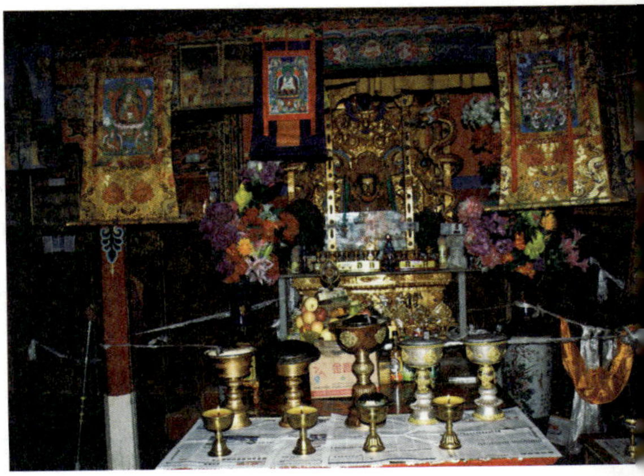

གླིང་ཆུང་རྫོང་པོ།

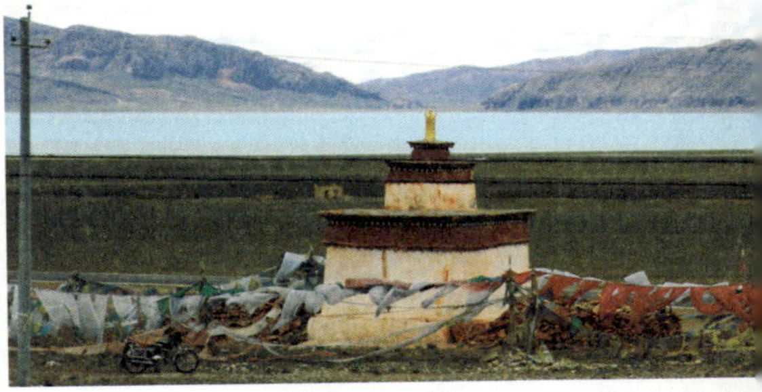

ཚོ་ཚོ་འབུམ་ཁང་།

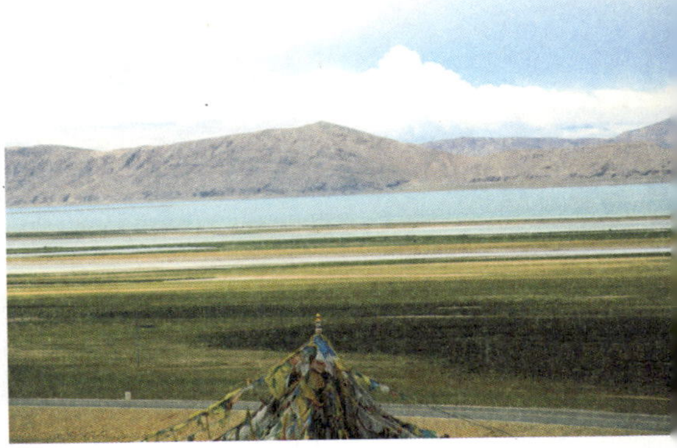

རྫོ་དར།

ཅང་ཐག་ཉེ་བའི་ས་ཏུ་གནས་ཡོད། ཆོས་ལུགས་ནི་སྐྱབ་བརྒྱུད་ཀརྨ་ཀཾ་ཚང་གི་ཆོས་བརྒྱུད་འཛིན་མཁན་ཞིག་ཡིན། ཐོག་མར་ལྷ་ཁང་འདི་ཉིད་ནི་པཎ་ཆེན་སྐུ་ཕྲེང་དགུ་པ་ཆོས་ཀྱི་ཉི་མ་མཆོག་སོག་ཡུལ་དུ་ཕེབས་པའི་ལམ་བར་དུ་ནག་ཚང་གཞུང་སྨད་ཀྱི་མང་ཚོགས་རྣམས་ལ་ས་འདིར་ལྷ་ཁང་ཞིག་བཞེངས་ན་བསྟན་པ་དང་སེམས་ཅན་ལ་ཕན་ཐོག་ཡོང་བར་གསུངས་པ་བཞིན་སྤྱི་ལོ་༡༩༢༣ ལོར་མང་ཚོགས་ཀྱིས་གླིང་ཆུང་ལྷ་ཁང་གསར་བཞེངས་བྱས་པ་དང་། མི་ལོ་༣༠ ཙམ་གྱི་རྗེས་དུས་འགྱུར་གྱིས་རྐྱེན་པས་ཉམས་ཆག་སོང་ན་ཡང་ཆོས་དད་རང་མོས་ཀྱི་སྲིད་ཇུས་འོག་སྤྱི་ལོ་༡༩༨༩ ལོར་ཉམས་གསོ་བྱས། ལྷ་ཁང་འདི་ནི་ད་ལྟའི་ཆར་ཟྲེ་གླིང་འདུས་མཚོའི་ཉེ་འཁོར་གྱི་ཆོས་ལུགས་དགོན་སྡེ་གསུམ་གྱི་ནང་ནས་དགོན་པའི་ནང་བརྟེན་དང་ལྷ་ཁང་སོགས་ཕུན་སུམ་ཚོགས་ཤོས་དེ་ཡིན་ལ་ཟྲེ་གླིང་འདུས་མཚོ་དང་ཐག་ཉེ་ཤོས་དེ་ཡང་ཆགས་ཡོད་པ་རེད། ལྷ་ཁང་འདིའི་

ནང་རྟེན་གཙོ་བོ་གླིང་ཚུང་རྗེ་བོ་ཞེས་འབོད་པ་སྟོན་པ་ཤཱཀྱ་ཐུབ་པ་ལ་ཡོངས་སྒྲོད་རྫོགས་སྐུའི་རྒྱན་ཆས་བཅུ་གསུམ་གྱིས་སྤྲས་པ་ཞིག་གི་གཙོས་པའི་སྐུ་གསུང་ཐུགས་རྟེན་གྲངས་ལས་འདས་པ་ཡོད་ལ། ལོ་ལྟར་དགོན་པའི་བླ་མ་ཚེ་རིང་རྡོ་རྗེ་མཆོག་གིས་གཙོས་པའི་དགེ་འདུན་པ་རྣམས་ཀྱིས་སྔར་སྲོལ་ལྟར་ཆོས་ལུགས་ཀྱི་ཚོ་ག་སྤྱེལ་བ་དང་མང་ཚོགས་ཀྱི་དགོས་མཁོ་སྐོང་བ་སོགས་རྒྱལ་གཅེས་ཆོས་གཅེས་ཀྱི་མཛད་བཟང་སྐྱོང་མུས་ཡིན།

གསུམ། གྱེར་ཁྱུང་རི་ཁྲོད་ཀྱི་ངོ་སྤྲོད་མདོར་བསྡུས།

གྱེར་ཁྱུང་རི་ཁྲོད་ནི་ཤེལ་ཚྭ་རྫོང་གཞུང་སྨད་ཡུལ་ཤོག་གི་ས་ཁོངས་ཟེ་གླིང་འདུས་མཚོའི་ལྷོ་ནུབ་གྱེར་ཁྱུང་རི་བོའི་ཉིན་ངོས་སུ་གནས་ཡོད། ཟེ་གླིང་འདུས་མཚོའི་ཡུལ་སྐོར་རམ་གཞུང་སྨད་གྲོང་ཚོ་བརྒྱད་པའི་རིག་གནས་ཁང་ནས་སྤྱི་ལེ་5 ཙམ་བསྐྱོད་ན

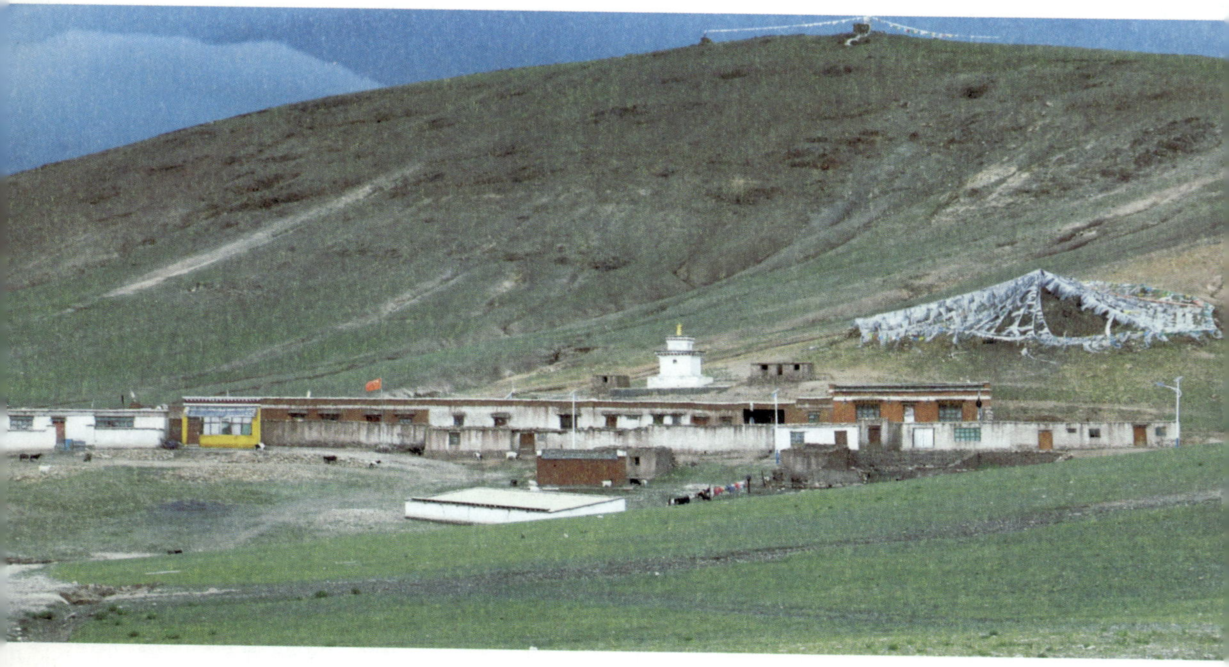

གྱེར་ཁྱུང་རི་ཁྲོད།

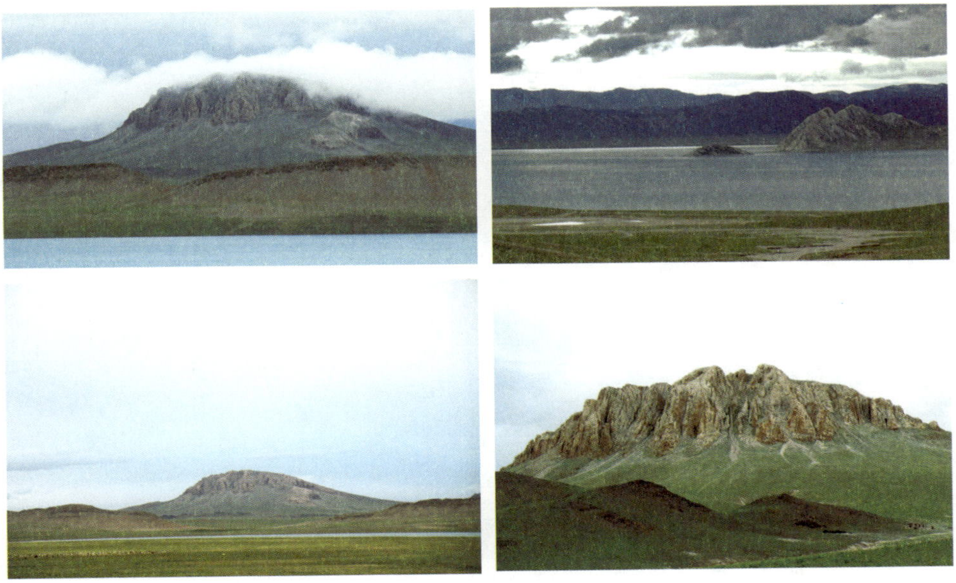

གྱེར་ཁྱུང་རི་བོའི་མཛེས་སྡོངས།

འཁྱོར་ཞིང་ས་བབ་མཐོ་ཚད་རྒྱ་མཚོའི་ངོས་ལས་སྨིད་༤༧༢༨ ཟིན་གྱི་ཡོད།

གྱེར་ཁྱུང་རི་ཁྲོད་ནི་སྔ་འགྱུར་རྙིང་མ་བའི་ཆོས་རྒྱུད་འཛིན་མཁན་ཞིག་ཡིན་ཞིང་སྤྱི་ལོའི་དུས་རབས་ཉི་ཤུ་པའི་དུས་སྟོད་དུ་ཕྱུག་ཆེན་པདྨ་རྡོ་རྗེས་རིང་ལུང་པའི་མདོ་ཏུ་རི་ཁྲོད་སྒྲུབ་ཁང་དང་ལྷ་ཁང་སོགས་བཞེངས་ནས་ཁོང་དང་ཁོང་གི་སློབ་མ་རྣམས་སྒོམ་སྒྲུབ་ཉམས་ལེན་ལ་བཞུགས་ཀྱི་ཡོད། དུས་འགྱུར་གྱི་སྐབས་སུ་སྒྲུབ་ཁང་ལ་གཏོར་སྐྱོན་ཆེན་པོ་བྱུང་ཡང་དེ་རྗེས་ཏང་གི་ཆོས་དད་རང་མོས་སྲིད་ཇུས་འོག་ཕྱུག་ཆེན་པདྨ་རྡོ་རྗེའི་སློབ་མ་ཨོ་རྒྱན་བསྟན་འཛིན་གྱིས་སྔོན་མའི་སྒྲུབ་ཁང་དེ་གྱེར་ཁྱུང་རི་བོའི་ཉིན་ངོས་སུ་གནས་སྤོ་བྱས་ནས་གསར་བཞེངས་གནང་བ་ཡིན་ཞིང་ད་ལྟའི་ཆར་རི་ཁྲོད་དེར་ལྷ་ཁང་དང་འདུ་ཁང་སོགས་ཁ་གྲངས་བཅུ་ལྷག་ཡོད་ཅིང་སྐུ་གསུང་ཐུགས་ཀྱི་རྟེན་མང་པོ་མཇལ་རྒྱུ་ཡོད།

རྒྱབ་རི་གྱེར་ཁྱུང་རི་བོ་ནི་ས་བྱང་གི་ཁྱུང་རི་སྤུན་གསུམ་གྱི་འབྲིང་བ་དེ་ཡིན་ཞིང་གནའ་དེང་ཀུན་ཏུ་ཡུལ་མིས་གསོལ་མཆོད་བྱེད་ཡུལ་གྱི་ལྷ་རི་ཞིག་དང་ངོ་

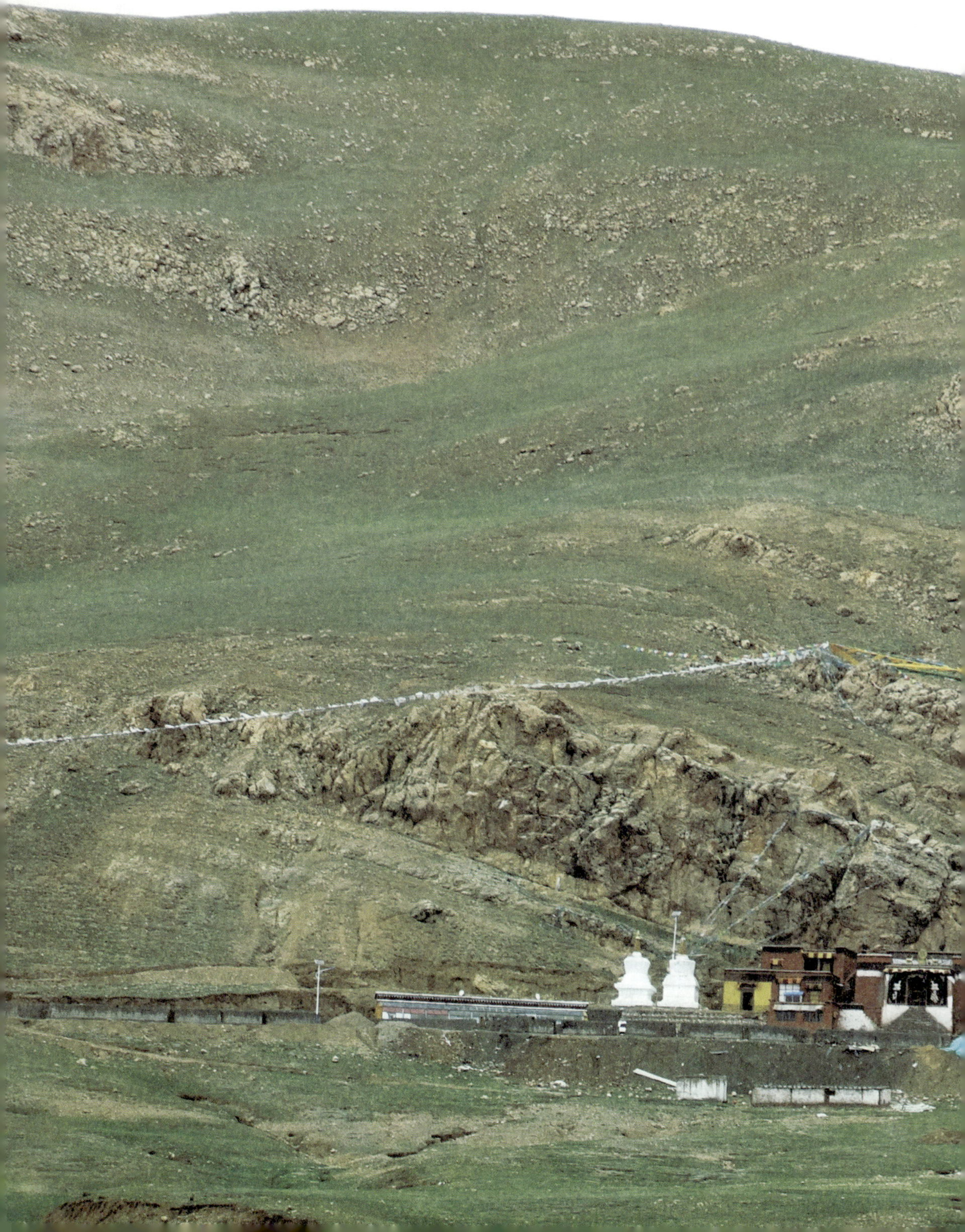

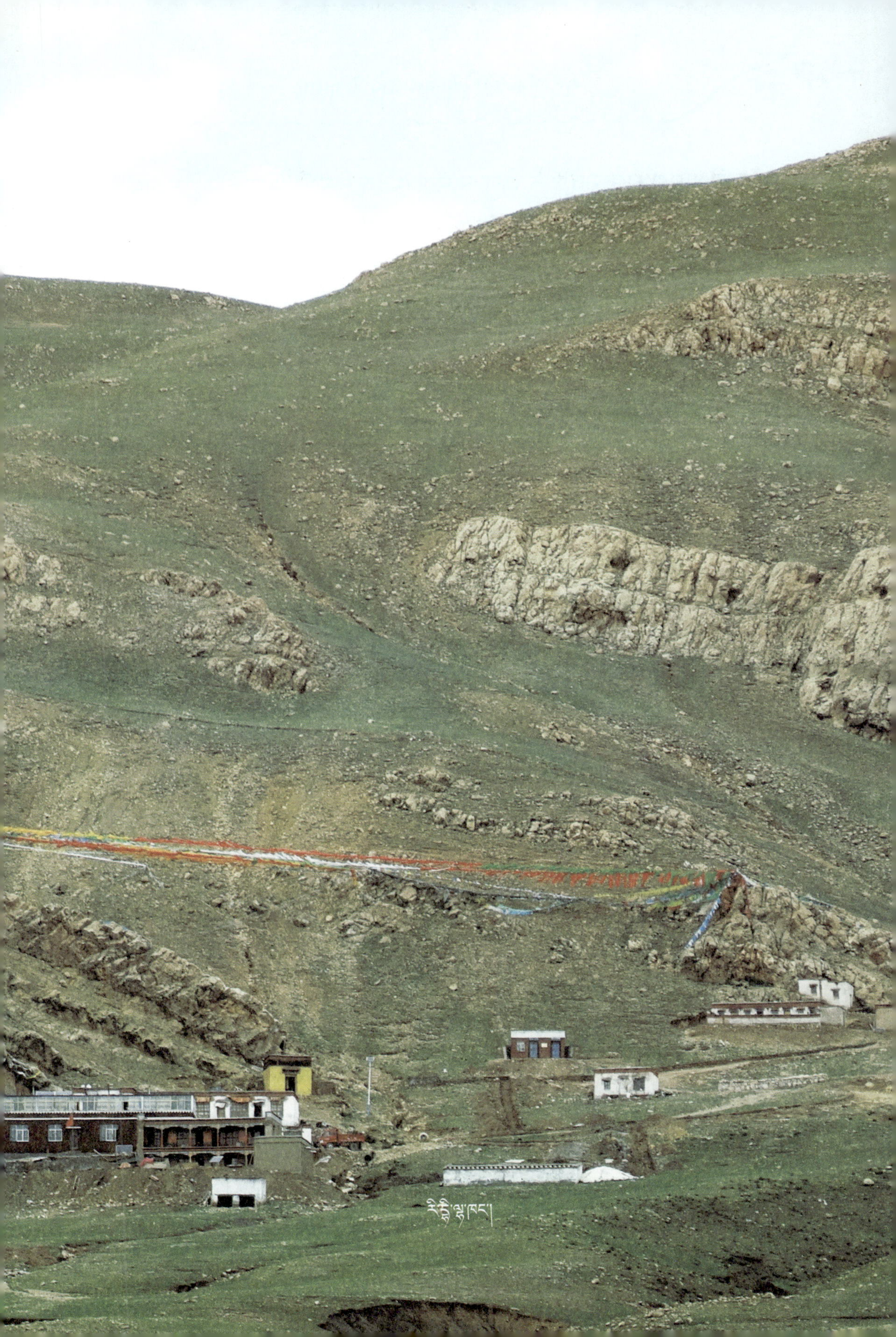
རི་ཁྲི་ལྷ་ཁང་།

མཚར་གྱིས་ཕྱུག་པའི་གནས་རི་ཞིག་ལ་ངོས་འཛིན་བྱེད་ཀྱི་ཡོད་ཅིང་གྱེར་ཁྱུང་གི་གསོལ་མཆོད་ནང་དུ་འདི་ལྟར་འཁོད་ཡོད་དེ། གནས་ཆེན་གྱེར་ཁྱུང་རི་བོ་གཉོད་སྲིན་ཕྱོགས། །རིན་ཆེན་སྤུ་ཏིག་སྤུངས་འདྲའི་ས་གཞིའི་སྟེང་། །གྱེར་ཁྱུང་རི་བོ་ཡིད་འོང་བརྗིད་ཉམས་ལྡན། །མཛེས་ལྡན་ཡིད་འོང་ལྷ་མོའི་ཁང་བཟང་ལ། །བྲག་ལ་བརྫུ་ས་དྭ་རང་བྱོན་ཡོད། །དད་ལྡན་རྣལ་འབྱོར་ཕོ་མོའི་སྒོ་གསུམ་གྱི། །ལས་ཉོན་སྒྲིབ་བྱང་གནས་མཆོག་ཁྱད་པར་ཅན། །ཞེས་གསལ། རི་བོ་དེའི་ལྷོ་ངོས་སུ་ཤྭ་ལོ་བྲག་ཁུང་ཟེར་བ་ཡོད་ཅིང་དེར་གཡུང་དྲུང་བོན་གྱི་མཚམས་པ་བཞུགས་སྒྲོང་བ་དང་། བར་ཚའི་བྲག་ཁུང་ཟེར་བ་དེར་བན་ཆོས་སྒྲུབ་མཁན་གྱི་མཚམས་པ་བཞུགས་སྒྲོང་ཡོད་པ་སོགས་བན་བོན་རིས་སུ་མ་མཆིས་པས་སྒོམ་སྒྲུབ་བྱེད་སའི་གནས་མཆོག་ཅིག་ཡིན།

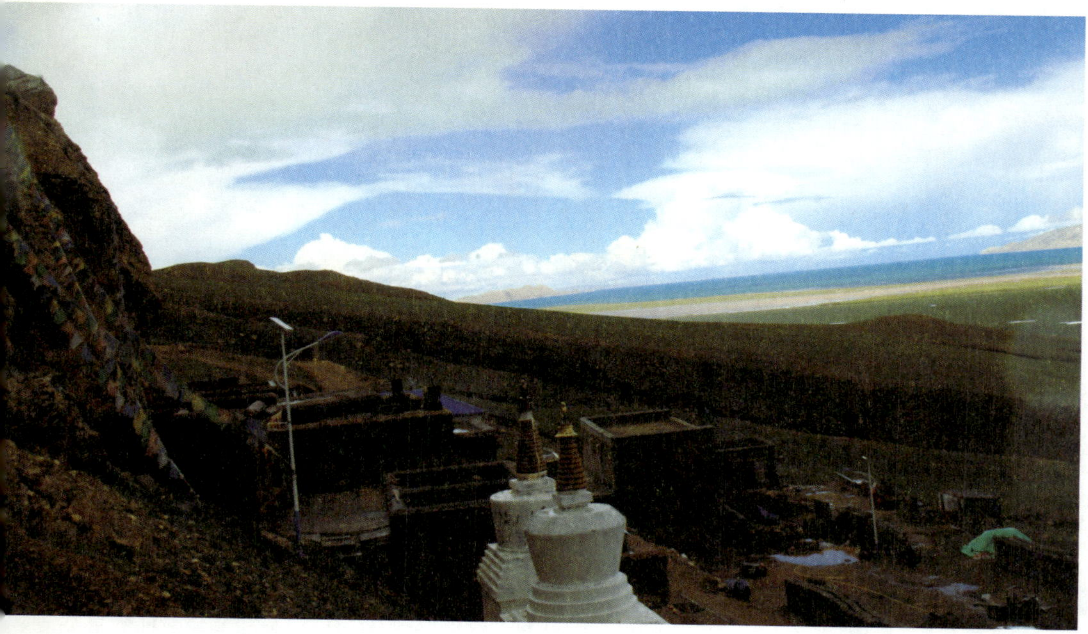

རི་ཏྲི་ལྷ་ཁང་དང་ཟི་སྒྲིང་འདུས་མཚོ།

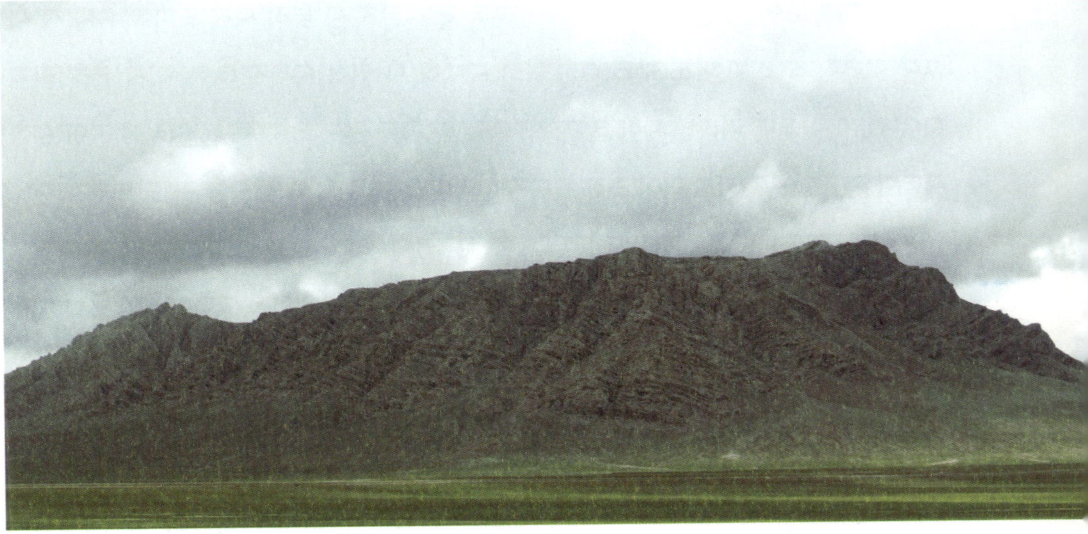

སྤོས་དཀར་རི་བོ།

བཞི། རི་ཧྲི་ལྷ་ཁང་ངོ་སྤྲོད་མདོར་བསྡུས།

རི་ཧྲི་ལྷ་ཁང་ནི་ཞིལ་ཚྭ་རྫོང་མ་ཡོ་ཡུལ་ཤོག་གི་ས་ཁོངས་ཁྲི་གླིང་འདུས་མཚོའི་ནུབ་ཕྱོགས་སྤོས་དཀར་རྒྱ་རོ་ཞེས་པའི་རི་བོ་དེའི་ཉིན་ངོས་སུ་ཆགས་ཡོད།

ཁྲི་གླིང་འདུས་མཚོའི་ཡུལ་སྐོར་ལམ་ཆེན་སྤོས་དཀར་རི་བོའི་གཤམ་ནས་བྱང་ནུབ་ཏུ་སྤྱི་ལེ་༢ཙམ་ཞིག་བསྐྱོད་ན་སླེབས་ཤིང་གནས་དེར་རྒྱ་མཚོའི་ངོས་ལས་མཐོ་ཚད་སྨིད་༤༧༣༣ཡིན་གྱི་ཡོད།

རི་ཧྲི་ལྷ་ཁང་ནི་བོད་རབ་བྱུང་བཅུ་དྲུག་པ་སྤྱི་ལོ་༡༩༣༢ལོར་སྒྲུབ་བརྩོན་འགྱུར་མེད་རྗེ་རྗེས་ཕྱག་བཏབ་ཅིང་དབེན་གནས་རི་ཁྲོད་འདི་ནི་སྔ་འགྱུར་རྙིང་མ་པའི་གྲུབ་མཐའ་འཛིན་མཁན་གྱི་ཆོས་སྡེ་ཞིག་ཡིན། དགོན་འདིའི་རྒྱབ་རི་སྤོས་དཀར་རྒྱ་རོ་དང་ལྷོ་རི་སྤོས་དཀར་གུ་ཆགས་ནི་མི་ལོ་སྟོང་ཕྲག་ལས་བརྒལ་བའི་ཡར་སྔོན་དུ་ནགས་ཚལ་གྱིས་རབ་ཏུ་ཁྱབ་པའི་རི་བོ་ཞིག་ཡིན་ཞིང་རིམ་བཞིན་ས་ཁམས་ཀྱི་འགྱུར་བ་ལ་བརྟེན་ནས་ནགས་ཚལ་དག་མེད་པར་གྱུར་ན་ཡང་ས་འོག་ཏུ་གནས

པའི་ནགས་ཚལ་གྱི་རྩ་བ་དག་རིམ་བཞིན་རྡོ་འགྱུར་གྱི་རྣམ་པར་ཆགས་ཤིང་རི་བོ་འདི་གཉིས་ནི་ནགས་ཚལ་རྡོ་འགྱུར་གྱི་དངོས་པོ་སྤྱིས་དཀར་ཞེས་པ་དེ་ཐོན་མང་བའི་ས་ཁུལ་ཞིག་ཡིན། དེས་ན་རི་བོ་འདི་ནི་བོད་བྱང་ཐང་གི་ས་ཁམས་རིག་པས་བརྟག་དཔྱད་བྱེད་པའི་གལ་ཆེན་རང་བཞིན་གྱི་མཚོན་དཔེ་ལྟ་བུ་ཞིག་ཏུ་གྱུར་ཡོད།

ལོ་བརྒྱའི་གོང་ཆག་གི་ཁྲོད་དུ་ལྷ་ཁང་འདི་ཉིད་ལ་གཏོར་སྐྱོན་བྱུང་ནས་མིང་གི་ལྷག་མ་ཙམ་དུ་གྱུར་ན་ཡང་སྤྱི་ལོ་1997 ལོར་བླ་མ་གཙྭ་བརྟན་འགྲུས་ལགས་ནས་ཆོས་དང་རང་མོས་ཀྱི་སྲིད་ཇུས་འོག་ཏུ་ལྷ་ཁང་བསྐྱར་གསོ་གནང་ཡོད། ད་ལྟའི་ཆར་དགོན་འདིར་འདུ་ཁང་དང་། ཆོས་སྐུ་ལྷ་ཁང་། གནས་བཅུ་ལྷ་ཁང་། བསྐང་གསོ་ལྷ་ཁང་། མ་ཎི་ལྷ་ཁང་སོགས་ཡོད་ཅིང་། ནང་རྟེན་གཙོ་བོ་སྟོན་པ་བཅོམ་ལྡན་འདས་ལ་འཁོར་གནས་བརྟན་བཅུ་དྲུག་གིས་བསྐོར་བ། དེ་བཞིན་མཁན་སློབ་ཆོས་གསུམ་གྱི་འདྲ་སྐུ་དང་། བཀའ་འགྱུར་

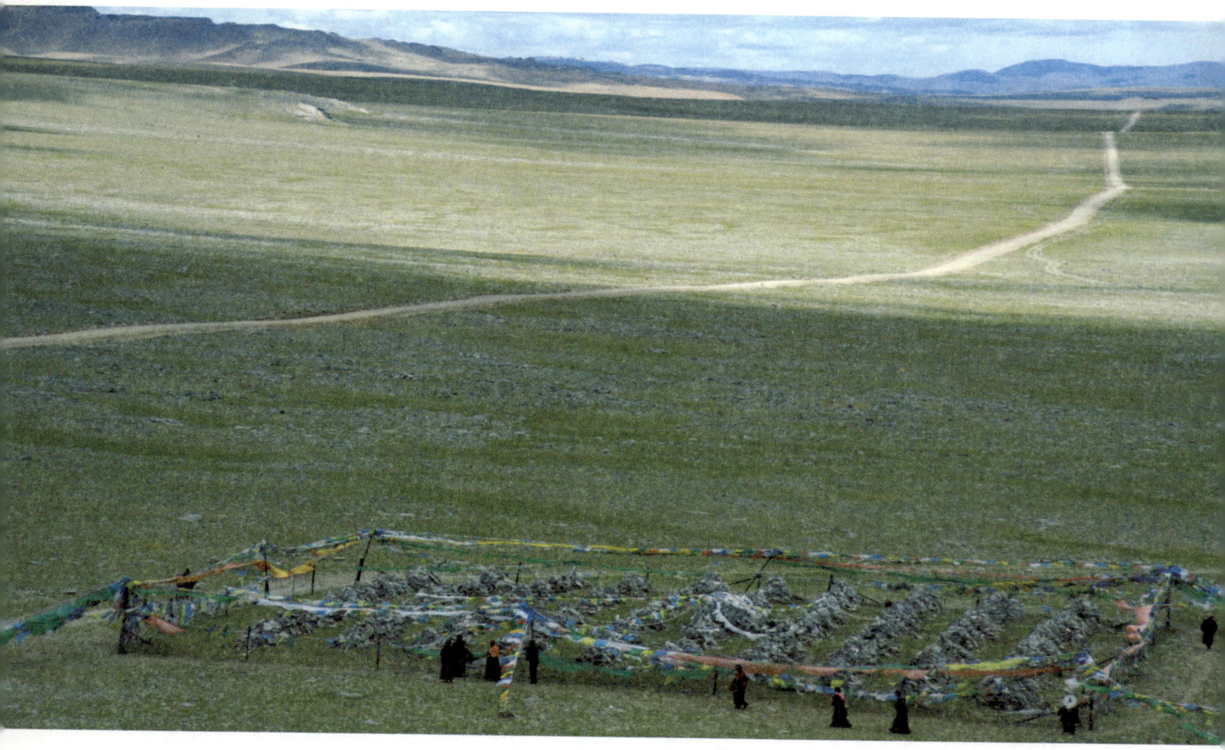

མཆོད་རྟེན་བརྒྱ་པ།

བསྟན་འགྱུར་སོགས་མང་པོ་མཇལ་རྒྱུ་ཡོད་ཅིང་དགོན་པའི་བླ་གྲྭ་རྣམས་ཀྱིས་དུས་རྒྱུན་དུ་ཟབ་ཆོས་རྫོགས་པ་ཆེན་པོའི་རིམ་གཉིས་ལམ་གྱི་ཉམས་ལེན་དང་། དུས་ཚོགས་རང་བཞིན་གྱི་ཆོས་ལུགས་བྱེད་སྒོ་ཁག་ཀྱང་སྔར་རྒྱུན་བཞིན་སྤེལ་མུར་བཞུགས་ཡོད།

༧། མཆོད་རྟེན་བརྒྱ་པ་ཛོ་སྒྲོད།

མཆོད་རྟེན་བརྒྱ་པ་ནི་ཟེ་སྐྱིད་འདུས་མཚོ་དང་འབྲེལ་བའི་ལོ་རྒྱུས་ཡུན་རིང་ལྡན་པའི་ཆོས་ལུགས་ཀྱི་གནས་མཆོག་ཅིག་ཡིན་ཞིང་དཔལ་མགོན་རྫོང་མན་ཐང་ཡུལ་ཤོག་གི་ས་ཁོངས་ཟེ་སྐྱིད་འདུས་མཚོའི་ལྷོ་ཤར་གྱི་མཚམས་སུ་གནས་ལ་དཔལ་མགོན་རྫོང་ནས་ལྷོ་ནུབ་ཀྱི་ཕྱོགས་སུ་སྤྱི་ལེ་༡༢༠ ཙམ་བསྐྱོད་ན་འགྱོར་ཐུབ། དེ་ནི་སྔོན་པོ་རི་དང་། གན་མོ་སླིང་རི་ཞེས་པའི་རི་བོ་ནུ་མའི་གཟུགས་གྲུབ་པ་དེ་གཉིས་སྲིན་མོའི་ནུ་མ་ཞེས་གྲགས་ཤིང་དེའི་བར་དུ་སྤང་གཤོང་གསེར་གྱི་གཞོང་པ་ལྟ་བུ་ཞིག་ཡོད་པ་དེའི་སྟེང་དུ་རང་བྱོན་རྗོ་ཡི་མཆོད་རྟེན་བརྒྱ་རྩ་གཅིག་ཆགས་ཡོད། མཆོད་རྟེན་དེ་ནི་སྔོན་ཨོ་རྒྱན་གྱི་སློབ་དཔོན་ཆེན་པོ་སངས་རྒྱས་གཉིས་པ་པདྨ་འབྱུང་གནས་ཀྱིས་མ་འོངས་པའི་དུས་སུ་ཟེ་སྐྱིད་འདུས་མཚོ་དང་། འབུར་དཀར་མཚོ་གཉིས་འདྲེས་ནས་ཡུལ་ལུང་མང་པོར་ཆུའི་འཇིགས་པ་ཡོང་ཉེན་ཆེ་བས་དེ་ཉིད་ཀྱི་ཁ་གནོན་དུ་སྲིན་མོ་གན་རྒྱལ་དུ་འགྲེལ་བ་འདྲ་བའི་ས་དབྱིབས་ཀྱི་སྲིན་མོའི་སྙིང་གི་སྟེང་དུ་གུ་རུ་རིན་པོ་ཆེས་ཕྱག་ཕྲེང་སྟོར་བས་རང་བྱོན་གྱི་མཆོད་རྟེན་བརྒྱ་རྩ་བྱུང་ཞིང་མཆོད་རྟེན་རེ་ལ་གུ་རུའི་ཕྱག་ཕྲེང་རྡོག་མ་རེ་གཟུངས་སུ་བཞུགས་པར་གྲགས། གནས་མཆོག་འདི་ནི་གུ་རུ་རིན་པོ་ཆེ་སྐུ་དངོས་ཞབས་ཀྱིས་བཅགས་ཤིང་བྱིན་གྱིས་བརླབས་པའི་གནས་མཆོག་ཁྱད་པར་ཅན་ཞིག་ཏུ་བརྩི་སྲོལ་ཡོད་ལ་འདས་པའི་མི་ལོ་སྟོང་ཕྲག་གི་ལོ་རྒྱུས་ལྡན་པའི་རང་བྱོན་གྱི་མཆོད་རྟེན་དེ་དག་ལ་དུས་འགྱུར་གྱི་སྐབས་སུའང་གཏོར་སྐྱོན་ཆེན་པོ་མ་བྱུང་བར་ད་ལྟ་འགྲོ་བ་རྣམས་ཀྱི་བསོད་ནམས་ཀྱི་ཞིང་ས་རུ་བཞུགས་ཡོད་ལ་ཟླ་བ་རེ་རེ་བཞིན་གྱི་ཚེས་བཟང་དུས་བཟང་དང་། ས་ག་ཟླ་བ། ཚོ་འཕྲུལ་ཟླ་བ། ལྷ་བབ་དུས་ཆེན་སོགས་ལ་དད་ལྡན་མང་ཚོགས་ཀྱིས་ཕྱག་དང་སྐོར་བ་བྱེད་ཀྱི་ཡོད།

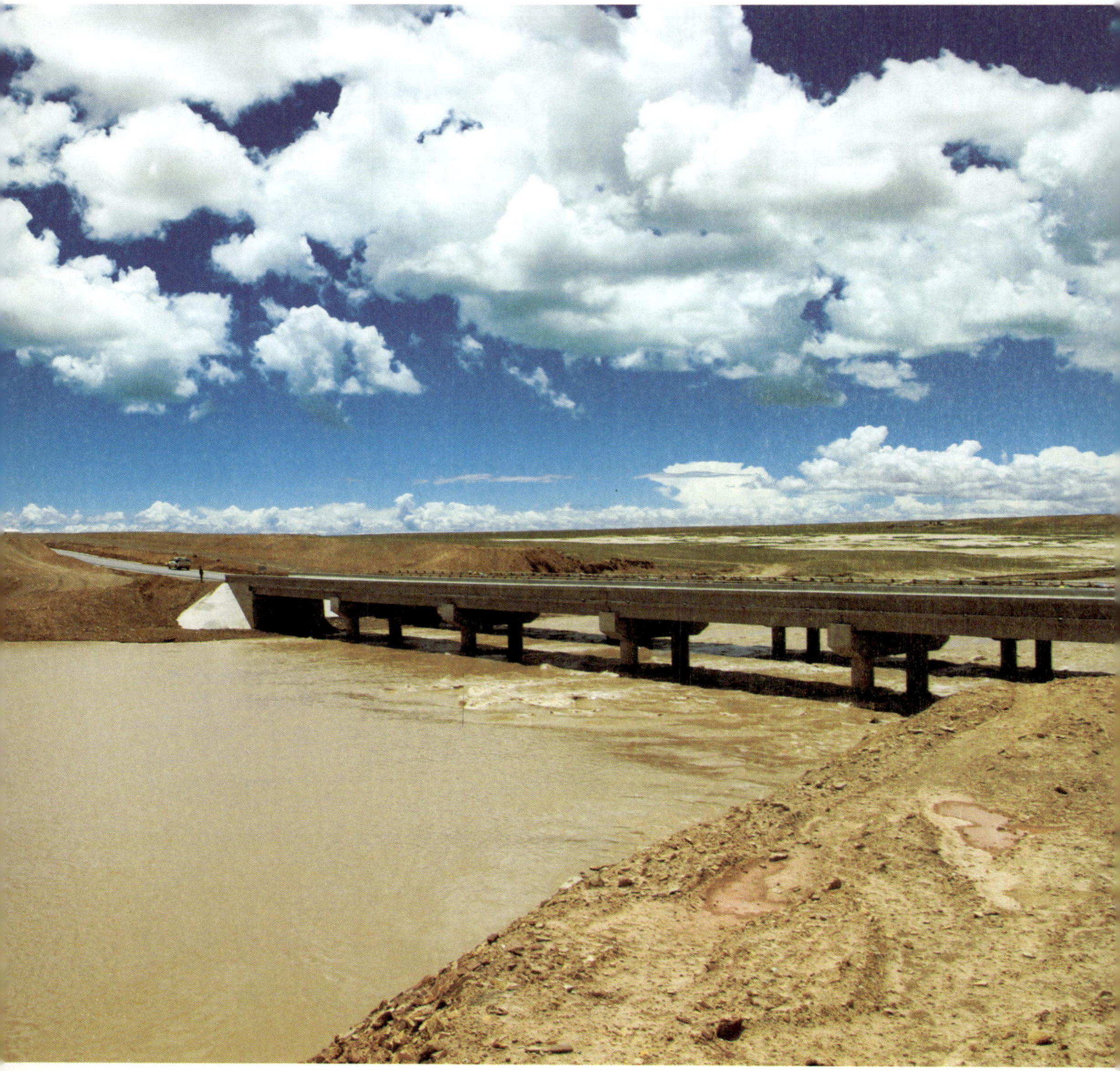

རྩྭ་སྐྱ་གཙང་པོའི་ཟམ་པ།

ས་བཅད་བདུན་པ། ཟི་གླིང་འདུས་མཆོར་འབབ་པའི་གཙང་ཆེན་བྱང་རྩ་སྐྱ་གཙང་པོའི་སྐོར།

བྱང་གི་རྩ་སྐྱ་གཙང་པོ་ནི་བོད་མཐོ་སྒང་གི་ནང་འབབ་ཆུ་བོ་རིང་ཤོས་ཞེས་པའི་མཚན་སྙན་ཐོབ་ཡོད་ལ་ཟི་གླིང་འདུས་མཚོའི་ཤར་རྒྱུད་ནས་བཞུར་བའི་བྱང་ཐང་གི་ཁུལ་དུ་ཆེས་མིང་གྲགས་ཆེ་བའི་གཙང་པོ་ཞིག་ཡིན་ཞིང་ཚྭ་མཚོ་བརྟན་མ་བཅུ་གཉིས་ལ་ཚྭ་ལེན་པར་འགྲོ་བའི་སྐབས་སུ་གཙང་པོ་དེ་བརྒལ་ནས་འགྲོ་དགོས་ཀྱི་ཡོད་པས་ཚྭ་པའི་གནའ་ལམ་གྱི་ནང་ནས་ཆེས་གལ་ཆེན་རང་བཞིན་གྱི་ས་ཚིགས་ཤིག་ཡིན། གཙང་པོ་འདི་ལ་བྱང་ཚྭ་མཚོ་དང་འབྲེལ་བའི་གཏམ་རྒྱུད་གཅིག་ཡོད་པ་ནི་ས་ཁུལ་སོ་སོའི་གནམ་གཤིས་ཀྱི་རྟེ་གྲང་དང་རང་བྱུང་ཁམས་ཀྱི་ཁྱད་ཆོས་ལས་བྱུང་དུ་ཚྭ་དང་སྐྱེ་ལ་འབྲུ་ཆགས་ཤིང་བོད་མི་འཚོ་གནས་ཀྱི་ཁྲིད་དུ་ཚྭ་འབྲུ་བརྗེ་པོ་རྒྱག་པའི་སྲོལ་རྒྱུན་ལྡན་ཡོད་ན་ཡང་བར་སྐབས་ཤིག་ལ་རོང་ཁུལ་གྱི་མི་མང་པོ་བྱང་ལ་ཡོང་ནས་བྱང་ཚྭ་མཚོ་ནས་ཚྭ་བླངས་སོང་བའི་རྐྱེན་གྱིས་རོང་ཁུལ་དུ་ཚྭ་མི་ཐིབ་པར་གྱུར། དེའི་སྐབས་སུ་ཨ་ཁུ་ཁྲོ་ཐུང་རྒྱལ་པོས་བྱང་ཐང་འབྲོག་པའི་ཡུལ་གྱི་ཚྭ་མཚོ་ནི་འབྲོག་པ་རྣམས་ཀྱི་ཟས་སྐལ་ཞིག་ཡིན་པས་དེ་ཉིད་རོང་ཡུལ་གྱི་མིས་བླངས་སོང་བ་ཡིན་ན་མི་འགྲིག་པས་ཨ་ཁུས་ཐབས་ཤིག་འདོན་རྒྱུ་ཡོད་གསུངས་ནས་འདི་ལྟར་སྨྲས།

བྱང་སྤྲ་ཐག་ཅན་གྱི་ཟས་སྐལ་དེ། །

སྐྱ་ཤིང་སྔོ་ཅན་གྱིས་ལེན་འགྲོ་འདུག །

རྟ་ལམ་ཁྲུར་ཙམ་ཨ་ཁུས་གཏོད། །

ཆུ་ལམ་ཁྲུར་ཙམ་ཨ་ཁུས་འཐེན། །

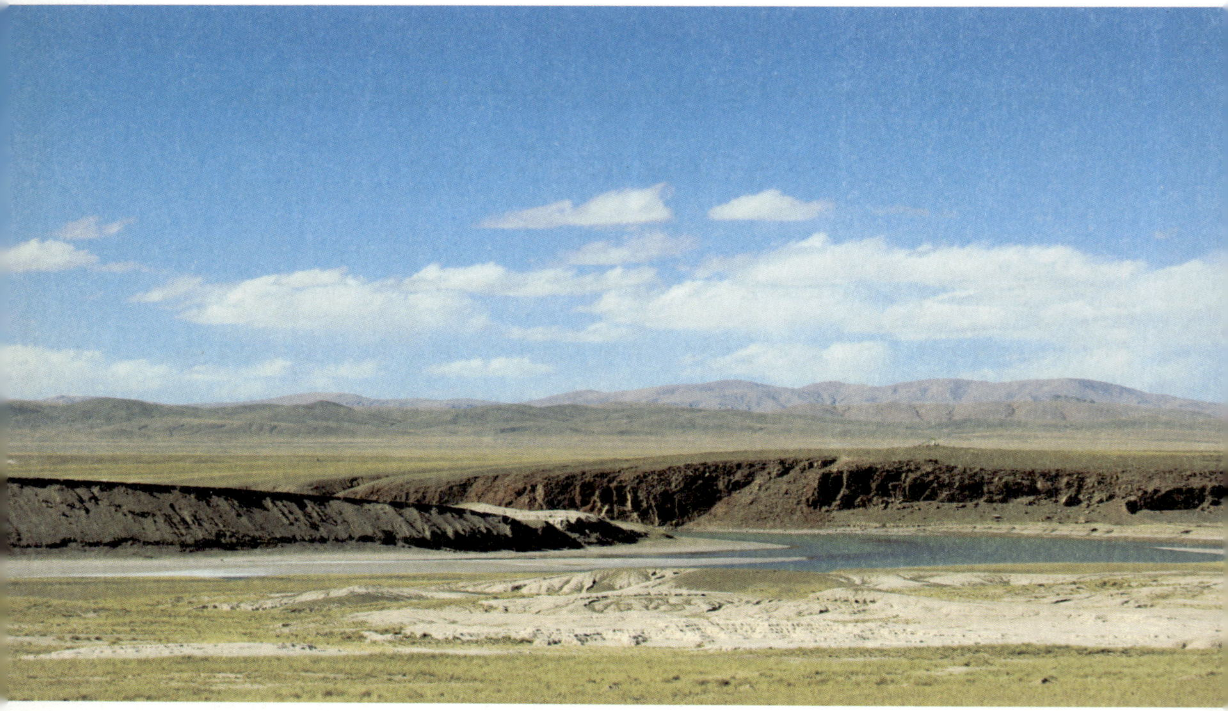

ཚྭ་སྐྱུ་གཙང་པོའི་བཞུར་རྒྱུན།

ཞེས་ཟེར་ནས་གདང་ལ་རི་བོའི་ཉེ་རྒྱུད་ནས་ཆིབས་པ་གུ་གུ་རོག་རྫོང་ལ་ཆིབས་ནས་ལྷུག་ཚན་གྱི་ཆུ་ཁྲིད་དེ་ཟེ་སྙིང་འདུས་མཚོའི་བར་དུ་རྒྱུག་པས་གཙང་པོ་འདི་བྱུང་བར་གྲགས་ལ་གཞན་ཡང་གཙང་པོ་འདི་ནི་བྱང་ཚྭ་མཚོའི་སྔོ་སྐྱུང་བར་མ་ཡིན་པའི་ངོས་འཛིན་བྱེད་སྲོལ་ཡོད་དེ་དམངས་ཁྲོད་ཚྭ་སྐྱུ་ལས།

སྐེད་འགུག་རི་བརྒྱ་སྤྱུག་མོ་འདི། །
མ་ཨ་མའི་སྔོ་སྐྱུང་ནང་མ་རེད། །
གྭ་པ་འཁྲིད་ཉལ་རིང་མོ་ཡི། །
མ་ཨ་མའི་སྔོ་སྐྱུང་བར་མ་རེད། །
སྐྱང་རི་དར་དཀར་འཕེན་འདྲ་ཡི། །

མ་ཨ་མའི་སྙོ་སྲུང་ཕྱི་མ་རེད། །

དེ་གསུམ་ལ་མ་ཡོས་སྐྱིལ་མ་མཛོད། །

དུས་དེ་ནས་དོན་པའི་རང་ཧུས་ཡོད། །

དུས་དེ་ནས་ཡུལ་ལྷས་བསུ་མ་ཡོད། །

ཅེས་ཟེར་ཞིང་གཱ་བ་འཕྲེད་ཉལ་རིང་མོ་ནི་བྱང་རྩ་སྐྱ་གཙང་པོའི་མིང་གི་རྣམ་གྲངས་ཤིག་ཡིན།

གཙང་པོ་འདིའི་ཆུ་འགོ་ནི་བོད་རང་སྐྱོང་ལྗོངས་ཀྱི་བྱང་ཤར་དང་མཚོ་སྔོན་ཞིང་ཆེན་གྱི་ལྷོ་ནུབ་མཚོ་བོད་གཉིས་ཀྱི་ས་མཚམས་སུ་གནས་པའི་གདང་ལ་རི་བོའི་ལྷོ་ངོས་རི་རྒྱུད་འབུམ་མཛོད་ལྷུགས་རི་ཞེས་པའི་གངས་རྫ་འདྲེས་མའི་རི་ཆེན་དེ་ནས་ཆུ་འགོ་དང་པོ་རྒྱུག་ཡོད། གདང་ལ་རི་བོ་ནི་བོད་ཁུལ་དུ་གྲགས་པ་ཆེ་བའི་གཙང་པོ་རྒྱལ་མོ་རྔུལ་ཆུ་དང་། ཟླ་ཆུ། འབྲི་ཆུ་བཅས་ཀྱི་ཆུ་འགོ་ཡིན་ལ་བྱང་རྩ་སྐྱ་གཙང་པོའི་ཆུ་འགོ་ཡང་རི་དེའི་ལྷོ་ངོས་ནས་བཞུར་བ་ཡིན། དེ་ནས་རིམ་གྱིས་འགར་ཆུ་གཙང་པོ་དང་། གདང་ལའི་ནུབ་ཕྱོགས་ཀྱི་རི་རྒྱུད་དཀར་གངས་རི་ལུ་གུ་སྤུན་གཉིས་ནས་བཞུར་བའི་དཀར་ཆུ་ཞེས་པའི་གངས་ཆུའི་གཙང་པོ་ཆེན་པོ་ཞིག་དང་། གཙང་རྒྱས་སྤྲུལ་མགོ། འབོང་ཆུ་གཙང་པོ། སོག་ཆུ་གཙང་པོ་སོགས་གངས་ཆུ་དང་རྫ་ཆུ་རིམ་པར་འདྲེས་ནས་གཏིང་ཚད་ཟབ་ལ་ཁ་ཞེང་ཆེ་བའི་གཙང་ཆུ་དེ་བཞུར་

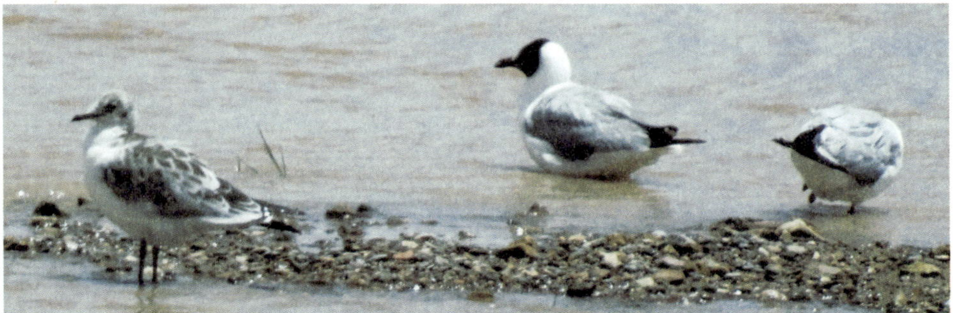

གཙང་འགྲམ་གྱི་འདབ་ཆགས།

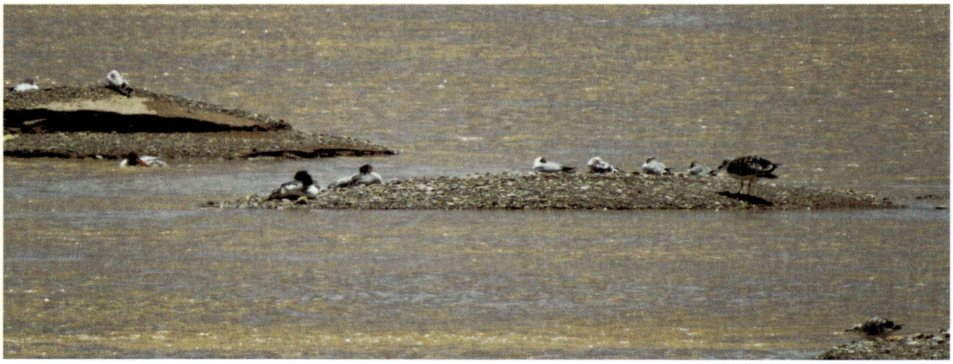

གཙང་འགྲམ་གྱི་འདབ་ཆགས།

གྱིན་ཡོད། དམངས་ཁྲོད་ཀྱི་ངག་རྒྱུན་དུ་གཙང་པོ་འདིའི་ཆུ་འགོ་གཙང་ཆབ་ལུ་མ་མགོ་དགུ་ཞེས་པ་ཞིག་ཡོད་པར་གྲགས་ཤིང་དེ་ནི་གོང་དུ་བཤད་པའི་གཙང་རྒྱས་སྦྲུལ་མགོ་ཞེས་པ་དེ་ཡིན་ལ་དེར་ཆུ་མིག་གམ་ལུ་མ་དགུ་ཙམ་རྫོལ་ཡོད་ཟེར་སྲོལ་ཡོད། ཆུ་མིག་མང་པོ་རོ་གཅིག་ཏུ་གྱུར་ནས་རྩ་སྐྱ་གཙང་པོའི་ནང་དུ་འདྲེས་པའི་སྐབས་སུ་གཙང་པོ་ཆེར་རྒྱས་པས་གཙང་རྒྱས་སྦྲུལ་མགོ་ཟེར་བའི་མིང་དེ་བྱུང་ཡོད། འོན་ཀྱང་གཙང་པོའི་ཆུ་འགོ་དེ་ནི་གོང་དུ་བཤད་པ་བཞིན་གངས་ལའི་རི་རྒྱུད་ནས་བཞུར་བ་ཞིག་ཡིན་པ་ལས་གཙང་རྒྱས་སྦྲུལ་མགོ་མ་ཡིན།

གཙང་པོའི་རིང་ཚད་ནི་ཐོག་མར་གངས་ལའི་རི་རྒྱུད་འབུམ་མཛོད་ལྷུགས་རི་ནས་འགོ་བཟུང་ཨ་མདོ་རྫོང་དམར་རོང་ཡུལ་ཤོག་དང་། ལྷུགས་གཟར་ཡུལ་ཤོག་ཁང་གཉིས་ཡུལ་ཤོག་དམར་ལྷིངས་ཡུལ་ཤོག་བཀྲ་ཆུ་ཡུལ་ཤོག མཚོ་གཉིས་རྫོང་བར་གླིང་ཡུལ་ཤོག དཔལ་མགོན་རྫོང་བྱ་ཁྲུང་གྲོང་རྡལ། མན་ཐང་ཡུལ་ཤོག ཤེལ་རྩ་རྫོང་གཞུང་སྨད་ཡུལ་ཤོག་བཅས་ཀྱི་ས་ཁོངས་ནས་བཞུར་ཞིང་ཆུ་མཚུག་ཟེ་གླིང་བདུད་མཚོའི་ནང་དུ་འདྲེས་ཡོད་ཅིང་བར་ཐག་སྤྱི་ལེ་༡༧༠ ལྷག་ཙམ་གྱི་སར་བཞུར་ཡོད། གཙང་པོ་འདིའི་ཆུ་འགོ་ནས་ཆུ་མཚུག་བར་དུ་རྩ་སྐྱ་གཙང་པོ་ཞེས་འབོད་པ་ལས་མིང་གཞན་མེད།

འགྱུལ་བཞུད་ཀྱི་རབ་ཁ་ནི་གཙོ་བོ་གཙང་པོ་འདི་ཉིད་ལྷོ་བྱང་གཉིས་ཀྱི་ཚ་འཁྱུ་བརྗེ་པོའམ་ཁྱིས་ཚ་ཚོང་བར་འགྲོ་བའི་ལམ་བར་གྱི་གཙང་པོ་ཆེ་ཤོས་དེ་ཡིན་པས་བྱང་ཁུལ་གྱི་འབྲོག་པ་མང་ཚོགས་ཀྱིས་སེམས་སུ་གསལ་ལེར་ངེས་ཀྱི་ཡོད། གདོད་མའི་སྤྱི་ཚོགས་ཀྱི་འཚོ་བའི་ཁྲོད་དུ་རྟ་དང་གཡག་དེད་ནས་རྫུ་སྐྱ་གཙང་པོ་བརྒལ་ཏེ་ཚ་མཚོ་བརྟན་མ་བཙུ་གཉིས་ནས་ཚ་ལེན་པར་འགྲོ་བ་དང་། གཙང་པོའི་བྱང་ཕྱོགས་སུ་གནས་པའི་འབྲོག་དམངས་ཚོ་ཡང་རྟ་ཁལ་དེད་ནས་ལྷོ་རོང་དུ་ཚ་འཁྱུ་བརྗེ་བར་འགྲོ་སྐབས་སུ་གཙང་པོ་འདི་བརྒྱུད་དགོས་པ་ཡིན། དེ་ཡང་ལོ་ངོ་སྟོང་ཕྲག་མང་པོའི་འགྱུལ་བཞུད་ཀྱི་ཁྲོད་དུ་གཙང་པོ་འདི་ཉིད་བརྒལ་ཏེ་བསྐྱོད་པས་གཙང་ཆུའི་རྒྱུག་སྟངས་དང་ས་བབ་ལ་གཞིགས་ཏེ་ཕྱོགས་སོ་སོའི་ས་ནས་རབ་ཁ་ཞེས་ཆུ་བརྒལ་སའི་ས་ཚིགས་གཏན་འཁེལ་བྱས་ཡོད། གཙོ་ཆེ་བའི་རབ་ཁ་དག་གི་མིང་ནས་སྨོས་ན། འབོང་རྟུའི་བར་ཆེན། ཕ་བོང་ནག་སྤྲག་གི་

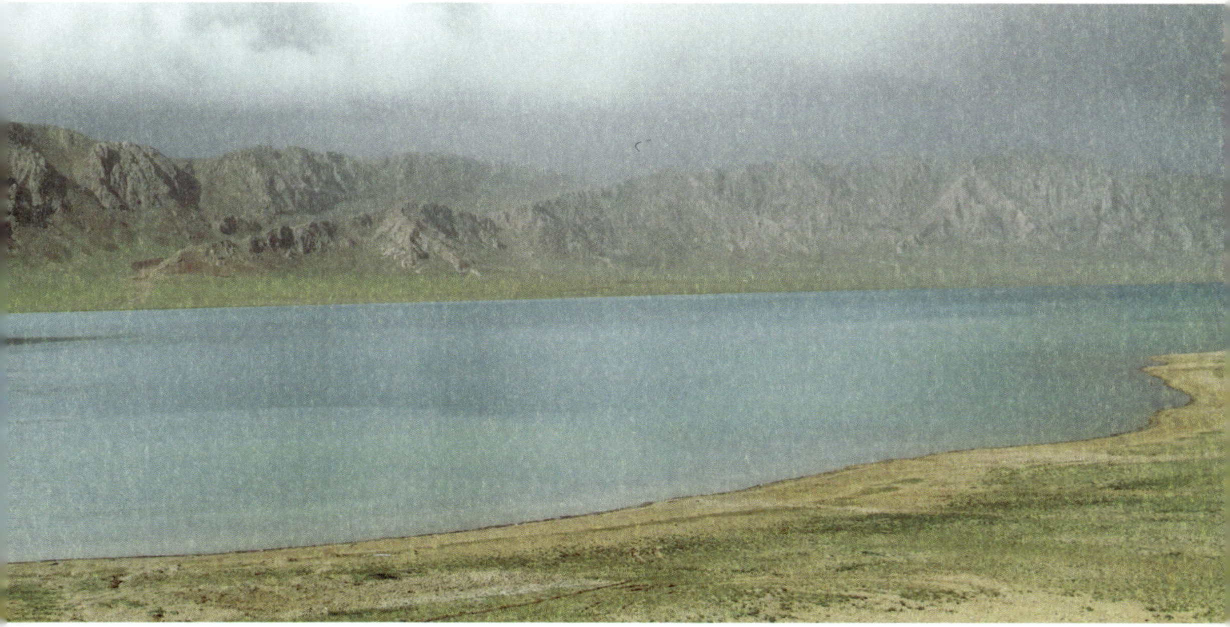

ཞི་སྒྲིང་འདུས་མཚོའི་ནུབ་ངོས་ཀྱི་མཚོ་ཁུག

རབ་ཆེན། འབོང་ཐོད་སྟའི་ཤོག་རབ། གཡག་སྟའི་རབ་ཆེན་བཅས་ནི་ནག་ཆུའི་དབུས་ཤར་རྒྱུད་ནས་ཡོང་བའི་འགྲུལ་པ་དག་གིས་གཙང་པོ་བརྒལ་སའི་རབ་ཁ་ཡིན་ལ་དེ་དག་གི་ནང་ནས་འབོང་ཏུའི་རབ་ཆེན་དང་། གཡག་སྟའི་རབ་ཆེན་གཉིས་གཙོ་བོར་འཛིན་གྱི་ཡོད། རྗེ་བཟང་རབ་ཁ་དང་། སེང་གེ་གདོང་རབ། ཕག་སྟའི་རབ་ཁ། འཇག་ཐིག་རབ་ཁ། ཁ་མང་རབ་ཁ། གདོང་ཁམ་པའི་རབ་ཁ། རྒྱ་སྡེའི་རབ་ཁ་བཅས་ནི་ནག་ཆུའི་བྱང་ནུབ་བརྒྱུད་ནས་ཡོང་བའི་འགྲུལ་པ་དག་གིས་གཙང་པོ་བརྒལ་སའི་ས་ཚིགས་ཡིན། དེ་དག་གི་ནང་ནས་རྗེ་བཟང་རབ་ཁ་དང་། སེང་གེ་གདོང་རབ། ཁ་མང་རབ་ཁ་བཅས་གཙོ་བོར་འཛིན་གྱི་ཡོད། རྗེ་བཟང་རབ་ཁ་ལ་མཚོན་ན་བར་ཁག་བཞི་བཅུ་ཙམ་ཡོད་ཅིང་གནམ་གཤིས་ཐན་ཞོད་དམིགས་བསལ་མེད་ན་འགྲོ་བསྐྱོད་ཙུང་བདེ་ས་ཞིག་ཏུ་གྱུར་ཡོད། ཆུ་བོ་འདི་ཉིད་ཀྱི་ཁྱད་ཆོས་ནི་གནམ་གཤིས་ཚ་བའམ་ཐན་པ་ཧ་ཅང་གི་ཆེན་པོ་ཡོད་ཚེ་གངས་ཆུ་ཞུ་ནས་ཆེ་རུ་འགྲོ་བ་དང་། ཆར་ཞོད་བྱུང་ནའང་ཆེ་རུ་འགྲོ་བ། དམིགས་བསལ་གཙང་པོའི་ཉེ་འགྲམ་དུ་མིའི་སྐད་སྒྲ་ཤུགས་ཆེན་པོ་བྱུང་ན་ཆུ་མདོན་གསལ་དོད་པོས་ཆེ་རུ་བ་འགྲོ་བ་དང་། ལྷག་པར་དུ་གཙང་ཁུལ་གྱི་མི་སླེབས་ཚེ་ཆུ་ཆེ་རུ་འགྲོ་གི་ཡོད་པ་བཅས་ཀྱི་ཁྱད་ཆོས་ཡོད། ཚྭ་ལེན་དུ་འགྲོ་བའི་དུས་ནི་བོད་ཟླ་དང་པོ་ནས་དྲུག་པའི་བར་ཡིན་ཞིང་ཆུ་མི་ཆོད་པའི་དཀའ་ངལ་གཙོ་བོ་ཚྭ་བླངས་ནས་ལོག་ཡོང་བའི་སྐབས་སུ་འཕྲད་ཀྱི་ཡོད་ཅིང་སྐབས་རེ་གཙང་པོ་རྒྱས་ནས་གཙང་འགྲམ་དུ་ཞག་༢༠ ཙམ་འགྲོ་བསྐྱོད་བྱེད་མི་ཐུབ་པར་ལུས་ཀྱི་ཡོད། དེའི་ཚེ་ན་རབ་ཁར་སྐར་བརྒྱབ་ནས་ཁལ་མ་རྣམས་རྩྭ་བཟང་སར་བཀྲམ་ནས་འཛོག་གི་ཡོད་ལ་ཉམས་མྱོང་ཅན་གྱི་རྒན་པོ་ཚོས་རབ་ཉུལ་ཞིས་ཆུའི་གཏིང་ཚད་རིང་ཐུང་དང་། རྟ་གཡག་གིས་བརྒལ་ཐུབ་མིན་མངོན་དཔག་བྱེད་སྲོལ་ཡོད། དེ་ནས་ཆུ་ལོགས་པར་བརྟག་ཚར་རྗེས་ཁལ་མ་རྣམས་དོ་པོ་གཟབ་ནན་གྱིས་འགེལ་བ་དང་། སྐེ་ལུང་རྣམས་བཀྱོལ་ནས་ཆུར་འཇུག་སྲོལ་ཡོད་ཅིང་ཆུ་ཆེ་བའི་སྐབས

སུ་ཁལ་མ་རྣམས་བརྒྱལ་ནས་གཙང་པོའི་ཕ་རོལ་དུ་བགྲོད་ཐུབ་ཙམ་ཡོང་སྲོལ་ཡོད། ཆུ་ལ་བརྟག་མ་ཤེས་པར་གཙང་པོ་བརྒལ་ན་མི་ཕྱུགས་ལ་བསམ་ཡུལ་ལས་འདས་པའི་གོད་ཆག་ཡོང་གི་ཡོད། གཙང་པོ་འདིའི་རབ་ཁ་ཁག་གི་ཞེང་ཚད་ལ་གོམ་པ་ལྔ་བརྒྱ་ནས་ཉིས་སྟོང་ལྷག་གི་བར་ཡོད་ཅིང་གཏིང་ཚད་ལ་སྤྱི་ཁྲི་གཉིས་ནས་གསུམ་བར་ཡོད། ད་སྐབས་གཙང་པོ་དེར་འཁོར་རིགས་འགྲོ་བསྐྱོད་བྱེད་ས་གདང་ལའི་གཙང་པོའི་ཟམ་པ་དང་། ལྕགས་རིང་ཟམ་པ། སིང་རྒན་ཟམ་པ། ཕག་སྣའི་ཟམ་པ་དང་། ཟམ་པ་ཨར་བཅས་ཡོད།

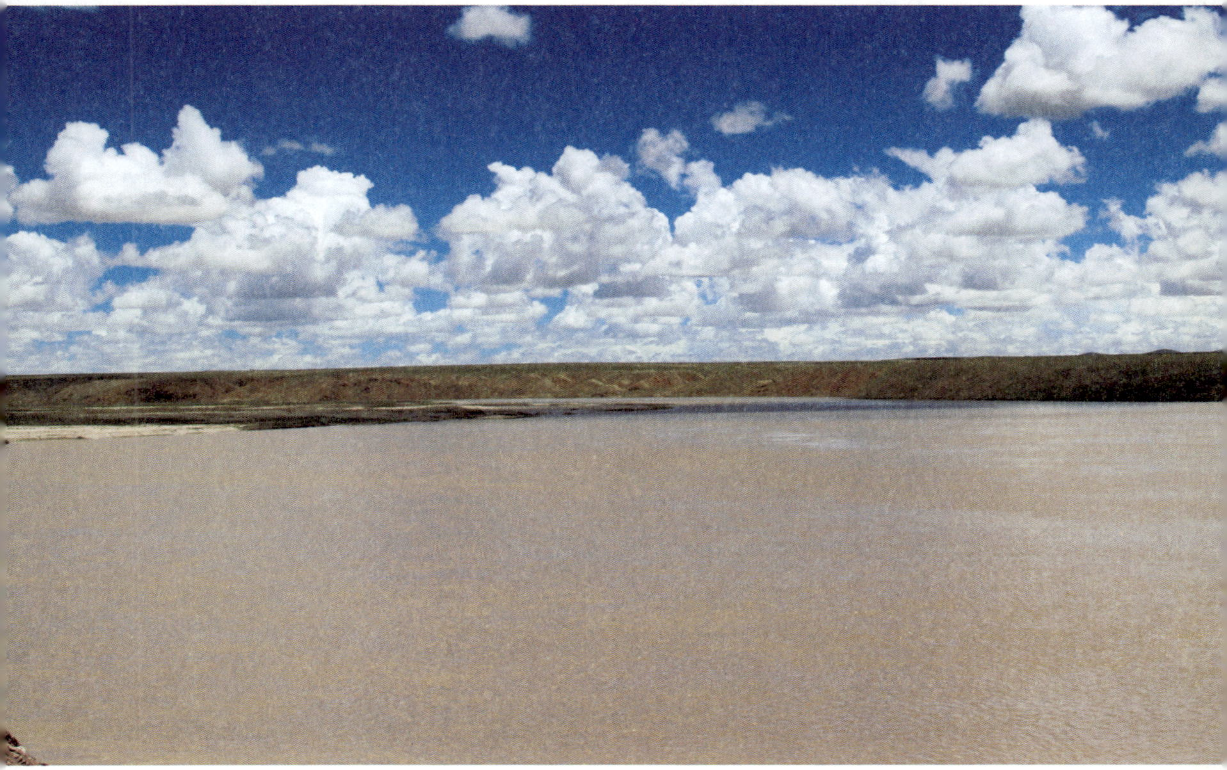

ཆར་དྲག་ཁྲོད་ཀྱི་གཙང་པོའི་ཁ་དོག་དང་ཞེང་ཚད།

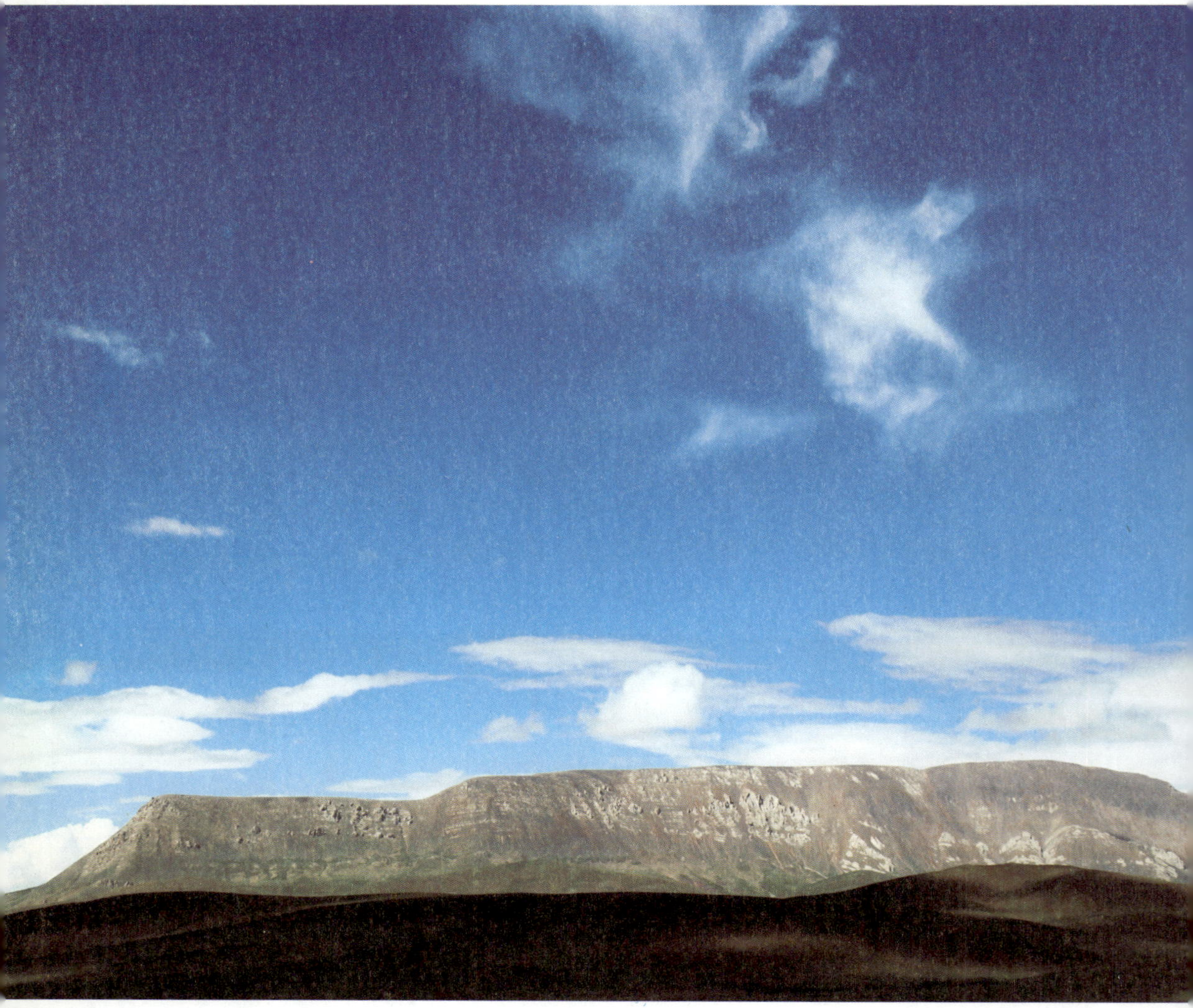

གླང་ཆེན་རི་བོ།

ས་བཅད་བརྒྱད་པ། ཐྲི་གླིང་འདུས་མཚོའི་ཕྱོགས་བཞིའི་རི་ཆེན་བཞི་ཡི་ངོ་སྤྲོད།

གཅིག ཤར་གྱི་རི་ཆེན་སླང་ཆེན་འཁྱིང་རི།

སླང་ཆེན་འཁྱིང་རི་ནི་ཐྲི་གླིང་འདུས་མཚོའི་ཤར་ཕྱོགས་དཔལ་མགོན་རྫོང་མན་ཐང་ཡུལ་ཤོག་གི་ས་ཁོངས་སུ་གནས་ཡོད་ཅིང་དཔལ་མགོན་ནས་སྤྱི་ལེ་༥༠ ཙམ་བསྐྱོད་རྗེས་རི་བོ་དེ་ཉིད་མཐོང་ཐུབ་ལ་ཐྲི་གླིང་འདུས་མཚོའི་ཕྱོགས་གང་ནས་བལྟས་ཀྱང་སླང་པོ་ཆེ་ཉོར་བུས་བརྒྱན་པ་ལྟ་བུ་བརྗིད་ཆགས་ཀྱི་རི་བོ་འདི་ཉིད་རི་ཚོགས་ཀྱི་དབུས་སུ་འཁྱིང་ངེར་གནས་པ་མཐོང་ཐུབ། རི་འདིའི་རྩེ་མོ་རྒྱ་མཚོའི་ངོས་ལས་མཐོ་ཚད་སྨིད་ ༥༥༥༥ ཐྲིན་གྱི་ཡོད་ལ་སླང་རི་དམར་གྱི་ལྷོ་ཕྱོགས་སུ་དབྱིབས་གཟུགས་དེ་དང་འདྲ་བའི་སླང་ཆུང་ཞེས་པ་ཞིག་ཀྱང་ཡོད།

དེ་ཡང་སྔོད་ན་ཟྫ་རི་མཐོན་པོ་རྩེ་མོ་དགུང་སྔོན་གྱི་དབྱིངས་སུ་ཟུག་ཅིང་སྨུག་པ་དང་སྤྲིན་གྱི་མགུལ་རྒྱན་འཆང་བ། བར་ན་ནེའུ་གསིང་གི་མཛེས་ལྗོངས་ལྟ་ན་སྡུག་ཅིང་མཐོ་སྒང་གི་གངས་ལྷ་མེ་ཏོག་དང་། སེར་ཆེན་མེ་ཏོག ཁྱུར་མང་མེ་ཏོག་བྱ་རྒོད་སྤོས་སོགས་དྲི་ཞིམ་རབ་ཏུ་འཐུལ་བའི་མེ་ཏོག་སྣ་ཚོགས་ཀྱིས་མཛེས་ཤིང་། མཐའ་ན་ཟྫ་ཆུ་སིལ་མ་ཤག་ཤག་ཏུ་བཞུར་བཞིན་ཡོད་ལ་གནའ་བ་དང་། དགོ་བ། གཡི། དྲེད་མོང་། ཐང་དཀར། གོང་མོ་སོགས་རྩ་ཆེའི་རི་དྭགས་ཀྱི་ཕ་ཁྲིམ་ལྟ་བུར་གྱུར་ཡོད་ཅིང་གནའ་བོའི་ཡིག་རིས་དང་བྲག་ཁུང་སོགས་གནའ་ཤུལ་དང་གཏམ་རྒྱུད་ཀྱིས་ཡོངས་སུ་ཕྱུག་པའི་བོད་བྱང་ཐང་གི་རི་ཆེན་ཞིག་ཡིན།

རི་བོ་འདི་དང་འབྲེལ་བའི་གཏམ་རྒྱུད་ནི་བོད་བྱང་ཐང་དུ་ཧྲུང་ལྟར་གྲགས་པའི་རི་ཆུའི་གཏམ་རྒྱུད་གྲགས་ཅན་ཞིག་ཡིན་པས་འབྲོག་མི་རྒན་གཞོན་ཚང་མའི་ངག་ལམ་ནས་ཐོགས་མེད་དུ་ཤེར་ནུས་ཀྱི་ཡོད། དེ་ཡང་གནའ་སྔ་མོ་ཞིག་ན

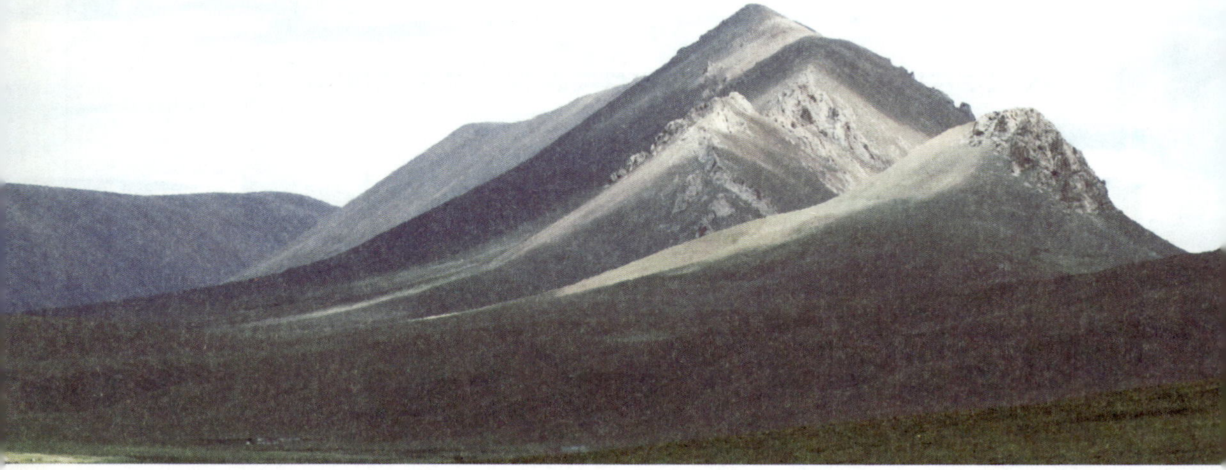

སླང་ཆུང་རི་བོ།

ཤར་ཕྱོགས་རྒྱ་ནག་གི་ཡུལ་ན་གནས་པའི་ཆེས་སྐད་གྲགས་ཅན་གྱི་རི་བོ་སླང་ཆེན་འགྲིང་རི་ཞེས་པ་བྱང་སེམས་ཉེ་བའི་སྲས་བརྒྱད་ཀྱི་ནང་ཚན་བྱང་ཆུབ་སེམས་པ་ཀུན་ཏུ་བཟང་པོའི་སྒྲུབ་གནས་ཡིན་པར་ཡོངས་སུ་གྲགས་པའི་རི་ཆེན་དེའི་འཁོར་དུ་གཏོགས་པའམ་རི་རྒྱུད་ཅིག་ཡིན་པར་གྲགས། དེ་ནས་རི་རྒྱལ་སླང་ཆེན་འགྲིང་རིས་སྟོད་ཀྱི་མ་ཕམ་གཡུ་མཚོ་ཕོང་གི་མནའ་མར་བསྒྲུ་དགོས་པའི་བཀའ་གནང་བ་ལྟར་རི་སླང་ཆེན་སླང་ཆུང་གཉིས་དང་ཐེའུ་རང་སྤུན་བདུན་བཅས་སྟོད་ཀྱི་མ་ཕམ་གཡུ་མཚོར་གཉེན་སྒྲིག་གྲོས་མོལ་བྱས་ནས་མ་ཕམ་གཡུ་མཚོ་རྒྱ་ནག་གི་ཡུལ་དུ་གདན་འདྲེན་པར་བཏང་བ་རེད་ཟེར།

དེ་ལྟར་རྒྱ་ནག་གི་ཡུལ་ནས་རིམ་བཞིན་སྟོད་ཕྱོགས་སུ་བལ་སྤྲང་ཞེས་པའི་སྟོད་སྨད་ཀྱི་ཡུལ་ཀུན་ལ་ཐུག་པའི་སྲང་ལམ་རིང་མོ་དེ་བརྒྱུད་དེ་འགྲུལ་བཞུད་བྱེད་པའི་ལམ་བར་ནས་ཡུལ་འདིར་འབྱོར་སྐབས་སུ་ཡུལ་འདིའི་གཙོ་བོ་ཡུལ་ལྷའམ་ས་བདག་དཔའ་བོ་སྤུན་བདུན་ཞེས་པ་ཞིག་ཡོད་པ་དེ་རྣམས་ཀྱིས་བསྐྱར་ནས་སྟོད་ཀྱི་མ་ཕམ་གཡུ་མཚོ་རྒྱ་ནག་གི་ཡུལ་དུ་གདན་དྲངས་སོང་ན་བོད་དུ

གནས་ཀྱི་སྐལ་བ་ཆད་འགྲོ་བས་དེ་གདན་འདྲེན་མི་བཅུག་རྒྱུའི་ཐག་བཅད་པ་དང་ང་ཆེ་ཁོ་བཙན་གྱིས་སྒོ་ནས་སྐྱུག་སྟོད་བྱས་ནས་ཡོད་སྐད། འོན་ཀྱང་རྒྱ་ནག་གི་ཡུལ་ནས་ཡོང་བའི་རི་བོ་གླང་ཆེན་གླང་ཆུང་དང་ཐེའུ་རང་སྤྱུན་བདུན་བཅས་པ་ནི་སྟོབས་ཤུགས་ཏ་ཅང་གི་ཆེ་བ་ཞིག་ཡིན་པས་ལས་སླ་པོར་གདོང་ལེན་ཐུབ་པ་ཞིག་གཏན་ནས་མིན་པ་རེད། གང་ལྟར་རི་བོ་གླང་ཆེན་དང་གླང་ཆུང་གཉིས་ས་ཡུལ་དངོས་ལ་འབྱོར་སྐབས་སྟོབས་དང་གཟི་བརྗིད་མ་བཟོད་པར་ཡུལ་ལྷ་རྣམས་མང་ཆེ་བ་བྲོས་བྱོལ་དུ་ཕྱིན་ནས་གཡས་གཡོན་དུ་བཟུར་སོང་བས་སྐད་ལུང་ཞེས་པའི་ཏར་སྒོ་ཆེན་པོ་དེ་ཡང་སྟོན་མ་རི་དང་བྲག་སོགས་ཡོད་ཀྱང་གླང་ཆེན་གླང་ཆུང་གཉིས་ལ་གཟུར་ནས་ས་ཆ་གཞན་ལ་བྲོས་བྱོལ་དུ་ཕྱིན་པས་ད་ལྟའི་སྲུང་ལམ་རྒྱལ་སྒོ་ཕྱི་བ་ལྟ་བུ་འདི་བྱུང་བ་རེད་ཅེས་བཤད་སྲོལ་ཡོད། དེ་ལྟར་དཔའ་བོ་སྤྱུན་བདུན་གྱི་ནང་ནས་དྲུག་ཙམ་ཕྱིར་བྲོས་ཤོར་བའི་ཚེ་ན་བུ་ཆུང་བ་རྗོ་རྗེ་དཔའ་བོ་དེ་ཉིད་ང་རྒྱལ་ཏུས་པའི་གཏིང་ནས་ལངས་ཤིང་ཕྱིར་བསྐྱེད་གོམ་པ་གང་ཙམ་ཡང་མེད་པར་རང་གི་སྒོ་ཁྲི་ལྕགས་ཁྲི་དང་ཟངས་ཁྲི་གཉིས་པོ་གླང་ཆེན་གྱི་གདོང་ལེན་དུ་བཏང་བས་ལྕགས་ཁྲིས་གླང་ཆེན་གྱི་སྣ་ནས་འཛུས་ཤིང་ཟངས་ཁྲིས་གདོང་བཀག་པ་བཅས་ཀྱི་བཤད་སྲོལ་དང་། ལྕགས་ཁྲི་ཞེས་པའི་རི་སྟོན་པོ་ཞིག་གླང་ཆེན་གྱི་གདོང་སྣ་ལ་ཡོད་པ་དང་དེའི་གཡས་སུ་ཟངས་ཁྲི་ཟེར་བའི་རི་དམར་པོ་ཞིག་ཉེ་འགྲམ་དུ་ཡོད་པ་བཅས་ད་ལྟའང་མན་ཐང་གྲོང་ཚོ་༡༡གི་ས་ཆར་བསྟན་དུ་ཡོད་པ་རེད། ལྷག་པར་དུ་དཔའ་བོ་རང་གིས་གླང་ཆུང་གི་གདོང་ལེན་དུ་ཕྱིན་ནས་གླང་ཆུང་གི་སྣ་ཐག་ཞབས་འོག་ཏུ་མནན་ནས་འགུལ་ཙམ་ཡང་མི་ནུས་པ་ཞིག་བཟོས་པ་དང་ཆབས་ཅིག་ཕྱིང་ཞྭ་དཀར་པོ་དེ་རྒྱབ་ལ་ཕུད་དེ་མདའ་ཞིག་གླང་ཆེན་གྱི་ཕྱོགས་སུ་འཕངས་པས་གླང་ཆེན་གྱི་དོན་སྙིང་ཕྱི་ལ་གཏོར་ནས་བསད་པར་གྲགས། དུས་དེའི་ཚེ་ན་ཡུལ་འདིའི་གཞི་བདག་གི་ནང་ནས་དཔའ་རྩལ་འགྲན་ཟླ་མེད་པར་བརྟེན་ཡུལ་ལྷ་དེ་ལ་དཔའ་བོ་ཀུན་གྱི་ཕུད་ཡིན་པས་དཔའ་ཕུད་ཅེས་མིང་ཐོག་པར་གྲགས་ཏེ་ངག་རྒྱུན་དུ།

ཁུ་སྲུན་བདུན་ནང་གི་ཆུང་བ་དང་། །
དཔའ་རྩལ་དྲུག་ནང་གི་ཆེ་བ་དེ། །
དཔའ་གོང་དུ་ཕུད་པའི་དཔའ་ཕུད་རེད། །

ཅེས་པའི་ཐ་སྙད་དེ་ཡང་བྱུང་བར་གྲགས་ལ་ད་སྐབས་སྤང་ཆུང་གི་མདུན་ཕྱོགས་སུ་ཡོད་པའི་རི་རྩེ་མོར་བྲག་དཀར་ཅན་དེ་ཡིན་ལ་སྤང་པ་ཚོ་པའི་ཡུལ་ལྷ་ཡིན་པས་ལོ་ལྟར་ཟླ་བ་༥པའི་ཚེས་༡༥ཉིན་རི་གསོལ་རླུང་བསྐྱེད་བྱེད་པའི་ཡུལ་སྲོལ་གོམས་གཤིས་ཀྱང་ཡོད་པ་རེད། དེ་བཞིན་ཚོ་ཆེན་སྨན་པ་སྨུག་པོ་ཞེས་པ་དེས་ཀྱང་སྐབས་དེར་དཔའ་ཡ་དཔུང་རོགས་བྱས་ནས་སྤང་ཆུང་ལ་རང་གི་སྨན་བརྟང་བྱེད་ཀྱི་རྗེ་བ་འཕངས་ཏེ་སྤང་ཆུང་གི་མཁལ་མ་གཡོན་དུ་ཕོག་པས་དེར་ད་ལྟ་ཐ་གཞོང་ཟེར་ཞིང་སྤང་ཆུང་ལ་གྲི་ཞིག་གཡུག་སྟེ་སྐྱེད་ཚོགས་མཚམས་སུ་ཕོག་པས་སྤང་ཆུང་སྐྱེད

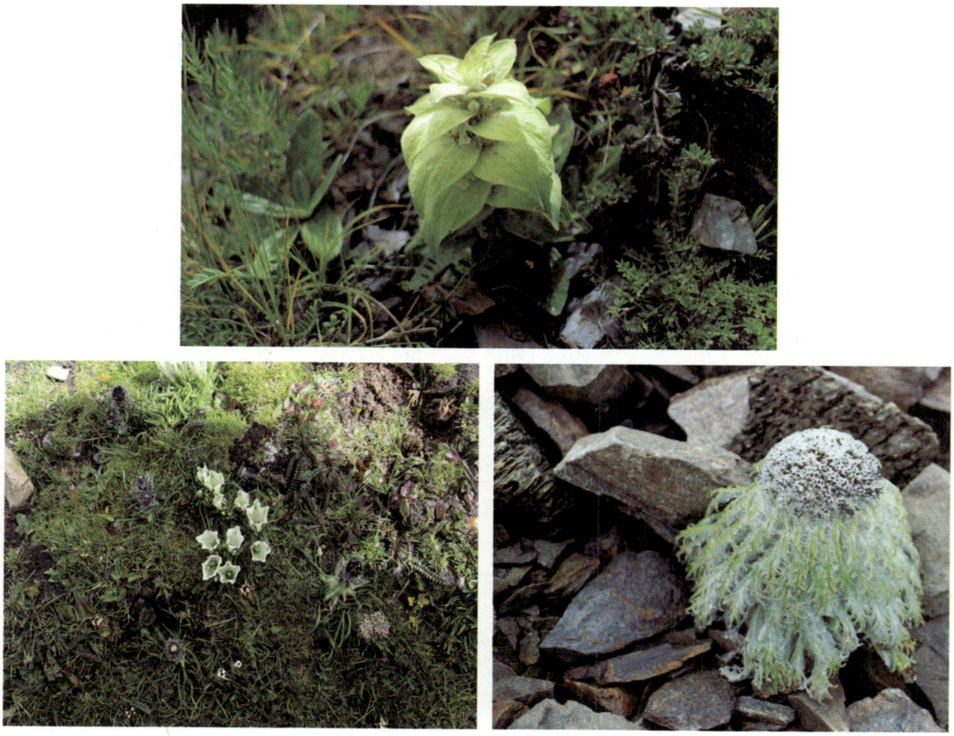

རི་བོ་སྤང་ཆེན་སྤང་ཆུང་གི་ལྟེབས་སུ་སྐྱེས་པའི་མེ་ཏོག་སྣ་ཚོགས།

ལ་ཞེས་པ་དེ་བྱུང་བ་མ་ཟད་རྒྱ་བཟོས་ནས་ཁྲག་དོན་པ་རེད་ཟེར་བའི་ལུ་མ་ཞིག་ཀྱང་ཡོད་པ་བཅས་ཁྱད་མཚར་བའི་གཏམ་རྒྱུད་མང་པོ་ཞིག་གླིང་རྒྱུ་ཡོད།

སྤྲང་ཆེན་གྱི་དོན་སྟོད་ཕྱི་ལ་གཏོར་བའི་སྐོར་གྱི་ས་མིང་ནི་སྤྲང་ཆེན་གྱི་ལྷོ་ཕྱོགས་སུ་བྲག་དཀར་མདའ་སྒྲོ་གཤིབ་པ་དང་འདྲ་བ། མིང་ལ་མདའ་སྒྲོ་བྲག་དཀར་ཞེས་འབོད་པ་དེ་སྤྲང་ཆེན་གྱི་དོན་སྟོད་ལ་མདའ་བརྒྱབ་པ་དེའི་མདའ་སྒྲོ་ཕྱི་ནས་མཐོང་པའི་ཚུལ་ཡིན་ལ། ཁ་ནས་བཙོ་ཁུ་དོན་པ་དེ་རྫ་ཁའི་ན་མ་དང་། གློ་བ་དང་སྙིང་ནི་ཐོར་ལྕོག་ཅེས་པའི་རི་དམར་བྱུ་རུའི་མདོག་ཅན་དེ་ཡིན། གྲོད་པུ་ནི་འཁྱིང་གྲོད་ཅེས་པའི་རི་དབྱིབས་གྲོད་པུ་དང་འདྲ་བ་དེ་དང་། བཙོ་དེ་ཐང་ལ་གཏོར་བས་ད་ལྟ་ཞོ་ཕྱེ་ན་མོ་ཆེ་ཞེས་པ་འདི་ཡིན། མཆེར་པ་ནི་སྤྲང་མཆེར་ཞེས་པའི་དེའུ་ཆུང་ཆུང་ཞིག་དང་། མཁལ་མ་གཉིས་ནི་མཁལ་ཆེན་མཁལ་ཆུང་ཞེས་པའི་བྲག་རི་གཉིས་དང་དེའི་ལྷེབས་སུ་སྤྲང་མཁལ་ཆིལ་ཞེས་པའི་རྒྱ་ལ་དར་ཁ་ཆགས་པ་ཞིག་ཡོད་ཅིང་དབྱར་ཁ་ཟླ་བ་༥ པའི་ཚེས་

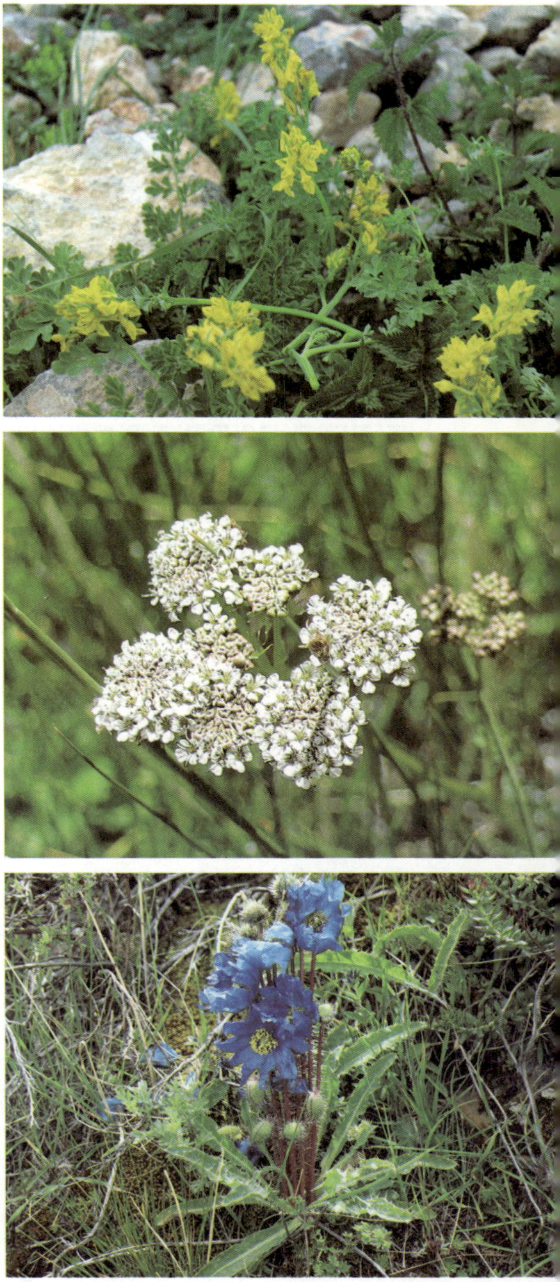

རི་བོ་སྤྲང་ཆེན་སྤྲང་ཆུང་གི་ལྷེབས་སུ་སྐྱེས་པའི་མེ་ཏོག་སྣ་ཚོགས།

༧༥ བར་དུ་གནམ་གཤིས་ཚ་གྲང་གང་འདྲ་བྱུང་ཡང་བཞུར་མི་སྲིད་པའི་ཁྱད་ཆོས་ལྡན་ཡོད། གྲོད་རྫེམས་ནི་ཧ་རྗོག་ཟེར་བའི་རི་སྲུལ་མང་པོ་ཡོད་པ་ཞིག་བཅས་གོང་གསལ་གྱི་ས་མིང་དེ་དག་ད་ལྟ་དངོས་སུ་མཐོང་རྒྱུ་ཡོད་ལ་དེ་དག་ཀུན་ཡང་ཡིད་དབང་འཕྲོག་པའི་རང་བྱུང་གི་ཆགས་དབྱིབས་ལྟ་ན་སྡུག་པ་ཡོད། དེ་ལྟར་སྐྲང་ཆེན་ནི་བསད་པ་དང་སྐྲང་ཆུང་ནི་སྣ་ཐག་དཔའ་ཕུད་ཀྱི་ཞབས་སུ་མནན་པས་འགྱུལ་མི་ཐུབ་པ་བཅས་ཀྱི་གནས་ཚུལ་འོག་ཐེའུ་རང་སྤུན་བདུན་ཡང་བྱང་ཕྱོགས་སུ་ཅུང་ཙམ་ཕྱིན་སྐབས་བང་ཕོག་ཚྭ་ཁ་ལ་འཁྱོར་ནས་ཚྭ་ཚང་མ་བལྡགས་ཚར་རྗེས་ཡར་མར་གང་ལའང་འགྲོ་མ་ཐུབ་པར་སྡོད་ཀྱི་མ་ཕམ་གཡུ་མཚོའི་ཕྱོགས་སུ་ཁ་གཏད་ནས་བསྡད་ཡོད་ལ། ད་ལྟ་མན་ཐང་གྲོང་ཚོ་༧༧ གི་སར་གནས་པའི་བང་ཕོག་མཚོ་ཞེས་པ་དེར་སྔོན་མ་ཚྭ་ཡོད་ཀྱང་ཐེའུ་རང་གིས་བལྡགས་ནས་མེད་པར་གྱུར་བ་རེད་ཅེས་བཤད་སྲོལ་ཡོད།

གཞན་ཡང་སྔིན་མོ་སྤུན་བདུན་ནམ་ཐེའུ་རང་སྤུན་བདུན་ཞེས་པའི་རི་དེ་ཡང་ད་ལྟ་མན་ཐང་གྲོང་ཚོ་གཉིས་པའི་ས་ཆར་མཐོང་རྒྱུ་ཡོད་པ་བཅས་རེད།

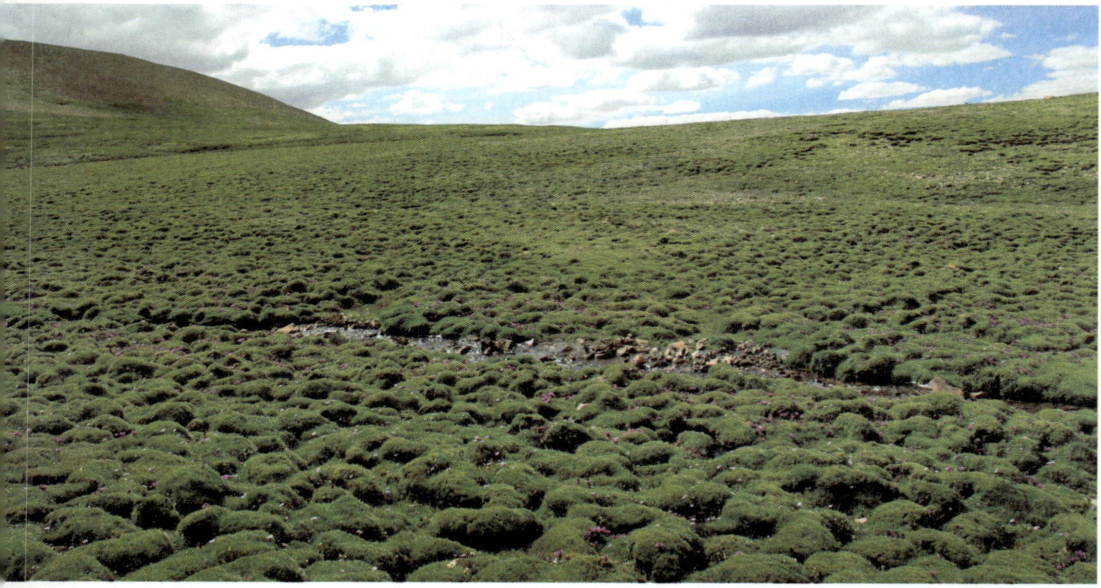

མེ་ཏོག་གི་མཛེས་པའི་སྤང་གསོང་།

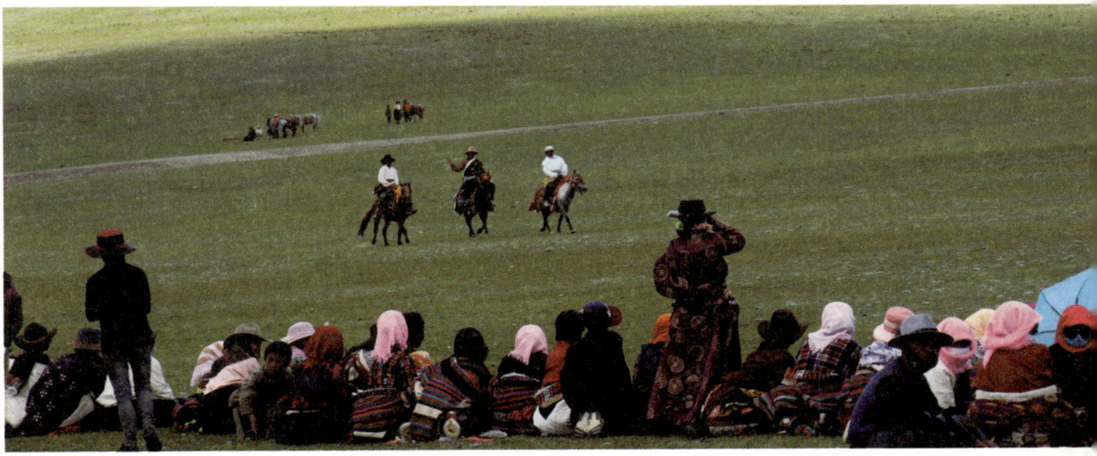

རི་གསོལ་རྟ་རྒྱུག

དཔའ་བོ་སྤུན་བདུན་གྱི་ནང་ནས་དྲུག་ཕྱིར་བྲོས་བྱས་ཤིང་ད་ལྟ་ཡུལ་ལུང་སོ་སོར་ཁ་འཐོར་དུ་གནས་ཡོད་པ་སྟེ།

༡ སྤུན་ཆེ་བ་རྡོ་རྗེ་དཔའ་རྒྱལ་ནི་དཔའ་ང་ལས་རྒྱལ་བ་ཞིག་བྱུང་མ་སྲིད་ཡང་དེ་རིང་སྲོག་མགོ་ཐོན་ཙམ་ལས་མ་བྱུང་ཞེས་བཤད་ཅིང་མཚོ་འགྲམ་དུ་གབ་ནས་ཡོད་པ་ད་ལྟ་ཤེལ་རྫ་ཐར་མ་ཕྱོགས་བཙུའི་ནང་དུ་གནས་པའི་ཡུལ་ལྷ་དེ་ཡིན།

༢ དེ་འོག་འབོ་བྱ་ར་ཞེས་པ་སྣོ་ཟློག་དགོ་བ་ཟོ་ཐོང་སུམ་བརྒྱ་ཡོད་པའི་བཤད་སྲོལ་དང་ད་ལྟ་ཡུལ་དེར་དགོ་བ་མང་བའི་ཁྱད་ཆོས་ཡང་ཡོད་ལ་ས་གནས་གཞིན་སྐེར་གྱི་ཡུལ་དུ་ཡོད།

༣ དེ་འོག་ཕུར་བཙུགས་ཞེས་པ་ཙུང་ཙམ་བྲོས་ནས་ད་ལྟ་དཔའ་ཕུད་ཀྱི་ཤར་ཕྱོགས་མན་ཐང་གྲོང་ཚོ་ལྷེ་པའི་ཁུལ་དུ་གནས་ཡོད་ལ་རྗེས་སུ་ཕུར་བཙུགས་དང་འབོ་བྱ་ར་བུ་སྤུན་གཉིས་སྲི་དང་དགོ་བ་ཚོང་བརྒྱབ་ནས་འབོ་བྱ་རའི་སྲི་གཅིག་ལ་དགོ་བ་ཟོ་ཐོང་སུམ་བརྒྱ་སྤྲད་ནས་ཉོས་པའི་གཏམ་རྒྱུད་དང་ད་ཆ་ཕུར་བཙུགས་ཀྱི་ཉེ་འཁོར་དུ་སྲི་མང་བའི་ཁྱད་ཆོས་ཡོད།

དེ་ཡང་ངག་རྒྱུན་དུ། སྲི་བསྲེ་རིལ་གྲུམ་པའི་འཕྲུག་དར་ཅན། །དགོ་ཟོ་ཐོང་

སུམ་བརྒྱ་སྲིད་ལེ་ཡིན། །ཞེས་ཕུར་བཙུགས་རང་གིས་ཤིན་ཏུ་གཙེས་པོ་བྱེད་ཀྱི་ཡོད་ལ་ཕུར་བཙུགས་ཀྱི་ཉེ་འཁོར་ནས་སྦྲེ་བསད་ན་བཀའ་ཆད་གཏོང་གི་ཡོད་པའི་བཤད་སྲོལ་ཡོད།

༤ དེ་འོག་གོབ་སྡིགས་པ་མཐུ་ཆེན་ནི་ལྷོ་ནུབ་ཀྱི་ཕྱོགས་སུ་ཐུང་ཙམ་བྲོས་ནས་རི་བོ་སྣང་ཆེན་སྣང་ཆུང་ལ་མཐུ་སྒྲུབ་པ་ཡིན་ཞེས་ས་ཁུག་ཅིག་ཏུ་ཡིབ་ནས་ཡོད་པ་ད་ལྟ་མན་ཐང་གྲོང་ཚོ་དགུ་པའི་ནང་དུ་ཡོད་ལ་གོབ་པ་ཚོ་པའི་ཡུལ་ལྷ་ཡིན།

༥ དེ་འོག་ཡོད་ཆགས་ཞེས་པ་དེའི་ཡོད་ཚད་ཆགས་ན་ངའང་ཆགས་ཙམ་ཨེ་ཡོང་ཟེར་ནས་ཤིལ་ཚྭ་ནག་ཚང་འཇག་རོལ་གྱི་ཡུལ་དུ་གནས་ཡོད།

༦ དེ་འོག་ཨེ་ཚུགས་ཞེས་པ་སྟོད་མངའ་རིས་འབྲོང་པ་རྫོང་གི་ (དེང་གཞིས་ཀ་རྩེའི་ཁོངས་) མངའ་ཁོངས་སུ་ཡོད་ཅིང་ཁོང་ཚོ་བྲོས་མཚམས་བཞག་ན་ངའང་ས་འདིར་ཨེ་ཚུགས་མི་ཚུགས་བལྟ་བ་ཡིན་ཟེར་ནས་ཡུལ་དེ་གནས་ཡོད་པ་རེད་ཅེས་བཤད་སྲོལ་ཡོད་ལ་དེ་དག་ནི་རྒན་རབས་ཀྱི་ངག་རྒྱུན་དུ་གླིང་བ་ལྟར་ན་

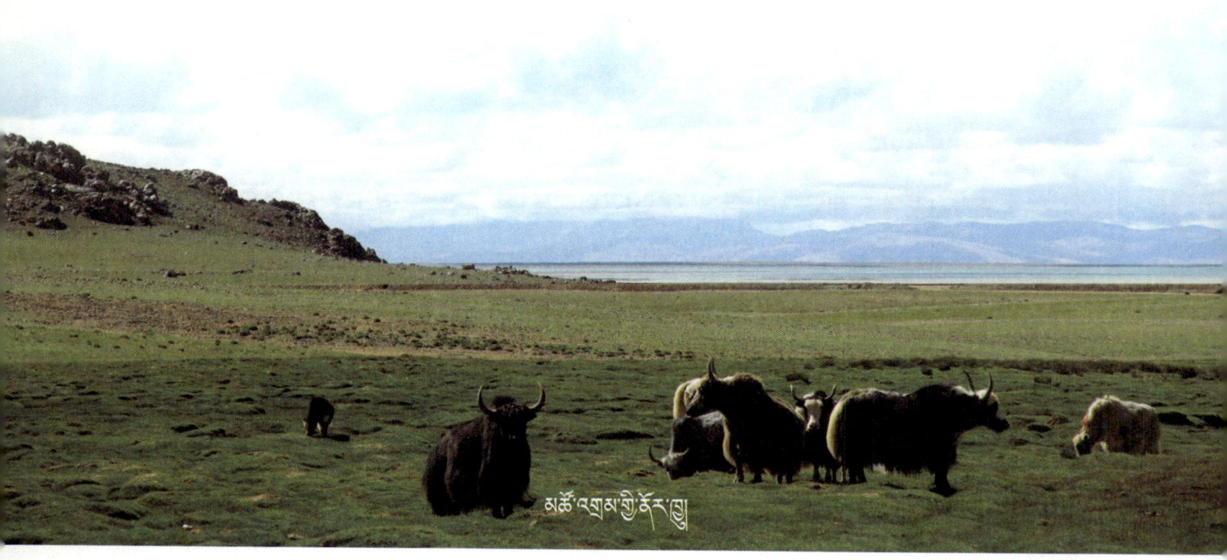

མཚོ་འགྲམ་གྱི་ནོར་ཕྱུ།

ཐམས་ཅད་རི་བོ་སྤང་ཆེན་སྤང་ཆུང་ལ་ཕྱིར་ལྟས་བལྟས་ནས་ཡོད་པ་སོགས་གཏམ་རྒྱུད་དང་མཐུན་པར་གནས་ཡུལ་སོ་སོར་རི་བྲག་གི་བཀོད་པ་ངོ་མཚར་ཅན་ཀུན་གྱི་མིག་ལམ་དུ་མཐོང་ཐུབ་པ་ཡོད།

གཉིས། སྐྱ་ཡི་རི་ཆེན་སྟོང་ཁྲུང་ཟོམ་ཁྲ།

སྟོང་ཁྲུང་ཟོམ་ཁྲ་ནི་ས་བྱང་གི་ཞལ་དཀར་བཅུ་གསུམ་གྱི་གྲལ་དང་ཁྲུང་རི་སྤུན་གསུམ་གྱི་ཆུང་བ་དེ་ཡིན་པར་གྲགས་ཤིང་ཤེལ་ཚྭ་རྫོང་གཞུང་སྐྱིད་ཤང་གི་ས་ཁོངས་ཟེ་སྒྲིང་འདུས་མཚོའི་ལྷོ་ཕྱོགས་སུ་གནས་ཡོད་ལ་ཟེ་སྒྲིང་མཚོ་ཡི་ཕྱོགས་གང་ནས་བལྟས་ཀྱང་གསལ་ལྷང་ངེར་མངོན་པའི་མཛེས་སྡུག་ལྡན་པའི་རི་བོ་ཞིག་ཡིན། རྒྱ་མཚོའི་ངོས་ལས་མཐོ་ཚད་སྨིད་༥༥༣༠ ཟིན་གྱི་ཡོད། རི་བོ་འདི་ཉིད་ཀྱི་དབྱིབས་གཟུགས་ནི་རླུམ་པོ་འོ་ཟོམ་དང་འདྲ་བར་བྲག་དཀར་གྱིས་ཁྲ་རྒྱན་བཏབ་པ་ལྷ་བུའི་མཛེས་སྡུག་ལྡན་ལ་རི་སྙིང་དུ་དཀར་ལ་དྭངས་པ་འོ་མ་ལྷ་བུའི་མཚེའུ་འཁྱིལ་ཡོད་པས་དམངས་ཁྲོད་ངག་རྒྱུན་དུ།

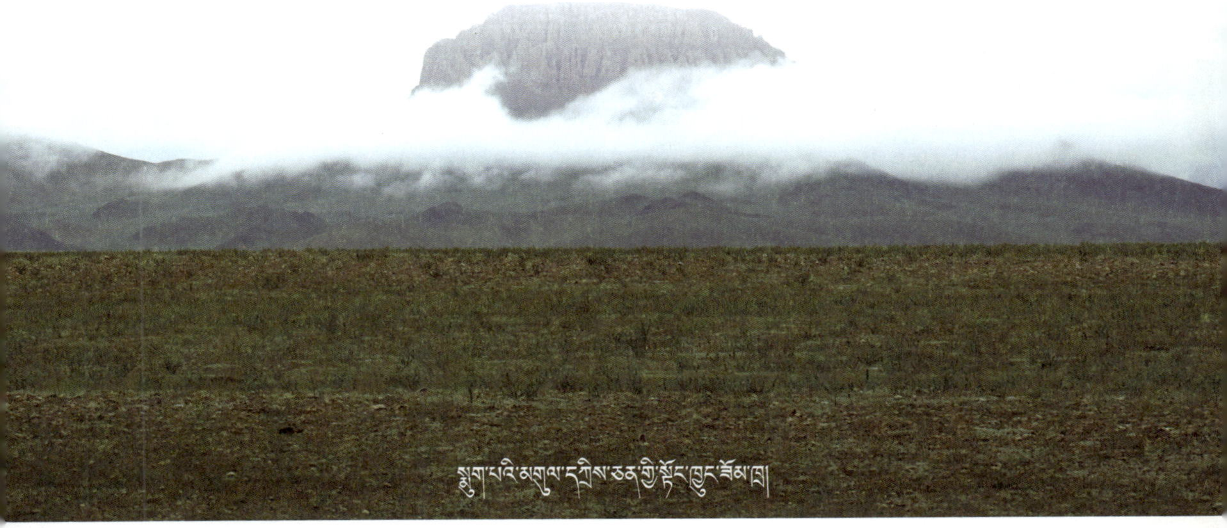

སྨུག་པའི་མགུལ་དཀྲིས་ཅན་གྱི་སྟོང་ཁྲུང་ཟོམ་ཁྲ།

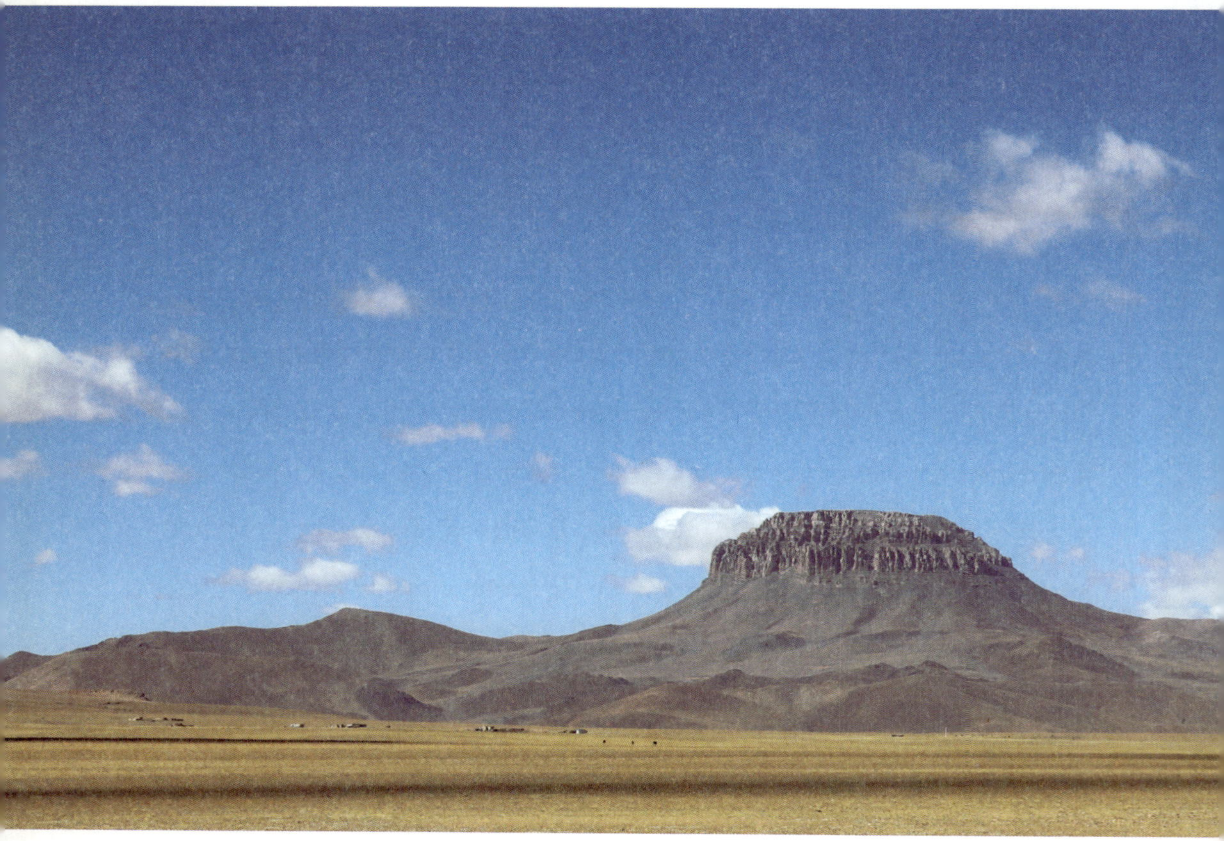

སྟོང་ཁྲུང་རི་བོ།

སྟོང་ཁྲུང་སྔོན་མོ་ཟོམ་འདྲ་མ། །
ཟོམ་ཁ་འོ་མས་བསྐང་འདྲ་ཡོད། །
ཟོམ་ལུང་དར་གྱིས་བརྒྱན་འདྲ་ཡོད། །

ཅེས་ཟེར་ལ་ས་བྱང་གི་ཁྲུང་རི་སྤུན་གསུམ་གྱི་ཡ་གྲལ་དང་མདོ་བ་རྣ་ཡི་དགྲ་ལྷ་ཡིན་ཟེར་ནས་ཡུལ་མི་ཀུན་གྱིས་སྲུང་སྐྱོབ་དང་རི་གསོལ་བྱེད་ཀྱི་ཡོད། མ་ཟད་རི་འདི་མོ་རི་ཡིན་པས་ས་བྱང་གི་མ་ཡོ་གཱ་པའི་ཆུང་མ་ཡིན་ཞིང་ཁོང་གཉིས་ལ་བུ་རྒྱུད་མིང་སྲིད་གཉིས་ཡོད་པར་གྲགས་ཏེ། བུ་གཡུང་དྲུང་ཕུར་བ་དང་། བུ་མོ་བཙོད་དེའུ་ཞེས་པའི་རི་ཆུང་གཉིས་མ་ཡོ་གཱ་པ་དང་སྟོང་ཁྲུང་གི་བར་ན་ཡོད། རི་

འདིའི་ཆགས་དབྱིབས་དང་གནས་བདག་སོགས་སྟོང་
ཁྱུང་གསོལ་མཆོད་ཀྱི་ནང་དུ་འདི་ལྟར་གསལ་ཏེ། ས་
གཞི་རིན་ཆེན་སྣ་ཚོགས་ལས་གྲུབ་པའི། །འཛམ་ཞིང་
ཡིད་འོང་མེ་ལོང་ངོས་ལྟར་མཛེས། ། ཆོས་ལྡན་དམ་
ལྡན་ཕོ་མོས་ཡོངས་སུ་བསྐོར། །རྟ་ནོར་ལུག་གསུམ་
ས་གཞིའི་ཁྱོན་ཀུན་ཁེངས། །མཛེས་པའི་ལོངས་སྤྱོད་
སུམ་རྩེན་གྲོང་ལ་འགྲན། །དེ་འདྲའི་དབུས་སུ་མཆེད་
ལྔའི་ཕོ་བྲང་ནི། །ལྷུན་པོའི་མཚན་དུ་སྟོང་ཁྱུང་ཞེས་
སུ་གྲགས། །རི་བོ་གཙོ་མོའི་སྐྱང་དུ་བུ་ཐོགས་འདྲ། །རྩེ་
མོ་གདུགས་ཕུབ་འདྲ་བའི་དབུས་ཉིད་དུ། །བཙུད་ལྡན་
འོ་མའི་བསྐང་འདྲ་ཟས་ནོར་འཕེལ། ། ཡ་མཚན་རི་བོ་
ཤར་ཤེལ་སྒོ་ཕྱོགས་ངོས། །བཻཌཱུརྱ་ལྡན་ནུབ་ཕྱོགས་ཨིནྡྲ་
ཡི། །བྱང་ཕྱོགས་པ་ལམ་རིན་ཆེན་ལས་གྲུབ་པའི། །འདི་
འདྲའི་གཟི་བརྗིད་ལྡན་པའི་ཕོ་བྲང་ནང་། །ཚེ་རིང་
མཆེད་ལྔ་མཛེས་པའི་ལྷ་མོས་བསྐོར། ། ཅེས་འཁོད་ཡོད།

སྟང་ཁྱུང་གི་རི་སྙིང་དུ་འཁྱིལ་བའི་མཚོའུ་དེ་ནི་ལྷ་ཆུ་ཡིན་པས་བཙས་མ་ཐག་པའི་ཕྲུ་གུས་ཨ་མའི་ནུ་ཞོ་མ་འཐུང་གོང་དུ་ཆུ་དེ་བླུད་ན་ནར་སོན་པའི་གོ་རིམ་གྱི་ཁྲོད་དུ་ལུས་ལ་ན་ཚ་ཉུང་ཞིང་རྗེས་སོར་མི་དེ་གཏམ་ལ་མཁས་པ་ཞིག་ཏུ་འགྱུར་འགྲོ་ཟེར། སྟང་ཁྱུང་གི་རི་གཤམ་དུ་གེ་སར་གྱི་རྟ་རྐྱང་པོའི་ཞབས་རྗེས་ཞེས་པ་ཞིག་ཡོད་ཅིང་དེའི་འགྲམ་དུ་དྭངས་ལ་བསིལ་བའི་ཆུ་མིག་ཅིག་ཡོད་པ་དེ་ནི་འདོ་བ་རྟ་ཡི་མགྱོགས་ཆུ་ཡིན་པས་བཙས་མ་ཐག་པའི་རྟེའུ་ཨ་མའི་ནུ་ཞོ་མ་འཐུང་གོང་ལ་ཆུ་དེ་ནས་བླུད་ན་རྟ་དེ་བང་རྩལ་ཤིན་ཏུ་མྱུར་བ་ཞིག་ཏུ་འགྱུར་འགྲོ་ཟེར། གང་ལྟར་ཡང་ས་ཆ་དེ་ནས་ས་སྐྱེས་རྗོ་སྐྱེས་ཀྱི་རྟ་རིགས་ཡིན་ཚེ་གཞན་དང་མི་འདྲ་བའི་བང་

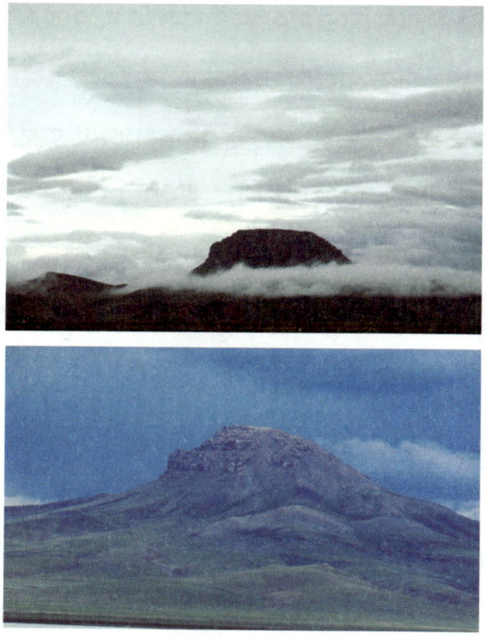

སྟོད་ཁྲུང་རི་བོའི་མཛེས་ལྗོངས།

རྒྱལ་ཡོད་ཅེས་གནའ་སྔ་མོ་ནས་གླིང་སྒྲོལ་ཡོད་ལ་དོན་དངོས་ཐོག་ཏུ་ཡང་རྟའི་བང་རྒྱལ་དང་གཟུགས་བྱད་སོགས་ལ་ཁྱད་ཆོས་དམིགས་བསལ་རེ་མངོན་རྒྱུ་ཡོད།

གསུམ། ནུབ་ཀྱི་རི་ཆེན་མ་ཡོ་གྭ་པ།

མ་ཡོ་གྭ་པ་ནི་ཤེལ་ཚྭ་རྫོང་མ་ཡོ་ཡུལ་ཤོག་གི་ས་ཁོངས་བྱེ་གླིང་འདུས་མཚོའི་ནུབ་ཕྱོགས་སུ་གནས་ཡོད་ཅིང་བརྗིད་ཉམས་ཀྱིས་ཕྱུག་པའི་རི་བོ་ཞིག་ཡིན་ལ་བྱེ་གླིང་འདུས་མཚོའི་ཉེ་འཁོར་གང་ནས་བལྟས་ཀྱང་གསལ་ལེར་མཐོང་ཐུབ་ཀྱི་ཡོད། རི་དེའི་མཐོ་ཚད་རྒྱ་མཚོའི་ངོས་ལས་སྨིད་༥༨༩༠ ཙམ་ཟིན་གྱི་ཡོད། རི་བོ་འདི་ཉིད་ནི་གཡའ་རི་སྔོན་པོ་ཆར་སྤྲིན་གྱི་མདོག་ལྟ་བུའི་སྟེང་ན་མར་དཀར་གྱི་ཁ་རྒྱན་བཏབ་པ་ལྟ་བུའི་ཁ་བས་མཛེས་པ་ཞིག་ཡོད་ཅིང་དབྱིབས་ནི་འབྲོག་པའི་སྦྲ་ནག་ཐོད་དཀར་ཞིག་དང་གཉིས་སུ་མེད་པར་གྲགས་ཏེ་དམངས་ཁྲོད་ངག་རྒྱུན་དུ།

མ་ཡོ་གུ་པ་སྦྲ་དང་འདྲ། །
སྦྲ་ལ་ཕྱིང་དཀར་བཀབ་པ་འདྲ། །
ཞེས་ཟེར་སྲོལ་ཡོད་ལ་ཡང་བཤད་སྲོལ་གཞན་ཞིག་ནི།
བ་ཁྲ་ཁྲ་ཕྱིར་ལ་བལྟ་འདྲའི་རི། །
བའུ་ཁྲ་ཁྲ་རྗེས་ལ་འཕྲངས་འདྲའི་རི། །
ས་བྱང་གི་མ་ཡོ་ག་པ་རེད། །

ཅེས་ཟེར་ཏེ་རི་དེའི་ཤར་ཕྱོགས་ནས་བལྟས་ན་བ་ཁྲ་བོ་ཞིག་ཕྱིར་བལྟས་ལྟས་ནས་ཡོད་པ་དང་འདྲ་ཞིང་དེ་ལ་ཡང་གཏམ་བརྒྱུད་ཅིག་གླིང་རྒྱུ་ཡོད་དེ། ཟེ་གླིང་འདུས་མཚོའི་ཤར་ཕྱོགས་ཀྱི་རི་བོ་སྤང་ཆེན་སྤང་ཆུང་ནུབ་ཏུ་རྒྱུགས་ཡོང་བའི་སྐབས་སུ་འགྲོ་ལམ་གྱི་རི་ཐམས་ཅད་བྲོས་སོང་བའི་གྲལ་དུ་མ་ཡོ་གུ་པ་ཡང་ནུབ་ཏུ་བྲོས་ཤིང་ཁོས་སྤང་རིས་ངའི་རྗེས་ཟིན་གྲབས་ཨེ་ཡོད་ན་སྙམ་ནས་ཕྱིར་བལྟས་ཤིག་བལྟས་པས་སྤང་ཆེན་སྤང་ཆུང་གི་གདོང་ཁ་དཔའ་ཕུད་ཀྱིས་བཀབ་ཟིན་པ་མཐོང་བས་ཁོ་བྲོས་མཚམས་བཞག་ནས་དེར་བསྡད་པ་རེད་ཟེར། གང་ལྟར་རི་

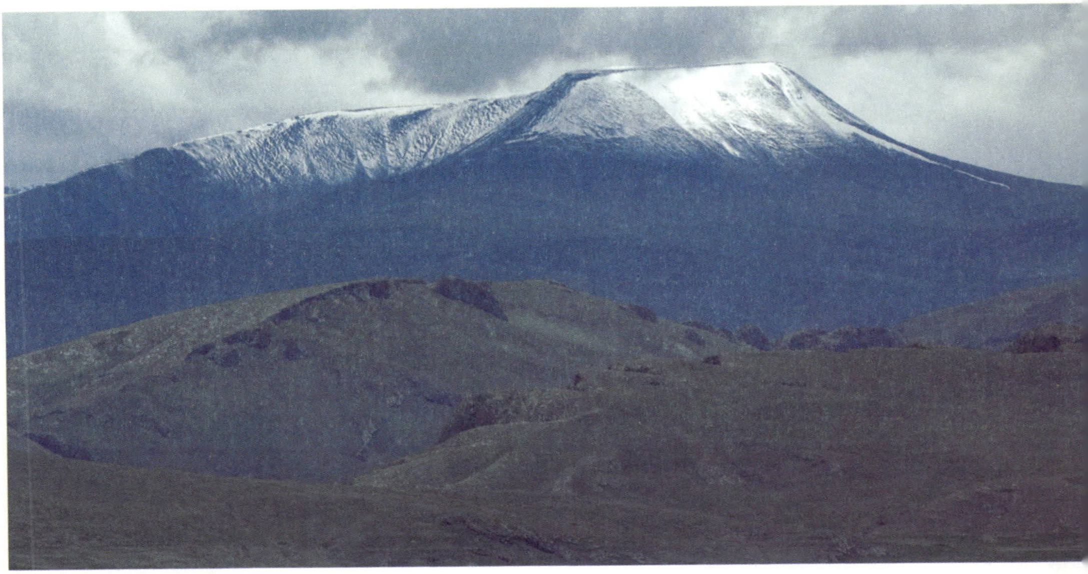

མ་ཡོ་གུ་པ།

པོ་འདི་ཉིད་ཡ་ཐོག་ཞང་ཞུང་སྔོ་པའི་ཡུལ་གྱི་མཚོན་བྱེད་ལྟ་བུའི་རི་བོ་ཞིག་ཡིན་ཏེ། ཉེར་སྣང་ (༡་༢་ན་ ༤) ལས་སྨད་ཀྱི་ཤེ་ལེ་རྒྱ་སྐར་ཞེས། ཁྲུང་པོ་རི་བོ་རྩེ་དྲུག་ཡིན་ལ། སུམ་པ་སྤྲང་གི་གྲེམ་ཤོད་ཀྱང་ཟེར། ཁྲུང་པོའི་ཁོག་ཏུ་ཁྲུང་པོ་དཀར་ནག་སེར་གསུམ་གྱི་གདན་ས་དང་། སློ་ལྡན་གྱི་གདན་ས་བྱ་ཟེར་སོགས། ཁྲུང་པོ་སྙིང་ཆེན་སོགས་དགོན་སྡེ་མང་། ནང་གསེས་ཚོ་པ་སོ་དགུ་དང་། བྱང་ཕྱོགས་ཀྱི་རྒྱ་སྡེ་ཉེར་ལྔ་སོགས་ཕལ་ཆེར་བོན་སྡེ་ཡིན་ལ། དེའི་ནུབ་ཕྱོགས་ཨ་མདོ་བསྟོད་པ་ཞེས། ཧ་ཧ་སྐད་གི་རི་རྒྱུད་ཀྱི་མཚམས་སུ་བྲག་དམར་རི་འདུས་དང་། སྤུ་རྒྱལ་གངས་དཀར། རྨ་ཡོ་ག་པ་སོགས་ཡོད་ཅེས། སྨད་ཀྱི་ཤེ་ལེ་རྒྱ་སྐར། ཁྲུང་པོ་དཀར་ནག་སེར་གསུམ་ནས་བྱང་ཕྱོགས་ཀྱི་རྒྱ་སྡེ་ལ་ཐུག་པའི་བར་གྱི་མངའ་ཁོངས་རྣམས། ཞང་ཞུང་སྔོ་པའི་ཁོངས་སུ་གཏོགས་པར་བསྟན་ཡོད། ཅེས་འཁོད་ཡོད་ཅིང་ (རྨ་ཡོ་ག་པ་) ཞེས་པ་ནི་སྦྲ་ཡི་བརྗོད་ཚུལ་ཅུང་མི་འདྲ་བ་ལས་དོན་དུ་མ་ཡོ་ག་པ་འདི་ཉིད་ཡིན་ཞིང་རི་བོ་འདིར་ཞང་ཞུང་བོན་གྱི་དུས་ནས་ད་ལྟའི་བར་དུ་གནས་རི་དང་ཡུལ་ལྷར་བཙིས་ནས་དད་མོས་གསོལ་མཆོད་བྱེད་སྲོལ་ཡོད་ཅིང་མ་ཡོ་ག་པའི་གསོལ་མཆོད་ལས་འདི་ལྟར་གསལ་ཏེ། བདུད་པོ་ཟླ་ར་ར་སྐྱེས་ཆེན་པོ་ནི། །ཕོ་བྲང་མ་ཡོ་ག་བར་བཞུགས་པ་ལ། །རྩེ་མོ་གངས་དཀར་གནམ་དུ་ཟེངས་སེ་ཟེང་། །སྐེད་པར་ནགས་ཚལ་དཀྱིལ་དུ་གཅན་གཟན་ལྡིར། །རྩ་བ་ཧ་ནོར་ལུགས་གསུམ་ས་གཞི་ཁེངས། །དེ་འདྲའི་གཟི་བརྗིད་ལྡན་པའི་རི་བོའི་རྩེར། །ཟླ་ར་ར་སྐྱེ་སྐུ་མདོག་སྨུག་ནག་ལ། །ཕྱག་གཡས་བདུད་ཞགས་གཡོན་པས་བདུད་དར་ཕྱར། །དར་ནག་སྐུ་ལ་གསོལ་ཞིང་རྟ་ནག་ཆིབས། །སྲུང་ནི་གསང་སྔགས་བསྟན་པའི་སྲུབ་མཆོག་སྐྱོང་། །ཞེས་འཁོད་ཡོད་ལ་རི་བོ་འདིའི་ལྷ་འཁོར་དུ་གཏོགས་པ་ནི་སྐུ་ལྕམ་སྟོང་ཁྲུང་ཐོམ་ཁྲ་དང་། སྐུ་སྲས་གཡུང་དྲུང་ཕུར་བ། གཙོད་དེའུ། དེ་བཞིན་ལྕགས་ནག་མགར་ཚང་མཐོན་པོ་དང་། བ་ཤེ་གཡའ་ཚང་མཐོན་པོ། གངས་མིན་གཡའ་སྐྱ་མཐོན་པོ་སོགས་ཉིན་གྱི་མཐོན་པོ་བཅུ་གསུམ། ཕོ་རོག

གོང་འོག་དང་། གད་དམར་གོང་འོག་སོགས་སྐྱིབ་ལ་གོང་འོག་བཅུ་གསུམ་བཅས་འཁོར་ཚོགས་མང་པོས་བསྐོར་ཡོད་པར་གྲགས།

གཞན་ཡང་གངས་ཞིལ་ཡེར་ནས་ཟྱི་ གླིང་འདུས་མཚོར་བཏང་བའི་འབྲོང་གཉིས་ཡོད་པ་དེ་གཅིག་དོ་སྐྱུས་བཟུང་ནས་བསད་པས་དོ་སྐྱའི་རྒྱུད་དུ་ནོར་ཞུང་བ་དང་གཅིག་མ་ཡོ་གྭ་པས་བདག་ཉར་བྱས་པས་མ་ཡོའི་རྒྱུད་དུ་ནོར་གྱི་འཕེལ་ཁ་དར་བ་བྱུང་བའི་བཤད་སྲོལ་ཡོད་ཅིང་དོན་དངོས་ཐོག་ཏུ་ཡང་མ་ཡོའི་ཉེ་འཁོར་ནི་ནག་གྲུ་ནོར་གྱི་ཕ་ས་ལྷ་བུར་གྱུར་ཡོད།

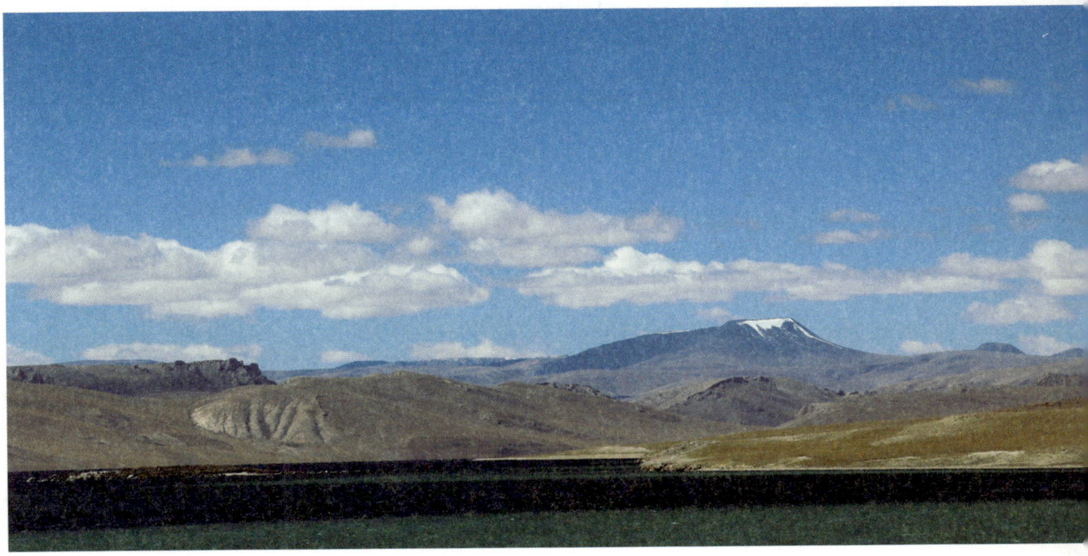

རྒྱང་རིང་ནས་མཐོང་བའི་མ་ཡོ་གྭ་པ།

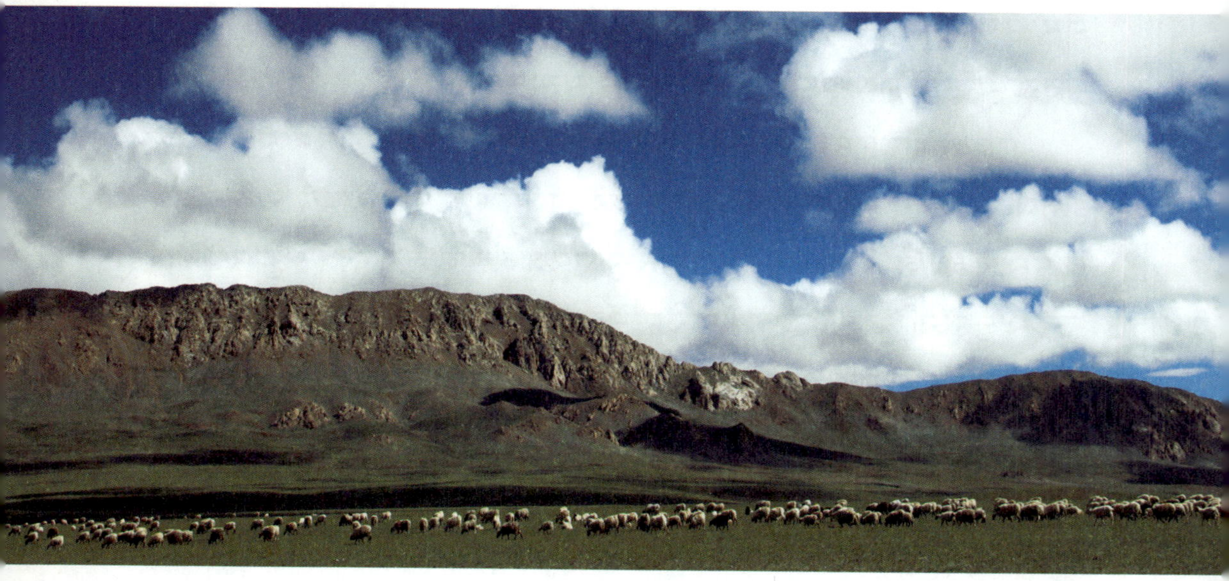

ཀྭ་པ་ལྷ་རི།

བཞི། བྱང་གི་རི་ཆེན་ཀྭ་པ་ལྷ་རི།

ཀྭ་པ་ལྷ་རི་ནི་ས་བྱང་གི་ཁྲུང་རི་སྤུན་གསུམ་གྱི་ཆེ་བ་དེ་ཡིན་ལ་མཚོ་ཁུ་གཉིས་རྫོང་ཞི་བདེ་ཡུལ་ཤོག་གི་ས་ཁོངས་ཟེ་གླིང་འདུས་མཚོའི་བྱང་ཕྱོགས་སུ་གནས་ཤིང་ཟེ་གླིང་འདུས་མཚོའི་ཉེ་འཁོར་གང་ནས་བལྟས་ཀྱང་གསལ་ལེར་མངོན་པའི་ལྷུན་ཆགས་ཀྱི་རི་བོ་ཞིག་ཡིན།

རི་དེའི་རྩེ་མོ་རྒྱ་མཚོའི་ངོས་ལས་མཐོ་ཚད་སྨིད་༥༩༥༠ ཙམ་ཟིན་གྱི་ཡོད།

རི་བོ་དེའི་ཆགས་དབྱིབས་ནི་ལུ་གུ་ཞིག་དང་འདྲ་ཞིང་ཀྭ་ཆེན་ཀྭ་ཆུང་ཞེས་པའི་རི་བོ་གཉིས་མུ་འབྲེལ་དུ་གནས་ཡོད་པས་ཀྭ་པ་ལུ་གུ་སྤུན་གཉིས་ཞེས་འབོད་དེ་ངག་རྒྱུན་དུ།

ཀྭ་པ་ལུ་གུ་སྤུན་གཉིས་དེ། །
ལྷ་ལུག་བཙག་གིས་བརྒྱན་འདྲ་ཡོད། །
ལྷས་མཐའ་ལུག་གིས་བསྐོར་འདྲ་ཡོད། །

ཅེས་ཟེར་སྲོལ་ཡོད་ལ་ཡུལ་མིས་གནའ་དེང་ཀུན་ཏུ་རི་གསོལ་བྱེད་ཅིང་གཡང་མོ་ལུག་གི་ལྷ་ཡིན་པའི་ངོས་འཛིན་བྱེད་སྲོལ་ཡོད།

ག་པ་ལྷ་རིའི་གསོལ་མཆོད་ཀྱི་ནང་དུ་འདི་ལྟར་གསལ་ཏེ། སྟོན་ཚེ་སློབ་དཔོན་པདྨའི་སྤྱན་སྔ་རུ། །ཇི་ལྟར་ཆོས་བཞིན་སྐྱོང་བར་ཞལ་བཞེས་པ། །བྱང་ཕྱོགས་མགར་པ་ལྷ་རི་ཞེས་བྱ་བ། །རི་བོ་རྒྱལ་པོ་གདན་ལ་བཞུགས་པ་འདྲ། །རྩེ་མོ་ན་བུན་གདུགས་ཕུབ་འདྲ་བ་ལ། །རྐེད་པར་རི་དྭགས་གཅན་ཟན་བག་ཕེབས་འགྲོ། །རྩ་བ་རིན་ཆེན་ས་གཞི་ཁྲི་མར་བརྡལ། །དེ་དབུས་དམ་ཅན་ཆེན་པོའི་ཕོ་བྲང་བཞུགས། །ཆིབས་སུ་སེང་གེ་དཀར་མོའི་ཁྲི་སྟེང་དུ། །གཟི་བརྗིད་འོད་འབར་སྐུ་མདོག་དཀར་ལ་འཚེར། །ཕྱག་གཡས་གནམ་ལྕགས་རྡོ་རྗེ་གཡོན་ཅིནྟ། །ཉིན་མཚན་སངས་རྒྱས་བསྟན་པ་སྲུང་ཞིང་སྐྱོབ། །རྣལ་འབྱོར་ཡོན་བདག་མི་ནོར་འཁོར་བཅས་ལ། །ཡིགས་ཚོགས་འཕྲིན་ལས་དཔལ་ཡོན་སྐྱུལ་བ་དང་། །ཡུལ་ཕྱོགས་དགེ་ཞིང་ཆོས་སྲིད་གོང་དུ་འཕེལ། །ཞེས་འཁོད་ཡོད། གཞན་ཡང་རི་དེར་བཙུག་གིས་བརྒྱན་པའི་གནའ་བ་དང་རྣ་ཆ་ཅན་གྱི་རི་བོང་སོགས་སྲོག་ཆགས་ཡ་མཚན་ཅན་མང་པོ་མཐོང་རྒྱུ་ཡོད་པར་གྲགས།

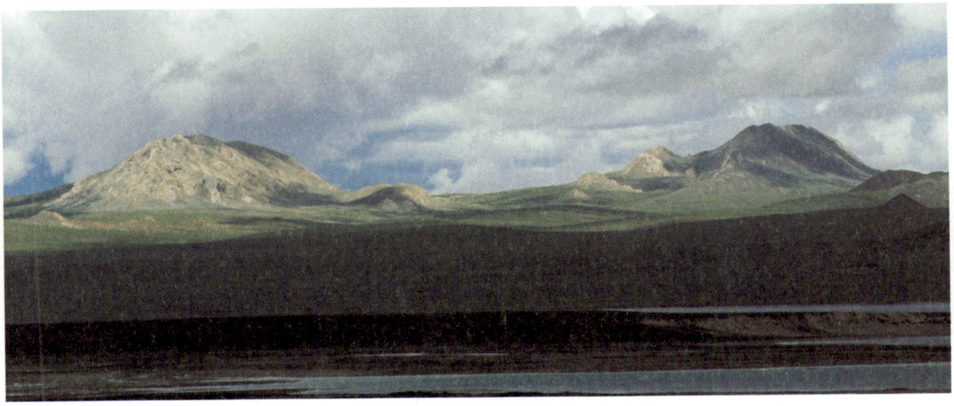

ག་པ་ལུག་གུ་སྤུན་གཉིས།

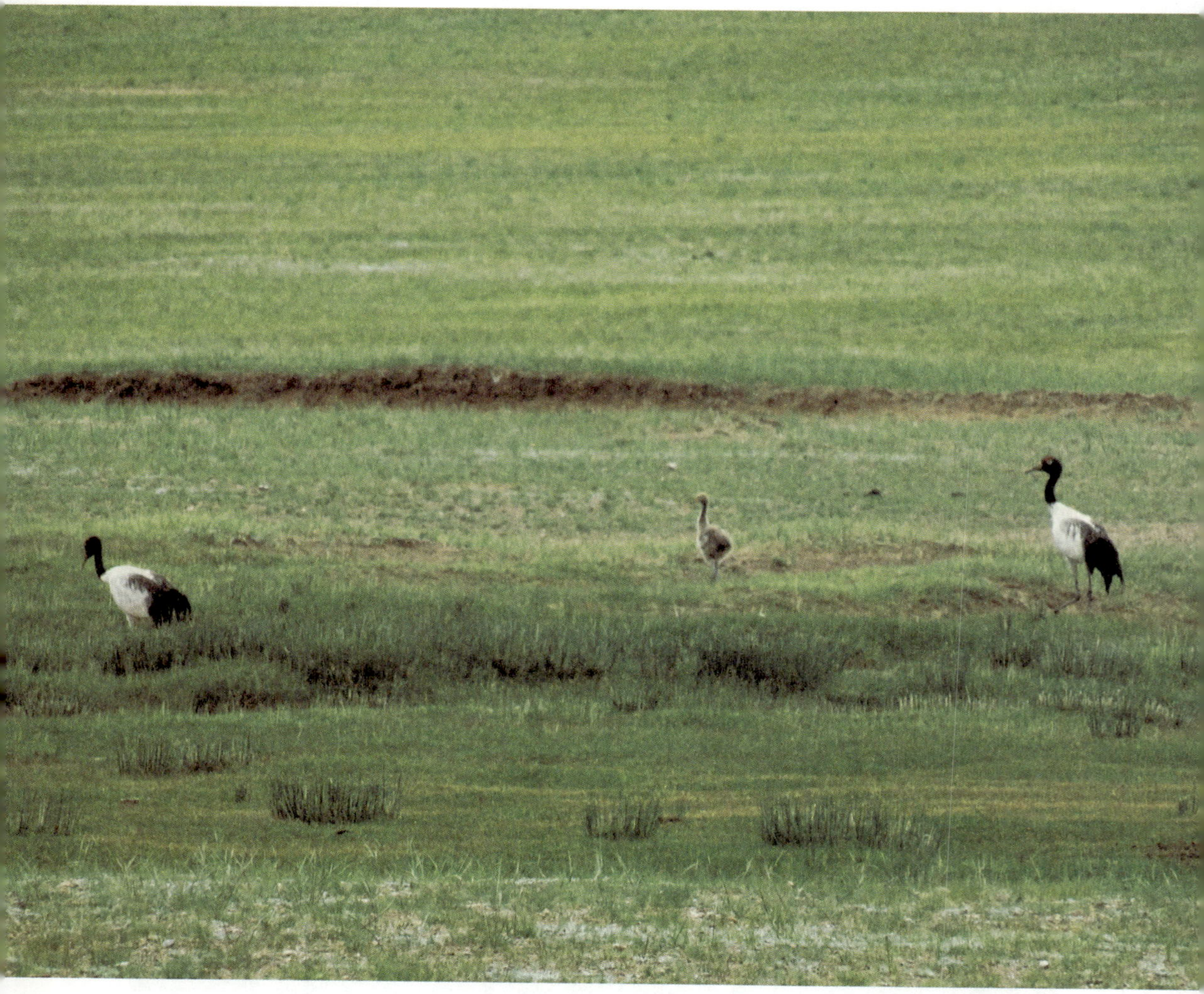

ཁྲུང་ཁྲུང་མགྲིན་ནག

ས་བཅད་དགུ་པ། ཟི་གླིང་འདུས་མཚོའི་མཐའ་འཁོར་གྱི་རི་སྐྱེས་སྲོག་ཆགས་ཀྱི་སྐོར།

རི་སྐྱེས་སྲོག་ཆགས།

རྒྱ་མཚོའི་ངོས་ལས་མཐོ་ཚད་རྨིད་༤༥༠༠ ལྷག་ཙམ་ཟིན་པའི་ཟི་གླིང་འདུས་མཚོའི་ཁོར་ཡུག་ནི་གངས་ལྗོངས་ས་མཐོའི་སྙིང་ནོར་རྩ་ཆེའི་རི་དྭགས་ཀྱི་ཕ་ཁྲིམ་ལྟ་བུར་གྱུར་ཡོད་པས་གཡུ་ཞུན་ཐང་ལ་འཁྱིལ་འདྲའི་མཚོ་མོའི་མཐའ་ན་གསེར་གྱི་ཁུ་བ་ལན་བརྒྱར་བཙྭགས་འདྲའི་རྩྭ་ཐང་ཡོད་ཅིང་། དེའི་སྟེང་ན་ཁ་དཀར་རྐྱང་དང་། གོག་པོ་གཙོད། རྒྱ་བོ་གནའ། བྲེ་སེར་འཁྲོང་། དགོ་བ་སོགས་རི་དྭགས་ཀྱི་རིགས་དང་། ཁྲུང་ཁྲུང་མགྲིན་ནག ཐང་དཀར་རྐོད་པོ། ཁོ་བོ་སྐྱད་དཀར། རྩལ་ཆེན་སྐྱག་རྐོད། ངང་བ་དཀར་སེར། ལྷ་བྱ་གོང་མོ་སོགས་འདབ་ཆགས་ཀྱི་རིགས། དེ་བཞིན་ངོ་མཚར་ལྡན་པའི་ས་མཐོའི་སྲོག་ཆགས་སྣ་ཚོགས་ཀྱིས་རྒྱལ་ཕྱིའི་ཡུལ་སྐོར་བའི་སྤྱན་ལམ་དུ་ཡིད་དབང་འཕྲོག་པའི་མཛེས་སྡུག་གི་ཆུན་པོ་ཞིག་ཁ་སྟོན་བྱས་ཡོད། དེ་ཡང་རིགས་མི་འདྲ་བའི་སྲོག་ཆགས་སྣ་ཚོགས་གནས་འདིར་འདུས་སྡོད་བྱེད་དོན་ནི་དྭངས་ཤིང་བསིལ་བའི་མཚོ་མོའི་ཆུ་གཏེར་ལ་རྫོགས་མཐའ་མེད་ཅིང་ཡངས་ཤིང་རྒྱ་ཆེ་བའི་རྩྭ་ཐང་དུ་འཚོ་བཅུད་ལྡན་པའི་ཟན་རྩྭ་དང་མེ་ཏོག་ཕུན་སུམ་ཚོགས་པས་འདི་ནི་ཁོ་ཚོ་ལ་མཚོན་ན་ཆེས་བདེ་སྐྱིད་ལྡན་པའི་ཞིང་ཁམས་ཤིག་ཏུ་གྱུར་ཡོད་པས་རེད། ཕྱིར་རང་བྱུང་ཁམས་ཆེན་པོ་གཅིག་ཏུ་འཚོ་གནས་བྱེད་པའི་སྲོག་ཆགས་ཐམས་ཅད་ལ་རང་གཤིས་དང་རྣམ་པ་མི་འདྲ་བ་རེ་ཡོད་ཅིང་དེས་རྐྱེན་པའི་རིགས་ཚན་མི་འདྲ་བ་དང་འཚོ་སྡོད་ཀྱི་ཁོར་ཡུག་ཀྱང་མི་འདྲ་བ་རེ་ཆགས་ཡོད་པ་བཞིན། དུས་བཞིའི་འགྱུར་བ་ཧ་ཅང་གསལ་བའི་མཐོ་སྒང་གི་ཡུལ་དུ་

འཚོ་སྐྱོད་བྱེད་པའི་སྒྲིག་ཆགས་དག་ཀྱང་ནམ་དུས་ཀྱི་འགྱུར་བ་ལ་བརྟེན་ནས་འཚོ་བ་སྐྱེལ་སྟངས་དང་། རིགས་མི་འདྲ་བའི་སྒྲིག་ཆགས་སོ་སོའི་རང་གཤིས་དང་གཟུགས་དབྱིབས་སོགས་ཀྱི་ཁྱད་ཆོས་མི་འདྲ་བ་ཡོད། དེས་ན་འདི་ནས་གངས་ལྗོངས་ས་མཐོའི་སྙིང་ནོར་དུ་གྱུར་པའི་རི་སྐྱེས་སྒྲིག་ཆགས་རྩ་ཆེ་བ་ཁ་ཤས་ངོ་སྤྲོད་ཞུ་རྒྱུ་ཡིན།

གཅིག ཁྲུང་ཁྲུང་མགྲིན་ནག

ཁྲུང་ཁྲུང་མགྲིན་ནག་ནི་བརླན་གཤེར་ཅན་གྱི་ཁོར་ཡུག་ན་གནས་པའི་བྱ་ཆེན་གྱི་རིགས་ཞིག་ཡིན་ལ་ནམ་དུས་ཀྱི་འགྱུར་བ་དང་བསྟུན་ལྷོ་བྱང་གཉིས་ལ་རེས་མོས་ཀྱིས་འཚོ་སྐྱོད་བྱེད་པའི་དུས་བྱ་ཞིག་སྟེ། དཔྱིད་སྨད་དུ་ལྷོ་ནས་བྱང་དུ་འཕུར་ནས་དབྱར་སྟོན་གྱི་དུས་སུ་བྱང་ཐང་དུ་ཕྲུ་གུ་སྐྱེ་གསོ་བྱས་ནས་འདུག་པ་

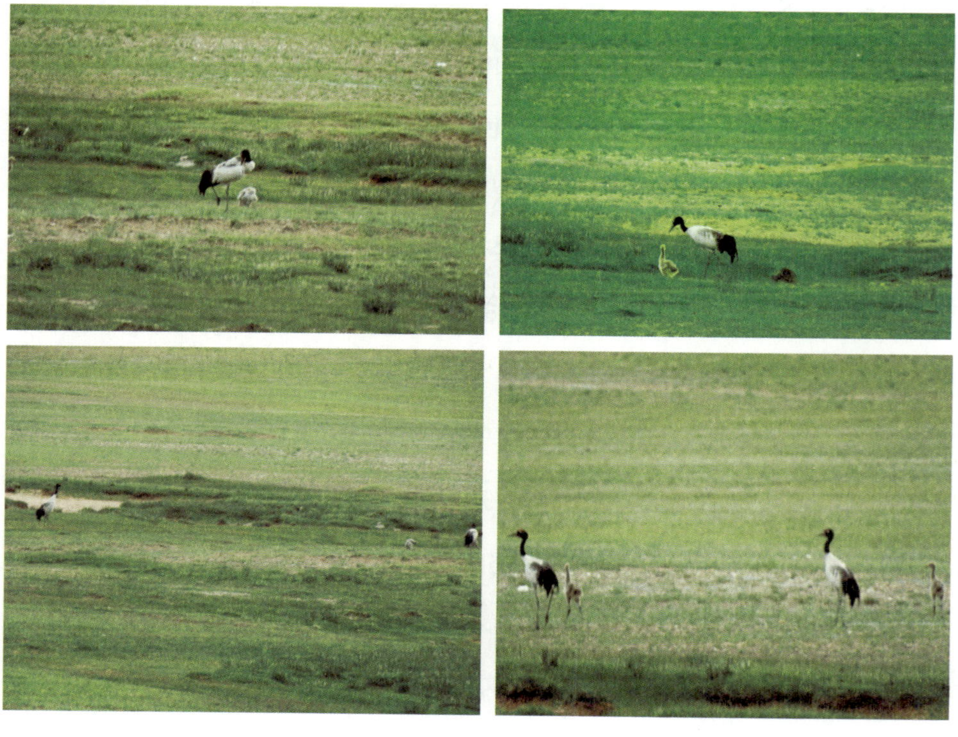

ཁྲུང་ཁྲུང་མ་བུ་མཉམ་དུ་བསྐྱོད་པ།

དང་སྟོན་མཇུག་ཏུ་བྱང་ནས་ལྷོ་རོང་ཚ་བ་ཆེ་བའི་ཁུལ་དུ་འཕུར་ནས་དགུན་གྱི་གྲང་ངར་ལ་གཡོལ་ཐབས་བྱེད་ཀྱི་ཡོད། དེར་བརྟེན་ཁྲུང་ཁྲུང་བྱང་ཐང་དུ་སླེབས་ན་བྱང་ཁུལ་དུ་གནམ་གཤིས་དྲོ་བའི་འགོ་ཚུགས་པ་དང་ཁྲུང་ཁྲུང་ལྷོ་རུ་འཕུར་ན་བྱང་ཐང་དུ་གནམ་གཤིས་གྲང་ངར་གྱི་འགོ་བཙམས་པ་ཡིན་པ་རྟོགས་ཐུབ་ཀྱི་ཡོད། ལུས་ཀྱི་རིང་ཚད་སྨིད་༡.༢ ཙམ་ཟིན་པ། རྐེ་དང་རྐང་པ་རིང་ལ་མཆུ་ཡང་རིང་བ། མགོ་རྐེ་དང་གཤོག་པའི་སྒོ། མཇུག་མ། མཆུ། རྐང་པ་བཅས་ཀྱི་སྤུ་དང་སྒྲོ་མདོག་ནག་པོ་ཡིན་པ་ཕུད་ལུས་སྤྱིའི་ཁ་དོག་ནི་དཀར་པོ་ཡིན་ལ་མགྲིན་པ་ནག་ལ་རིང་བས་ཁྲུང་ཁྲུང་མགྲིན་ནག་ཅེས་འབོད་ཀྱི་ཡོད། བྱང་ཐང་ཁུལ་དུ་ཁྲུང་ཁྲུང་གི་སྡོད་གནས་གཙོ་བོ་ནི་ཟི་གླིང་འདུས་མཚོའི་མཐའ་འཁོར་དང་གླིང་ཕྲན་དག་ཏུ་ཡིན་པས་ཟི་གླིང་འདུས་མཚོ་ནི་ཁྲུང་ཁྲུང་སྲུང་སྐྱོབ་ཀྱི་ས་ཁུལ་ཡིན། ཁྲུང་ཁྲུང་གི་ཁྱད་ཆོས་ནི་འདམ་རྫབ་དང་ཆུ་ཕྲན་གྱི་འགྲམ་དུ་སྐབས་རེ་ཁྱུ་ཚོ་བྱས་ནས་འདུག་པ་དང་ཕལ་ཆེར་ཁྱོ་ཤུག་གཉིས་རེ་མཉམ་དུ་སྡོད་ཅིང་སྒོ་ང་རྩྭ་གསེབ་ཏུ་བཞག་ནས་གསོ་སྐྱོང་བྱེད། ཟས་སུ་ཉ་དང་། སྦལ་ལྕོང་། རྩྭ་འབྲུ། རྩྭའི་མྱུ་གུ། འབྲུ་རིགས་སོགས་ཟ། རང་གཤིས་ནི་དོགས་ཟོན་ཆེ་ལ་གར་འཁྲབ་པ་དང་སྐད་སྙན་སྒྲོགས་པར་དགའ་བའི་ངོ་མཚར་ཅན་གྱི་བྱ་ཞིག་ཡིན། དམངས་ཁྲོད་དུ་ཁྲུང་ཁྲུང་གིས་

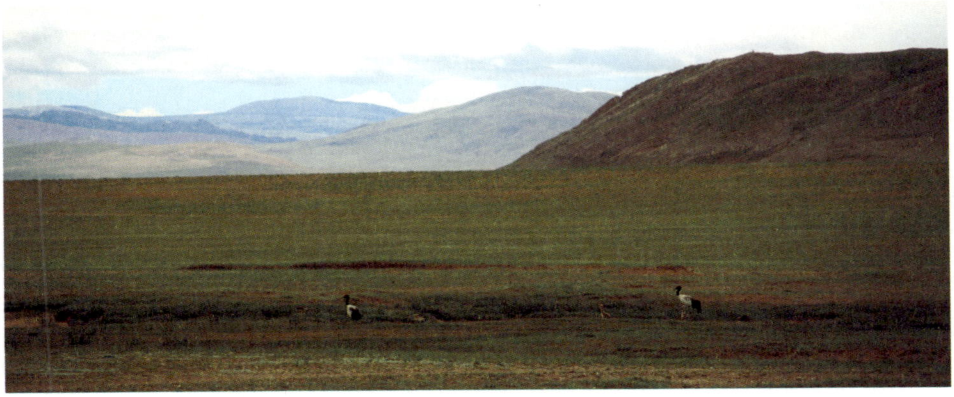

མགྲིན་པའི་འགྱུར་ཁུག་སྒྲོག་བཞིན་པ།

གར་འཁྲབ་པ་དང་སྐད་སྙན་སྒྲོགས་པ་མཐོང་འདོད་ཚེ་ཁྲུང་ཁྲུང་དང་རྐྱང་ཐག་ཉུང་རིང་བའི་ས་ནས་འདི་ལྟར་ཟེར་ཏེ།

བྱ་དེ་ཁྲུང་ཁྲུང་དཀར་མོ།

གར་འཁྲིབས། གུར་ཕུབས།

རལ་པ་ནག་ཆུང་རྒྱབ་ལ་གཡུགས།

གསུང་སྐད་སྙན་མོ་དྲུག་འགྱུར་རྒྱོབ་ཤོག

ཅེས་ཟེར་ན་ཁྲུང་ཁྲུང་གིས་གར་སྟབས་སྣ་ཚོགས་བསྒྱུར་བ་དང་། ཀུ་ཉུང་། ཀུ་ཉུང་ཟེར་ནས་སྙན་འཛིབས་ཡིད་དབང་འཕྲོག་པའི་གསུང་སྙན་སྒྲོགས་པ་ནི་སྒྱུ་རྩལ་མཁན་གྱིས་སྟོན་པའི་བཅོས་མའི་ཉམས་འགྱུར་ལས་ཀྱང་ཆེས་ཆེར་ཡིད་དུ་འོང་བའི་གཅེས་པར་འོས་པའི་སྲོག་ཆགས་ཀྱི་བཅོས་མིན་རང་གཤིས་ཤིག་ཡིན།

གཉིས། ཁ་དཀར་རྐྱང་།

ཁ་དཀར་རྐྱང་ནི་རྒྱ་མཚོའི་ངོས་ལས་མཐོ་ཚད་སྨིད་༤༧༠༠ ཡན་གྱི་ས་ཧུ་འཚོ་གནས་བྱེད་པའི་འོ་འཕྱང་རྩ་ཟན་གྱི་སྲོག་ཆགས་ཤིག་ཡིན་ཞིང་ལུས་ཚད་ལ་སྨིད་༡.༥ ཡས་མས་དང་ལུས་ཀྱི་ལྗིད་ཚད་ལ་སྤྱི་རྒྱ་༡༥༠ནས་༢༠༠ བར་ཟིན་གྱི་ཡོད། དབྱིབས་དྲེའུ་དང་འདྲ་ཞིང་ཟེ་རྗོག་ཐུང་ངུ་ཞིག་ཏུ་གཟིང་བ། ལུས་ཀྱི་སྤུ་ཕལ་ཆེར་སེར་སྐྱ་ཡིན་

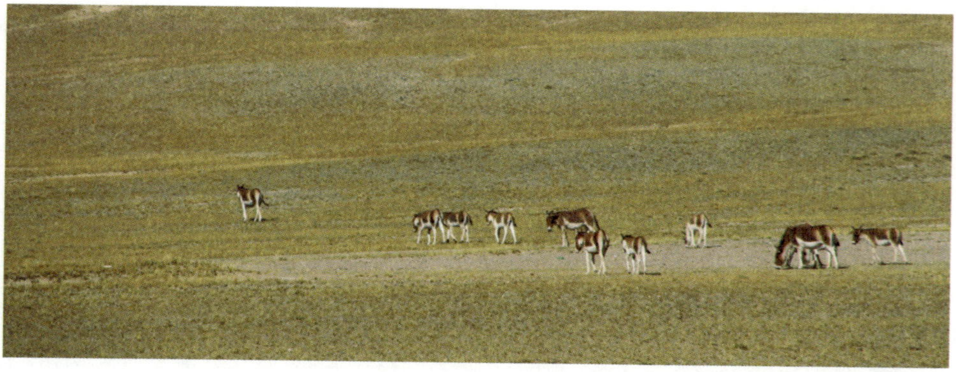

རྐྱང་ཁྱུ།

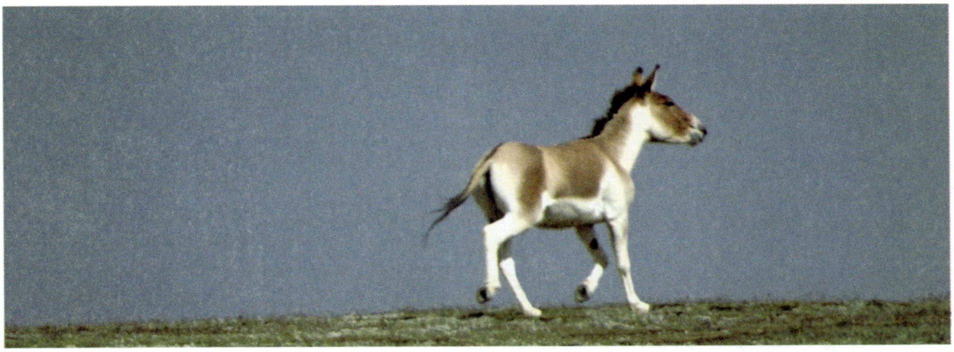

རྐྱང་།

ལ་དབྱར་དུས་ཁམ་ཤས་ཆེ་ཞིང་དགུན་དུས་སྐྱ་ཤས་ཆེ་བ། ཁ་སྣ་དང་། དཔྲལ། སྒལ་བཞི་རྣམས་སྐྱ་དཀར་ཡིན་ཞིང་མཇུག་མ་བོང་བུ་དང་འདྲ་བ། ཟས་སུ་ཐང་རྩྭ་དང་། རམ་པ། རི་སྔོག་སོགས་ཟ་བ། མིག་རྣའི་ཟེ་གསང་རྗེ་ཞིང་དོགས་ཟོན་ཆེ་བས་ཉིན་མོ་ཆུ་མི་འཐུང་བར་སྡོད་ཀྱི་ཡོད་དེ་ངག་རྒྱུན་དུ།

སྐོམ་ཡང་ཉིན་ཆུ་མི་འཐུང་ལེ། །
ཁ་དཀར་རྐྱང་གི་ཡ་ཚུལ་ཡིན། །
སྡུག་ཀྱང་མིག་ཆུ་མི་གཏོང་ལེ། །
སྐྱེས་པ་ཕོ་ཡི་ཡ་ཚུལ་ཡིན། །

ཞེས་ཟེར་སྟེ་རྐྱང་གིས་ཉིན་མོ་ཆུ་མི་འཐུང་བ་ནི་ཊོན་པ་སོགས་ཀྱིས་ཚེ་སྲོག་

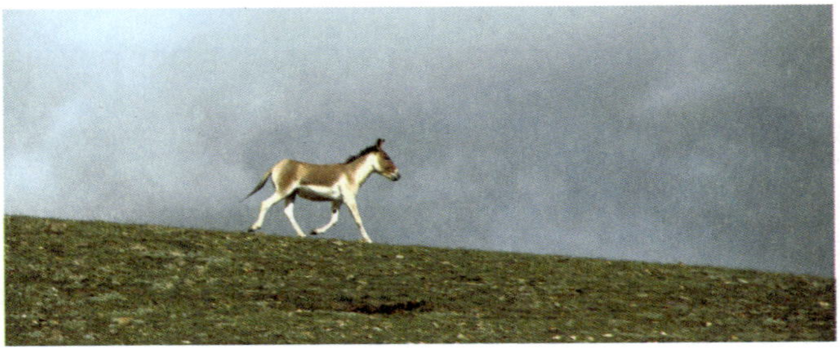

རྐྱང་།

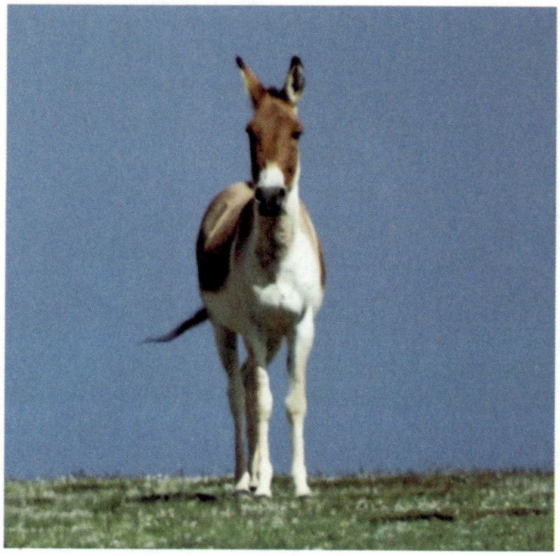

ཀྱང་།

ལ་གནོད་འཚེ་གཏོང་བའི་དོགས་ཟོན་བྱེད་ཀྱི་ཡོད། དེ་བཞིན་རྐྱང་ནི་བང་རྩལ་ཤིན་ཏུ་སྐྱུར་ཞིང་རྒྱུན་ཏུ་ཁྱུ་དང་ཁྱུ་བྱས་ནས་སྡོད་པ་དང་སྐབས་རེ་ཁེར་འདུག་བྱེད་པ་ཡང་ཡོད་ལ་རྐྱང་ཁྱུ་འདྲོགས་ནས་རྒྱུགས་པའི་སྐབས་སུ་དབང་ཆེ་ཤོས་དེས་སྔོ་ཁྲིད་ནས་རྒྱུགས་པ་ལས་དེའི་སྔོན་དུ་རྒྱུག་པའི་སྤྱོལ་མེད་པ་ནི་རྐྱང་གི་སྲིག་ཁྲིམས་ཆེ་ཤོས་དེ་ཡིན། རྐྱང་ཕྲུག་ནི་ཟླ་བ་བཅུ་གཅིག་ཙམ་མངལ་དུ་གནས་ཤིང་བོད་ཟླ་ལྔ་པའི་ནང་དུ་བཙའ་གི་ཡོད་ཀྱང་རྐྱང་མོ་ལ་ལོ་ལྟར་མངལ་སྦྲུམ་མི་སྲིད་པས་སྐྱེ་འཕེལ་གྱི་ཚད་གཞི་ཅུང་ཉུང་བའི་གྲལ་ཞིག་ཡིན། རྐྱང་ཕོ་ལ་རྟང་དཀར་དང་རྟང་ནག་རིགས་གཉིས་སུ་དབྱེ་ཞིང་རྟང་དཀར་ལ་རིགས་རྒྱུད་སྐྱེ་འཕེལ་གྱི་ས་བོན་འཛོག་པའི་ནུས་པ་མེད།

གསུམ། གོག་པོ་གཙོད།

གོག་པོ་གཙོད་ནི་རྒྱ་མཚོའི་ངོས་ལས་སྨིད་༤༠༠༠ ལས་མཐོ་བའི་བྱང་ཐང་གི་ཁུལ་དུ་འཚོ་གནས་བྱེད་པའི་འོ་འཐུང་སྲུ་ཟན་གྱི་སྲོག་ཆགས་ཤིག་ཡིན། ལུས་ཚད་སྨིད་༡.༢ ཡན་མན་དང་ལྗིད་ཚད་སྤྱི་རྒྱ་༥༠ ཙམ་ཡོད། ལུས་ཀྱི་སྤུ་མདོག་སྐྱ་བོ་ལ་གྲ་ལྷེ་ཁམ་དམར་ཅན་ཞིག་ཡོད་ཅིང་ཕོ་ལ་གོག་པོ་ཞེས་འབོད་པ་དང་མགོའི་སྟེང་དུ་རིང་ཚད་སྨིད་༠.༤---༠.༨ ཡན་ཟིན་པའི་རྭ་ནག་གཉེར་རིས་ཅན་ཐད་དཀར་གཞིབ་ནས་སྐྱེས་པ་དང་། མོ་ལ་ཡུ་མོ་ཞེས་རྭ་ཅོ་མི་སྐྱེ་བ། རྐང་ལག་དང་མགྲིན་པ་རིང་

ཞིང་མཇུག་མ་ཐུང་བ་དང་རྐྱུག་པའི་བང་རྩལ་ཧ་ཅང་མགྱོགས་པའི་སྲོག་ཆགས་ཤིག་ཡིན། ནམ་རྒྱུན་དུ་ཕོ་ཁྱུ་དང་མོ་ཁྱུ་ཡོགས་སུ་བྱས་ནས་འདུག་པ་དང་བོད་ཟླ་དགུ་པའི་ནང་དུ་རིགས་རྒྱུད་སྐྱེ་འཕེལ་གྱི་ས་བོན་འཛོག་པའི་དུས་ཡིན་པས་དཀར་ཚོགས་ནག་གྱིས་ཞེས་གོག་པོ་དར་མ་རེ་རེས་ཡུ་མོ་༧༠---༣༠ བར་བཀག་ནས་རིགས་རྒྱུད་སྤེལ་བ་དང་། གོག་པོ་ཡོ་རྐན་རྣམས་ཀྱིས་གཙོད་རེའུ་ཕོ་དག་འཚོས་ནས་འདུག་ལ་ཟླ་བ་དགུ་པའི་ཟླ་མཇུག་ཏུ་སླར་ཡང་ཕོ་མོ་ཁྱུ་སོ་སོར་གྱེས་ནས་འདུག ལོ་རེའི་དཔྱིད་ཟླ་གསུམ་པའི་ནང་དུ་གཙོད་མོ་སྟོང་ཐྲག་མང་པོ་ཁྱུ་དང་ཁྱུ་བྱས་ཏེ་ཁྱུ་རེའི་སྣེ་ལ་གཙོད་ཕོ་རེས་ལམ་ཁྲིད་དེ་བྱང་བསྐྱོད་བྱེད་ཅིང་མི་མེད་ལུང་སྟོང་དུ་གཙོད་རེའུ་སྐྱེ་བསུ་བྱེད་པ་དང་། སྐྱེ་བསུ་ཚར་རྗེས་ཕྱིར་ལྷོ་ཕྱོགས་སུ་ལོག་ཡོང་བ་དང་སྐབས་དེར་ནམ་ཟླ་དབྱར་དུས་སླེབས་ཟིན་པས་བྱང་རྩྭ་སྐྱ་གཙང་པོ་སོགས་ཆུ་ཆེན་ཁག་བགྲོད་པའི་སྐབས་སུ་གཙོད་རེའུ་དག་ཡུ་མོའི་གཡས་ཕྱོགས་ནས་འཁྲིད་པ་དང་ཆུ་སྨད་ནས་

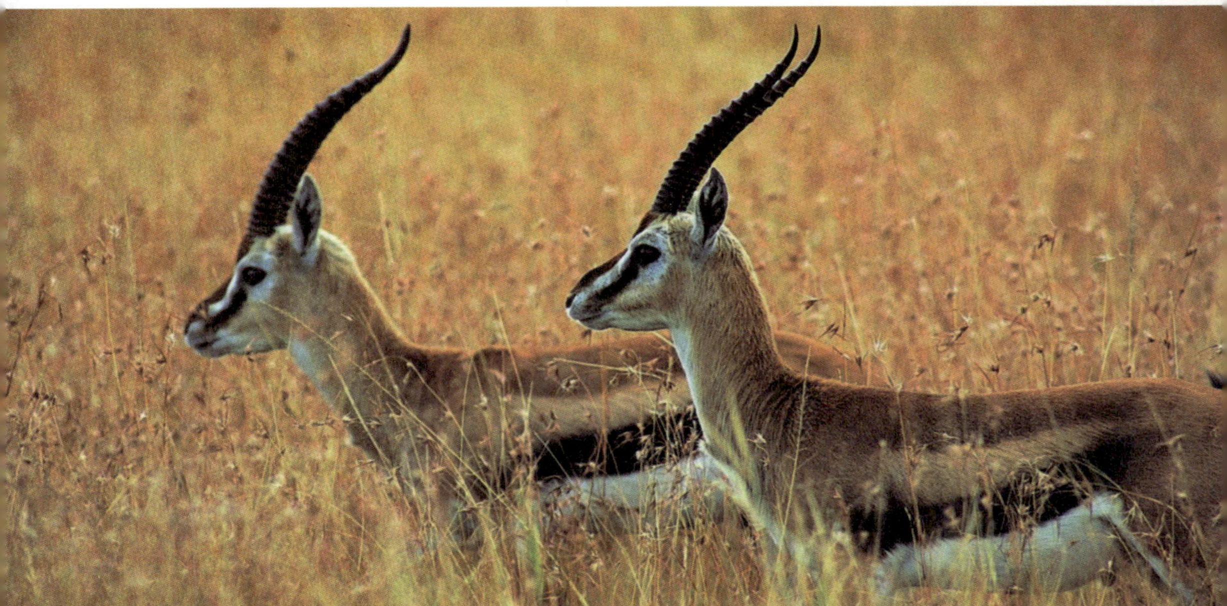

གོག་པོ་གཙོད།

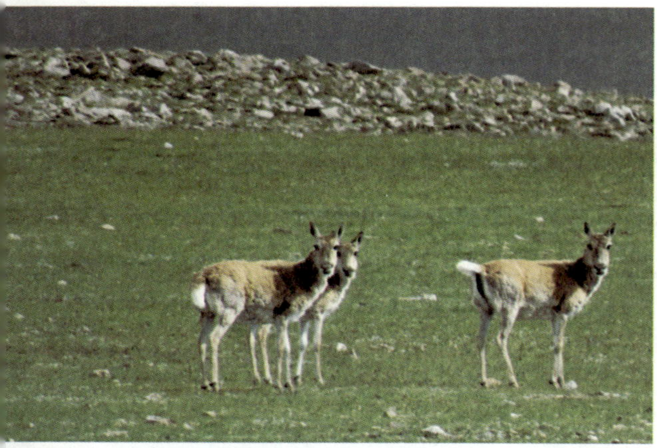

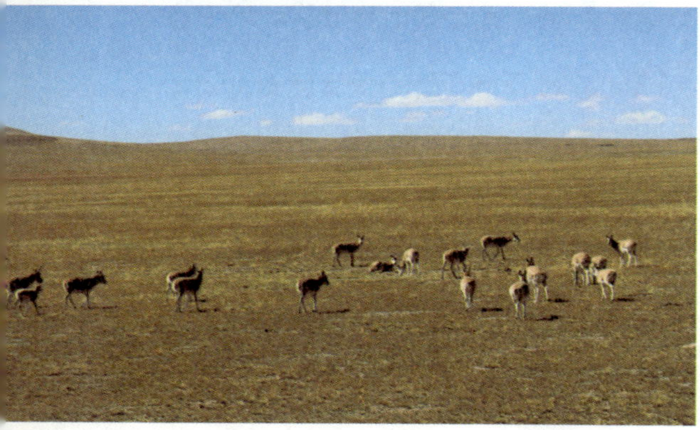

ཡུ་མོ།

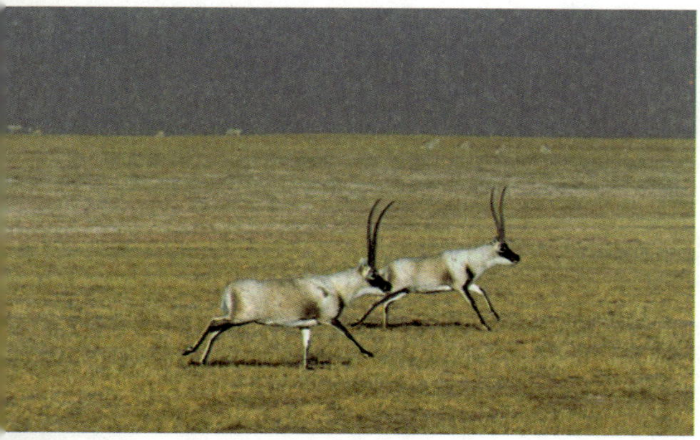

བང་རྩལ་འགྲན་བཞིན་པའི་གཙོད།

ཐོག་པོ་དག་གྲལ་བསྒྲིགས་ནས་རེའུ་དང་ཡུ་མོ་སྲུང་སྐྱོབ་བྱེད་པ་སོགས་སྲུང་གྲུང་ལྡན་ཞིང་ཐུན་མོང་གི་སྒྲིག་ལམ་བཟང་བའི་སྲོག་ཆགས་ཤིག་ཡིན་གཤིས་དམངས་ཁྲོད་ངག་རྒྱུན་དུ།

མཐོ་ནམ་མཁའ་ཡངས་ཀྱང་བྱ་ཁྲིམས་དོག །དམའ་ས་གཞི་ཡངས་ཀྱང་གཙོད་ཁྲིམས་དོག །ཅེས་ཟེར་སྲོལ་ཡོད།

བཞི། རྒྱ་བོ་གནའ།

རྒྱ་བོའི་གནའ་ནི་རྒྱ་མཚོའི་ངོས་ལས་སྨིད་༥༥༠༠ ལས་མཐོ་བའི་རྫ་བྲག་གི་ཡོགས་སུ་བྲུ་ཚོ་བྱས་ནས་འདུག་པའི་འོ་འཐུང་རྨ་ཟན་རིགས་ཀྱི་སྲོག་ཆགས་ཤིག་ཡིན། ལུས་ཚད་སྨིད་༡.༢ ཙམ་ཟིན་པ་དང་ལྟེད་ཚད་སྲི་རྒྱ་༥༠--༨༠བར་ཟིན་གྱི་ཡོད། ལུས་ཡོངས་སྤུ་མདོག་སྐྱ་བོ་ཡིན་པ་དང་། ལྟོ་ཐེར་སྐྱ་དཀར། མགོ་ལ་རྭ་ཅོ་ནག་པོ་ཐུང་དུ་གཉིས་གཤིབ་ནས་སྐྱེས་པ། མཇུག་མའི་རྒྱབ་རྩེ་ནག་པོ་ཡིན་པ། ནམ་དུས་དང་གནས་སའི་ཁྱད་པར་ལས་སྤུ་མདོག

ཙུང་ཙམ་མི་འདྲ་ཡང་ཤས་ཆེར་རྒྱ་བོ་དང་། སྡོ་རྒྱ་སོགས་འབྱུང་ཞིང་རྨིག་པ་ཁ་དབྲག་ཡིན་པ་སོགས་ཕྱིར་ཁྱད་ཆོས་ཕལ་ཆེར་ར་དང་འདྲ་ལ་ལོ་རྒྱུས་ཀྱི་དབང་དུ་བྱས་ན་རི་དྭགས་གནའ་བ་གཡུང་ལ་ཕབས་པས་ཅི་ཅི་ར་ཞེས་པའི་སྒོ་ཕྱུགས་འདི་བྱུང་བར་གྲགས། རྒྱུག་པའི་བང་རྩལ་མྱུར་ཞིང་བྲག་རི་གཡང་གཟར་འཛེག་པར་ཐོགས་པ་མེད་པའི་ཁྱད་ཆོས་ཅན་ཞིག་ཡིན།

༤༽ བྲེ་སེར་འབྲོང་།

བྲེ་སེར་འབྲོང་ནི་མདོ་དབུས་མཐོ་སྒང་གི་ཡང་རྩེ་ཁ་བ་དང་ལྷགས་རླུང་གི་ངར་ཁ་རྔོད་པའི་ཁོར་ཡུག་ཁོ་ན་ལ་འཚོ་གནས་བྱེད་པའི་སྲོག་ཆགས་ཤིག་ཡིན་ལ་གྲང་ངར་བཟོད་པའི་ནུས་པ་དམིགས་བསལ་ཅན་ཞིག་ཡིན་པས་བྱང་ཐང་གི་ཡུལ་དུ་ཁྱུ་དང་ཁྱུ་བྱས་ནས་འདུག་པ་དང་། ལུས་ཚད་རྨིད་༢.༨ ཙམ་དང་སོག་མགོའི་

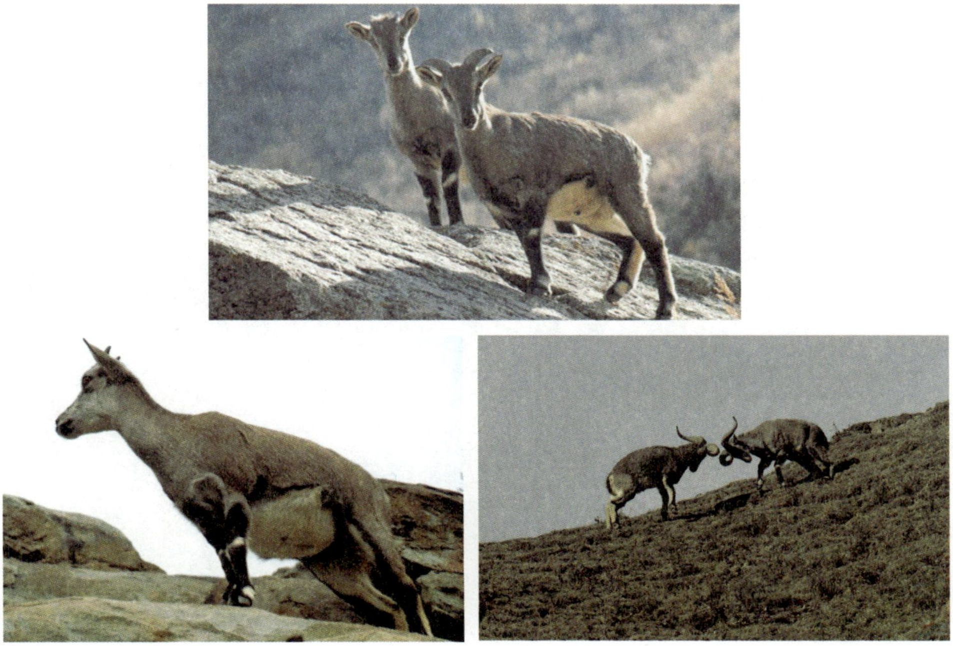

གནའ་བ།

མཐོ་ཚད་སྨིད་༡.༤ ལྡིད་ཚད་སྤྱི་རྒྱ་༡༠༠༠ ཙམ་ཟིན་གྱི་ཡོད་ལ་སྤུ་མདོག་བྲེ་སེར་དང་རོག་ནག་ཤེས་ཆེར་འབྱུང་ཞིང་ཟས་ནི་རྩྭ་ལྕུམ་གྱི་རིགས་ཁོ་ནར་རྟེན་པ་སོགས་རྩལ་སྟོབས་ཆེ་ཆུང་ཙམ་ལས་འབྲི་གཡག་དང་ཆོས་ཉིད་མཚུངས་པ་ཡིན། མིང་གཞན་ལ་གཡག་རྒོད་ཅེས་འབོད་དེ་ཆེས་གདོད་མའི་དུས་སུ་མི་རྣམས་ཀྱིས་འབྲོང་བཏུལ་ནས་འབྲི་གཡག་སྒོ་ཕྱུགས་སུ་བསྒྲལ་བ་དང་འདུལ་མ་ཐུབ་པར་རི་དྭགས་ཀྱི་གྲལ་དུ་ཤོར་བ་དེ་རིགས་ལ་གཡག་རྒོད་ཅེས་འབོད་སྲོལ་ཡོད། སྤྱིར་འབྲོང་ནི་རྩལ་སྟོབས་ཤིན་ཏུ་ཆེ་བ་ཞིག་ཡིན་པ་སྟེ་གནའ་བོའི་རྗོན་པའི་ངག་རྒྱུན་དུ་འབྲོང་ཆེ་བ་ཞིག་གི་ཤ་ལ་ཁལ་རྒྱབ་བརྒྱད་ཡོད་པ་དང་དེའི་རྭ་དབར་ན་མི་གཉིས་ཡངས་པོ་བྱུས་ནས་འདུག་ཚོག་པའི་བཤད་སྲོལ་ཡོད། ཟུར་གསང་རྣོ་ཞིང་དོགས་ཟོན་གྱི་དབང་གིས་གཡོལ་ནས་འགྲོ་བ་ལས་ཚུར་རྒོལ་བྱེད་པའི་སྲོལ་མེད་ཀྱང་འབྲོང་ཁ་ཚ་ཞེས་པ་ཆུང་དུས་སུ་མ་མེད་དྭ་ཕྲུག་ཏུ་གྱུར་ནས་ཁེར་འདུག་གི་འཚོ་བ་སྐྱེལ་མཁན་དེ་རིགས་ནི་གཏུམ་དྲག་ཤིན་ཏུ་ཆེ་བས་གདོང་ཐུག་མི་ལ་བརྡུང་ནས་ཉེན་ཁ་ཆེན་པོ་བཟོ་གི་ཡོད།

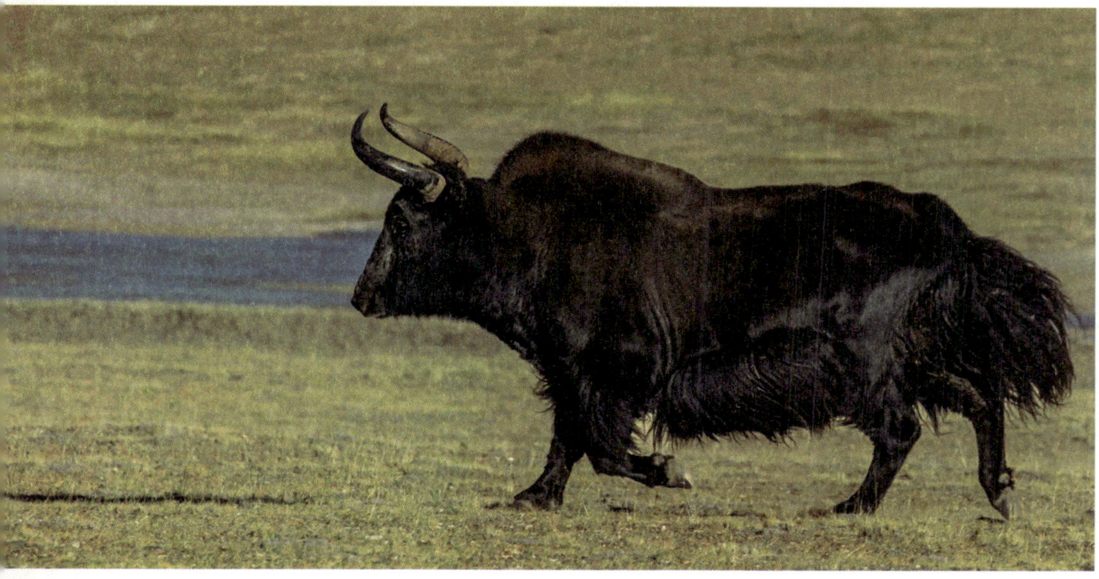

ས་མཐོའི་འབྲོང་རྒོད།

"རྣ་བ་སྨྲ་ལ་ཆགས་པས་རི་དྭགས་རྫོན་པས་གསོད་" ཅེས་པ་ལྟར་སྤྱིར་ན་རི་དྭགས་ཀྱི་རིགས་སུ་གྱུར་པ་ཐམས་ཅད་སྙན་འཛིན་ལྡན་པའི་སྒྲ་ལ་གཡིད་གི་ཡོད་པར་གྲགས་ལ་དེའི་ནང་ནས་ཀྱང་འབྲོང་ནི་དུང་དཀར་བུས་པའི་སྒྲ་ཐོས་ཚེ་ཉེ་འཁོར་གྱི་གནས་ཚུལ་ཅི་ཡང་མི་ཚོར་བར་དེར་གཡིད་ནས་སྡོད་པའི་བཤད་སྲོལ་ཡོད་དེ་ངག་རྒྱུན་དུ།

བྲི་སེར་འབྲོང་ལ་དུང་མ་འབུད། །

གསོད་རབ་ཡོད་ཀྱང་ཉན་རབ་མེད། །

ཅེས་ཟེར། འབྲོང་ཕྲུག་ནི་མདངལ་དུ་ཟླ་བ་དགུ་ཆགས་ནས་དབྱིད་ཟླ་གསུམ་པའི་ནང་དུ་འབྲོང་ཕྲུག་སྐྱེ་བའི་སྲོལ་ཡོད།

༣༡ དགོ་བ།

དགོ་བ་ནི་རྒྱ་མཚོའི་ངོས་ལས་མཐོ་ཚད་སྨིད་ ༥༠༠༠ ཡན་གྱི་འབྲོག་ཐང་དུ་འཚོ་གནས་བྱེད་པའི་འོ་འབྱུང་རྟ་ཟན་གྱི་སྲོག་ཆགས་ཤིག་ཡིན། ལུས་ཚད་སྨིད་༠.༩ དང་སོག་མགོའི་མཐོ་ཚད་སྨིད་༠.༧ ཡས་མས་ཟིན་གྱི་ཡོད་ལ་ལུས་ཀྱི་ལྗིད་ཚད་སྤྱི་ཀྱ་༡༥---༢༠ ཟིན་གྱི་ཡོད། མགྲིན་པ་དང་རྐང་ལག་རིང་ཞིང་མཇུག་མ་ཐུང་བ། མགོ་སྐེ་དང་རྒྱབ་གཞུང་གི་སྤུ་མདོག་ཁམ་སྐྱ། དབོ་རྒྱུད་དང་སུག་གཞི་སྐྱ་དཀར་ཡིན།

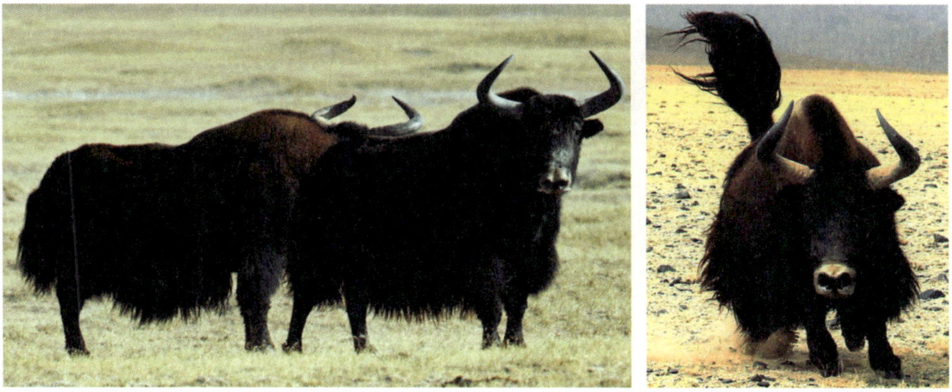

འབྲོང་།

ཁྱད་པར་འཕོངས་འགོ་ན་དཀར་ཐིག་ཆེན་པོ་ཞིག་ཡོད་པ་དང་མིག་གི་མཐའ་འཁོར་ནག་པོ་ཡིན་པ་ནི་སྒྲོག་ཆགས་འདིའི་ཁྱད་ཆོས་གཙོ་བོ་ཡིན། དགོ་བ་ཕོ་ལ་རིང་ཚད་སྨིད་༠.༩ ཙམ་གྱི་རྭ་ནག་གཉེར་རིས་ཅན་རྩེ་མོ་ཤིན་ཏུ་རྣོ་བ་ཆ་གཅིག་སྐྱེས་ཡོད། འདི་ནི་དམངས་ཁྲོད་ངག་རྒྱུན་དུ་མ་བརྟུང་པའི་རྩེ་མོ་རྣམ་གསུམ་གྱི་གྲལ་དུ་བརྩི་བ་སྟེ།

ཤྭ་རྭ་དང་དགོ་རྭ་གཙོད་རྭ་གསུམ། །
འདི་མ་བརྟུང་གི་རྩེ་མོ་རྣམ་གསུམ་ཡིན། །

ཞེས་ཟེར་ལ་གནའ་བོའི་དུས་སུ་སྐྱེས་པའི་ལུས་ལ་བཏགས་ནས་མདུད་པ་འགྲོལ་བ་དང་སྐྲེ་མོ་ཁ་རྒྱག་པ་སོགས་ལ་སྤྱོད་གོ་ཆེ་བའི་ཡོ་བྱད་ཅིག་ཡིན།

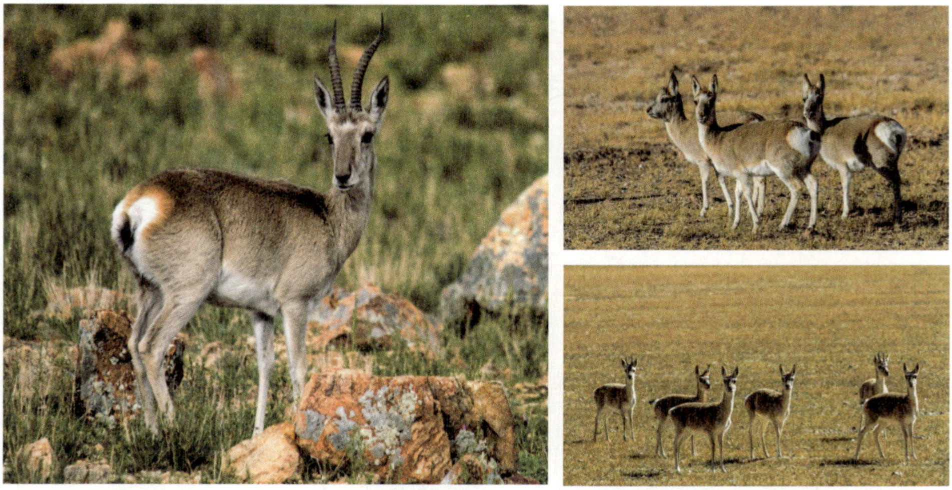

དགོ་བ།

ས་བཅད་བཅུ་པ། ཟི་སྒྲིང་འདུས་མཚོའི་མཐའ་འཁོར་གྱི་འབྲོག་པའི་སྲོལ་རྒྱུན་དུས་སྟོན་གྱི་སྐོར།

གཅིག འབྲུག་གྲགས་ཕྱི་མར།

འབྲུག་གྲག་ཕྱི་མར་ནི་འབྲོག་པའི་སྲོལ་རྒྱུན་རང་བཞིན་གྱི་དབྱར་གྱི་དཔལ་ཡོན་བསུ་བའི་དགའ་སྟོན་ཞིག་ཡིན་ལ་ལོ་དེར་ཆར་ཆུ་དུས་སུ་འབབ་པ་དང་ལོ་ཕྱུགས་ལེགས་པོ་ཡོང་བའི་བཀྲ་ཤིས་སྨོན་ལམ་གྱི་རྟེན་འབྲེལ་བྱེད་སྒོ་ཞིག་ཀྱང་ཡིན། དེ་ཡང་བོད་ཀྱི་གནམ་རིག་སྐར་རྩིས་ཀྱི་ལོ་ཐོའི་ནང་དུ"སྤྱི་ལ་དཔྱིད་མཉམ། འཕྲི་བ་མལ་ནས་ལངས། འབུ་སྲིན་དབུགས་རྒྱུ། དབྱར་ཟའི་སྒྲ་སྒྲོགས"ཞེས་པའི་དུས་དེ་ནས་བཟུང་རང་ཡུལ་དུ་དབྱར་ཟའི་སྒྲ་དུས་གང་ཞིག་ན་ཐོས་ཀྱང་ཉིན་དེར་འབྲུག་གྲགས་ཕྱི་མར་གྱི་དགའ་སྟོན་བྱེད་པའི་སྲོལ་ཡོད།

ཐོག་མར་འབྲུག་གྲགས་པ་རྣ་བས་ཐོས་མ་ཐག་ཏུ་འབྲོག་པ་རྣམས་ཀྱིས་ཡུན་རིང་རེ་སྒུག་བྱས་པའི་གཏམ་བཟང་ཞིག་རྣ་བར་ཐོས་པ་ལྟ་བུའི་དགའ་སྤྲོ་དང་འཛུམ་མདངས་རྒྱས་ཤིང་ཕྱུགས་ཟོག་གི་གདང་ཐག་ནས་འཇུས་ཏེ་རྗེབ་རྗེབ་གཏོང་བ་དང་། སྒྲ་གསུར་ཡང་རྗེབ་རྗེབ་གཏོང་བ་སོགས་བྱས་ཏེ་ངག་ནས་འདི་ལྟར་བརྗོད་སྲོལ་ཡོད་དེ།

ཧོ། ཧོ། ཧོ།

དབྱར་ཚེས། དབྱར་ཚེས། དབྱར་ཚེས།

ནད་མུ་གེ་གཉིས་ཀྱི་ཁ་ནས་ཐར།

ན་ཞིང་ལས་ད་ལོ་ཆར་ཆུ་ཡག །

ད་ལོ་ལས་སང་ལོ་ཆར་ཆུ་ཡག །

ཚང་ཚང་ལ་ར་རུག་རུག །

འགྲང་འགྲང་ལ་ཕོ་བ་ལྷིར་ལྷིར།

མི་ཕྱུགས་ཀུན་ལ་བཀྲ་ཤིས་པོ་ལེགས་ཡོང་བ་ཤོག །

དབྱར་ཚེས། དབྱར་ཚེས། དབྱར་ཚེས།

ཞེས་ཀི་འབོད་བྱེད་སྒྲོལ་ཡོད་ལ་སྣང་བ་ཐམས་ཅད་ངོ་མཚར་དང་སྤྲོ་སྣང་དུ་མཐོང་བའི་ཕྱིས་པ་ཚོས་ཀྱང་མི་རྣན་གྱི་ལད་ཟློས་བྱས་ནས་ཉིན་གང་བོར་དབྱར་ཚེས། དབྱར་ཚེས་ཞེས་ཀི་འབོད་བྱས་ནས་རྒྱུག་འགྲོ་ཡི་ཡོད་པ་ནི་ཅི་འདྲའི་བཙོས་ལྷད་མེད་པའི་ཕྱིས་པའི་རང་གཤིས་ཤིག་རེད་ཨང་། ཉིན་དེར་སྦྲ་གུར་དང་ཁང་པའི་ཀ་བ་ལ་མར་གྱི་ཡས་སྐྲོན་རྒྱག་པ་དང་། འབྲུག་ཇ་ཞེས་ཇ་གསར་དུ་བསྐོལ་ནས་ཇ་སྤུབ་མ་བཟོ་ཞིང་དེ་འབྲུག་ཇ་མར་ཁུ་ཟེར། འབྲུག་གྲགས་ཕྱི་མར་ཞེས་ཞིབ་

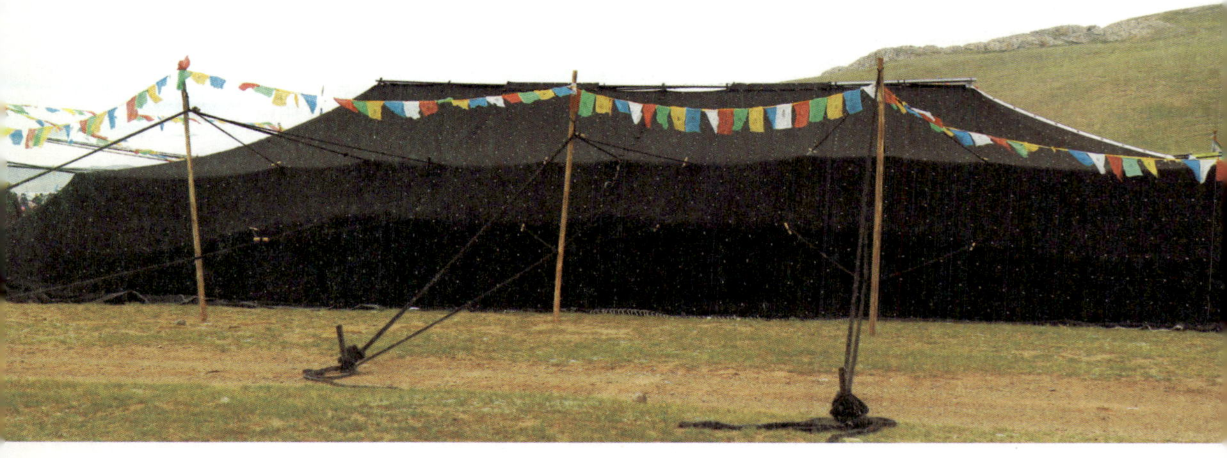

སྦྲ་ནག

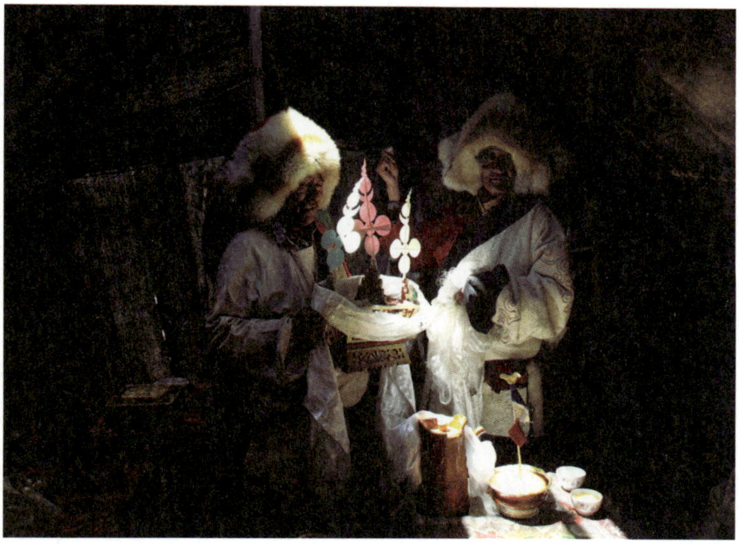

ཕྱེ་མར་གྱི་མཆོད་པ་འབུལ་བ།

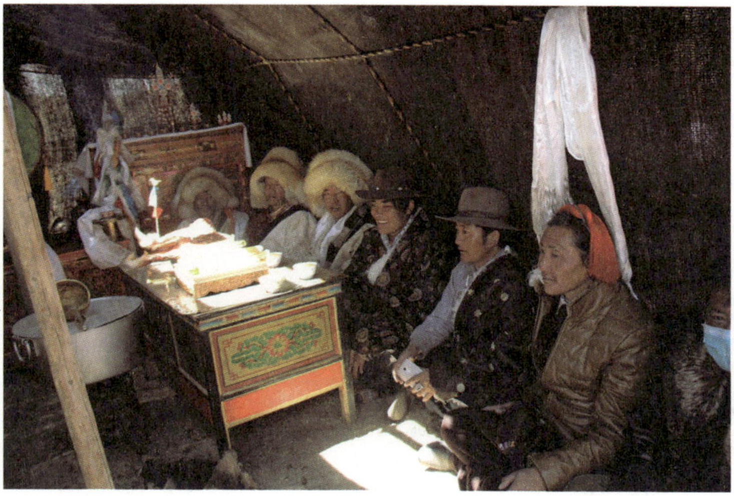

གཉེན་སྒྲོལ་རྟེན་འབྲེལ།

དཀར་གྱི་ རྩམ་པ་ལ། ནོར་ལུག་གི་མར་དང་། ཕྱུར་བ་སོགས་བརྒྱབ་པའི་ཕྱེ་མར་ཟ་བ། བོད་ཀྱི་ཁྱུལ་དུ་ཚེས་རྟེན་འབྲེལ་བཟང་པོར་བརྩི་བའི་མར་ཁུ་རྣམ་གསུམ་སྟེ། གྲོ་མ་མར་ཁུ་དང་། འབྲས་བསྲེས་མར་ཁུ། བག་རིལ་མར་ཁུ་བཅས་ཟ་ཞིང་ནེ་འཁོར་གྱི་དགའ་ཉེ་སྤུན་མཆེད་དག་ཀྱང་ཉིན་དེའི་རིང་ཕར་འགྲོ་ཚུར་འགྲོ་བྱས་ཏེ་འབྲུག་གྲགས་ཕྱེ་མར་གྱི་སྟོན་མོ་བཤམ་རེས་བྱེད་ཀྱི་ཡོད། མ་གཞི་འབྲུག་གྲག་ཕྱེ་མར་ཞེས་པ་ནི་གྲ་རྒྱས་པའི་དུས་སྟོན་ཞིག་མིན་ཡང་ནམ་ཟླ་དུས་བཞིའི་འགྱུར་བ་མངོན་གསལ་དོད་པའི་བོད་བྱང་ཐང་གི་ཡུལ་ན། དཔྱིད་དུས་སུ་རེའུ་ལུག་སྐྱེ་བསུ་བྱེད་པ་ནི་ལོ་གཅིག་དུས་གཅིག་གི་ནང་དུ་ཕྱུགས་ཟོག་འཕེལ་རྒྱས་ཡོང་མིན་གྱི་འགག་རྩ་ཞིག་ཡིན་ལ། སྐྱ་ཆད་སྟོ་སྡུག་གི་ནམ་ཟླ་དེ་ནི་ཚེས་དགའ་ཚོགས་ཆེ་བའི་དུས་ཚོད་ཅིག་ཀྱང་ཡིན། དུས་ཚིགས་དེ་ལས་བགྲོལ་ཏེ་དབྱར་གྱི་དཔལ་ཡོན་

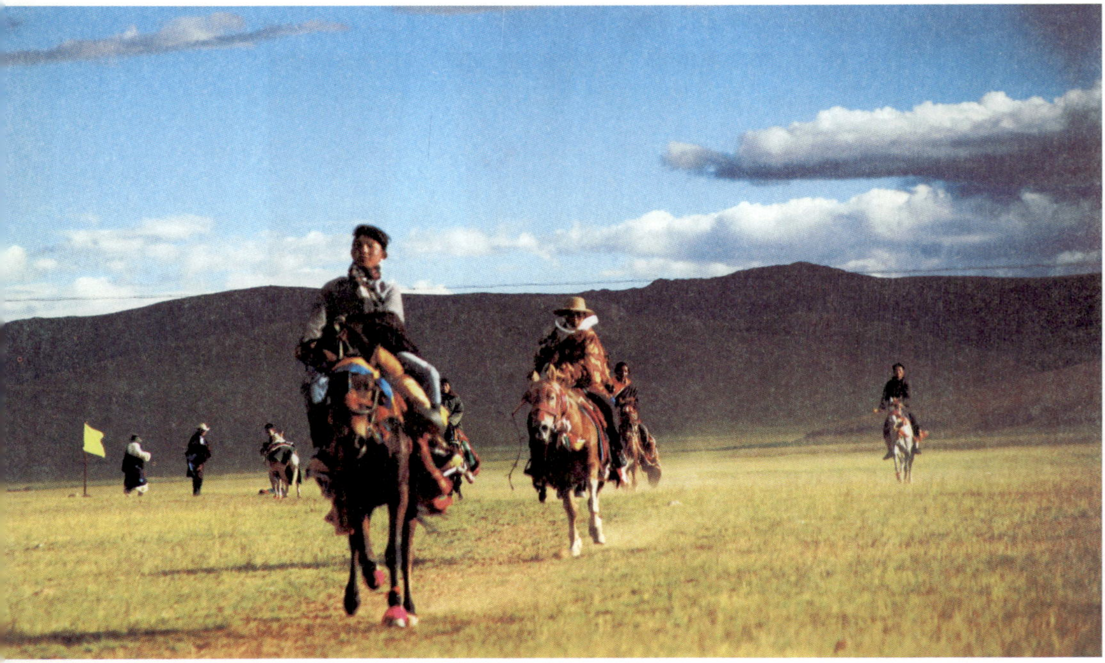

དབྱར་དུས་ཀྱི་དགའ་སྟོན་རྟ་རྒྱུག

བཞད་པའི་དུས་སུ་རེའུ་ལུག་སྐྱེ་བསུའི་ལས་འགན་གྲུབ་པ་དང་། ས་ཆ་ཡོངས་ལ་སྔོ་ལྗང་དང་མེ་ཏོག་གིས་རབ་ཏུ་མཛེས་ཤིང་། མ་མོ་དང་ར་མ་བཞོས་ནས་ཞོ་དང་འོ་མའི་ཐོན་འབབ་ཤིན་ཏུ་འཕེལ་བའི་དགའ་སྐྱིད་ཀྱི་དུས་ཚིགས་ཤིག་ཏུ་སླེབས་ཀྱི་ཡོད་སྟབས་དགའ་ཚོགས་ཀྱི་ནམ་ཟླ་ཕར་ལ་སྐྱེལ་བ་དང་དགའ་སྐྱིད་ཀྱི་ནམ་ཟླ་ཚུར་ལ་བསུ་བའི་སྲོལ་རྒྱུན་གྱི་དུས་སྟོན་ཞིག་ཏུ་གྱུར་ཡོད།

གཉིས། བལ་འབྲེག་དུས་ཆེན།

བལ་འབྲེག་དུས་ཆེན་ནི་འབྲོག་ལས་ཐོན་སྐྱེད་ཀྱི་ཁྲོད་དུ་རིག་གནས་ཀྱི་གྲུབ་ཆ་ཕུན་སུམ་ཚོགས་པའི་ལོ་གཅིག་དུས་གཅིག་གི་དམངས་སྲོལ་དུས་ཆེན་ཞིག་རེད། བལ་འབྲེག་པའི་དུས་ནི་བོད་ཀྱི་གནམ་རིག་སྐར་རྩིས་ལས"ཕྲ་ཞགས་བཅོ་ལྔ་ཟིན"ཞེས་པ་ནས་བཟུང་ཉིན་བཅོ་ལྔ་དེའི་རིང་ལ་ཁྱིམ་ཚང་སོ་སོའི་དུས་ཚོད་ཀྱི་ཁྱོམ་པ་དང་གཟའ་སྐར་གྱི་འཕྲོད་སྦྱོར་ལ་བསྟུན་ནས་གཟའ་སྐར་ལེགས་པའི་ཉིན་

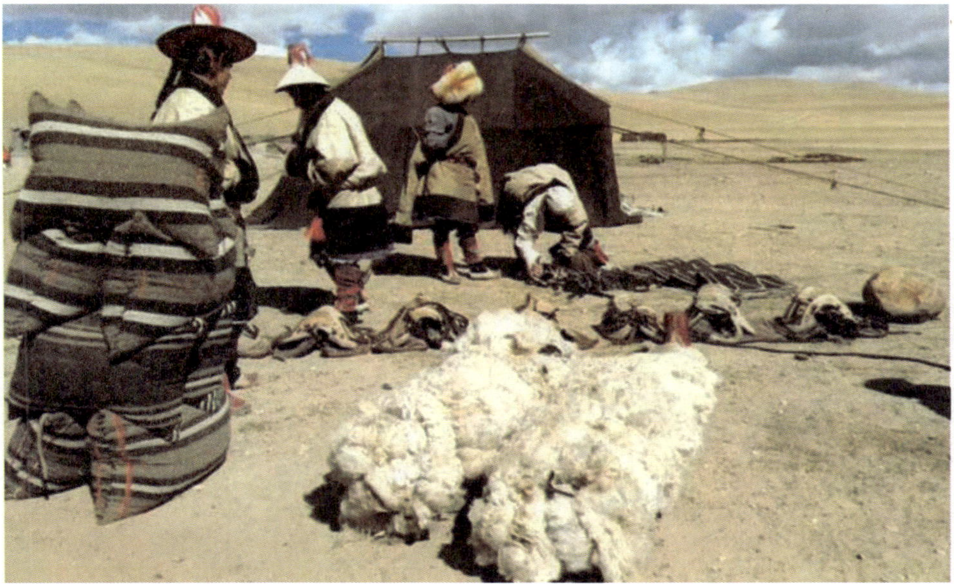

བལ་བྲེར་ནས་ཚོང་ལ་འགྲོ་བ།

ཞིག་ལ་བལ་འབྲིག་པའི་སྲོལ་ཡོད། བལ་འབྲིག་པའི་དུས་སུ་སྐན་འཛེབས་ཡིད་དབང་འཕྲོག་པའི་བལ་གླུ་ཟེར་བ་ཞིག་འགུག་སྲོལ་ཡོད་ཅིང་དེ་ནི་འབྲོག་པའི་ལུག་བལ་འབྲིག་པའི་སྐབས་ཀྱི་ལས་གླུ་ཞིག་ཡིན། དེ་ཡང་དཔེ་མཚོན་ཙམ་བརྗོད་ན།

བལ་འབྲིག་ལུགས་འབྲིག་སྐངས་མ་ཤེས་ན། །
མགོ་གཉའ་བ་གཉིས་པོ་སྒྱུར་ཙམ་གྱིས། །
གྲི་ལག་པ་གཉིས་པོ་འཁྱུར་ཙམ་གྱིས། །
བལ་གཡས་བྲིག་གཡོན་ལ་མ་བྲིག་ན། །
དུས་ད་ཚོད་ས་ལ་འདུད་ས་ཡོད། །
ས་དོག་མོའི་རྩེ་ཐོག་གཞམ་ས་ཡོད། །

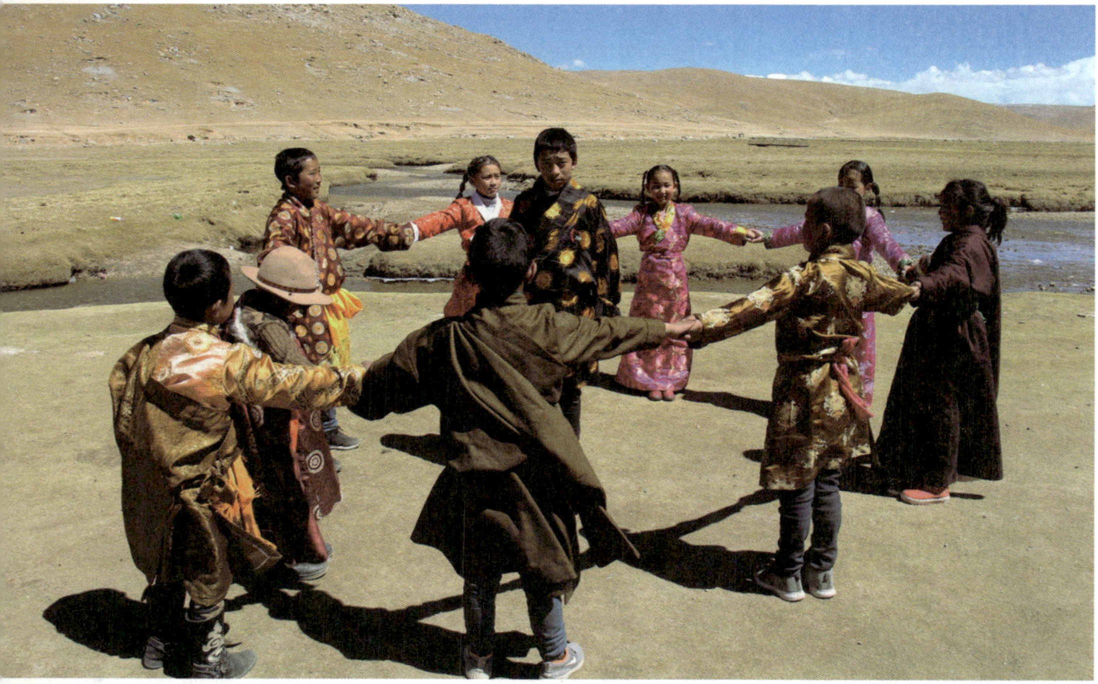

བོད་ཆུང་ཆུང་རྩེ་བ།

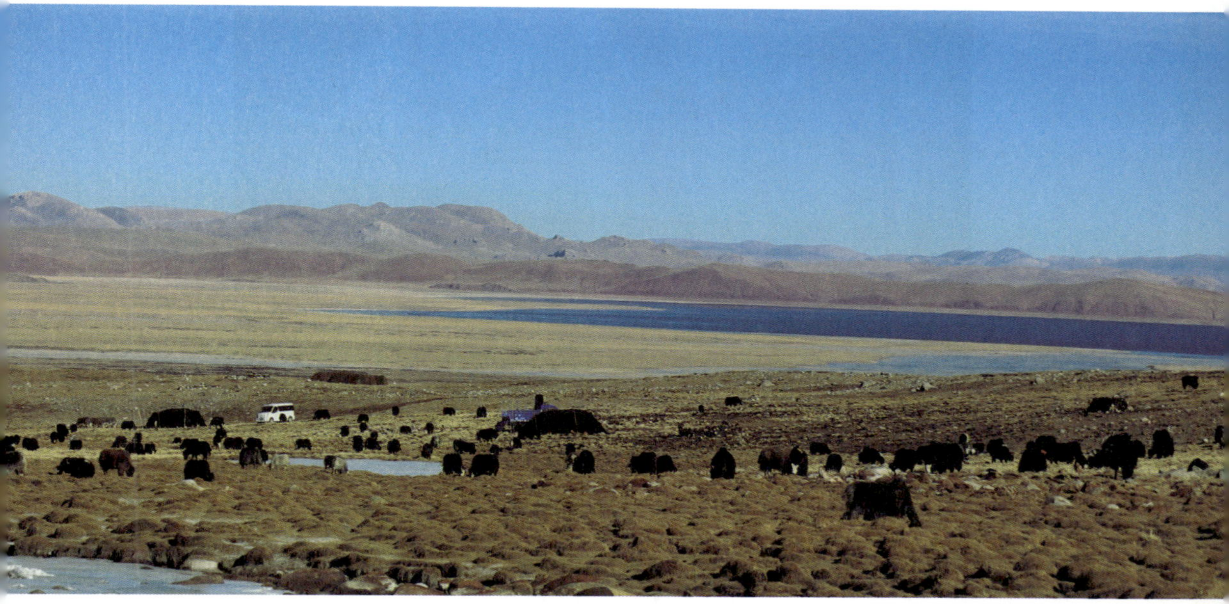

བྱང་ཐང་གི་འབྲོག་སྡེ།

ལག་ངར་སྲུང་མོའི་ཡན་ཚོད་དང་། །
སོག་པ་མེ་ལོང་མན་ཚོད་ལ། །
ཤེད་ཆེན་ཁུག་པ་བཅོ་བརྒྱད་གདའ། །
དེ་གཅིག་ཀྱང་མ་སྡོད་འགྲིལ་ལ་ཤོག །
ཕྱུགས་ཁྱོད་ནི་ཁྱོད་ཀྱང་བྲེལ་བ་ཆེ། །
དབྱར་སྤང་རྩྭ་ཟ་ལ་བྲེལ་བ་ཆེ། །
དབྱར་སྤང་རྩ་ཞག་གསུམ་མགྲོན་པོ་རེད། །
མི་ང་ནི་ང་ཡང་བྲེལ་བ་ཆེ། །
དབྱར་ལས་དགུན་ལ་ཤོར་འགྲོ་གདའ། །
དགུན་ལས་སྤར་མོས་མི་བཟོད་གདའ། །

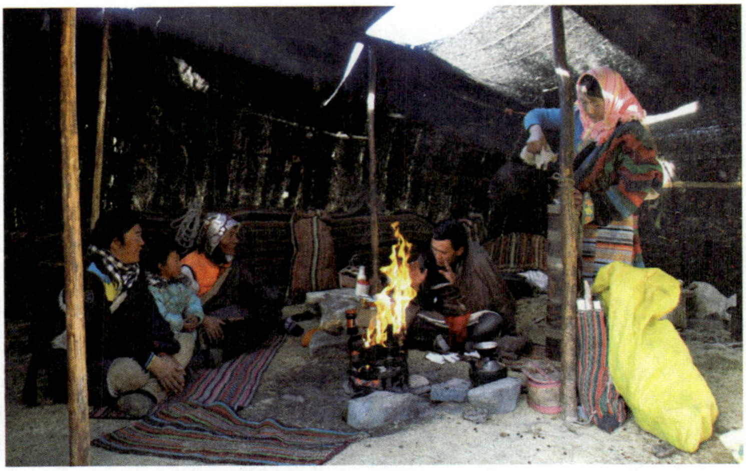

བལ་སྔོན་གྲ་སྒྲིག་བྱེད་པ།

བྱ་དང་མ་འདྲ་བའི་སྐེ་ཞིག་བསྒྲིངས། །
བན་གླ་མ་འདྲ་བའི་སྨོམ་ཞིག་རྒྱབས། །
ཁྱོད་བརྟན་པོར་སྡོད་དང་མགྱོགས་པོ་སློད། །
ངས་ཞོག་བཞི་གླིང་རེ་ལ་གྲི་གམ་རེ། །
གྲི་གམ་མཆོད་རྟེན་བརྩེགས་བརྩེགས་རེད། །
མདུན་འདི་ཏུ་སེར་ཤང་འཁྱིལ་འདྲ་འདི། །
ཕོ་བསོད་ནམས་ཅན་གྱི་སྒོ་ཟོག་རེད། །
རྒྱབ་འདི་ཏུ་གངས་རི་ཉིལ་འདྲ་འདི། །
བུ་དཔུང་པ་ཅན་གྱི་བྲགས་ལི་རེད། །
ཕྱུགས་ཁྱོད་ལ་ན་ཚ་མ་བྱུང་ན། །
མི་ང་ལ་སྡུག་པོ་ཅི་བྱུས་ཡོང་། །
སྤང་དཀྲ་བོའི་མགོ་ལ་མུན་པ་ཏུབ། །
ལུག་གཡང་མོའི་མགོ་ལ་ཉི་མ་ཤར། །

ཞེས་པ་ལྷ་བུའི་སྐུ་ལེན་བཞིན་བལ་འབྲེག་པ་དང་བལ་བྲེག་ཚར་བའི་རྗེས་སུ་ལུག་ཆེ་བ་ཁ་ཤས་ཀྱི་རྭ་རྩེར་བལ་བཀོན་ནས་རིམ་བཞིན་ལྷས་རའི་སྒོ་ནས་ཕྱིར་འདོན་པ་དང་། ཁྱིམ་མི་ཚང་མས་དར་བ་འཕྱུང་བ་དང་ལུག་གི་སྟེང་དུ་ཕྱོ་བ་སོགས་བྱེད་ཅིང་ངག་ནས།

དར་རོ…དར་རོ…དར་རོ། ཞེས་ཟེར་བ་དང་ལུག་བལ་འབྲེག་མཁན་ཆེས་མགྱོགས་པ་དེས་བལ་གྱི་བལ་གྱིས་བཏུམས་པ་ཞིག་ལག་ཏུ་བཟུང་ནས་ལྷས་རའི་སྒོར་ལངས་ཏེ་ལུག་གཤར་ཡོང་བའི་སྐབས་སུ་བལ་གྱི་དེ་འཕྱུར་ཙམ་འཕྱུར་ཙམ་བྱས་ནས། དར་རོ…དར་རོ… སང་ཕར་ནང་དུ་བའི་ད་ཚོད་ལ་ལྷས་གཅིག་ལ་མ་ཤོང་གཉིས་ལ་བཅུར། ཁྱིམ་གཅིག་ལ་མ་ཤོང་གཉིས་ལ་སྤོད། མ་མོ་འབབ་སྒྲ་དིར་རེ། ཁལ་པ་མཚོང་རྒྱང་ལིང་ངེ། ལུ་གུ་རྩེ་འཁྲབ་ཤིག་གིར་ལུག་གཡང་མོ་རྒྱ་འཕེལ་

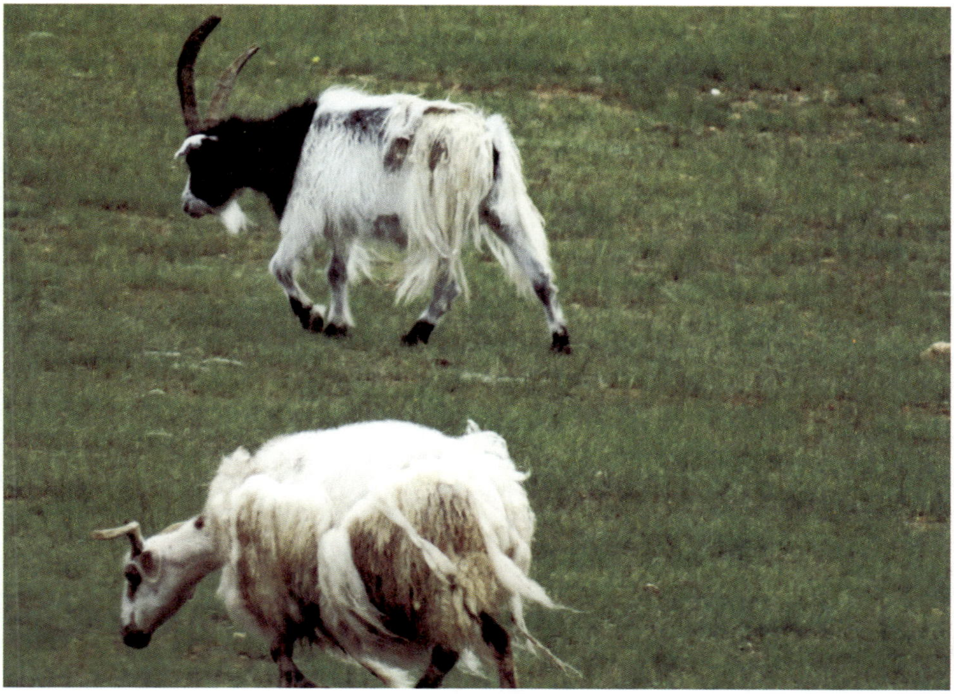

བལ་བྲེག་ལ་ཉེ་བའི་དུས་ཀྱི་ལུག་བལ།

སྟོང་འཕེལ། ཟེར་བ་སོགས་བཀྲ་ཤིས་སྨོན་ལམ་འདེབས་པའི་སྲོལ་ཡོད། དེ་ནས་བལ་འབྲིག་མཁན་རྣམས་ཁྱིམ་དུ་ལོག་ཚར་རྗེས་གཞི་ནས་བལ་སྟོན་ཞེས་པའི་འགོ་ཚུགས་ཤིང་ཁྱིམ་ཚང་སོ་སོའི་འབྱོར་བ་ལ་དཔག་པའི་རྒྱས་བསྡུས་ཅི་རིགས་ཡོད་ཀྱང་མེད་དུ་མི་རུང་བའི་སྲོལ་རྒྱུན་གྱི་ཟས་སྣ་ཁག་གཅིག་འཛོམས་དགོས་པ་སྟེ། ཞོ་ཁ་ཕྱེ་མར། བལ་ཐུད། བལ་ཤ། སྒྲོ་མ་མར་ཁུ་བཅས་ཡིན་ཞིང་དེ་དག་ནི་བལ་སྟོན་གྱི་དམིགས་བསལ་གསོལ་སྟོན་ཞིག་ཡིན། ལྷག་པར་དུ་སྒྲོ་མ་མར་ཁུ་ནི་ཟི་གླིང་འདུས་མཚོའི་ཉེ་འཁོར་གྱི་འབྲོག་སྡེའི་དམིགས་བསལ་སྲོལ་རྒྱུན་ཞིག་ཡིན་ལ་བྲོ་བ་ལེགས་ཤིང་ཟས་བཅུད་ཕུན་སུམ་ཚོགས་པོ་ཡོད་ལ་བཀྲ་ཤིས་རྟེན་འབྲེལ་མཚོན་པའི་ཟས་སྣ་ཞིག་ཏུ་བརྩི་སྲོལ་ཡོད།

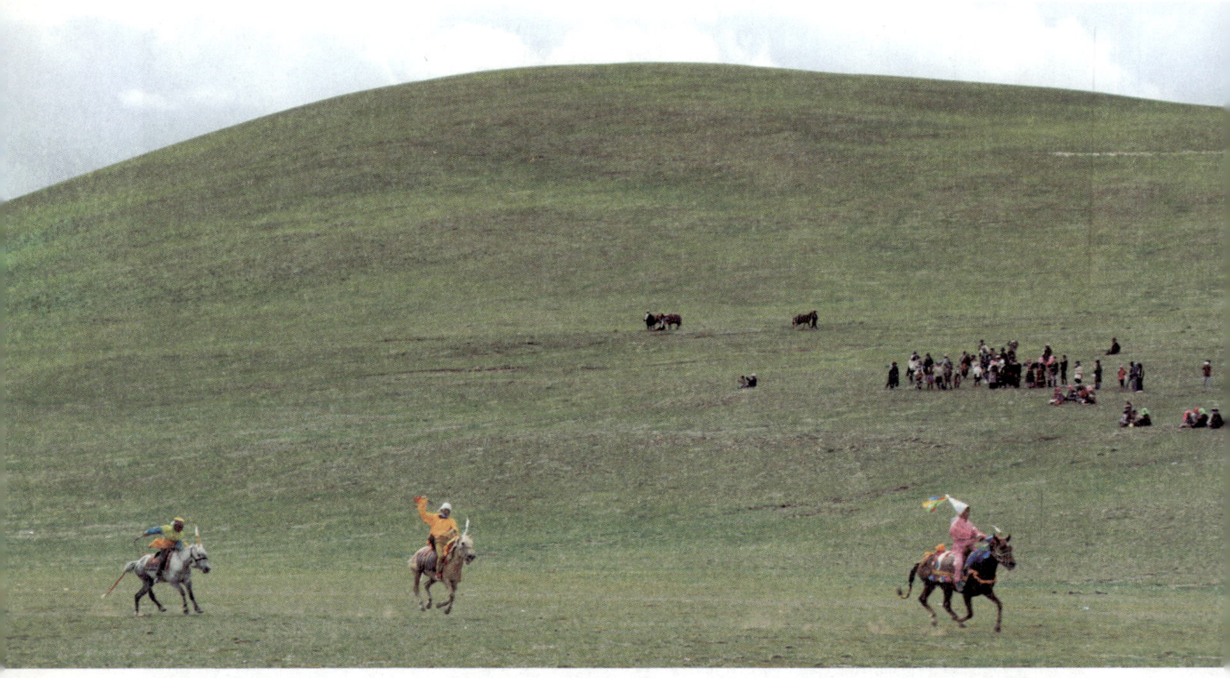

ཟི་གླིང་འདུས་མཚོའི་ཡུལ་སྲོལ་རྟ་རྒྱུག་གི་རྣམ་པ།

ཉིན་གུང་གི་གསོལ་ཚིགས་ཚར་རྗེས་བལ་རྣམས་མོན་དོ་ཞེས་བཙུས་བརྒྱབ་ནས་རྫོག་རྫོག་བཟོ་ཞིང་ཉར་ཚགས་བྱེད་པ་དང་ལས་ཀ་ཡོངས་སུ་མཇུག་སྒྲིལ་རྗེས་ཤེད་རྫོ་འགྲོག་པ་དང་། ཐག་པ་འཐེན་པ། བང་ཁ་འགྲན་པ། ཤོ་རྩེ་བ་སོགས་སྒྱུ་རྩལ་གྱི་རིགས་སྣ་ཚོགས་ལ་རོལ་ནས་དགའ་དགའ་སྤྲོ་སྤྲོ་བྱས་ནས་སྡོད་པའི་སྲོལ་ཡོད།

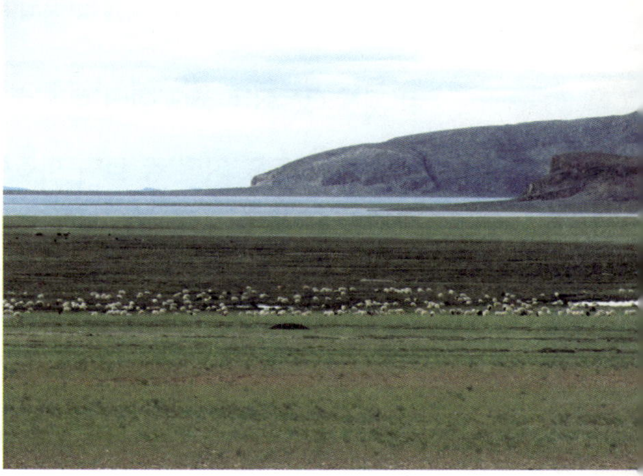

མཚོ་ཁར་ཕྱུགས་འཚོ་བ།

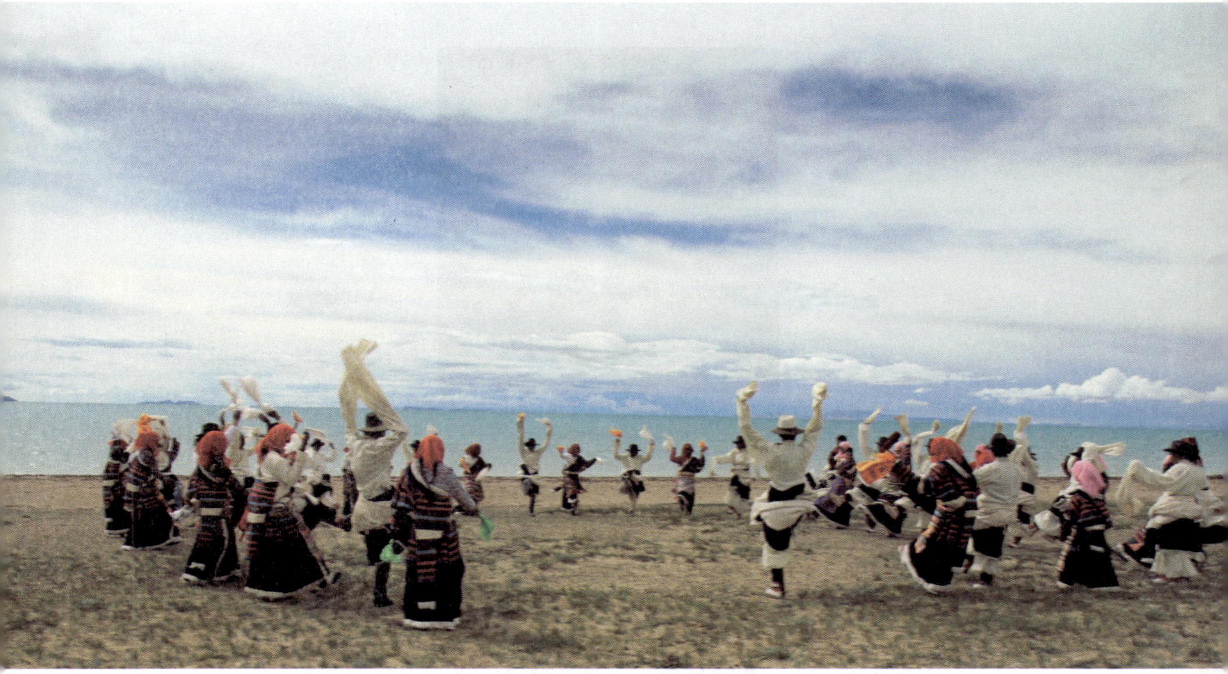

འཁྲོག་གཞས་འཁྲབ་པ།

གསུམ། ཟེ་སྤྱིང་འདུས་མཆོའི་སྲོལ་རྒྱུན་རྟ་རྒྱུགས།

ཟེ་སྤྱིང་འདུས་མཆོའི་སྲོལ་རྒྱུན་རྟ་རྒྱུག་ནི་སྔ་མོ་དོལ་པ་ཚོ་བཞིའི་ནང་ཚན་ཟད་པ་ཚོ་པའི་ནང་ཁུལ་རྟ་རྒྱུག་གཅིག་ཡིན་ལ་ཟེ་སྤྱིང་འདུས་མཆོའི་ཤར་གྱི་དར་གྱ་པའི་ཐང་ནས་རྟ་རྒྱུགས་པའི་སྲོལ་ཡོད། ད་ལྟ་དོལ་པ་ཟད་པའི་ཁོངས་སུ་གཏོགས་པ་དཔལ་མགོན་རྫོང་མན་ཐང་ཡུལ་ཞོག་གི་གྲོང་ཚོ་བཅུ་པ་དང་། བཅུ་གཅིག དེའི་སྔེ་འདྲིས་སུ་གནས་པའི་དོལ་པ་ཞུ་རུའི་ཁོངས་གཏོགས་མན་ཐང་གྲོང་ཚོ་དྲུག་པ་བཅས་ཀྱིས་མཉམ་དུ་གཉེར་བའི་སྲོལ་རྒྱུན་གྱི་དུས་ཆེན་ཞིག་ཡིན། དུས་ཆེན་འདིར་མཐིང་མདོག་གི་ནམ་མཁའ་སྔོན་པོ་ས་ལ་ལྷུང་འདྲའི་ཟེ་སྤྱིང་འདུས་མཆོའི་ཤར་ཕྱོགས་སུ་སྦྲ་གུར་དཀར་ནག་མང་པོ་སྐར་ཚོགས་ཐང་ལ་བདལ་བ་ལྟ་བུར་གནས་ཤིང་མདོ་བ་རྟ་ཡི་བང་རྩལ་དང་། འཁྲོག་སྨུ་སྨན་མོའི་འགྱུར་ཁུག་ལྷེམ་མྱུར་ལྡན་པའི་

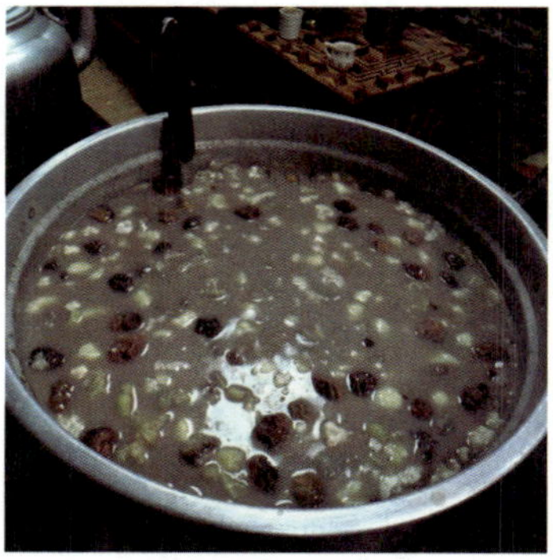

དྲོ་ཐུག

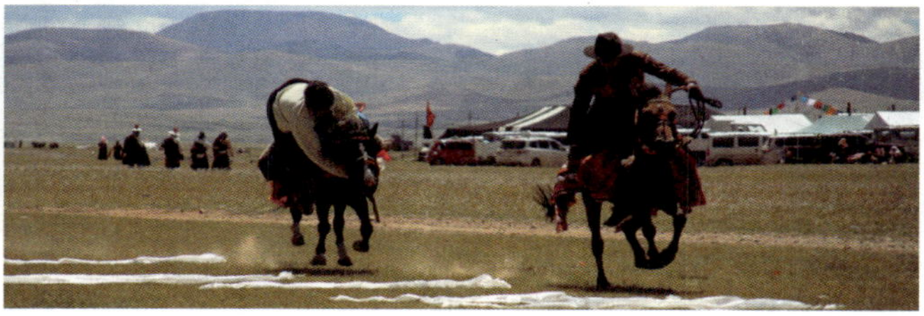

ཡོབ་འགྱུར།

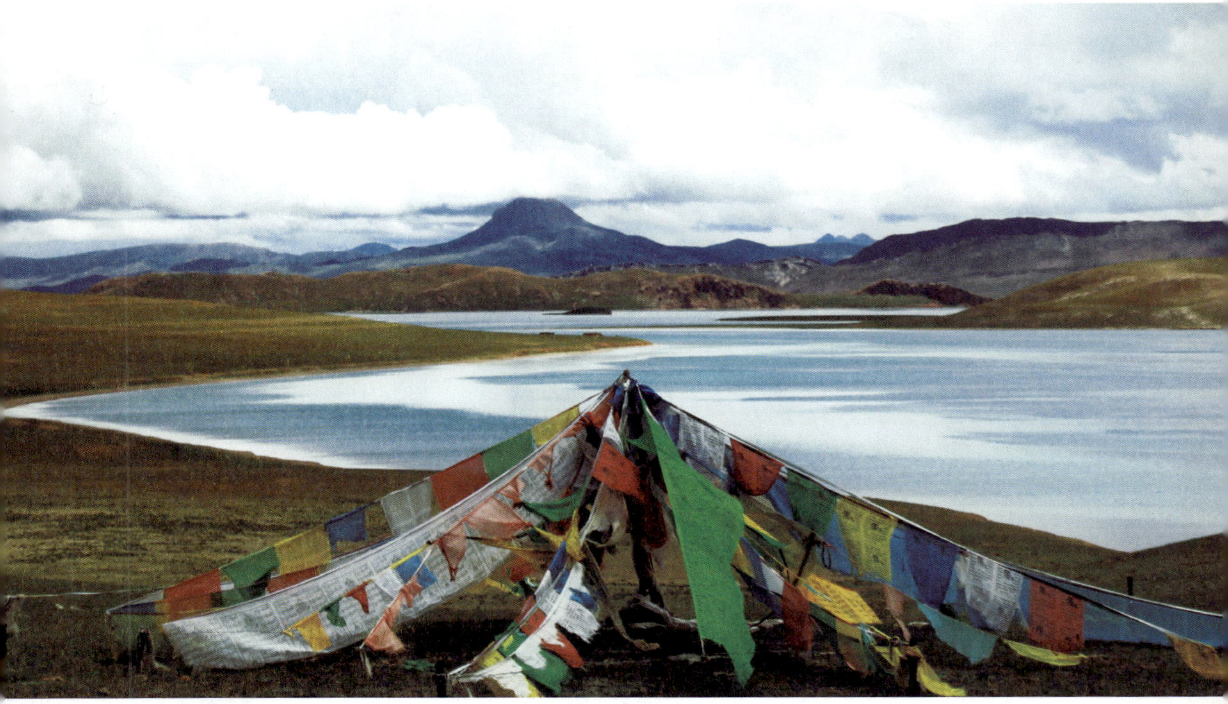

ལོ་གསར་གྱི་དུས་སུ་བཏགས་པའི་མཆོད་དར།

འབྲོག་གཞིས་སོགས་མིག་ཡིད་རྣ་བའི་དགའ་སྟོན་སྣ་ཚོགས་ལ་ལོངས་སྤྱོད་རྒྱུ་ཡོད། དེ་ཡང་རྟ་རྩེད་ལ་རྒྱུག་ཆེན་དང་། རྒྱུག་ཆུང་། འགྲོས་ཆེན། འགྲོས་ཆུང་། ལྷ་རྒྱལ། ཡོབ་འགྱུར། གོང་འཕེན་བཅས་རིགས་མི་འདྲ་བ་བདུན་དང་། འབྲོག་གླུ་ལ་ཁྲམ་གླུ། ཚ་གླུ། བལ་གླུ། ལ་གླུ། ཇོ་གླུ་བཅས་རིགས་མི་འདྲ་བ་ལྔ། འབྲོག་གཞས་ལ་སྒོར་གཞས། འཁྲུག་གཞས། གླིང་བྲོ། གཞས་ཤགས་བཅས་རིགས་མི་འདྲ་བ་བཞི། དེ་བཞིན་མིའི་བང་རྩལ་འགྲན་པ་དང་། ཐག་པ་འཐེན་པ། ཤེད་རྫོ་འགྱོག་པ། གཏམ་ཤག་འགྲེད་པ་སོགས་ཀྱི་རིག་རྩལ་གྱི་བྱེད་སྒོ་སྣ་མང་སྤེལ་སྲོལ་ཡོད་ལ་ཁྱུལ་དེའི་ཐུན་མོང་མ་ཡིན་པའི་དོལ་པའི་རྒྱན་གོས་ཀྱི་གོས་དོམ་བྱེད་སྒོ་ཡང་ཡོད།

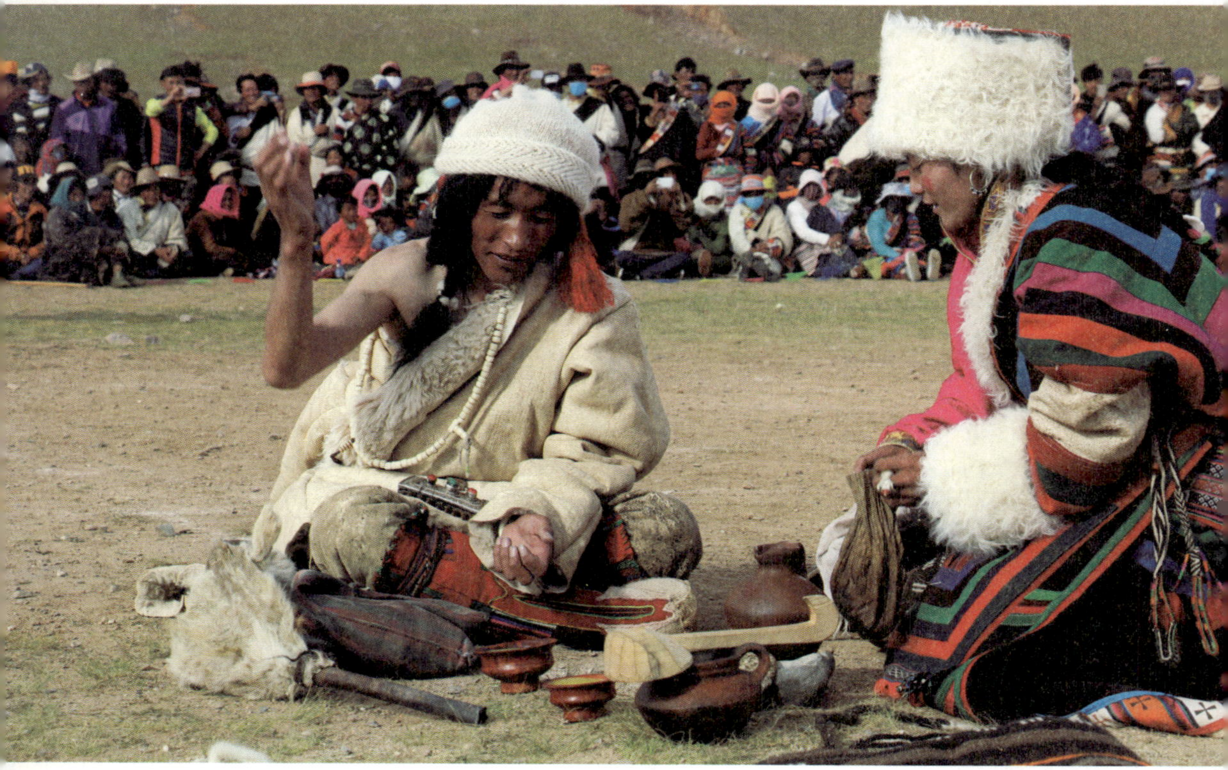

ཚ་ཤོག་བརྒྱབ་པ།

བཞི། དགུ་ཐུག་དུས་ཆེན།

ཁུལ་འདིའི་འབྲོག་པའི་ཡུལ་སྲོལ་ལྟར་ན་ལོ་རེར་དུས་ཚིགས་དམིགས་བསལ་ཅན་གྱི་ཐུག་པ་བཞི་བསྐོལ་ན་ཆོས་ལུགས་ཀྱི་ཚོ་ག"བརྒྱ་བཞི"ཕུལ་བའི་གོ་ཆོད་ཅིང་མི་ཕྱུགས་ཀུན་གྱི་རིམ་འགྲོ་ཡོང་བའི་བཤད་སྲོལ་ཡོད། དུས་ཚིགས་བཞི་ནི་བོད་ཟླ་བཅུ་པའི་ཚེས་ཉི་ཤུ་ལྔའི་ལྔ་ཐུག་དང་། བཅུ་པའི་ཉི་ཤུ་དགུ། བཅུ་གཅིག་གི་ཉི་ཤུ་དགུ། བཅུ་གཉིས་ཀྱི་ཉི་ཤུ་དགུ་བཅས་ཡིན་ཡང་གཙོ་བོ་ནི་བེའུ་ལུག་ལོ་གསར་ཏེ་བཅུ་གཅིག་གི་ཉི་ཤུ་དགུའི་དགུ་ཐུག་དང་། ལོ་ཆེན་ནམ་བོད་ལོའི་ལོ་གསར་ཏེ་བཅུ་གཉིས་ཀྱི་ཉི་ཤུ་དགུ་ལ་དགུ་ཐུག་གྲ་རྒྱས་ཤོས་དེ་བསྐོལ་བའི་སྲོལ་

ཡོད་ཅིང་དེ་ནི་ལོ་རྙིང་པ་ཕར་ལ་སྐྱེལ་བ་དང་གསར་པ་ཚུར་ལ་བསུ་བའི་རྟེན་འབྲེལ་སྨོན་ལམ་གྱི་སྲོལ་རྒྱུན་ཞིག་ཡིན། དགུ་ཐུག་གི་གྲུབ་ཆ་ནི་ནས་དང་། ལ་ཕུག གྲོ་མ། ཁམ་བུ། བག་རིལ། རྩམ་པ། ཤ། རྩྭ། ཆུ་བཅས་མི་ཟས་ཨ་ར་སྣ་དགུ་ཞེས་པ་དེ་ལས་གྲུབ་པས་དགུ་ཐུག་འབོད་པ་ཡིན། དགུ་ཐིག་རྒྱག་ཅེས་གྲོ་ཕྱེ་སླ་མོར་བཟོས་ནས་སྦྲ་གུར་གྱི་རྒྱན་ཐག་སྟོད་དུ་ཉི་ཟླ་སྐར་གསུམ་དང་། གཡུང་དྲུང་། ནོར་བུ་མེ་འབར་འབྲི་བ། རྒྱན་ཐག་འོག་ཏུ་རྟ་ནོར་ལུག་གསུམ་དང་། མ་བསྐུར་སོགས་ཁྲིས་ནས་ལོ་རྗེས་མར་ཁྱིམ་ཚང་དེ་མི་ལ་ནད་མེད་ཚེ་རིང་དང་། ཕྱུགས་ཀྱི་རྒྱུན་འཕེལ་བ་སོགས་མཚོན་པར་བྱེད་ཀྱི་ཡོད། ཉི་ཤུ་དགུའི་ཞོགས་པར་ཁྱིམ་མི་ཚང་མ་སྔ་བོར་ལངས་ནས་དགུ་བརྡེབས་ཞེས་སྐྱེས་པ་ཚོས་སྦྲ་གུར་གྱི་དུད་པའི་རལ་བ་རྣམས་དང་གདན་རིགས་རྣམས་བརྡབས་བརྡབས་བཏང་ནས་གཙང་མར་བཟོ་བ་དང་། བུད་མེད་རྣམས་ཀྱིས་ཐབ་དྲིག་དང་སྣོད་དྲིག་རྣམས་གཙང་མར་བཟོ་བ་བཅས་བྱས་ནས་དྲེག་པ་རྣམས་ཕྱོགས་གཅིག་ཏུ་བསགས་ནས་དེ་རྣམས་ལམ་གསུམ་མདོ་ཁ་འམ་ལུང་མདོ་སོགས་ལ་གཡུག་ནས་ལོ་འདིའི་ནད་གདོན་སྡིག་སྒྲིབ་ཚང་མ་དག་པར་མཚོན་པ་བྱེད་ཀྱི་ཡོད། དེའི་ཉིན་སྐྱེས་པ་ཚང་མ་དཔའ་བོའི་དགུ་སྐྲ་ཞེས་སྐྲ་འབྲུ་གི་ཡོད། དགོང་མོ་ཕྱུགས་ལས་ཚར་རྗེས་ཁྱིམ་ཚང་དེ་དང་དེ་ལས་གྱེས་པའི་དུད་ཚང་རྣམས་ལོ་ཆེ་བ་ནས་འགོ་བཙུགས་ཏེ་དགུ་ཐུག་འཐུང་བར་འགྲོ་རེས་བྱེད་སྲོལ་ཡོད་ཅིང་། དགུ་ཐུག་ནང་མིང་ལྡན་བག་རིལ་བཟོ་དབྱིབས་འདྲ་མིན་སྣ་ཚོགས་བཟོས་ནས་དེ་དག་གོ་ཁའི་ཐལ་མེའི་ནང་རོབ་ཙམ་བསྲེགས་ནས་བཟོ་ལྟ་མི་ཤོར་བ་དང་། བག་རིལ་གཞན་དང་མི་ནོར་བ་བྱེད་ཅིང་ཁྱིམ་གྱི་ཨ་མས་ཕྱོགས་རིས་མེད་པའི་སྒོ་ནས་ཁྱིམ་མི་ཚང་མར་ཐུག་པ་བླུགས་རྗེས། སོ་སོའི་ཕོར་བའི་ནང་མིང་ལྡན་བག་རིལ་ལེགས་ཉེས་གང་བྱུང་ལ་བརྟག་ནས་ལོ་རྗེས་མར་མི་དེར་ལམ་འགྲོ་ཡོད་མིན་དང་ན་ཚ་ཡོང་མིན། དེ་བཞིན་རྒྱུན་ལྡན་རང་བཞིན་གྱི་མི་

ཚེས་སོགས་ལ་བརྟག་པ་བྱེད་ཀྱི་ཡོད། དཔེར་ན་ཉི་མ་ཐོབ་ན་ཚེ་རིང་བར་མཚོན་པ་དང་། ཟླ་བ་ཐོབ་ན་མཛེས་པར་མཚོན་པ། སྐར་མ་ཐོབ་ན་བློ་རིག་བཀྲ་བར་མཚོན་པ། ས་མཐའི་ཨ་ལོང་ཐོབ་ན་ཡུལ་ཁམས་གང་སར་འགྲོ་བ་མཚོན་པ། ཉ་ལུ་རྒྱབ་ཁུར་ཐོབ་ན་ལོ་དེར་ཕྲུ་གུ་སྐྱེ་བ་མཚོན་པ། ཤེལ་ཐོབ་ན་ཤེས་ཡོན་ཅན་ཡིན་པ་མཚོན་པ། འཛོག་མེ་འབར་ཐོབ་ན་ལོ་དེར་འབྱོར་ཕྱུག་རྒྱས་པ་མཚོན་པ། འབྲོང་གི་མགོ་ཐོབ་ན་དཔའ་མོ་ཡིན་པ་མཚོན་པ། ལྷ་ཡི་མགོ་ཐོབ་ན་ཧར་མ་ཡིན་པ་མཚོན་པ། ལུག་གི་མགོ་ཐོབ་ན་སྙིན་པ་ཡིན་པ་མཚོན་པ། མི་རབ་འབྲིང་ཐ་གསུམ་མཚོན་པའི་བག་རིལ་སོགས་མིང་ལྡན་གྱི་བག་རིལ་༥༠ ལྷག་ཙམ་ཡོད།

དགུ་ཐུག་བཏུང་ཚར་རྗེས་མི་རེ་ཪ་རེ་བཞིན། བླ་མ་ཨོ་རྒྱན་པདྨ་ཡིས། །ཡར་ལུང་ཤེལ་གྱི་བྲག་ཕུག་ཏུ། །བཀའ་ཐང་ཉི་ཤུ་རྩ་ལྔ་ཡོད། །དེ་དབུགས་ཐེངས་གཅིག་ལ་གློག་ཐུབ་ན། ། ཤི་དམྱལ་བ་མི་ལྟུང་ཁས་ལེན་ཡོད། །ཅེས་དབུགས་ཐེངས་གཅིག་ལ་དེ་ལྟར་བརྗོད་རྗེས། ད་དུང་ལྔ་མཐུད་ནས་དབུགས་མི་སློད་པར་བཀའ་ཐང་གཅིག བཀའ་

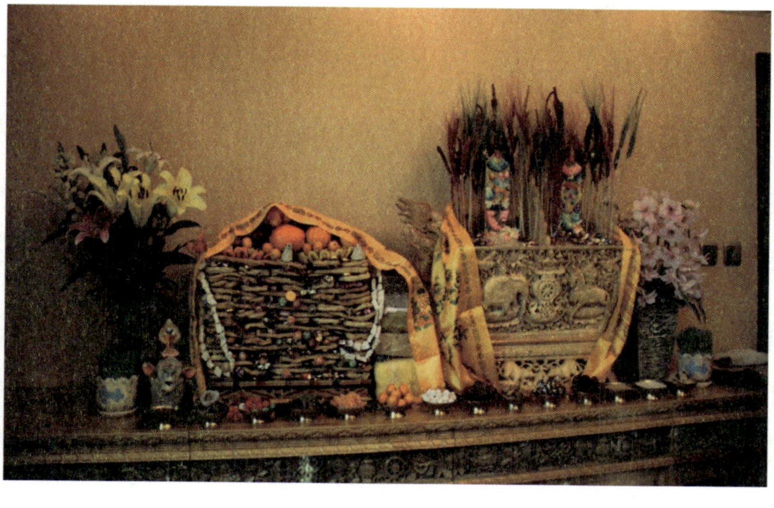

ཕྱེ་མར།

ཐང་གཉིས་ཞེས་ཉེ་ཤུ་རྩ་ལྔ་བར་བགྲངས་དགོས། ད་དུང་བལ་རྡོག་ཚུང་ཚུང་ཞིག་ས་ཐོག་ཏུ་བཞག་རྗེས་ལག་གཉིས་རྒྱབ་ལག་བྱས་ནས་མར་སྒྱུར་ཞིང་མིག་གིས་བལ་རྡོག་སྙོབས་ཐུབ་མིན་བལྟ་ཞིང་དེ་ནི་རྐྱེད་ཁ་སྐྱོང་བའི་རྩེད་མོ་ཞིག་དང་ཕོ་རྒྱགས་ཡོད་མིན་བརྟག་པ་ཞིག་ཀྱང་རེད། ཡང་རིལ་མ་མགོ་ཡོ་ཟེར་བ་ན་ཁང་གི་རྩེ་ལ་རིལ་མ་བཙུགས་པ་ཞིག་མདུན་དུ་བཞག་ནས་མི་རྣམས་གོར་གོར་བྱས་ནས་འདུག་པ་དང་ན་ཁང་དེ་ལ་མེ་སྤྲར་ནས་ན་ཁང་མེས་ཚིག་རྗེས་རིལ་མ་དེ་སུའི་མདུན་དུ་ལྷུང་ཡང་དེས་སྨྲར་ཡང་ཐུག་པ་ཕོར་བ་གང་འཐུང་དགོས་པ་སོགས་དགོད་ཁ་སྐྱོང་བའི་རྩེད་མོ་ཡི་ཁྲོད་དུ་ཁྲིམ་ཚང་ཡོངས་དགའ་བའི་དགོད་སྒྲ་དང་སྐྱིད་པའི་འཛུམ་ཚུང་གི་ཁྲོད་དུ་ནང་མི་མཉམ་འཛོམས་ཀྱི་དགའ་སྐྱིད་ལ་རོལ་གྱི་ཡོད།

༣། ལོ་གསར་དུས་ཆེན།

ལོ་གསར་དུས་ཆེན་ནི་མི་ལོ་འཁོར་མ་གཅིག་གི་ནང་དུ་ཡོངས་ཁྱབ་རང་བཞིན་གྱི་དུས་སྟོན་ཆེ་ཤོས་དེ་ཡིན་ཞིང་ཀུན་གྱིས་གཙིགས་ཆེར་འཛིན་ལ་ཕྱི་ཏུ་

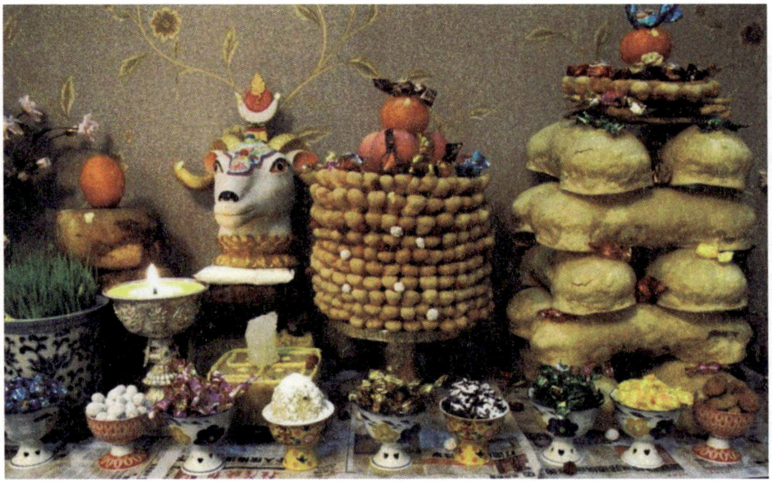

སྡེར་ཀ།

ལས་ཀ་བྱེད་བཞིན་པ་དག་ཀྱང་ངེས་པར་དུ་སོ་སོའི་ཁྱིམ་དུ་ལོག་ཐུབ་པ་བྱས་ནས་ནང་མི་མཉམ་འཛོམས་བྱས་ཏེ་ལོ་གསར་པའི་ནང་དུ་བཀྲ་ཤིས་བདེ་ལེགས་དང་ཁྱིམ་ཚང་འཆམ་མཐུན་ཡོང་བའི་སྨོན་ལམ་ཞུ་བའི་དུས་ཆེན་ཞིག་ཡིན། འབྲོག་ཁུལ་དུ་བེའུ་ལུག་ལོ་གསར་དང་། ལོ་ཆེན་ཞེས་པ་གཉིས་གཏོང་སྲོལ་ཡོད་ཅིང་དེ་གཉིས་ཀ་དུས་ཚིགས་མི་འདྲ་བ་ལས་དུས་སྟོན་གཏོང་སྲོལ་གྱི་ཆ་ནས་གཅིག་པ་ཡིན།

དེ་ཡང་ཐོག་མར་ཆེས་སུམ་ཅུ་ཉིན་ལུག་མགོ་དང་། གྲོ་མ། ཤ་སོགས་འཚོད་པ། ལུག་མགོར་མར་རྒྱན་རྒྱག་པ། ཕྱེ་མར་བཟོ་བ། ཐུད་བཟོ་བ་སོགས་བྱས་ཏེ་ཟས་གོས་སྟོན་བཤམ་གྱི་གྲ་སྒྲིག་ཨང་སར་བྱེད་ཀྱི་ཡོད། ཚེས་གཅིག་ཐོ་རེངས་སྐར་མ་ལག་སོར་འཆར་མ་ཐག ལངས་སུ་སྔ་བྱས་ཏེ་ཐོག་མར་ཚིག་གི་དང་པོ་ཁམས་བཟང་ཞེས་ཕན་ཚུན་འཚམས་འདྲི་ཞུ་རེས་དང་། ལས་ཀྱི་དང་པོ་ཕྱེ་མར་མཆོད་ཚར་རྗེས། ཆུ་ཟོ་ལ་ཁ་བཏགས་ཤིག་སྒྲོན་ནས་ཟས་ཕུད་སྣ་ཚོགས་ཁྱེར་ནས་ཆུ་ལེན་དུ་འགྲོ་ཡི་ཡོད། ལུ་མའི་ཁར་སླེབས་རྗེས་ཆུ་ལ་ཁ་བཏགས་དང་ཟས་ཕུད་སོགས་ཕུལ་ནས་ཆུ་ཕུད་ལན་གསུམ་ནམ་མཁར་མཆོད་ནས་ཆུ་བླངས་རྗེས་ཡོན་

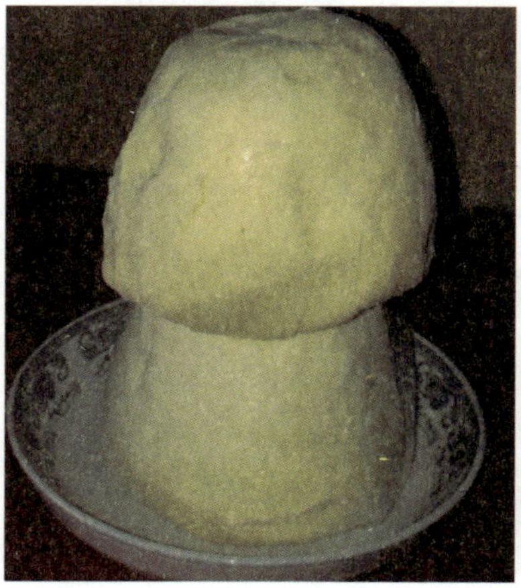

མར།

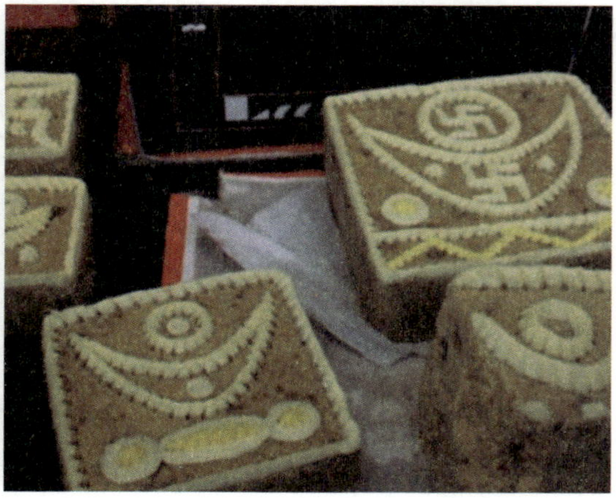

ཐུད།

ཆབ་འབུལ་བ་དང་། མཆོད་མེ་དང་སྤོས་སོགས་ཕུལ་ནས་ལོ་དེར་རྒྱལ་ཁམས་ཡོང་ལ་ནད་མུག་འཁྲུག་རྩོད་མེད་པ་དང་། ནང་མི་ཚང་མ་ལ་གེགས་དང་བར་ཆད་མེད་ཅིང་བྱ་བ་ལམ་འགྲོ་ཡོང་བ་སོགས་ཀྱི་སྨོན་ལམ་བཏབ་ཚར་རྗེས། ཁྲིམ་དུ་གདན་ཆས་གསར་པ་འདིང་བ་དང་ཕོར་པ་གསར་བ་འཛུགས་པ། ཚང་མས་ལུས་ལ་རྒྱན་གོས་ཀྱི་གཟབ་མཆོར་ལེགས་པར་སྤྲས་པ་སོགས་བྱས་ནས་ཟས་ཀྱི་དང་པོ་སྤྲང་དཀར་རྩམ་པ་ལ་འབྲི་མར་དང་ལུག་མར་གྱིས་ཁ་རྒྱན་བཏབ་པ་ཞིག་འདྲེན་པ་དང་། དེ་ནས་གྲོ་མ་མར་ཁུ་འདྲེན་པ་དང་། ཇ་སྤུབ་མ་འདྲེན་པ། ཁྲིམ་གྱི་མ་ཏན་དེས་ལྷ་མགོ་ཞེས་ལུག་མགོ་ལ་མར་རྒྱན་རྒྱབ་པ་ཞིག་ལྷ་གཞིའི་སྟེང་དུ་བཞག་ཚར་རྗེས་མི་རེ་རེ་ལ་ལུག་མགོ་རེ་སྟེར་ཞིང་དེ་ནི་ལོ་གསར་གྱི་རྟེན་འབྲེལ་ཆེ་ཤོས་ཀྱི་ཟ་མ་ཞིག་ཏུ་བརྩི་བ་སྟེ། ལོ་དེའི་དུས་ཆོས་ཀྱི་འགོ་མ་ལ་འཚོ་བ་གསར་པའི་འགོ་འཛུགས་པ་དང་བསོད་ནམས་ལོངས་སྤྱོད་མགོ་བོ་ལྟར་ཀུན་ལས་མཐོ་བའི་རྟེན་འབྲེལ་མཚོན་བྱེད་ཡིན། དེ་ནས་རིམ་པས་ཁྲིམ་ཚང་འཁོར་འཁོས་ལ་གཞིགས་ནས་

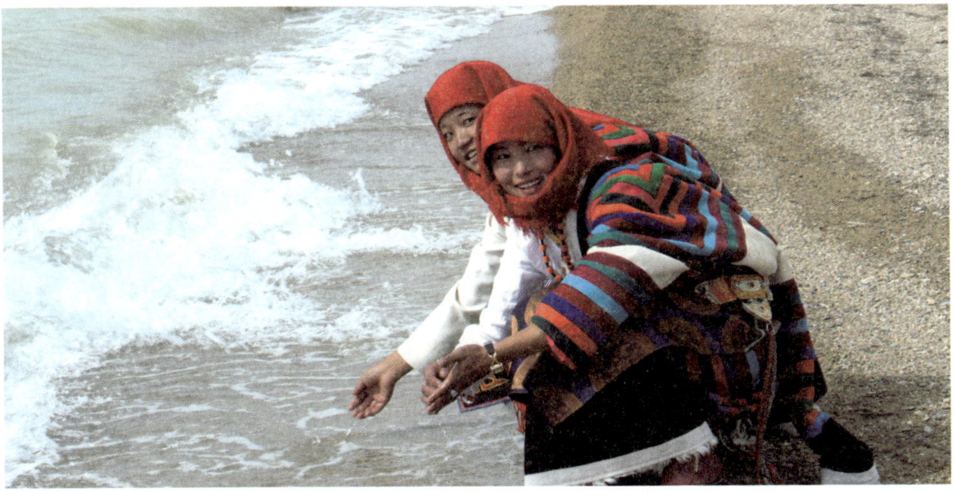

ཟི་ལིང་འདུས་མཚོའི་ཉེ་འཁྲམ་གྱི་འབྲོག་མོ།

སྡེར་ཁ་བསྒྲིགས་ཏེ་ཚང་མས་གང་འདོད་ཀྱིས་ཟས་ལ་ལོངས་སྤྱོད་ཅིང་ཆོས་གཅིག་གི་ཉིན་ཁྱིམ་ཚང་སོ་སོའི་ནང་དུ་དགའ་དགའ་སྤྲོ་སྤྲོ་བྱས་ནས་འདུག་པ་ལས་ཕྱིར་འགྲོ་བའི་སྲོལ་མེད། ཆོས་གཉིས་ནས་བཟུང་ཆོས་བདུན་གྱི་བར་ལ་ཉེ་འབྲེལ་ཁྱིམ་ཚང་ཡོངས་ཀྱི་ཆེ་འགོ་སྟེ་ཨ་ཡིས་སྤྱི་བོའི་ཁྱིམ་དང་ཕ་མའི་ཁྱིམ་ལ་མགྲོན་པོ་འགྲོ་སྲོལ་ཡོད་ལ་དེ་ནས་རིམ་པས་ཁྱིམ་བདག་སྤུན་ཉེ་རྣམས་ལོ་ཆེ་ཆུང་ལ་གཞིགས་ནས་མགྲོན་པོ་འགྲོ་རེས་བྱེད་སྲོལ་ཡོད་ཅིང་ཁྱིམ་ཚང་གང་དུ་འགྲོར་ཡང་ཐོག་མར་ཕྱི་མར་མཆོད་ཅིང་བཀྲ་ཤིས་སྨོན་ལམ་བཏབ་ཚར་རྗེས། མར་ཁུ་རྣམ་གསུམ་གྱིས་འགོ་བྲངས་ནས་ཟས་ཀྱི་སྟོན་མོ་རོལ་བ་དང་། སྐྱེས་པ་རྣམས་ཤོ་བག་རྩེ་བ། བུད་མེད་རྣམས་ཀྱིས་ཆབ་རྗེའུ་རྩེ་བ། ཕྲུ་གུ་རྣམས་ཀྱིས་ཐིག་གེ་རྩེད་བ། དེ་བཞིན་ཞབས་བྲོ་འཁྲབ་པ། རྡོ་སྣོར་རྩེ་བ། ཐག་པ་འཐེན་པ། ཤིང་རྡོ་འཕྱུག་པ་སོགས་རིག་རྩལ་གྱི་བྱེད་སྒོ་སྣ་ཚོགས་སྤེལ་ནས་དགའ་སྐྱིད་ཀྱི་དཔལ་ལ་རོལ་བའོ། །

མཇུག་བསྡུའི་གཏམ།

ཁོད་ཡངས་པའི་བྱང་ཐང་གི་ནོར་འཛིན་ཁྱོན་ན་ལྟེམ་མེར་འཁྱིལ་བའི་མཚོ་མོ་གྲངས་མང་ཞིང་། ཨ་སྔོན་མཐིང་མདོག་གི་མདངས་ལ་འགྲུ་བ་ཇི་བཞིན་བྱང་ཁུལ་སྐམ་ས་ཁྱོན་ལ་བརྟན་བཤེར་གྱི་འཚོ་བཅུད་དང་། ནྡངས་གཙང་གི་མཁའ་དབྱུགས་གསར་པའི་གསོན་ཤུགས་སྦྱིན་བཞིན་ཡོད། ལྷག་པར་དུ་རྒྱལ་ཁབ་རིམ་པའི་རང་བྱུང་ཁོར་ཡུག་སྲུང་སྐྱོབ་ས་ཁུལ། ཟི་ གླིང་བདུད་མཚོའམ་འདུས་མཚོ་ནི་གངས་རིའི་ཁོང་གསེང་ནས་བཞུར་ཡོང་བའི་སྣ་མང་གཙང་པོ་འདུས་སའི་ལྟེ་གནས། གྲངས་མེད་ཉ་མོའི་ཁྱིམ་གཞིས། བོད་བྱང་ཐང་ས་ཁུལ་གྱི་བརྟན་བཤེར་ཆེ་བའི་ཡུལ་ལྗོངས། རི་དྭགས་སྣ་ཚོགས་འཚོ་སྡོད་བྱེད་སའི་ཕ་ས་བཅས་ཁྱད་དུ་འཕགས་པའི་བཀོད་པ་སོགས་རང་བྱུང་གནས་ཀྱི་སྤྱི་བཤད་ཅིག་ཡུལ་སྐོར་བ་རྣམས་དང་རྒྱ་ཆེའི་ཀློག་པ་པོ་རྣམས་ཀྱི་སྤྱན་ལམ་དུ་ཕུལ་ཞིང་། བྱ་བ་འདིར་ཐོག་མཐའ་བར་གསུམ་དུ་རྒྱབ་སྐྱོར་གནང་མཁན་གྱི་རང་རྫོང་མི་དམངས་སྲིད་གཞུང་དང་། རྫོང་སྲིད་གྲོས་གཞུང་ལས་ཁང་གི་ལས་མི་ཡོངས། དེ་བཞིན་ཡུལ་ལྗོངས་དངོས་ལ་རྒྱུས་མངའ་ཡོད་པའི་མཚོ་ཁའི་འབྲོག་སྡེའི་རྒན་རབས་རྣམ་པ། ས་ཡུལ་དངོས་ལ་ཞིབ་བསྐྱོད་ཀྱིས་བརྡ་སྤྲིག་གི་ཕྱག་ལས་གནང་མཁན་སྟོང་ཚ་དབང་ཆེན་བསོད་ནམས་སོགས་སྣ་འཛོམས་མཐུན་རྐྱེན་བཟང་པོའི་བཀའ་དྲིན་ལས《ཟི་གླིང་འདུས་མཚོའི་རང་བྱུང་ཁོར་ཡུག་གི་རིག་གནས་སྤྱི་བཤད》ཅེས་པའི་དེབ་ཆུང་འདི་མི་ཡུལ་དུ་སྨྲུམ་ནས་མིའི་རིགས་ལ་ཕྲར་མེད་ཀྱི་རང་བྱུང་སྣང་བརྙན་གསར་

པ་ཞིག་མིག་ལམ་དུ་སྲིན་ཐུབ་པ་དང་དགོས་མཁོ་སྐོང་ཐུབ་པའི་རེ་བ་བྱེད་བཞིན་ཡོད། འོན་ཀྱང་བྱང་ཁུལ་གྱི་ས་ཆ་རྒྱ་ཆེ་བས་ངོ་མཚར་གྱི་རང་བྱུང་སྣང་བརྙན་མང་པོ་ཞིག་ད་དུང་ཡང་གསང་བའི་ཕག་ཏུ་ཡིབ་ཡོད་པ་སྨོས་མེད་ཐོག་སྲིག་པ་པོའི་མཐོང་ཐོས་སྦྱོང་གསུམ་གྱི་ན་ཕྲ་བ་དང་། ཤེས་བྱ་རིག་གནས་ཀྱི་ཚུ་ཚད་ཞན་པས་རྒྱ་ཆེའི་གློག་པ་པོ་དང་། ས་ཡུལ་དངོས་ལ་རྒྱུས་མངའ་ཡོད་པའི་རྒན་རབས་པ་པ་རྣམས་ཀྱི་དགོངས་འཆར་དང་སྐྱོན་བརྗོད་གང་མང་ཡོང་བའི་རེ་བ་དང་བཅས།

གནམ་མཚོའི་རིག་གནས་དཔེ་ཚོགས་རྩོམ་སྒྲིག་ཨུ་ཡོན་ལྷན་ཁང་ནས།

图书在版编目（CIP）数据

色林措自然文化风貌：藏文 / 班戈纳木措文化丛书编委会编著．
-- 拉萨：西藏藏文古籍出版社，2018.6

ISBN 978-7-5700-0126-2

Ⅰ．①色… Ⅱ．①班… Ⅲ．①湖泊—介绍—西藏—藏语 Ⅳ．①K928.43

中国版本图书馆 CIP 数据核字（2018）第 103560 号

色林措自然文化风貌

编　　者	班戈纳木措文化丛书编委会
主　　编	旺青索朗
责任编辑	次　　巴
装帧设计	次仁德吉
校　　对	央　　吉
策　　划	天利文化
出　　版	西藏藏文古籍出版社（拉萨市色拉路 22 号） 第二编辑部：拉萨市林廓北路 20 号　　邮政编码：850000 打击盗版：0891-6930339
印　　刷	西藏福利印刷厂
经　　销	全国新华书店
开　　本	16 开（710×1 000）
印　　张	15
印　　数	0001-1200 册
版　　次	2018 年 9 月第 1 版第 1 次印刷
标准书号	ISBN 978-7-5700-0126-2
定　　价	57.00 元